1일 1페이지
그날 세계사
365

Dolly

1일 1페이지
그날 세계사
365

Tutankhamen

Nobel Prize

Adolf Hitler

펼치기만 해도 역사가 한눈에 들어오는

Charlie Chaplin

Jeanne d'Arc

Eiffel Tower

Vincent van Gogh

Anne Frank

Continental Army

팬덤북스

1일 1페이지
그날 세계사
여행을 위한 가이드

❶ 그날 세계사와 관련된 월

❷ 그날 세계사를 9개 분류 코드로 정리한 아이콘 : 경제, 건축, 과학, 문화, 발명품,
사건, 역사, 인물, 정치.

❸ 날짜 : 세계사 속 바로 그날

1
January

사회주의 혁명

쿠바, 남미에서 사회주의 혁명을 이룩내다

1959년 1월 1일은 피델 카스트로, 체 게바라, 라울 카스트로 등 공산주의 혁명가들이 무장 투쟁을 벌인 끝에 바티스타 정권을 몰아내고 정권을 잡음으로써 쿠바혁명을 완성한 날이다. 당시 29세의 체 게바라는 1956년 11월 카스트로와 함께 그랜마 호를 타고 쿠바에 잠입해 마에스트라 산맥을 중심으로 게릴라전을 펼친 지 2년만에 혁명을 완수했다. 스페인의 마지막 남미 식민지였던 쿠바는 미국과 스페인 간의 전쟁에서 미국이 승리함으로써 1898년 독립했지만 미군정을 거쳐 1902년 5월 20일 완전 독립했다. 그러나 미국 자본에 철저히 예속됐고 사탕수수 의존도가 높은 경제구조였다. 부는 미국 자본과 쿠바 대지주에 집중되고 국민들은 찢어지게 가난했다. 정권마저 부패한 독재정권 하에서 국민들은 수차례 봉기를 일으키지만 미국의 비호 하에 진압되었다.

마침내 혁명에 성공한 쿠바는 문맹을 없애려 노력했고 농장국유화 등 토지개혁을 단행했다. 체 게바라는 나중에 미국에서 쿠바 혁명을 설명하면서 "세계가 우리들을 공산주의자라고 생각하지만 우리는 결코 공산주의자가 아니다."고 말했다. 하지만 초기에 민주적 성격을 띠었던 혁명정부는 1960년 하반기부터는 공산주의 정부로 변화하기 시작했다. 정권에 반대하는 신문사를 폐쇄시키는 등 철저히 언론을 통제했으며 수많은 사람을 투옥하고 심지어 1만 5천~1만 7천 명이 처형당했다는 주장도 있다. 결국 미국과는 1961년 1월 국교를 단절하고 만다. 피델 가스트로는 49년 동안 쿠바를 통치하다 2008년 2월 19일 국가원수직을 사임했고 2016년 11월 25일 90세의 일기로 사망했다.

---

❹ **분류 아이콘** : 그날 세계사와 관련된 카테고리

❺ **키워드** : 그날 세계사와 관련된 핵심 키워드

❻ **제목** : 그날 세계사를 단번에 이해할 수 있는 카피

❼ **본문** : 그날 세계사와 관련된 내용

1_월

 경제   건축   과학   문화   발명품   사건   역사   인물   정치

쿠바, 남미에서 사회주의 혁명을 이뤄내다

1959년 1월 1일은 피델 카스트로, 체 게바라, 라울 카스트로 등 공산주의 혁명
가들이 무장 투쟁을 벌인 끝에 바티스타 정권을 몰아내고 정권을 잡음으로 써
쿠바혁명을 완성한 날이다. 당시 29세의 체 게바라는 1956년 11월 카스트로
와 함께 그랜마 호를 타고 쿠바에 잠입해 마에스트라 산맥을 중심으로 게릴
라전을 펼친 지 2년만에 혁명을 완수했다. 스페인의 마지막 남미 식민지였던
쿠바는 미국과 스페인 간의 전쟁에서 미국이 승리함으로써 1898년 독립했지
만 미군정을 거쳐 1902년 5월 20일 완전 독립했다. 그러나 미국 자본에 철저
히 예속됐고 사탕수수 의존도가 높은 경제구조였다. 부는 미국 자본과 쿠바
대지주에 집중되고 국민들은 찢어지게 가난했다. 정권마저 부패한 독재정권
하에서 국민들은 수차례 봉기를 일으키지만 미국의 비호 하에 진압되었다.

마침내 혁명에 성공한 쿠바는 문맹을 없애려 노력했고 농장국유화 등 토
지개혁을 단행했다. 체 게바라는 나중에 미국에서 쿠바 혁명을 설명하면서
"세계가 우리들을 공산주의자라고 생각하지만 우리는 결코 공산주의자가
아니다."고 말했다. 하지만 초기에 민주적 성격을 띠었던 혁명정부는 1960
년 하반기부터는 공산주의 정부로 변화하기 시작했다. 정권에 반대하는 신
문사를 폐쇄시키는 등 철저히 언론을 통제했으며 수많은 사람을 투옥하고
심지어 1만 5천~1만 7천 명이 처형당했다는 주장도 있다. 결국 미국과는
1961년 1월 국교를 단절하고 만다. 피델 가스트로는 49년 동안 쿠바를 통
치하다 2008년 2월 19일 국가원수직을 사임했고 2016년 11월 25일 90세
의 일기로 사망했다.

2
January

달 탐사

소련, 최초의 달 탐사선 발사에 성공하다

1959년 1월 2일은 소련이 세계 최초로 달을 향한 인공위성 루나 1호 발사에 성공한 날이다. 루나 1호는 목표대로 달에 착륙_{정확히} 충돌하는 데는 실패하고 달 근처 5,995km까지 접근하는 데 그쳤다. 하지만 지구의 중력을 벗어나 달에 접근한 최초의 우주선이다. 지구의 중력을 벗어나려면 초속 11.2km라는 엄청난 속도가 필요한데, 루나 1호가 그것을 해냈고 이는 인간이 우주로 나갈 길을 열었다. 그_{루나 1호}의 성공으로부터 10년만인 1969년 7월 인류는 달에 첫발을 내디딜 수 있게 되었다. 바로 미국의 닐 암스트롱이 아폴로 11호를 타고 달에 내린 것이다.

소련은 1957년 10월 4일 세계 첫 인공위성인 스푸트니크 1호 발사에 성공한 뒤부터 사실상 달 탐사계획을 세웠다. 1달 뒤 발사된 스푸트니크 2호에는 개를 태워 발사했다. 스푸트니크 2호는 비록 지구로 귀환하지 못했지만 생명체를 실은 첫 우주선이었다. 소련이 달에 착륙해 조사를 하는 것이 목표였던 루나 계획은 1958년에 시작됐다. 루나 계획은 3번을 실패하고 4번만인 1959년 1월 2일에 성공한 것이다. 루나 1호는 현재 지구와 화성 사이를 돌고 있다. 한편, 실제로 달의 표면에 도착한 것은 같은 해₁₉₅₉ 9월 12일 발사한 루나 2호로 발사 이틀 뒤인 9월 14일 달 표면 '고요의 바다'에 내렸다. 루나 2호는 최초로 달의 표면에 도착한 탐사선이다.

1970년대 중반까지 소련과 미국은 실패한 것까지 포함해 약 60여 번 달 탐사를 했다. 그 뒤 15년 간 휴식기를 거친 후 1990년 일본이 3번째 달 탐사선 '히텐'을 쏘아 올리면서 달 탐사 경쟁은 다시 불붙었다.

3
January

블록체인

Bitcoin: A Peer-to-Peer Electronic Cash System

Satoshi Nakamoto
satoshin@gmx.com
www.bitcoin.org

Abstract. A purely peer-to-peer version of electronic cash would allow online payments to be sent directly from one party to another without going through a financial institution. Digital signatures provide part of the solution, but the main benefits are lost if a trusted third party is still required to prevent double-spending. We propose a solution to the double-spending problem using a peer-to-peer network. The network timestamps transactions by hashing them into an ongoing chain of hash-based proof-of-work, forming a record that cannot be changed without redoing the proof-of-work. The longest chain not only serves as proof of the sequence of events witnessed, but proof that it came from the largest pool of CPU power. As long as a majority of CPU power is controlled by nodes that are not cooperating to attack the network, they'll generate the longest chain and outpace attackers. The network itself requires minimal structure. Messages are broadcast on a best effort basis, and nodes can leave and rejoin the network at will, accepting the longest proof-of-work chain as proof of what happened while they were gone.

블록체인의 첫 블록이 만들어지다

2009년 1월 3일 18시 15분 05초에 사토시 나카모토에 의해 비트코인 첫 블록이 만들어진다. 분산 데이터 저장을 기본 개념으로 하는 블록체인의 첫 번째 블록인 이른바 제네시스 블록이 만들어진 것이다. 모든 유통되고 있는 수백, 수천 개의 암호 화폐에는 저마다 제네시스 블록이 있지만, 사토시 나카모토의 최초 비트코인 블록은 모든 것의 시초라는 의미에서 중요하다. 블록체인은 10분마다 만들어지는 분산원장이라는 블록들의 연결이다. 따라서 제네시스 블록이 만들어졌다는 것은 블록체인 네트워크가 시작되었다는 상징적 의미를 가지고 있다. 또 블록이 생성된 순서는 높이height로 표현하는데 그런 의미에서 제네시스 블록의 높이는 '0'이다.

사토시 나카모토에 의해 만들어진 첫 번째 블록 안에는 무엇이 들어 있었느냐 하면, 'The Times 03/Jan / 2009 Chancellor on brink of second bailout for banks'라는 문구가 들어 있었다. 2009년 1월 3일자 런던의 《타임스》실제 1면 헤드라인이다. 이 문구는 사토시 나카모토가 비트코인을 개발한 근본적인 동기를 암시한다. 정부가 은행을 위해서 다시 자금을 공급하려 한다는 지적 속에는 그로 인해 화폐가치가 하락하고 결과적으로 시민들은 피해를 볼 수 밖에 없다는 불만이 내재돼 있다.

미국 연방준비위원회의 대규모 양적완화를 지켜보던 사토시 나카모토는 달러에 대한 모든 권한을 미국 연방준비은행이 가지고 있는 것은 문제가 있고 그 때문에 금융위기가 심화됐다고 생각했다. 이에 대한 대안으로 탈중앙화된 화폐를 제안하면서 그 기술적 바탕을 블록체인으로 제시한 것이다.

4

January

뉴턴

영국 천재 과학자, 아이작 뉴턴이 태어나다

1643년 1월 4일. 인류 역사에서 가장 뛰어난 과학자 아이작 뉴턴이 태어났다. 그는 수학자이자 천문학자, 물리학자, 신학자였으며 종교학자, 연금술사, 철학자였다. 무엇보다 만유인력의 법칙 발견, 미적분법 창시, 뉴턴 역학 체계 확립 등을 통해 근대 과학 탄생의 토대를 마련했다.

〈아이작 뉴턴 경의 과학 및 수학 기록물〉은 2015년과 2017년 2차례에 걸쳐 세계기록유산으로 등재됐는데, 그 속에는 만유인력이나 미분적분학, 광학 등에 대해 뉴턴이 어떻게 생각을 발전시켜 나갔는지에 대한 과정을 잘 담고 있다. 이 기록물들은 그의 업적이 고독한 천재의 영감을 통해서만 이뤄진 것이 아니라, 힘든 실험과 계산, 과학자들과 주고받은 편지 그리고 반복된 수정 등 지독한 노력을 통해 완성된 것임을 보여준다.

그의 어린 시절은 불우했다. 태어나기 3개월 전에 아버지는 돌아가셨고 어머니의 재혼으로 외할머니와 외삼촌의 손에서 자랐다. 자연스레 혼자 있는 시간이 많았고 이는 자신과 대화를 즐기며 호기심을 키우는 계기가 됐다. 어머니는 뉴턴이 농부가 되길 바랐지만 선생님의 도움으로 대학에 입학하게 되고 여기서 그는 다양한 학문에 몰두하게 된다. 흔히 그가 만유인력을 처음 발견한 것으로 알고 있지만, 정확히 말하면 개념적으로 알고 있던 만유인력을 수학적 표현으로 정립한 것이다.

영국 과학자들 가운데 최초로 기사 작위도 받았으며, 대학 대표 국회의원, 조폐국 장관으로도 일했다. 일생을 독신으로 연구에만 몰두한 그는 85세의 일기로 삶을 마감한다. 시인 알렉산더 포크는 "자연의 법칙은 어둠에 숨겨져 있었다. 하나님께서 '뉴턴이 있으라' 말씀하시니 모든 것이 밝아졌다."라고 말했다.

5
January

통행금지 해제

우리나라, 야간 통행금지 해제되다

1982년 1월 5일 24시를 기하여, 37년 간 지속되어온 야간통행금지가 해제되었다. 야간통행금지란 전시나 천재지변 등이 발생하여 치안 유지가 필요한 시기에 필요한 지역에 제한적으로 실시되는 것이 보통이지만 분단이라는 특수성을 가진 우리나라는 오래 지속됐다.

야간통행금지가 시작된 것은 1945년 9월 8일 인천에 상륙한 미군이 미군정청 하지Hodge 사령관의 군정포고 1호로 서울과 인천 지역에 야간통행금지를 실시한 것에서 유래된다. 같은 해 9월 29일에는 전국으로 확대됐다. 처음엔 치안 유지가 목적이었으나 한국전쟁과 남북분단으로 지속되었던 것이다. 통행금지 시간은 상황에 따라 늘어나고 줄어들고 했지만 주로 12시에 사이렌이 울리며 시작돼서 다음날 새벽 4시까지다. 1954년 4월 1일에 경범죄처벌법이 만들어지면서 통행금지를 어기면 파출소에서 지내다 새벽 4시경 통행금지가 해제될 무렵에 즉결심판을 받고 벌금을 낸 후 풀려났다.

1년 내내 통행금지가 있었던 것은 아니다. 크리스마스 이브, 보신각에서 제야의 종을 울리는 한 해의 마지막 날 등은 일시적으로 통행금지가 풀렸다. 이날 국민들은 일시적인 해방감을 맛보았다. 그런 날이면 서울 명동이나 도심에는 사람들이 발 디딜 틈이 없이 몰려나왔다.

야간통행금지는 1964년 제주도와 경주, 충청북도 지역을 시작으로 순차적으로 해제되었다. 야간통행금지의 해제는 '국민생활의 편익증진과 국가시책인 관광의 진흥, 경제활동의 활성화 그리고 88올림픽 및 86아시아경기대회 개최 관련 국가 이미지 제고 등'을 위한 것이었다. 야간 통행금지가 해제된 후에는 통행금지 해제의 성과를 홍보하기 위한 영화가 제작되기도 했다.

6
January

잔 다르크

백년전쟁의 꽃 잔 다르크 태어나다

프랑스 국민의 영웅이며 로마 가톨릭 교회의 성인인 '오를레앙의 성처녀' 잔 다르크는 1412년 1월 6일 프랑스 북동부 동레미에서 양치기의 딸로 태어났다. 그녀가 태어날 무렵 밤에 닭들이 몇 시간 동안 날개를 퍼덕이며 울었다는 전설이 있다. 하지만 생몰연도는 정확하지는 않다. 백년전쟁 막바지였던 당시 전황은 프랑스에 불리했다. 1425년 13세의 잔 다르크는 '프랑스를 구하라.'는 신의 음성을 듣고 처음에는 거절했으나, 결국 1428년 극심한 아버지의 반대를 무릅쓰고 고향을 떠난다. 샤를 왕세자는 처음에는 반신반의했으나 몇 번의 테스트를 해보고는 잔 다르크에게 군대를 내주었다. 곧바로 오를레앙을 구원하러 간 잔 다르크는, 현지 사령관 장 드 뒤노아의 홀대에도 불구하고 스스로 사람들을 설득해 군대를 조직하여 싸웠다. 당시 순백의 갑옷과 옷을 입고 선두에 서 잉글랜드 군을 무찔렀다. 5차례 거듭된 승리로 샤를이 왕에 오르도록 만들어 주었다.

이후 잔 다르크는 프랑스 전역을 돌며 국민들에게 샤를 7세의 지지를 호소했다. 하지만 잔 다르크의 세력이 커짐에 위기감을 느낀 데다 전쟁 방식마저 협상과 조약을 통해 해결하려는 왕실과 신속한 공세를 취한 잔은 서로 갈등을 보이기 시작했다. 당시에는 잔 다르크처럼 자신이 하느님의 부르심을 받았다고 주장한 것 자체가 왕권을 위협하는 요소였다. 결국 샤를 7세는 포로로 잡힌 잔의 몸값 지불을 거부하고 잔은 잉글랜드로 넘겨져 불공평한 상황에서 재판을 받은 끝에 1431년 억울하게 화형을 당하고 만다. 그녀는 "나를 화형대로 몰아넣은 사람들을 용서한다."는 말을 남겼다고 한다.

7

January

종교 테러

프랑스 주간지 《샤를리 에브도》에 테러가 발생하다

2015년 1월 7일. 프랑스 파리에 있는 주간지 《샤를리 에브도Charlie Hebdo》 사무실에 복면을 한 2명의 이슬람 극단주의자들이 들이닥쳤다. 이들은 총기를 난사했고 편집장인 스테판 샤르보니에르와 직원 9명, 그리고 건물 밖에 있던 경찰관 2명 등 총 12명이 사망하고 10명이 부상을 당했다. 범인들은 건물에 들어와 '알라후 아크바르신은 위대하다'를 외치며 50발 이상의 총격을 가했다. 또 "예언자 무함마드의 복수를 했다."고 소리치고 다녔다.

테러를 당한 이 주간지는 2006년부터 무함마드 만평 등을 게재하면서 이슬람권의 감정을 사왔다. 결국 이 테러는 무함마드 만평에 대한 보복 테러로 분석됐다. 용의자들은 총격 후 도주를 했으나 그 중 1명이 도주 차량에 놓고 간 신분증을 토대로 프랑스 경찰은 범인들의 신원을 밝히고 공개 수배했다.

이후 자수한 마라드를 제외한 2명의 테러범들은 범행 이틀 후 파리 근교 다마르탱앙고엘에서 여성을 인질로 잡고 경찰 특공대와 대치하다 사살됐다. 프랑스 당국은 이날 오후 5시 30분 상황종료를 선언했다. 한편 예멘에 본부를 둔 국제 테러조직 알카에다 아라비아반도 지부가 테러 발생 1주일 후인 1월 14일 동영상을 공개해 자신들이 테러 배후임을 처음으로 인정했다.

이 테러 이후 '나는 샤를리다Je suis charlie.'라는 슬로건과 표현의 자유와 종교를 모욕하는 자유까지는 허용할 수 없다는 뜻을 담은 '나는 샤를리가 아니다Je ne suis pas Charlie.' 사이의 논쟁이 치열히 전개됐다.

8
January

일본 위안부

위안부 문제 해결 요구하며 수요집회가 시작되다

1992년 1월 8일 수요일 낮 12시. 미야자와 기이치 당시 일본 총리의 대한민국 방문을 앞두고 서울시 종로구 수송동 일본대사관 앞에서는 시위가 벌어졌다. '수요집회'의 시작이었다. 이후 여성단체들이 모여 구성한 한국정신대문제대책협의회의 주최로 매주 열리는 이 시위의 공식 명칭은 '일본군 성노예 문제 해결을 위한 정기 수요시위'다. '위안부' 피해 할머니들이 직접 시위에 참가한 것은 1992년 2월의 7번째 수요시위부터였다. 1995년 일본 고베 대지진과 2011년 동일본 대지진 때에는 지진 희생자들에게 위로를 건네는 것으로 시위를 대신했다.

수요집회는 2002년 3월 500회를 기록하면서 단일 주제로 개최되는 집회로는 세계 최장 기간 집회기록을 갱신하였고 28년째 이어오고 있다. 수요집회는 한국뿐만 아니라 일본, 미국, 중국, 필리핀, 인도네시아 등에서도 열렸고 2013년 9월 18일현지시간 프랑스 파리에서도 정대협과 위안부 피해자 김복동 할머니 등이 수요시위를 열었다.

일본군은 1930년 초반부터 1945년까지 점령지의 민간인 여성을 강제로 동원하여 성노예를 조직했다. 1945년 광복 이후 우리 정부는 이에 대해 일본의 공식적인 사과를 끊임없이 요구했지만, 일본 정부는 이 사실을 인정하지 않으며 거절하고 있다. 또 수요시위나 정대협의 요구사항에 대해서도 공식적인 반응을 내놓지 않고 있다.

한편 지난 2020년 8월 30일 이막달 할머니가 별세함에 따라 정부에 등록된 240명의 위안부 피해자 중 생존자는 16명에 불과하다. 특히 이들은 모두 85세 이상의 고령이다.

아랍국가, 이스라엘에 대항하여 아랍석유수출국기구를 설립하다

석유수출국기구OPEC가 설립된 지 8년 후인 1968년 1월 9일 사우디아라비아, 쿠웨이트, 리비아 등이 중심이 돼 아랍제국의 이익을 위해 석유를 무기로 한다는 견해에 동조하고 공동활동 등을 목적으로 아랍석유수출국기구OAPEC: Organization of Arab Petroleum Exporting Countries를 결성했다. 본부는 쿠웨이트에 있다. OAPEC에는 알제리, 바레인, 이집트, 이라크, 쿠웨이트, 리비아, 카타르, 사우디아라비아, 시리아, 튀니지, 아랍에미리트 등 총 11개 국이 가입해 있다. 이집트는 이스라엘과 평화협정을 체결했다는 이유로 자격정지를 당했다. 이들 나라는 또 대부분이 OPEC 회원국이기도 하다.

1967년 '6일 전쟁'이라고도 불리는 제3차 중동전쟁에서 우수한 화력에도 불구하고 이스라엘에 참패를 당한 중동국가들은 충격에 빠졌다. 이스라엘은 선제공격으로 이집트를 비롯한 주요 국가들의 공군력을 괴멸시키며 예상을 깨고 6일만에 승리했다. 이후 아랍국가들은 미국, 영국, 서독 등에 대한 석유 금수조치가 효과를 보지 못하자 쿠웨이트, 사우디아라비아, 리비아 등의 주동이 돼 OAPEC를 결성한 것이다.

OAPEC은 석유를 무기로 이용해 이스라엘을 지원하는 국가들에 석유공급 중단 및 제한을 하고 석유 감산조치의 압력을 가해 미국의 중동평화 노력을 강화토록 압력을 가하고 있다. OAPEC는 전 세계 석유 매장량의 47%와 생산량의 25%를 점유하고 있다. 이들은 긴밀한 연대실현, 이윤확보를 위해 석유 시장의 동향을 유리하게 이끌도록 공동노력을 하고 있다.

10
January

지하철

런던에서 세계 첫 지하철이 운행되다

산업혁명이라는 커다란 변화를 겪은 영국. 증기기관을 비롯한 자동화된 동력으로 대량생산이 이뤄지면서 사람들은 도시로 몰려들었다. 런던의 인구는 빠르게 증가했고 이에 따른 대중교통수단에 대한 필요가 자연히 높아졌다. 그때마차는 부자들만의 전유물이었기 때문에 서민을 위한 교통수단이 필요했다.

당시 찰스 피어슨이라는 한 시의원은 두더지가 땅을 파는 것을 보고 지하로 다니는 교통수단을 생각해냈고 이를 다른 의원들 앞에서 발표했다. 처음에는 '죽어서나 가는 땅속을 왜 가려느냐'며 비웃음을 샀다. 하지만 그는 10년 간의 노력으로 노스 메트로폴리탄 철도회사를 통해 세계 최초로 지하철을 설계해냈다. 요즘도 지하철을 서브웨이라고도 하지만 메트로라고도 하는이유가 여기에 있다.

마침내 1863년 1월 10일 베이커 가 패딩턴 역과 해링턴 역까지 지하 6km를 운행하는 증기기관의 지하철이 개통됐다. 하지만 전기가 아니라 증기기관으로 동력을 얻어야 했고 차량이 오픈돼 있어서 승객들은 많은 매연을 고스란히 맡아야만 했다. 2차 세계대전 때는 런던 지하철은 독일의 공중폭격을 피하는 지하방공호와 화랑의 수장고 역할을 했다.

런던 지하철 이후 헝가리 부다페스트로, 또 빈, 파리, 베를린 등에서 잇따라 지하철을 개통했고 1900년대 초에는 미국에서도 보스턴과 뉴욕에 지하철노선이 생겼다. 대한민국에서도 도시화로 서울 인구가 빠르게 늘어나자 런던지하철이 생긴 지 110년 후인 1974년 8월 15일 지하철이 서울역에서 청량리역까지 종로선이라는 이름으로 개통되었다.

11

January

화산폭발

시칠리아 섬, 에트나 화산폭발로 6만여 명 사망하다

이탈리아의 시칠리아 섬 동부에 있는 에트나 화산. 이 화산은 50만 년 전 아프리카판과 유라시아판이 충돌하면서 형성되었다. 해발 3,327미터화산활동에 따라 조금씩 변한다의 이 산은 남부 이탈리아에서 가장 높은 산일뿐만 아니라 유럽에서 가장 높은 활화산이기도 하다. 요즘도 화산활동이 심한 날에는 종종 공항이 문을 닫는다. 용암이 강물처럼 흐르다 굳은 모습을 지금도 생생하게 볼 수 있다. 그리스 신화에서는 제우스 신이 괴물 티폰을 이 산에 가뒀는데 이 괴물의 몸부림으로 화산활동이 생겼다고도 한다.

정상에 가장 큰 분화구는 지름 800미터, 깊이 200미터에 달한다. 1683년 1월 11일 이 에트나 화산이 대폭발을 했다. 이로 인해 6만여 명이 목숨을 잃었다는 기록이 있다. 1990년부터 1993년까지도 큰 폭발활동이 있었고, 2001년, 2002년, 2006년 11월에도 큰 폭발이 있었다. 또 2012년 4월 24일 오전에도 용암과 화산재를 분출하며 또 다시 폭발했다.

그때마다 새로운 산이 생기고 분화구가 만들어진다. 이렇게 만들어진 크고 작은 기생화산이 260개나 된다. 이 같은 이유로 에트나 산은 2013년에는 유네스코 세계유산에 등재되기도 했다. 활화산을 보러 오는 관광객이 연간 100만 명이 넘는다. 시칠리아 섬에서 세계 최초로 아이스크림이 만들어진 것도 에트나 화산 덕분이라 할 수 있다.

세상 만물은 물, 불, 바람, 흙 등 4개 원소로 이뤄져 있다고 주장한 고대 그리스 철학자 엠페도클레스는 실험을 위해 폭발하는 에트나 화산의 분화구에 직접 들어가서 죽었다는 기록도 있다.

12

January

카이사르

카이사르, 루비콘 강 건너 로마로 향하다

"주사위는 던져졌다."기원전 49년 1월 12일 율리우스 카이사르는 유명한 이 말과 함께 갈리아와 이탈리아 국경인 루비콘 강을 건너 로마로 진격을 개시했다. 이 말은 내전만은 피해보려 했던 카이사르의 노력이 물거품이 되고 전쟁이라는 마지막 결단을 의미했다.

그가 과감히 '주사위를 던진' 것은 냉정한 현실적인 판단에 기초한 자신감이 있었기 때문이다. 7년이라는 비교적 짧은 기간에 갈리아를 정복한 카이사르는 당시 여러 면에서 유리한 점을 갖고 있었다. 정복으로 얻은 부를 가졌으며 오랫동안 변방을 괴롭혀온 켈트족을 복속시켜 로마 시민들로부터 높은 인기를 얻었다. 게다가 켈트족들의 충성도 그에게 든든한 힘이 되었다. 카이사르는 민심을 파악하는 능력이 출중하였으며 민중과 친근한 입장에서 정책들을 내놓아 인기몰이를 하였다. 또한 로마 속주에 근무할 때는 주변국과의 전투에서 차근차근 그 전과를 쌓아 나가 안팎으로 대정치가로 가는 발판을 닦았다.

이와 반대로 원로원의 귀족들은 카이사르의 커가는 힘을 불안해했다. 카이사르에게 즉시 군대를 해산하고 갈리아 총독에서 물러나 로마로 돌아올 것을 명령했다. 그것도 군대 없이 단신으로. 이는 카이사르에게 죽으러 오라는 말과 같았다.

주사위를 던지고 로마로 진격한 카이사르는 우선 폼페이우스의 거점인 에스파냐를 제압한 다음 로마를 비운 채 동쪽으로 도망친 폼페이우스를 추격하여 BC 48년 8월 그리스의 파르살로스에서 이를 격파하였다. 폼페이우스는 이집트로 건너가 훗날을 도모하지만 도피 중 암살당하고 말았다.

13
January

드레퓌스, 에밀 졸라

에밀 졸라, 드레퓌스 진실을 알린
'나는 고발한다.'를 게재하다

1898년 1월 13일. 프랑스의 대문호 에밀 졸라는 《로로르》지 1면에 '나는 고 발한다.'라는 제목의 글을 발표한다. 내용은 '에밀 졸라가 공화국 대통령에게 보내는 편지'였다. "진실이 지하에 묻히면 무서운 폭발력을 축적합니다. 이것 이 폭발하는 날에는 세상 모든 것을 휩쓸어버릴 것입니다."

졸라가 말하는 진실은 바로 저 유명한 드레퓌스 사건이다. 억울하게 스파 이 혐의를 쓰고 옥살이까지 하지만 그가 유대인이라는 이유로 사람들은 진실 을 말하려 하지 않았다. 대표적인 신문인 《피가로》마저 드레퓌스는 결백하고 진범이 따로 있다고 보도를 하지만 애국주의와 인종적 순혈주의에 빠진 프랑 스는 좀처럼 관심을 기울이지 않았다. 졸라는 박해를 각오하고 실명을 거론 하며 군부의 비열한 음모를 까발렸다. 졸라는 군법회의를 중상모략했다는 죄 목으로 기소되어 징역 1년형을 선고받았다. 그는 영국으로 망명길을 택했다.

하지만 대문호 졸라의 글은 세계를 들썩이게 할 만큼 대단한 반향을 일으 켰다. 세계 각지에서 3만 통의 편지와 전보가 졸라를 지지했다. 미국의 소설 가 마크 트웨인은 신문 기고를 통해 "겁쟁이 위선자는 한 해에도 백만 명씩 태어난다. 그러나 졸라 같은 인물이 태어나는 데는 5세기가 걸린다."며 열렬 히 지지했다. 결국 문서 날조에 참여했던 참모본부의 앙리 중령이 양심의 가 책으로 자살을 하자 국면은 바뀌고 재심이 열렸지만 오히려 10년형이 내려진 다. 위기에 몰린 대통령이 드레퓌스를 사면시켰지만 그것 자체가 무죄 인정은 아니었다. 사건의 종결은 에밀 졸라가 사망한 후에야 이뤄졌다.

"탁 치니 억 하고 죽었다." 박종철 고문치사 사건

전두환 군사정권 말기인 1987년 1월 14일. 치안본부 남영동 대공분실 509호에서 불법체포돼 조사를 받던 서울대학교 언어학과 박종철 군이 죽음에 이른다. 경찰은 '민주화추진위원회사건' 관련 수배자 박종운 씨의 소재 파악을 위해 후배였던 박종철을 불법연행했다. 경찰은 폭행과 전기고문은 물론, 물고문까지 가했다. 결국 박종철 군은 질식사하고 말았다. 당시 치안본부장은 단순 쇼크사인 것처럼 발표했다. 그때 한 말이 "책상을 탁 치니 억 하고 죽었다."는 것이다. 하지만 부검의사의 증언과 언론보도 등으로 의혹이 제기되자 사건발생 5일만인 19일 물고문 사실을 공식 시인하고 수사관 2명을 특정범죄가중처벌법 위반 혐의로 구속했다. 하지만 재야단체들은 규탄성명을 발표하고 진상규명을 요구하며 농성에 들어가는 한편, 각계인사 9천 명이 '박종철 군 국민추도회' 등을 주도하였다. 이에 정부는 내무부장관과 치안본부장을 전격 해임하는 선에서 수습하려 했다.

　그러나 5월 18일 광주민주화운동 7주기 추모미사에서 천주교정의구현전국사재단의 김승훈 신부는 경찰의 은폐 조작을 폭로했다. 고문가담 경관이 2명이 아니라 5명이었으며 치안본부 대공간부가 사건을 축소 조작했다는 것이다. 안기부, 법무부, 내무부, 검찰, 청와대 비서실 및 이들 기관의 기관장이 참여하는 관계기관대책회의가 은폐 조작에 조직적으로 관여했다는 사실이 드러났다. 이 폭로로 서울지검은 6명을 추가 구속했지만 정부의 떨어진 도덕성은 되돌릴 수 없었다. 이후 전두환 군사정권 규탄시위가 잇달아 터져 나왔고 결국 1987년 6월 항쟁의 불쏘시개가 됐다.

15
January

위키피디아

신개념 백과사전 '위키피디아', 세상에 나오다

2001년 1월 15일. 집단지성의 대표 사례로 꼽히는 위키피디아가 세상에 나왔다. 처음에는 사용언어가 영어 하나뿐이었지만 지금은 300개가 넘는 언어로 만들어지고 있다. 누구나 자유롭게 글을 올리고 다듬을 수 있는 위키피디아는 상업적 광고 없이 비영리 단체인 위키미디어 재단 소유이며 이 재단으로부터 지원받는다.

2020년 기준으로 영어판에는 600만여 개, 한국어판에 52만 4천여 개를 비롯해 300여 개 언어판을 모두 합치면 4천만 개가 넘는 글이 수록돼 있다. 다만 폭발적으로 늘어나던 글의 수가 갈수록 주춤하고 있는데 이는 쉽게 만들수 있는 문서는 이미 다 만들어졌기 때문이라는 분석이 많다. 위키피디아에 있는 문서는 모두 CCL creative common license와 GNU 자유문서 GFDL의 이중 라이선스를 따르기 때문에 일정 요건을 갖추면 사용에 제약이 없다.

2007년 1월 위키피디아는 가장 인기 있는 웹사이트 리스트 톱10에 이름을 올렸다. 인터넷 마케팅 기업 컴스코어가 분석한 바에 따르면, 위키피디아의 연간 방문자 수는 《뉴욕타임스》10위나 애플11위보다 많은 4,290만 명으로 집계돼 9위에 올랐다. 2014년 내내 월 8억 페이지뷰 이상을 기록했으며 2015년에는 방문자수 랭킹 5위를 기록했다.

위키미디어의 문서들은 끊임없이 누군가에 의해 수정된다. 위키백과의 편집 시스템인 미디어위키는 다양한 방법으로 문서의 수정사항을 사용자에게 알려주어 검토할 수 있도록 한다. 또 위키피디아 사용자들은 위키콘퍼런스와 같은 오프라인 모임을 통해 관심사를 공유하기도 한다.

16
January

금주법

미국, 금주법을 시행하다

1919년 1월 16일. 미국은 수정헌법 제18조를 통해 주류의 양조, 판매, 운반, 수출입을 하지 못하게 하는 '금주법'을 통과시켰다. 금주법을 제정한 이유는 지나친 음주로 인한 알코올 중독 등 사회적 문제 때문이었다. 농촌개신교 세력인 '금주 십자군dry crusaders'과 기독교 여성단체인 여성기독교금주동맹 등이 입법청원을 주도했다.

이같은 분위기는 초기 청교도 이민자들이 경건한 삶을 지향하며 음주에 대해 부정적인 인식을 가졌던 것에서도 그 분위기를 이어왔다고 할 수 있다. 특히 남북전쟁 후 전쟁 피해로 인한 심리적 좌절감 등으로 음주량이 증가하면서 사회적 문제로 대두되기도 했다. 금주법 제정의 숨은 이유 중에는 양조업에 종사하는 독일 이민자들을 견제하기 위한 것도 포함돼 있다. 1차 세계대전을 일으킨 독일에 대한 감정이 좋지 않은 터라 양조업으로 부를 쌓는 독일인을 견제하려 했던 것이다.

금주법의 통과로 술 소비량이 절반 이하로 줄어드는 등 성공하는 모양을 보였다. 그러나 금주법의 결과 마피아나 갱스터 같은 도시 지역 범죄조직들이 성장하게 된 것은 부정할 수 없는 사실이다. 이들 범죄조직의 밀주 유통사업이 오늘날의 마약 밀매사업의 원조가 되었다고 보는 시각도 있다.

또 그 당시 많은 사람들이 메틸 알코올로 인해서 죽기도 했다. 하지만 금주법은 해가 갈수록 지지자를 잃었으며, 1929년 대공황이 발생했을 때 각 주 정부들은 주세가 없어졌기 때문에 심한 세수 부족에 시달려야 했다. 결국 1933년 미국 서민의 환영 속에 금주법은 미국 헌법 수정 제21조에 의해 폐지되었다.

17

January

고베 지진

진도 7.2 강진, 고베시를 덮치다

1995년 1월 17일 오전 5시 46분 52초. 일본 효고현 고베시에 진도 7.3의 강진이 덮쳤다. 전날 오후 리히터 규모 1.5에서 3.6까지의 미진이 4차례 있었지만 대지진이 올 거라는 사전 징후는 뚜렷하게 없었다. 하지만 400년만의 지진이 고베를 강타한 것이다. 이 지진으로 인구 약 150만 명의 고베시는 순식간에 아비규환으로 변했다.

6,434명이 사망했고 3명이 실종됐으며 4만 3,792명이 부상을 당했다. 이는 1923년의 간토 대지진 이후 최대의 인명 피해였다. 주택 104,906채가 전파되는 등 재산피해도 10조엔당시 일본 GDP의 2.5%에 해당에 달했다. 이 지진으로 인한 한국 교포의 인명 피해도 500여 명에 달했다. 고베 항만이 파괴돼 복구하는 데만 2년이 걸렸고 400억 달러의 피해가 발생했다. 피해가 컸던 이유는 지진의 진원지가 지표면으로부터 겨우 15km 아래여서 지진 가속도가 생성이 되면서 격렬한 지각운동을 만들었기 때문이다. 게다가 고베시는 갯벌을 매립해 만든 도시로 약한 진동에도 매립됐던 갯벌이 흘러나와 도시가 그대로 주저앉았다.

지붕이 무겁고 상대적으로 기둥이 약한 일본의 가옥구조도 피해를 키웠다. 쉽게 무너지고 화재가 발생했던 것이다. 고베시 사망자의 90%, 오사카 사망자의 40%가 일본 전통 가옥에서 발생했다. 지진피해 발생 후 하루 평균 2만 명 이상이 자원봉사에 참여해 3개월 간 연인원 117만 명이 복구에 참여했다. 또 18년이 지난 2013년 4월 13일 오전에도 진도 6의 지진이 관측되었으나 다행히 사망자는 없었다.

18
January

로버트 스콧,
남극탐험

비운의 탐험가 스콧, 남극 도달은 했지만…

영국 해군 장교 로버트 스콧은 1912년 1월 18일 천신만고 끝에 마침내 남극점에 도달했다. 그는 이미 남위 82도 17분까지 도달해 당시 가장 남쪽까지 당도한 기록을 보유하는 등 남극탐험을 지휘한 경험을 갖고 있었다. 하지만 한 달 남짓 앞서 당도한 노르웨이의 아문센에게 첫 남극 정복의 기록을 빼앗긴 뒤였다. 불운은 그치지 않았다. 악천후에 식량부족 등으로 귀로에 4명의 동행자와 함께 전원 사망하고 말았다.

그의 실패는 예정돼 있었다고 해도 과언이 아니다. 준비에 철저하지 못했고 자존심이 강해 타인의 조언에 귀를 열지 않았기 때문이다. 심지어 다른 사람이 실패한 방법을 그대로 사용했다. 대표적으로 아문센이 추위에 강한 개를 이용한 데 비해 그는 조랑말을 이용했다. 식량이 부족했지만 동물애호가인 그는 죽은 말을 먹지 않았으며 바다표범 등을 사냥하지도 않았다.

체면이 중요한 그는 이누이트 족이 입는 가죽옷이 저질스럽다며 모직옷을 입었다. 특히 그는 먼저 남극에 도달한 아문센이 곳곳에 남겨 놓은 의복과 식량을 손도 대지 않았다. 경쟁자의 도움을 받아 간신히 살았다는 것을 치욕으로 여긴 탓이다.

또한 극한의 날씨에 오로지 남극 정복에만 몰두해야 함에도 그는 토양과 펭귄의 생태계 조사를 같이 했고 식량창고와 탐사루트에 깃발도 꽂지 않았다. 결국 길을 잃고 말았다. 안타깝게도 그와 일행이 베이스캠프 불과 18km 남겨 둔 곳에서 죽은 이유다. 같은 해 11월 수색팀에게 일기 등과 유해로 발견된 그들은 끝까지 영국 신사다운 최후를 마쳤다며 국민적 영웅이 되었다.

19
January

컴퓨터, 애플

애플, 최초의 그래픽 사용자 인터페이스 PC
'리사'를 발표하다

1983년 1월 19일, 애플은 마우스와 그래픽 사용자 인터페이스GUI를 갖춘 최초의 PC '리사' 시제품을 발표했다. '리사'는 스티브 잡스의 딸 이름이기도 하다.

애플은 1978년부터 총 5천만 달러의 비용을 들여 '리사 프로젝트'를 대규모로 진행했다. 그 과정에 스티브 잡스가 제록스 연구소에서 GUI를 인상 깊게 보고 왔다. 결국 애플은 제록스에 주식을 양도하면서까지 GUI 기술을 라이선스 받았다. 당시만 해도 GUI는 아무도 생각해본 적이 없는 혁신이었다.

리사는 멀티 부팅 시스템을 지원했고 흑백 모니터에 화려한 고해상도 GUI 운영 체제를 갖춘 것 외에도 메모리 보호, 협동형 멀티태스킹, 스크린 세이버, 반사 방지 스크린, 확장 가능한 램 등 온갖 최신 기술을 넣었다.

하지만 리사는 GUI만 빼면 약점이 많았다. 프로세서가 느렸고 앞서 열거한 다양한 기능들을 유지하는 데는 모토로라 68k 5MHz CPU로는 역부족이었다. 게다가 가격은 9,995달러로 너무 비쌌다. 실제로 같은 해 미국에서 출시된 대형차의 가격보다 좀 더 비쌌다. 무엇보다 스티브 잡스가 성격 탓에 매킨토시 팀으로 쫓겨나 맥과 경쟁을 해야 하는 운명이었다.

결국 리사는 화려한 기능들을 탑재함으로써 IT 관계자나 비평가들로부터 비교적 호평을 받았지만 비싼 가격 탓에 성공을 거두지는 못했다. 1년 뒤에 훨씬 값싸고 좋은 매킨토시 128k가 출시되자 잊혀져갔다. 결국 2년이 넘도록 총 판매량이 10만 대 정도였다. 리사의 실패는 나중에 잡스가 애플에서 쫓겨나는 원인이 된다.

January

케네디

존 F. 케네디, 미국 대통령에 취임하다

1961년 1월 20일. 미국 자유주의 상징 존 F. 케네디는 제35대 대통령에 취임한다. 그는 공화당의 리처드 닉슨 후보를 누르고 만 43세에 미국 최연소, 최초의 가톨릭 신자 대통령이 되었다. 선거 유세 중 TV토론을 잘 활용한 것으로 유명하다.

그는 하버드 대학 국제관계학을 우수한 성적으로 졸업하고 1946년 메사추세츠 주에서 하원의원으로 정계에 진출했다. 하지만 그는 미국 상류사회의 주류였던 잉글랜드계가 아닌 아일랜드계였으며 종교 또한 개신교가 아닌 로마 가톨릭이었다. 그가 대통령 후보 수락연설에서 밝힌 새로운 개척자뉴 프런티어 슬로건은 미국의 경제적 발전뿐만 아니라 개발도상국의 발전에도 관심을 기울인 정치철학이 되었다.

케네디 대통령은 임기 중에 커다란 이슈들을 처리해야만 했다. 피그스만 침공, 쿠바 미사일 위기, 베를린 장벽, 소련과의 우주경쟁, 베트남 전쟁 간접 개입, 흑인 민권운동 등등이 그것들이다. 쿠바 미사일 위기 대응이나 베트남 전쟁에 대한 정책은 사후에 시간이 흐르면서 살짝 다른 평가가 나오고 있긴 하지만 전반적으로 호평을 받고 있다. 그러나 내정면에서 의회와 사이가 좋지는 못했다.

그는 취임 3년만에 1963년 11월 22일 유세지인 텍사스 주 댈러스 시에서 자동차 퍼레이드 중 암살자의 총격에 사망했다. 장례는 국장으로 치뤄졌으며, 세계 92개 국의 국가원수와 사절단들이 참석했다. 대통령직은 부통령이었던 존슨이 승계했다. 뉴욕국제공항의 명칭이 이 사건을 추념하여 존 F. 케네디 국제공항으로 바뀌었다.

21
January

무장공비

북한 무장공비 김신조 일당, 청와대를 습격하다

1968년 1월 21일 일요일이었던 그날 북한 정찰국 소속 공작원 31명이 박정희 대통령을 암살하기 위해 서울 세검정 고개까지 침투했다. 이들은 19일 오후 1시 쯤 파주군 법원리 초리골 야산에서 나무꾼 4명과 마주치면서 작전에 차질을 빚었다. 누구든 만나면 죽이라는 지시를 받았지만 자체 투표 결과 살리자는 의견이 다수였고, "신고하면 가족들을 몰살 시키겠다."는 협박과 "조만간 다시 와서 큰 상을 주겠다."고 회유를 한 뒤 풀어주고 말았다.

나무꾼들은 산을 내려가자마자 인근 파출소에 신고했다. 군경은 이날 밤 9시부터 대응에 들어갔다. 21일 저녁 사복으로 갈아입은 공비들이 서울 시내로 들어왔다가 10시 5분 종로경찰서의 검문에 걸려 교전이 발생했다. 31명 중 29명은 사살됐으며 1명은 도주한 것으로 판단되며 김신조만이 유일하게 투항해 살아남았다. 김신조는 기자회견에서 침투 목적을 묻는 기자에게 "박정희 모가지 따러 왔수다."라고 말해 온국민을 경악하게 만들었다. 이후 김신조는 결혼도 하고 목사가 돼 목회자 생활을 했다. 하지만 북한에 있던 부모와 7형제는 고향 청진에서 공개처형됐다고 한다.

이 사건 이틀 후 북한이 미국 정보함 푸에블로 호를 나포하는 사건이 발생한다. 박정희 대통령은 협상에 나서는 미국에게 1.21사태에 대한 북한의 사과를 받아줄 것을 요구하지만 거절당한다.

1.21 사태 이후 남한에서는 많은 변화가 일어났다. 향토예비군이 창설되었고 군복무도 6개월 연장됐다. 또한 영화 〈실미도〉에 나오는 684부대처럼 이 사건의 보복을 위한 부대가 비밀리에 창설되기도 했다.

22
January

반정부 시위

제정 러시아에서 일어난 '피의 일요일' 사건

1905년 1월 22일. 제정 러시아의 당시 수도 상트페테르부르크에서 노동자들 6만여 명이 모여 탄원 집회를 열었다. 노동자들이 원한 것은 노동자의 법적 보호, 러일전쟁의 중지, 헌법 제정, 기본적 인권 확립 등 이었다. 당시에 러시아에는 헌법도 의회도 없었으며 '차르'로 일컫는 황제와 소수의 귀족이 농민 위에 군림하고 있었다.

노동자들은 니콜라이 2세에게 탄원하기 위해 게오르기 가폰 신부의 인솔 하에 〈겨울궁전〉으로 찬송가를 부르며 행진을 하였으나 근위군이 발포하였다. 심지어 대포까지 쐈으며 황제의 기병대도 돌진하며 칼을 휘둘렀다. 사망자만 1천 명(4천 명이 넘었다는 주장도 있다)에 이르는 것으로 추정되고 수천 명이 부상당하는 유혈사태가 됐다. 사건은 모스크바 시내로 빠르게 퍼졌으며, 시내 곳곳에서 폭동과 약탈이 이루어졌다. 이름 하여 '피의 일요일' 사건이다.

'피의 일요일' 사건의 결과로 황제 숭배의 환상이 깨졌다. 신처럼 섬겨온 차르의 명령으로 수많은 동료들이 죽어가자 차르에 대한 적대감을 품게 되었다. 또 전국 규모의 반정부 운동이 발발했다. 일본과 전쟁 중이던 러시아는 글자 그대로 내우외환의 위기를 맞은 셈이다.

이같은 상황에서 전권대사로 파견된 비테는 의회 구성을 약속하며 민중을 설득하려 했으나 제국의 붕괴를 막을 수는 없었다. 라이오닐 코찬과 같은 사회학자들은 피의 일요일 사건을 1917년 러시아 혁명으로 이끈 도화선으로 간주했다. 성난 민중들이 사회주의 혁명인 10월 혁명을 주도함으로써 로마노프 왕조는 몰락의 길을 걷게 되었다.

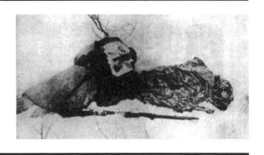

일본군 199명이 핫코다 산에서 동사하다

20세기 초 영일동맹을 등에 업은 일본은 만주와 조선의 이권을 위해 러시아와 전쟁이 불가피 하다고 판단했다. 대 러시아 작전 중 하나로 홋카이도를 거쳐 혼슈 북부로 침공해오는 러시아군의 남하에 대한 방어작전이 있었다. 이 중에 철도 사용이 불가능할 경우 대체 보급 루트를 확보하려 했고 내륙의 핫코다 산을 관통하는 루트를 개척하려 했다.

이에 육군 8사단 5연대 2대대에게 동계 산악행군을 겸한 보급로 탐사 명령이 내려졌다. 인근 대대의 일부 인원을 포함한 210명의 병력이 투입됐다. 탐사대는 1902년 1월 23일 아침 7시경 부대를 출발해 순조롭게 행군했다. 하지만 산중턱 가까이까지 오른 오후부터 기상이 급격히 악화됐다. 폭설과 맹추위가 덮친 것이다.

지휘관은 망설였다. 내려가자니 여기까지 올라온 것이 아까웠고 계속 오르자니 날씨가 걱정이었다. 논의 끝에 '강행'하기로 했으나 어두워질수록 날은 더 추워졌고 눈도 더 쏟아졌다. 지휘관은 쌓인 눈 때문에 썰매를 포기하고 병사들에게 짐을 맡겨 체력을 급격히 고갈시켰다. 게다가 비상식량마저 얼어서 먹을 수 없게 되었다. 그럼에도 지휘관들은 병사들에게 수면과 휴식을 줄 생각을 하지 않고 야간행군을 강행했다.

돌이킬 수 없을 지경에 이르렀을 때야 지휘관들은 회군을 명했으나 나침반조차 얼어붙고 쌓인 눈 때문에 길을 잃고 말았다. 추위와 굶주림 속에 폭설 속에서 죽음의 행군이 계속되었다. 결국 199명이 동사하고 그나마 구조대에 의해 구조된 생환자도 다수가 사지를 절단해야 하는 중상을 입었다.

24
January

매킨토시,
스티브 잡스

스티브잡스, 매킨토시로 PC 역사에 획을 긋다

1984년 1월 24일. 스티브 잡스는 애플 최초의 개인용 컴퓨터 매킨토시 128k를 소개하는 역사적이고 충격적인 프레젠테이션을 진행했다. 이 발표는 개인용 컴퓨터PC 역사의 한 획을 긋는 사건이었다고 해도 과언이 아니다.

1980년대까지만 해도 개인용 컴퓨터는 전문가들의 전유물로만 여겨졌다. 일일이 텍스트를 입력해서 조작해야 했고 무엇보다 일반인들이 구하기에는 턱없이 비쌌다. 당시 그래픽 사용자 인터페이스GUI를 채택한 컴퓨터 '리사'의 가격이 고급 자동차와 맞먹는 1만 달러에 육박했지만 매킨토시는 2,495 달러에 불과했다.

감청색 정장에 흰색 와이셔츠, 연녹색 나비 넥타이를 한 스티브 잡스는 가방 속에서 한 손으로 가볍게 매킨토시를 꺼냈다. 이어 안주머니 속에서 플로피 디스크를 꺼내 디스크에 넣고 컴퓨터를 구동시킨다. 마우스는 연결된 채 앞에 놓여 있다. 빠른 박자의 음악소리가 나오고 어두워 진 무대 위에는 모니터만 환하게 보였다.

이윽고 모니터 가득히 'MACINTOSH'라는 글자가 천천히 흘러 지나가자 청중들은 박수와 환호를 보낸다. 이어 잡스는 "사상 처음으로 매킨토시가 말을 하게 하겠다."고 소개하고 컴퓨터로 걸어갔다.

잠시 후 매킨토시가 "Hello. I am Macintosh."라고 말을 시작하자 관중들은 엄청난 환호와 박수를 보낸다. 이 장면은 잡스가 매킨토시의 극적인 등장을 위해 사전에 그렇게 집착한 장면이기도 했다. 스티브 잡스는 만면에 가득 웃음을 머금은 채 단상아래 사람들을 쳐다봤다. 마치 "어때 놀랐지?" 하는 듯한 모습이었다.

January

2차 세계대전

벌지 전투에서 나치 독일이 무너지다.

1944년 말 히틀러는 보급선 확보를 위한 연합국의 라인 강 지역 공격이 잠시 주춤해지자 작전명 '라인을 수호하라'라는 대반격작전을 구상했다. 하지만 벨기에 아르덴의 삼림과 산악지대로 독일 기갑부대가 통과하기 어렵다고 본 연합군은 약한 부대를 배치했다. 또 독일군이 보안을 강화해 적절한 첩보도 얻지 못했고 짙은 안개로 정찰기마저 제 기능을 발휘하지 못했다.

마침내 1944년 12월 16일 독일군은 진격을 개시했다. 전선의 일부가 주머니처럼 돌출된 것을 가리켜 미군은 '벌지Bulge'라고 불렀다. 악천후는 독일군에게 큰 도움이 되었다. 허를 찔린 연합군은 초기에는 위급했으나 12월 하순에 이르자 지원부대의 도움으로 반격을 가했다. 히틀러가 예상한 것보다 훨씬 빠른 대응이었다.

히틀러는 또 연합군 후방에 공수부대를 투입할 계획슈퇴서 작전이었으나 짙은 구름과 강한 눈보라로 낙하지점에 차질을 빚었다. 또 완벽히 영어를 구사하는 부대에 미군복을 입혀 교란작전그라이프 작전을 펼쳐 어느 정도 성과를 거뒀다.

12월 23일 날씨가 좋아지면서 연합군은 바스토뉴 지역에 대한 공중폭격과 공중보급을 시작하며 반격에 나섰다. 전세가 기운 24일 밤 철수할 것을 제안하는 부하 장군의 요청을 히틀러는 거부했다. 패튼의 제3군은 바스토뉴를 구원하기 위해 전투를 계속하였으나, 결국 1945년 1월 13일 독일군은 바스토뉴에서 퇴각했다. 23일에는 독일군 사령부가 작전중지를 결정했고 1월 25일 전투는 종료되었다. '벌지'전투로 인해 독일군은 결정적인 손실을 입었고 전쟁 종결은 빨라지게 됐다.

26
January

덕혜옹주

덕혜옹주, 36년만에 고국의 품에 안기다

1962년 1월 26일. 고종의 외동 딸 덕혜옹주가 김포공항에 도착했다. 일제에 의해 강제로 일본에 끌려 간 지 정확히 36년 9개월만이다. 총명했던 12살 소녀는 아무도 알아보지 못하는 정신질환을 앓는 50을 바라보는 노인이 돼 버렸다.

덕혜옹주는 고종과 귀인 양씨 사이에 난 딸로 고종의 환갑날에 태어났다. 더욱이 고종에게는 4명의 딸이 있었지만 모두 돌을 못 넘기고 죽어 덕혜옹주는 외동딸이었다. 자식이 없었던 순종과 윤비도 덕혜옹주를 친딸처럼 예뻐했다. 덕혜옹주는 총명한데다 노래와 춤 등 재주가 많았다.

고종은 귀한 딸을 일본에 빼앗기지 않으려고 약혼을 시도했지만 일본은 약혼하려 했던 사람의 덕수궁 출입을 막으며 방해를 했다. 고종이 1919년 갑자기 승하하자, 일본은 황족은 일본에서 교육시켜야 한다는 구실로 옹주를 강제로 일본으로 데려갔다. 감수성 강한 어린 소녀는 그렇게 내몰렸다. 당시 일본에는 이복 오빠인 영친왕도 볼모로 잡혀 와 있었다.

강제로 끌려간 뒤 1930년 몽유병 증세를 보이던 옹주는 이듬해 다케유키라는 일본인과 정략 결혼 뒤에 딸 정혜를 낳았지만 병세가 악화돼 정신병원에 보내졌다. 게다가 옹주의 딸 정혜마저 1956년 결혼했지만 오래 못 가 이혼하고 유서를 남긴 채 실종돼 버렸다.

해방 후에도 이승만 대통령은 정치적인 이유로 덕혜옹주의 귀국을 허락하지 않았다. 정부가 호적을 만들어 준 것도 귀국 20년이 지난 1982년의 일이었다. 덕혜옹주는 결국 1989년 4월 21일 76세의 일기로 한 많은 인생을 하직했다. 덕혜옹주의 무덤은 남양주 홍유릉에 있다.

27
January

프란시스 드레이크

탐험가며 군인,
그리고 해적이었던 프란시스 드레이크가 잠들다.

1596년 1월 27일. 영국의 탐험가이자 군인이면서 유명한 해적이었던 프란시스 드레이크는 파나마 인근 배 위에서 이질로 사망했다. 향년 55세. 드레이크는 영국 역사에서 중요한 인물이다. 그는 노예무역과 해적질을 했지만 결국 해군 제독이 되어 무적함대 스페인을 누르고 '해가 지지 않는 영국' 건설에 크게 기여한 인물이다.

드레이크는 1543년 남부 잉글랜드에서 농부의 12명 아들 중 장남으로 태어났다. 영국 최초의 노예 무역상인 삼촌 존 홉킨스 밑에서 노예무역을 하던 어느 날 스페인 함대의 기습공격으로 거의 전멸하고 자신은 겨우 목숨만 살아온다. 이 경험은 드레이크로 하여금 평생을 두고 스페인에 대한 복수심을 갖게 했다. 드레이크는 복수심으로 서인도 제도의 스페인 선박이나 식민지 마을을 습격했다. 1573년에는 파나마에서 스페인 왕의 보물을 잔뜩 실은 카카푸에고 호를 공격해 어마어마한 재물을 획득했다. 당시 잉글랜드의 국고 세입을 훨씬 넘는 규모였다. 이때 드레이크가 거친 항로는 마젤란에 이은 세계 2번째의 세계일주였다.

드레이크는 빼앗은 보물을 고스란히 엘리자베스 1세에게 헌납했는데 이는 잇단 전쟁으로 궁핍해진 영국 왕실에게는 행운이었다. 여왕은 친히 드레이크 배로 가서 작위를 내리고 해군 제독에 임명했다. 드레이크는 스페인과의 아르마다 해전에서도 화공火攻으로 공을 세웠다. 그는 스페인 사람들에게는 노예상이요 해적에 불과했지만 영국에서는 인기를 얻은 사람이었다.

챌린저 호 폭발

사상 최악의 우주사고, 챌린저 호 폭발

1986년 1월 28일. 미국 케네디 우주센터에서 발사된 챌린저 호는 발사 73초 만에 공중폭발하고 말았다. 이 최악의 우주사고로 막대한 금전적 피해는 물론 7명의 비행사 전원이 사망했다. 당시 사고 장면은 CNN 방송으로 생중계 돼 기대 속에 지켜보던 세계를 경악케 했다.

챌린저 호에는 최초의 민간인으로 크리스타 매콜리프라는 여교사가 타고 있었다. 그녀의 임무는 우주에서 지상으로 원격 강의를 하는 것이었다. 사고 현장에는 수업을 받을 학생 18명도 와 있었으니 학생들은 큰 충격을 받았다. 챌린저 호는 원격강의 외에도 핼리 혜성 관측과 과학실험, 색소폰 연주 등을 계획했으나 모두 물거품이 되고 말았다.

사고 원인은 추운 날씨에 얼어버린 로켓 추진 장치의 고무링 때문으로 밝혀졌다. 기술자들이 수차례 이를 지적했으나 무시하고 발사를 강행했다고 한다. 인재人災였다는 얘기다. 우리나라의 '나로 호'도 고무링 결함으로 발사가 연기되기도 했다. 천문학적인 돈과 수많은 전문가들이 참여해 만든 로켓이 고작 작은 부품하나 때문에 무용지물이 돼 버린 것이다. 이 사고로 충격을 받은 미국은 1988년 9월 29일 디스커버리 호가 발사될 때까지 약 3년 간 우주 왕복선 운용을 전면 중단했다.

마리아나 해구의 깊이를 처음으로 측정한 영국의 탐사선에서 이름을 따온 챌린저 호는 사고 전에는 많은 기록을 갖고 있었다. 지구를 987회나 돌았으며, 야간에 발사된 첫 우주왕복선, 첫 미국인 여성을 태웠고, 처음으로 흑인을 태우기도 했다. 그러나 25번째 임무는 완수하지 못한 채 폭발하고 말았다.

January

소행성

지름 250미터 크기 소행성, 지구 곁을 스치다

2008년 1월 29일 오전 8시 33분협정세계시. 지름 250미터 크기의 소행성 '2007 TU24'가 지구 53만 8천km 옆을 지나갔다. 우주에서 53만km는 정말 가까운 거리다. 이정도 크기의 소행성이 이정도로 지구 가까이를 통과하는 것은 처음 있는 일이라 큰 주목을 받았다. 궤도상 지구와 충돌할 가능성이 없다고 예보됐지만 만약 충돌한다면 어마어마한 충격이 예상됐기 때문에 모두 긴장했다. 2007년 10월 11일 애리조나 주의 카탈리나 탐사팀이 발견한 이 행성은 앞으로 약 2000년 후에나 비슷한 위치로 지날 것으로 예상된다.

미 항공우주국NASA은 지구로부터 약 1억 9천 300km 안으로 접근하는 것을 '지구근접천체NEO'로 규정한다. 특히 충돌 가능성이 있는 소행성을 PHAPotentially Hazardous Asteroids라고 부른다. 지금까지 알려진 PHA만 200여 개가 넘는다. 게다가 PHA 중에는 정확한 궤도가 파악되지 않은 것도 많은 실정이어서 우리를 불안케 한다.

'2004 MN4'이라는 소행성은 2029년 4월 13일 지구와 굉장히 가깝게 스쳐 지나갈 것으로 예상되고 있는데 그 거리가 불과 3만km라 육안으로도 관측이 가능할 것으로 보인다. 크기가 300m이니 적지 않다.

현재 지구상에 발견된 충돌 흔적 중 가장 큰 것은 남아프리카공화국에 있는 브레드포트Vredefort 충돌구로 약 20억 년 전에 만들어진 것인데 생성 당시에는 거의 직경 380km에 달했던 것으로 분석된다. 이 정도면 지구상에 생명체가 대부분 멸종했을 것으로 추정된다.

30
January

히틀러

히틀러, 독일 총리가 되다

1933년 1월 30일. 히틀러가 나치당 당수로 독일 총리에 임명된 날이다. 나치 독일시대의 개막이자 세계가 무서운 소용돌이 속으로 끌려들기 시작한 날이다. 당시 87세의 대통령 힌덴부르크는 정치와 경제의 혼란을 수습하기 위해 44세의 젊은 그를 선택했다. 히틀러는 곧바로 일당독재체제를 구축하고 이듬해 힌덴부르크가 죽자 대통령을 겸하는 총통이 된다. 이후 긴급조치와 법 개정을 통해 반대세력을 무자비하게 탄압했다.

하지만 1차 세계대전의 패전으로 정신적 공황상태였던 독일 국민들은 오히려 열광한다. 경제를 되살리고 1차 세계대전 패전으로 잃은 영토를 되찾고 유럽과 러시아를 무력으로 합병하는 것을 강력히 추진하는 그에게 독일 국민들은 대리만족을 느꼈다. 아우토반이 건설되고 자동차가 생산되고 거대한 숲이 조성되자 국민들은 신이 났다. 게다가 히틀러는 대단한 연설가요 선동가였다.

결국 히틀러는 폴란드를 침공함으로써 2차 세계대전이라는 비극의 방아쇠를 당기고 만다. 프랑스에서 승리에 도취한 히틀러는 소련까지 침공, 스탈린그라드에서 패전을 한다. 이후 그는 현실을 무시한 지령을 남발하고 롬멜 같은 훌륭한 장군을 죽게 만든다. 2차 세계대전 중 그는 어린이 100만 명을 포함한 600만 명의 유대인을 포함해 1천 1백만 명의 민간인과 포로들을 학살했다.

마침내 그 역시 1945년 4월 30일 2차 세계대전의 패전이 눈앞에 다가오자 지하 벙크에서 권총으로 자살하고 만다. 그의 나이 겨우 56세였다. 아돌프 히틀러는 1889년 4월 20일 폭력적인 아버지와 병약한 어머니 사이의 6남매 중 넷째로 태어났다.

31
January

도쿠가와 이에야스

에도막부 1대 쇼군, 도쿠가와 이에야스가 태어나다

1543년 1월 31일 율리우스력. 오다 노부나가, 도요토미 히데요시와 함께 일본 전국시대 3인방의 한 사람으로 전국시대를 통일하고 에도막부 시대를 연 도쿠가와 이에야스가 태어났다. 일본은 15세기 말부터 각지의 군웅이 할거하며 피비린내 나는 싸움을 벌인 전국시대가 100년이나 지속됐다. 이런 혼란을 끝내고 봉건제 형태의 막부시대를 연 사람이 도쿠가와 이에야스다. 막부시대는 그 후 265년 동안 지속됐다.

통일의 초석을 놓은 것으로 평가받는 오나 노부나가가 '혼노지의 변'으로 자결하자 도요토미 히데요시가 정권을 잡았다. 그에게 복종하고 공을 세운 이에야스는 간토 지방을 할양받아 통치한다. 이때 늪지를 매우고 성을 쌓아 개발한 에도가 오늘날 일본의 수도인 도쿄다.

히데요시가 임진왜란을 일으켜 다이묘들을 조선으로 보낼 때도 이에야스는 안으로 군사력을 비축했다. 결국 임진왜란 도중에 히데요시가 사망하자 이에야스는 실권을 장악한다. 이후 세키가하라 전투 등 힘든 과정을 겪고 마침내 막부시대를 열고 1대 쇼군에 오른다.

우리나라 CEO들이 즐겨 읽는 소설《대망》의 주인공인 이에야스는 천재적 재능도 없었고 시대적 운도 따르지 않았지만 강한 인내심과 냉철한 판단력으로 상황을 개척한 리더다. 그는 극단적으로 경계심이 강한 인물로 야심이나 꿈 같은 것은 믿지 않는 철저한 현실주의자였다. 어릴 적에 이마가와 요시모토라는 다이묘 밑에서 약 10년 간 인질생활을 통해 터득한 철학이었다. 그에게 소중한 재산이라면 그의 말이라면 물불을 가리지 않는 500여 명의 가신들이었다.

2월

1
February

영어사전

《옥스퍼드 영어사전》이 출간되다

1884년 2월 1일. 인쇄 제본형 표준판《옥스퍼드 영어사전》1권이 출간됐다.《옥스퍼드 영어사전》은 언어학자뿐만 아니라 문학연구가들에게도 필수 사전으로 평가를 받는다. 흔히 미국의《웹스터 영어사전》과 비교되지만 양과 질에 있어서 단연 최고의 권위를 인정받고 있다.《옥스퍼드 영어사전》은 흔히 알고 있는 사전처럼 표제어의 의미만 풀어놓은 것이 아니라, 단어의 역사적 발달 순서와 용법을 참고할 수 있는 문헌까지 수록했다. 단어의 탄생, 생존, 소멸의 과정을 모두 기록한 그야말로 단어의 역사를 기록한 사전이다.

사전 제작과정에는 수많은 평범한 사람들이 참여했다. 요즘 말로 '크라우드 소싱Crowd Sourcing'이다. 유명한 책《교수와 광인》의 주인공이자 실존인물인 사이먼 윈체스터도 살인범으로 정신병원에 갇혀 있으면서 사전 제작에 필요한 자료를 꾸준히 제공하기도 했다.

1권이 나온 지 무려 44년만인 1928년에야 초판이 완성됐다. 초판은 총 12권 분량의 책에 41만 4천 8백 25개의 어휘와 500만 개 인용문 중 고르고 골라 1백 82만 7천 3백 8개의 보기 인용문이 실려 있었다. 이후 1989년에는 20만 개가 늘어나 총 60만 개의 단어가 실린 2판 개정판전 20권이 발행되었다. 지난 2010년 8월에는 인쇄판 수요 감소에 따라 당분간 온라인판에만 집중하겠다는 입장을 밝힌 바 있다. 옥스퍼드대 출판부는 온라인 사전 수요가 계속 증가할 것으로 보이지만, 2037년을 목표로 하는 제3판 출간 시점에서 수요가 충분하다면 인쇄판도 고려할 계획이다. 온라인 사전 초판은 2000년 처음 나왔으며 3개월 마다 어휘를 새롭게 등재하고 있다.

2
February

2차 세계대전,
스탈린그라드

인류 최악의 전투, 스탈린그라드 전투가 종료되다

1941년 6월 22일. 독일은 독소불가침조약을 깨고 소련을 전격 침략했다. 독소전쟁이 발발한 것이다. 스탈린그라드는 카스피 해와 북부 러시아를 잇는 중요한 수송로인 볼가 강 하류에 위치한 도시로 유전지대를 연결하는 주요 석유 공급로인데다, 코카서스로 전진하는 독일군 좌익의 안전이 필요한 히틀러에게는 중요한 전략적 요충지였다. 게다가 레닌 사후에 공산당 서기장에 오른 스탈린의 이름을 따 개명한 도시여서 히틀러는 상징적으로라도 꼭 차지하고 싶었다. 스탈린도 이 점을 잘 알고 있었기 때문에 "총을 들 수 있는 모든 사람을 이곳으로 보내라."며 총동원령을 내렸다.

1942년 7월 17일에 시작된 '스탈린그라드 전투'에서 독일군 제6군은 33만 병력에 600대의 폭격기가 동원됐다. 독일 공군의 공습으로 4만여 명이 희생됐다. 그러나 점차 독일군은 시가전에 취약함을 노출해 전황은 교착상태에 빠졌다. 더구나 소련의 혹독한 추위에다 보급마저 여의치 않아 독일군은 고전했다. 11월부터는 소련군의 반격이 시작되었고 밀리던 독일군 22개 사단이 스탈린그라드에서 포위당한 채 고립되고 말았다. 이후 2개월 간 양측은 처절한 싸움을 계속한 끝에 독일군은 1943년 2월 2일 결국 소련군에 항복했다.

이 전투에서 독일군은 22만여 명의 전사자와 9만 1천여 명의 포로가 발생했고, 추축국이탈리아·루마니아·헝가리군인도 30만 명 이상의 피해를 입었다. 소련군은 47만 8천여 명의 전사자를 포함해 110만여 명의 사상자를 기록했다. 이 전투에서 독일은 회복하기 어려운 피해를 입었다.

3

February

구텐베르크

활판 인쇄술 발명가 구텐베르크, 사망하다

인류의 지성사를 나눌 때 활판인쇄의 발명을 중요한 전기로 꼽는 사람이 많다. 1455년 구텐베르크는 활판 인쇄술로 구텐베르크 성서를 대량인쇄하여, 성직자와 지식인들만 읽을 수 있었던 성서를 대중화시켰다. 성직자를 통하지 않고도 하느님의 말씀을 직접 듣게 된 셈이다. 또 당시 책들은 필사본이라 수량이 적어서 가격이 매우 비싸고 구하기가 힘들었지만, 활판 인쇄술로 책의 대량생산이 가능해졌고 많은 사람들이 이전보다 쉽게 책과 접할 수 있게 되었다. 대량생산된 책 중에는 그리스와 로마의 고전 작품도 있었고 이것은 르네상스의 밑거름이 되었다.

마르틴 루터는 로마 가톨릭의 면죄부 판매를 비판하기 위해 95개조 반박문을 써서 비텐베르크 성城 교회의 문에 붙였다. 이 글은 대량으로 인쇄되어 2주 만에 독일 전역에, 2달만에 유럽 전역에 퍼졌다고 한다. 결과적으로 구텐베르크의 인쇄술이 면죄부 판매를 비판하는 논리를 널리 퍼트려 종교개혁의 불씨를 지폈다고 할 수 있다. 또 지역별로 언어의 차이가 심했던 독일에서 성경 번역어가 독일 전역에 표준어로 정착했고 이는 독일의 문화적 민족주의를 확산시켰다. 이 외에 활판 인쇄술은 대중매체의 한 종류로서의 신문이 탄생하는 데에도 기여했다.

1999년 역사 전문 케이블방송 '히스토리 채널'에서 '1000년을 빛낸 세계의 100인'에서 아이작 뉴턴2, 마르틴 루터3, 찰스 다윈4, 윌리엄 셰익스피어5 등을 제치고 당당히 1위로 뽑힌 인물은 바로 요하네스 구텐베르크였다. 1468년 2월 3일 그는 사망했다.

February

로자 파크스,
흑인 인권운동

흑인 인권운동가 로자 파크스가 태어나다

1955년 12월 1일. 앨라배마 주 몽고메리의 퇴근길 한 버스 안. 버스 운전사는 자리에 앉아 있는 흑인 여성을 향해 백인에게 자리를 양보하라고 지시했고 이 여성은 이를 거부했다. 당시 몽고메리에는 버스 앞 4줄은 백인 전용으로 설정되어 있었다. 하지만 그녀는 유색인종 전용 좌석에 앉아 있었음에도 백인들이 많이 타자 자리 양보를 강요받은 것이다. 자리 양보를 지시받은 4명의 여성 중 1명이 이에 항의한 것이다. 이 여성의 이름은 로자 파크스였다. 이에 앞서 3월 2일에도 15세 소녀가 백인에게 좌석을 양보하지 않았다는 이유로 수갑이 채워져 버스에서 쫓겨나기도 했다. 수년 동안 흑인사회는 이러한 불평등에 대해 불만을 표출해왔다.

로자 파크스는 곧바로 체포되었고 경찰조사를 받고 풀려난 뒤 전미흑인지위향상협회NAACP에 지원을 요청했다. 몽고메리 전역에 대량의 유인물이 배포되었다. 흑인 교회들도 속속 버스 보이콧 운동에 동참하기 시작했다. 이후 1년이 넘도록 흑인들은 버스를 타지 않는 보이콧이 이어졌다. 흑인들은 다음과 같은 요구를 했다.

■ 흑인이 평등하게 존중받을 것 / ■ 승차 순서대로 좌석에 앉을 수 있게 할 것 / ■ 흑인 운전기사를 고용할 것

흑인들의 보이콧으로 버스 좌석 대부분이 빈 채 운행됐다. 당시 승객의 약 75%가 흑인이었기 때문이다. 382일 간의 보이콧은 인종차별 저항운동으로 번지면서 마틴 루터 킹 목사까지 참여하자 교통시설 인종차별정책이 폐지됐다. 또 미국 흑인 인권운동 강화의 계기가 됐다. 1913년 2월 4일은 흑인 인권운동가 로자 파크스가 태어난 날이다.

February

토마스 칼라일

역사학자 토마스 칼라일, 세상을 떠나다

토마스 칼라일은 존 스튜어트 밀과 더불어 빅토리아 시대 영국 지성계의 양대산맥으로 꼽히는 역사가이자 평론가다. 19세기 사상가로서도 큰 활약을 하였다. 그의 대표적인 저서로는 《의상철학》《영웅 숭배론》《과거와 현재》《프랑스 혁명사》 등이 있다.

그는 2년에 걸쳐 3권 분량의 《프랑스 혁명사》를 집필하고 있었는데 내용을 봐 달라며 존 스튜어트 밀에게 원고를 건네주었다. 그런데 밀의 가정부가 그 원고를 모두 불쏘시개로 써 버렸다. 상심한 칼라일은 우울한 나날을 보냈다. 그러던 어느 날 벽돌공이 벽돌을 하나하나 쌓아올려서 담장을 만드는 것을 보고 깨달음을 얻었다. 다시 '프랑스 혁명사'를 한 페이지씩 써가기로 한 것이다. 처음 쓸 때보다 오히려 심혈을 기울여 더 좋은 글을 쓸 수 있었다. 그렇게 《프랑스 혁명사》가 다시 세상에 나오게 됐다. 칼라일은 이렇게 말했다. "길을 가다 돌을 보면 약한 자는 그것을 걸림돌이라 하고, 강자는 그것을 디딤돌이라고 한다. 우리의 몫은 가능해보이는 일을 그저 바라보는 것이 아니라 당장 필요한 일을 실천하는 것이다."

이 책에서 그는 혁명을 지배계급의 악한 정치에 대한 천벌이라 하여 지지하였다. 또 영웅적 지도자의 필요성을 역설했다. 영웅을 알아보고 존경하기 위해서는 안목을 갖춘 작은 영웅들이 필요하기 때문에 결국 영웅으로 가득한 세계가 인류 사회를 발전시킬 것으로 봤다. 다만 그가 말하는 영웅은 용기 있고 성실한 인물로서 윌리엄 셰익스피어, 마르틴 루터, 루소, 나폴레옹, 무함마드 등을 꼽았다. 스코틀랜드의 한 청교도 가정에서 1795년 12월 4일 태어난 칼라일은 1881년 2월 5일 세상을 떠났다. 향년 85세였다.

6
February

엘리자베스 2세

엘리자베스 2세, 왕위에 오르다

여왕 엘리자베스 2세는 1952년 2월 6일 암으로 서거한 부왕 조지 6세의 뒤를 이어 왕위에 올랐다. 당시 그는 캐나다를 방문 중이었기 때문에 먼저 캐나다 여왕에 선포되고 다음날 영국 여왕이 되었다. 엘리자베스 2세는 영국뿐만 아니라 캐나다, 오스트레일리아, 뉴질랜드, 바하마 등 영연방 16개국의 왕이기도 하다. 오늘날 그는 지구상에서 2개 국 이상의 독립국을 다스리는 유일한 군주다.

1926년 4월생인 여왕은 현재 전 세계 군주들 가운데서 최고령이며 최장 기간 재위한 군주다. 2020년 현재 68년째 재위중이며 여왕의 나이 96세가 되는 2022년 2월 6일에는 군주의 재위 70주년을 기념하는 플래티넘 주빌리를 맞게 된다. 57세에 사망한 부왕 조지 6세가 병약했던 것과 달리 엘리자베스 2세는 건강 상태가 매우 좋기 때문에 가능할 것으로 예상된다.

지난 2012년 즉위 60주년을 맞아 실시된 영국의 가장 위대한 국왕이 누구인지 묻는 설문조사에서는 빅토리아 여왕, 엘리자베스 1세를 제치고 1위에 오르기도 했다. 또한 엘리자베스 2세 여왕은 2015년 9월 9일 오후 5시 30분을 기점으로 빅토리아 여왕의 통치 기간을 넘어서 영국의 최장수 통치자가 되었다. 1947년 엘리자베스 2세는 필립 마운트배튼과 결혼하여 3남 1녀를 두었다. 영국 해군에 복무하던 그를 본 엘리자베스는 첫눈에 반하여 그에게 편지를 쓰기 시작했다. 1999년 김대중 대통령의 초청으로 대한민국을 방문해 하회마을과 성공회 서울 주교좌 대성당, 이화여자대학교를 다녀갔다.

토마스 모어

《유토피아》의 저자 토마스 모어, 태어나다

1478년 2월 7일. 《유토피아》의 작가로 유명한 토마스 모어는 런던에서 법관 존 모어의 차남으로 태어났다. 어려서부터 영리했던 토마스 모어는 옥스퍼드 대학에서 그리스어 · 라틴어 · 신학 등을, 링컨 법학원에서 법률을 배웠다. 그때 에라스무스와 친교를 맺어 많은 영향을 받았다. 에라스무스의 대표작 《우신예찬》이 쓰인 곳이 바로 토머스 모어의 집이었다.

모어는 헨리 8세 개인 비서로 등용되며 탄탄대로를 걷기 시작했다. 1517년 루터의 종교개혁을 신랄하게 비판했는데 이점도 헨리 8세의 마음에 들었다. 모어의 이 같은 종교적 보수 성향은 고위직에 올라 편안한 삶을 살 수 있었음에도 수도자들이 입는 거친 옷을 입고 다니는 등 유혹을 멀리하려는 자세를 갖게 하였다. 하지만 종교적 자유를 주창한 《유토피아》의 내용과는 상반되게 그는 개신교를 이단으로 규정하고 철저히 탄압했다.

모어는 헨리 8세가 캐서린과 이혼하고 앤 불린과 결혼하려는 과정에서 사이가 멀어졌다. 처음에는 왕의 새로운 정책에 협력하였으나 헨리가 교황의 권위를 부정하기 시작하자 반대의 길을 걸었다. 결국 반역죄로 기소되어 1535년 7월 6일 참수형을 당했다. 처음에 그에게 거열형이 선고되었지만, 왕의 요구에 따라 참수형으로 바꾸었다. 그는 죽기 전에 군중들을 향해 "나는 왕의 좋은 신하이기 전에 하느님의 착한 종으로서 죽는다."고 외쳤다. 또 사형집행인에게 "내 목이 짧으니 조심하라."라는 유머를 한 것으로 유명하다. 1934년 영국인 로마 가톨릭 신자들의 집단 청원으로 로마 가톨릭 교회의 성인으로 공인되었다.

일본 함대, 러시아 군함을 기습하다

1904년 2월 8일에 일본 함대가 뤼순 항에 정박 중이던 러시아 군함을 기습 공격했다. 러일전쟁이 발발한 것이다. 일본은 9일 인천 앞바다에 있던 두 척의 러시아 군함을 격침시킨 뒤 다음날인 10일에야 선전포고를 했다. '삼국 간섭'으로 국제적으로 고립됐고 만주 진출이 저지됐던 일본이 드디어 행동에 나선 것이다.

일본은 중국 분할에 있어 러시아·프랑스·독일을 비롯한 열강들에 밀렸다. 이를 타개하는 방안으로 러시아와 손잡는 러일협상론과 영국과 제휴하여 러시아 견제를 노리는 영일동맹론이 대립되었으나 결국 1902년 1월 영·일동맹이 성립되면서 러시아와의 대립을 확실히 했다. 때마침 러시아는 만주의 독점적 지배는 물론, 압록강 연안에 진출하여 남하정책을 노골적으로 드러냈다. 결국 일본은 러시아와 무력 충돌을 선택한 것이다. 뤼순의 러시아 함대는 블라디보스토크로 탈출을 꾀하였으나 일본 해군의 총공격을 받고 항구 안에 봉쇄당하였다. 육상에서도 러시아군 32만 명과 일본군 25만 명이 1905년 3월 심양에서 맞붙었으나 러시아가 패하고 말았다. 하지만 예상외로 많은 전쟁 비용과 인명 희생으로 일본은 전쟁을 계속할 힘을 잃고 러시아와 강화를 모색하게 되었고, 러시아 역시 1905년 국내에서 일어난 혁명으로 더 이상 전쟁을 수행할 힘을 상실했다.

일본은 결정적인 승기는 발틱 함대와의 동해해전이었다. 1905년 5월 27일 진해만에 대기하고 있던 일본 연합함대는 아프리카 남단을 돌아오느라 전력과 전의가 극도로 떨어진 발틱 함대를 격파했다. 미국의 중재와 일본을 견제하려는 열강의 압력으로 1905년 9월 포츠머스 조약으로 전쟁은 종결됐다.

9
February

매카시즘, 공산주의

미국 의회에 불어 닥친 매카시즘 광풍

1950년 2월 9일. 미국 위스콘신 주 공화당 상원의원 J.R.매카시는 의회 연설에서 "미국에서 공산주의자들이 활동하고 있으며, 나는 297명의 공산주의자 명단을 갖고 있다."는 폭탄 발언을 했다. 매카시즘의 광풍이 시작되는 순간이었다. 《옥스퍼드 영어사전》에는 매카시즘을 "1950년부터 1954년 사이에 일어난, 공산주의 혐의자들에 반대하는 떠들썩한 반대 캠페인으로, 대부분의 경우 공산주의자와 관련이 없었지만, 많은 사람들이 블랙리스트에 오르거나 직업을 잃었다."고 정의하고 있다. 당시 미국 국민들은 2차 세계대전 후 냉전이 격화되면서 소련의 간첩과 중국의 공산화와 한국전쟁 등으로 공산세력의 급격한 팽창에 위협을 느끼고 있었다. 신문들은 매카시의 폭로를 사실여부에 관계없이 헤드라인으로 뽑았다.

많은 사람들이 직장을 잃고 경력을 망쳤으며, 투옥되기도 했다. 찰리 채플린이나 극작가 아서 밀러, 레너드 번스타인 등은 대표적 피해자다. 영화산업에서는 300여 명이 넘는 배우 및 작가, 감독들이 비공식적인 블랙리스트에 오르며 해고당하였다. 처벌자 대부분의 판결은 나중에 번복되었다. 심지어 대통령 트루먼도 공산주의자에게 약하다는 비난을 받았다

유력한 정치가나 지식인들도 매카시즘에 두려움을 느끼고 그에 반론을 제기하지 못했다. 그러나 국민들이 오랜 매카시즘의 광풍에 피로감을 느끼고 미국 연방대법원도 사상과 표현의 자유를 중시하는 판결을 내리기 시작했다. 결정적으로 1954년 4월 36일 진행된 매카시에 대한 청문회에서 육군에 대한 의혹제기의 사진들이 편집됐거나 허위문서였음이 드러나면서 실각하였다.

10
February

인공지능

IBM 딥 블루, 세계 체스 챔피언을 꺾다

1996년 2월 10일. IBM이 개발한 체스 프로그램 '딥 블루Deep Blue'는 시간제한이 있는 정식 대국에서 당시 체스 세계 챔피언이었던 러시아의 게리 카스파로프를 꺾었다. 그러나 나머지 5번의 대국에서 카스파로프가 3번 이기고 2번 비겼기 때문에 최종적으로는 카스파로프가 3승 2무 1패로 승리했다. 마지막 대국이 끝난 것은 1996년 2월 17일이다. 이듬해 1997년 5월 다시 맞붙었다. 성능이 향상된 새로운 컴퓨터의 비공식적인 별명은 '디퍼 블루Deeper Blue'였다. 6번의 대국은 5월 11일에 최종적으로 끝났고 3.5~2.5의 점수로 딥 블루가 승리했다. 이로써 딥 블루는 정식 체스 토너먼트에서 세계 챔피언을 꺾은 최초의 컴퓨터가 되었다.

IBM이 체스 전용 컴퓨터로 만든 '딥 블루'는 32비트 컴퓨터였던 IBM의 RS/6000SP를 기반으로 한 시스템으로서 IBM 공식 발표에 따르면 최종적으로 승리한 사양은 '32개의 프로세서가 탑재돼 있어 1초에 약 2억 개의 수를 읽는 연산이 가능'했다. 쉽게 말해 당시 기준으로 봤을 때 최첨단 하드웨어로 구성된 체스 전용 컴퓨터였다.

게임에 진 이후로 카스파로프는 그도 이해할 수 없는 기계의 창의성을 보았다고 한다. 그는 "기계는 안주하지도 않고, 걱정하거나 지치지도 않는다."라며 "나는 1997년 딥 블루와 대결했을 때 엄청난 압박감에 시달리고 있었고, 결국 내 경력에서 최악의 경기를 하며 패하고 말았다."라고 밝혔다. 카스파로프는 재경기를 원했지만 IBM은 그것을 거부했다.

11
February

넬슨 만델라

남아프리카 공화국 넬슨 만델라, 27년 복역하다 석방되다

남아프리카 공화국의 인종차별 정책인 아파르트헤이트Apartheid는 오랫동안 악명 높았다. 인종별로 거주지와 출입구역을 분리하고 통혼을 금지하는 등 노골적인 백인우월주의 정책이었다. 이 정책은 1948년 법으로 공식화된 이후 1994년 넬슨 만델라가 대통령이 된 후 완전폐지될 때까지 46년이나 지속됐다. 법집행 과정에서 화형, 총살, 고문 등의 온갖 잔악한 방법으로 유색인종들을 탄압했다.

증조 할아버지의 이름을 딴 만델라는 비트바테르스란트 대학 법학부에 재학 중일 때 아프리카 민족회의ANC에 들어가 청년동맹을 설립하고 반아파르트헤이트 운동을 벌인다. 1950년에는 ANC 청년동맹 의장으로도 취임했다. 1961년에는 '민족의 창'이라는 군사조직을 만들고 초대 사령관에 오른다. 1962년 8월 5일 반역죄로 체포되었고 1964년에는 무기징역을 선고받았다. 이후 만델라는 무려 27년을 복역한 뒤 1990년 2월 11일에 출소했다.

그는 이후 1994년 4월 남아프리카 공화국에서 실시된 사실상 첫 평등 선거에서 세계 최초로 흑인 대통령에 당선되었다. 취임 후에는 진실과 화해위원회TRC를 결성하여 용서와 화해를 강조하는 과거사 청산을 실시했다. 진심으로 죄를 고백하고 뉘우친다면 국가폭력 가해자를 사면한 것이다. 또 피해자 무덤에 비석을 세워줌으로써 희생이 헛되지 않도록 했다. 그가 쓴 책《자유를 향한 긴 여정》은《뉴욕타임스》가 뽑은 20세기 최고의 책에 선정되었다. 2013년 12월 5일 향년 95세를 일기로 타계했다.

12
February

찰스 다윈

진화론의 창시자 찰스 다윈, 태어나다

진화론의 창시자 찰스 다윈은1809년 2월 12일 영국의 부유한 의사 집안에서 태어났다. 그의 할아버지도 노예제도를 반대하는 진보 지식인 의사였다. 어린 시절. 수업에 집중하지 못해 교사에게서 심한 욕을 듣기도 했지만 자연의 경이로운 세계에 심취했다. 할아버지와 아버지처럼 의사의 길을 가길 바랐던 집안의 영향으로 에든버러 의과대학에 진학했으나 의학보다는 자연사에 관심이 많았다. 결국 의사의 길을 포기하고 케임브리지 대학에서 신학을 공부하던 그에게 해군측량선 비글 호를 타고 남아메리카와 태평양, 인도양을 거쳐 영국으로 돌아오는 해양 탐사계획에 추천되는 반가운 일이 생겼다. 아버지의 극심한 반대를 무릅쓰고 그는 탐사에 참여해 노트 수십 권 분량의 동식물 관찰결과와 수많은 암석 표본을 수집했다.

이 여행에서 다윈은 수많은 섬마다 다양한 동식물이 서식하고 있는 사실에 진화론의 힌트를 얻었다. 그 결과가 바로 1859년에 저술한 《종의 기원》이다. 이는 코페르니쿠스의 지동설만큼이나 세상을 놀라게 했고 지금까지도 수많은 논쟁을 낳고 있다. 다윈은 과학사적 관점에서는 만유인력을 발견한 뉴턴이나 상대성 이론을 정립한 아인슈타인 못지않은 업적을 쌓았다. 그의 이론은 유전을 제외하고 대부분 현대 생물학에서도 받아들여지고 있다.

인간은 불과 150여 년 전까지만 해도 신의 손에 탄생되었다는 믿음을 누구도 의심하지 않았다. 당연히 인간은 우주의 중심이었고 지구를 중심으로 하늘이 도는 것은 의심할 바 없는 진리였다. 그러나 코페르니쿠스와 갈릴레이 등이 죄인으로 재판까지 받으면서 신 중심, 지구 중심의 관점을 깼다. 다윈은 결국 인간도 만물의 일부로 본 것이다.

13
February

솔제니친 추방

러시아 문학가 솔제니친, 소련에서 추방되다

1974년 2월 13일. 알렉산드르 솔제니친은 러시아 관리들에 의해 비행기에 태워져 강제로 서독 프랑크푸르트 공항으로 추방됐다. '수용소 군도'의 원고가 비밀경찰KGB에 발각되고 원고를 소유하고 있던 친구가 KGB의 혹독한 신문 끝에 자살을 한 후였다. 그 역시 추방 전날에 발가 벗겨져 몸수색을 당하고 사형까지 가능한 대역죄 혐의를 통고받은 다음날이었다. KGB의 이 같은 조치는 소비에트의 강제노동수용소의 실태와 일화를 사실적으로 기록한《수용소 군도》가 해외에서 출판된 데 따른 조치였다.

'러시아의 양심' 솔제니친은 결국 미국 망명에 올랐다. 미국에 머무는 동안에도 그는 공산주의를 비판했다. 하버드 대학교 연설에서 그는 "공산주의는 아직도 치료할 수 없는 최악의 미치광이병"이라고 신랄하게 비판했다. 1918년부터 1919년까지 매달 1천 명 이상의 사람들이 재판도 받지 않고 처형되었다고 고발하기도 했다.

그가 태어나기도 전에 아버지가 죽고 불우한 어린 시절을 보낸 솔제니친은 2차 세계대전이 발발하자 자원입대한다. 그러나 전쟁 막바지인 1945년 친구에게 사적으로 보낸 편지 속에 당시 최고 실권자 스탈린을 비난하는 내용이 문제가 돼 8년 중노동형을 받는다. 이때의 경험은 1962년 출간된《이반 데니소비치, 수용소의 하루》에 생생하게 녹아 있다.

1994년 러시아로 돌아왔고 1998년에는 옐친 행정부가 그에게 훈장을 서훈하기로 하였지만 그는 "몇몇 권력자들 때문에 러시아는 실패한 국가로 전락해버렸다. 나는 이 상을 받을 수 없다."며 수상을 거절했다. 그는 2008년 89세의 일기로 사망했다.

14
February

전화, 특허

전화 특허 싸움, 알렉산더 그레이엄 벨 vs 엘리샤 그레이

1876년 2월 14일. 미국인 알렉산더 그레이엄 벨이 전화기 특허를 접수했다. 그가 특허청에 들어간 지 2시간이 채 못 돼 당시 전신전화 분야의 최고의 기술자 엘리샤 그레이도 특허 접수를 했다. 성능면에서는 그레이의 특허가 더 우수했다. 벨이 가죽으로 음성을 전달하는 방식인데 비해 그레이는 금속막을 사용했기 때문에 더욱 효율적으로 소리를 더 잘 전달할 수 있었다. 특허청은 고민 끝에 조금이라도 일찍 서류를 제출한 벨의 손을 들어주었다.

사실 전화기 발명에는 이보다 기술면에서 앞서고 시기적으로 빠른 사람들도 많았다. 이탈리아 발명가 안토니오 메우치도란 사람은 1860년 전화기를 발명해 미국회사에 공동개발을 요청했으나 서류가 분실되어 특허가 무산된 일도 있었다. 벨은 특허를 획득한 다음 해인 1877년에 가디너 허바드, 토머스 샌더스 등과 함께 '벨 전화회사'를 설립했다. 이 회사는 1885년 AT&T로 회사이름을 바꾸고 세계 최대의 통신사업자가 되었다.

많은 사업가들이 벨보다 먼저 전화기를 발명했음에도 불구하고 오늘날 벨이 전화기의 최초 발명가로 인정하고 기억되는 이유가 있다. 그것은 벨이 돈을 벌기 위한 사업적인 수단이 아니라 전화기 발명의 진정한 가치를 알았기 때문이었다. 그는 음성학과 농아교육에 종사하면서 청각장애인들에게 어떻게든 소리를 들을 수 있도록 하는 데 전화 발명의 의미를 두고 접근했다. 회사를 설립한 후 10년 동안 미국에서만 15만 명이 전화기를 갖게 되었다. 벨은 회사를 설립한 이후에 '볼타연구소'를 창설하여 농아교육에 전력했다.

15
February

수전 앤서니,
여성 참정권

미국 여성 참정권 운동의 선구자 수전 앤서니, 탄생하다

1872년 11월 5일은 미국 연방 대통령 선거 투표일. 뉴욕 주 로체스터 시의 투표소에 밧줄로 몸을 묶은 한 여성이 나타났다. 그녀의 이름은 수전 앤서니였다. 그녀는 헌법을 근거로 투표를 하겠다고 주장했다. 그러나 해당 헌법 조항에는 '여자'가 들어 있지 않다는 이유로 구속 수감되고 만다. 그녀는 석방된 뒤 30일 동안 29번 연설을 하며 항의를 멈추지 않았다. 그녀는 결국 100달러 벌금에 처해졌다

수전 앤서니는 1820년 2월 15일 매사추세츠에서 면직물 제조업자이자 노예폐지론자인 부모 밑에서 태어났다. 그녀의 아버지는 자녀와 이웃아이들의 교육을 위해 학교를 설립하였는데, 그녀는 그곳에서 교육을 받았다. 퀘이커교였던 집안 분위기 덕분에 사회적 평등의 가치를 높게 인정했다. 그녀가 17세에 벌써 노예제 반대 청원운동에 참여한 것은 당연했다.

1856년부터 1861년까지 '미국노예제반대협회'의 뉴욕 대의원으로 활동하였다. 한편 동료 스탠턴과 어니스틴 로즈 등과 함께 여성 참정권과 기혼여성 재산권을 옹호하는 시민 1만 명의 서명을 얻어 뉴욕 의회에 법개정을 청원하였다. 또한 스탠턴과 함께 자유주의적 주간지 《혁명The Revolution》을 발행하면서 여성에게도 남성과 같은 동일노동·동일임금의 원칙이 적용되어야 한다고 지속적으로 주장했다. 또 뉴욕 근로여성협회를 조직하기도 했다.

그녀의 이 같은 노력에도 불구하고 1906년 3월 13일 여성의 참정권이 허용되는 모습을 끝내 보지 못한 채 86세의 일기로 사망하고 말았다.

16
February

김수환 추기경

우리나라 최초의 추기경 김수환, 선종하다

2009년 2월 16일은 우리나라 최초의 추기경인 김수환 추기경이 선종한 날이다. 1922년 6월 3일 대구에서 독실한 가톨릭 집안의 막내로 출생했다. 세례명은 스테파노. 조부 김보현은 1866년 병인박해 때 순교한 로마 가톨릭 신자였으며 집안 모두가 독실한 가톨릭이었다. 1951년까지 가톨릭대 신학부에서 신학을 전공하고 같은 해 사제 서품을 받았다.

1951년부터 1956년까지 대구대교구 안동본당 교구장 비서, 김천본당 주임 성의중고 교장 겸임을 맡았다. 1956년부터 1963년까지 독일 뮌스터 대학 및 대학원에서 사회학을 전공했다. 1968년 제12대 서울 대교구장으로 임명되면서 대주교가 되었다.

이 때 취임사에서 "교회의 높은 담을 헐고 사회 속에 교회를 심어야 한다."고 밝히면서 교회 쇄신과 현실참여 원칙에 따라 가난하고 봉사하는 교회, 한국의 역사 현실에 동참하는 교회상을 제시하였다. 이 같은 모습은 젊은 지식인과 노동자들로부터 지지를 얻었고, 이후 시국 관련 사건이 일어날 때마다 직간접적으로 큰 영향을 미쳤다.

1980년 광주 민주화운동 당시 모든 신자들에게 광주시민을 위한 기도를 요청했다. 6·10 국민운동 당시에는 명동성당에 진입한 시위대를 강제연행하는 경찰에 단호하게 맞섰다. 김수환 추기경은 그래서 단순히 종교지도자를 넘어서 온 국민이 존경하는 인물이 되었다. 1969년에는 교황 바오로 6세에 의해 한국 최초의 추기경이 되었다. 김수환 추기경의 묘소는 용인 천주교 공원묘지에 있다.

중국, 베트남을 침공하다

1979년 2월 17일. 중화인민공화국 국경수비대가 국경을 넘어 베트남을 전면 침공하였다. 제3차 인도차이나 전쟁이라고도 불리는 중국 베트남 전쟁이 발발했다. 두 나라의 상당한 규모의 병력을 동원했으나 1개월이라는 짧은 기간에 종료되었다. 중국은 오랫동안 베트남이 조공을 바칠 것으로 생각했다. 그러나 베트남은 1969년 중소 국경 분쟁에서 소련을 지지했다. 1978년에는 중국이 후원하던 크메르루즈를 베트남이 점령하자 중국은 북쪽 국경을 통해 베트남을 침공했다.

1979년 2월 15일, 중국 공산당 최고 기관의 중앙위원회 부주석인 덩샤오핑은 "동맹국 캄보디아 침공과 베트남 내의 중국계 화교 추방베트남 측은 이를 부인"을 이유로 '베트남에 대한 징벌적 군사행동'을 공식 발표하고 선전포고를 했다. 이어 2월 17일, 중월 국경 지대 전역에서 중화기 1,500문을 동원하여 포격을 가하고 10개 군 30만 명으로 베트남 국경을 침공했다.

베트남은 이 지역에 정규군 2개 사단 약 2만 명 정도와 민병대밖에 없었다. 그러나 이들은 현지 지형에 익숙했고 실전 경험도 풍부했다. 게다가 제2차 인도차이나 전쟁 이후 미국이 중국을 견제하기 위해 의도적으로 남겨둔 무기도 있었다.

결국 중국은 피해를 우려해 3월 6일 '징벌 완료'를 선언, 3월 16일까지 베트남 영토에서 완전히 철수했다. 하지만 캄보디아에 주둔한 베트남군을 철군시키려던 당초의 전쟁 목적은 전혀 달성하지 못했다. 양국은 1980년대 내내 치열한 국경 분쟁을 계속했다. 무력 충돌은 베트남이 캄보디아에서 철수하기로 한 1989년에야 끝났다.

18
February

명왕성

미국인 클라이드 톰보, 명왕성을 발견하다

애리조나 주 로웰 천문대의 보조연구원으로 일하던 클라이드 톰보는 해왕성 궤도 밖의 행성을 탐사하던 중, 1930년 2월 18일 사진관측을 통하여 새로운 행성을 발견하고 명왕성이라 명명하였다. 이 때는 명왕성이 지구만한 크기의 행성으로 알려졌다.

지구에서 명왕성까지의 평균 거리는 약 48억km나 된다. 빛의 속도로 가도 4시간 30분이나 걸린다. 지난 2006년 1월 발사된 뉴호라이즌스는 초속 14km 속도로 9년 6개월을 날아 지구 크기의 1/6인 이 소행성의 생생한 사진을 보냈다. 명왕성은 1/3은 물로 돼 있다고 한다. 물론 꽁꽁 언 얼음 형태다. 나머지 2/3은 바위층으로 추정되고 있다.

명왕성의 영어 이름 플루토Pluto는 로마 신화에 나오는 저승의 신, 지하의 신, 어둠의 신이다. 실제로 탐사선 뉴호라이즌스가 찍어 보내온 명왕성 모습은 춥고 어두운 얼음별의 모습이다. 명왕성은 미국 천문학의 자존심이었다. 태양계 다른 행성은 모두 유럽인이 발견했지만 오직 명왕성만 미국인이 찾아냈기 때문이다.

그런 면에서 클라이드 톰보는 미국 천문학의 영웅인 셈이다. 2006년 국제천문연맹IAU이 '다른 행성에 비해 너무 작고 너무 다르다.'는 이유로 명왕성의 태양계의 9번째 행성 지위를 박탈했을 때 가장 적극적으로 반발했던 나라도 미국이었다. IAU는 명왕성을 소행성 134340이라는 새로운 이름을 붙였다.

한편 클로이드 톰보는 1997년 사망하기 전에 자신의 시신을 불태운 재를 우주로 보내달라는 유언을 남겼다. 그의 유언대로 그의 유해 일부는 뉴호라이즌스에 실려 명왕성 곁을 날고 있다.

코페르니쿠스

지동설 주장한 니콜라우스 코페르니쿠스, 태어나다

지동설을 최초로 주장한 사람은 기원전 3세기의 고대 알렉산드리아의 천문
학자 아리스타르코스다. 그는 《태양 및 달의 크기와 거리에 대해서》에서 지구
의 자전과 공전을 주장했다. 5세기에도 마르티아누스 카펠라는 수성과 금성
이 지구가 아니라 태양을 중심으로 회전한다는 의견을 피력하기도 했다. 중
세 후기에 오레스메도 지구의 자전 가능성을 제시했다. 물론 모두 당대 사람
들로부터 비웃음만 샀다. 특히 2세기경 천문학자 프톨레마이오스가 《알마게
스트》에서 천동설에 기반으로 한 우주 모형을 구체적으로 설명한 이래 1400
년에 걸쳐 천동설은 진리였다. 하지만 1473년 2월 19일 태어난 코페르니쿠
스는 태양을 중심으로 한 행성의 운동_{지동설}이 훨씬 자연스러움을 발견하고
1532년경에 내놓은 《천체의 회전에 관하여》에서 우주와 지구가 둥글다고 얘
기한다. 또 지구는 스스로 돌면서 태양 주위를 1년에 1번 도는 별에 지나지
않는다고 주장했다. 그러나 마르틴 루터는 "해와 달이 아니라 지구가 회전한
다는 것을 입증하려고 발버둥치는 오만불손한 주장이 나왔다. 그 바보는 천
문학 전체가 뒷걸음치는 걸 바라고 있다."며 비판했다.

　우주에 대한 인간의 인식과 세계관을 바꾸어놓기까지는 오랜 세월이 필요
했다. 그만큼 코페르니쿠스의 우주론은 신으로부터 등 돌리게 만들 수 있는
엄청난 파괴력을 지닌 탓이다. 물론 케플러, 갈릴레이, 뉴턴 등을 거쳐 오늘
날 지동설은 정설로 받아들여졌다. 이에 대해 괴테는 '지구가 우주의 중심점
이라는 엄청난 특권 포기'로 묘사했다. 《천체의 회전에 관하여》는 1616년 교
황청의 금서 목록에 올랐다가 19세기 초에 금서에서 풀려났다.

안익태, 한국환상곡

대한민국 〈애국가〉인 〈한국환상곡〉이 처음 연주되다

1938년 2월 20일. 아일랜드 더블린에서 당시 더블린 방송 교향악단을 객원 지휘하고 있던 안익태에 의해 〈한국환상곡〉이 처음 연주됐다. 1906년 평양에서 태어난 안익태는 1921년 일본으로 유학을 떠난 뒤 당대에는 드물게 미국에서 음악공부를 하고 유럽까지 진출했다. 현재 우리가 부르고 있는 〈애국가〉는 안익태가 작곡한 〈한국 환상곡〉 4악장의 일부다.

문제는 근래에 안익태의 친일 및 친나치 행위에 대한 주장과 관련 자료들이 드러나면서 논란이 일고 있다. 심지어 〈애국가〉를 새롭게 만들어야 한다는 주장이 나오고 있다. 안익태는 〈애국가〉 작곡가로 문화훈장 대통령장을 받고 1977년 7월 8일 국립현충원에 안장됐다. 2000년에 발굴된 그의 베를린필 지휘 영상이 만주국 축전 음악회 실황이었다는 사실이 드러나 충격을 주었다. 그후 각종 자료를 통해 그가 일제에 부역했다는 사실이 드러나면서 민족문제연구소가 편찬한 《친일인명사전》에 수록되기도 했다.

독일에서는 일본명 '에키타이 안'으로 활동했고 1941년부터 1943년까지 당시 베를린 주재 만주국 참사관이었던 에하라 고이치 집에 살면서 히틀러 생일 축하 연주회를 지휘하는 등 친나치 활동을 했다는 주장도 나오고 있다. 그는 독일 패망이 임박하자 스페인으로 귀화해 스페인인으로 죽었다.

안익태의 문제점을 지적하는 사람들은 〈만주국 환상곡〉을 1944년 폐기하고, 이를 변주해 1944년 판 〈한국환상곡〉을 만들었을 것으로 추론한다. 1955년 3월 19일 안익태는 25년만에 한국에 들어와 이승만 대통령의 80회 생일 경축 음악회에서 〈한국환상곡〉을 지휘했다.

21

February

공산당 선언

칼 마르크스와 프리드리히 엥겔스,《공산당 선언》을 출간하다

《공산당 선언》은 칼 마르크스와 프리드리히 엥겔스가 공산주의자 동맹의 이론적이고 실천적인 강령으로 삼기 위해 공동으로 집필한 선언문이다. 1848년 2월 21일 런던에서 독일어판이 발간되고 나서 순식간에 여러 언어로 번역되어 각국에 소개되었다. 이 선언만큼 마르크스주의를 널리 알리고 정확하게 전달한 문서는 없을 것이다. 또 그 만큼 현대 세계의 발전향방에 큰 영향을 준 정치적 문서도 별로 없을 것이다.

마르크스와 엥겔스는 19세기 중엽 하나의 정치 세력으로 등장한 프롤레타리아에게 그의 역사적 사명과 앞길을 밝혀주고 국제공산주의운동의 지도적 지침을 확립한다는 목적으로 1847년에 초안을 만들었다. 실제로 이는 러시아를 비롯한 동유럽, 남미 등의 사회주의 운동의 기초가 되었다.

《공산당 선언》은 총 4개의 장으로 되어 있다. 제1장은 '부르주아와 프롤레타리아'로 제목이 붙어 있으며 '지금까지의 모든 사회의 역사는 계급투쟁의 역사다.'라고 규정하고 있다. 계급투쟁의 관점에서 역사를 돌아보고 부르주아와 프롤레타리아라는 2대 계급이 역사 속에서 등장한 과정을 살펴보고 프롤레타리아의 승리가 불가피한 것임을 보여주는 내용으로 되어 있다. 제2장 '프롤레타리아와 공산주의자'로 공산주의자의 목적과 과제를 밝히고 있다. 제3장 '사회주의적, 및 공산주의적 문헌', 제4장 '여러 야당에 대한 공산주의자의 입장'으로 돼 있다.

책의 마지막에는 '지배계급이 되는 공산주의 혁명 앞에서 전율하게 만들어라. 프롤레타리아는 이 혁명에 의해서 쇠사슬 이외에는 잃는 것이 없다. 그들이 획득하는 것은 전 세계이다. 만국의 프롤레타리아여 단결하라.'로 돼 있다.

22
February

세포 복제

체세포 복제를 통해 복제양 돌리를 만들어내다

1996년 7월 5일. 영국 스코틀랜드 에든버러의 로즐린 연구소에서 전혀 새로운 양이 한 마리 태어났다. 핵이식을 통한 체세포 복제방식으로 암수의 생식 관계 없이 양을 '만들었다'고 해야 할 것이다. 참여한 과학자들은 이 양이 얼마나 살 것인지 기다려 보았다. 7개월 후인 1997년 2월 22일 성공이 발표됐다.

이날 세계적 권위의 과학잡지《네이처》에 복제양 '돌리Dolly'의 탄생기사가 실렸다. 이는 난자만 있으면 머리카락에서든 몸의 어디에서든 체세포를 가지고 생명체를 만들 수 있음을 증명한 것이어서 그 충격은 대단한 것이었다. 신만이 할 수 있는 자연법칙을 깨뜨린 것처럼 보였다. 복제 양에게 '돌리'로 이름 붙인 것은 양의 젖이 커 미국의 가슴 큰 금발의 팝가수 '돌리 파튼'의 가슴을 닮았기 때문이었다고 한다.

복제 과정은 순탄하지만은 않았다. 276번의 실패 끝에 성공했다. 277번째 수정란을 다른 암컷의 자궁에 착상시켜 돌리를 탄생시킬 수 있었다. '돌리'는 비만과 관절염, 폐질환까지 앓다가 2003년 죽고 말았다. 복제동물은 정상동물에 비해 건강하지 못한 게 아니냐는 우려가 제기되기도 했다. 로즐린 연구소는 지난 2000년 3월 5일에는 세계 최초로 복제 돼지를 탄생시키기도 했다.

또 돌리가 태어난 지 20여 년이 지난 2018년 1월 중국 신경과학연구소ION 체세포 핵치환 복제SCNT 기법으로 원숭이 복제 배아를 만들었으며 여기에서 복제 원숭이 2마리가 태어났다고 생물 학술지《셀》에 보고했음을 공개했다.

한일의정서

일본, 굴욕적 '한일의정서'를 강제로 체결하다

1904년 2월 23일. 일본은 한국에 대해 협력을 강요하고 협박하기 위해 '한일의정서'를 체결했다. 1904년 새해가 열리자 일본과 러시아 사이에는 만주와 조선에서의 세력다툼으로 인한 갈등의 전운이 점차 고조돼 가고 있었다. 1904년 1월 23일 대한제국은 전쟁에 휩쓸리지 않기 위해 중립을 선언했다. 그러나 일본은 러시아와의 전쟁에 유리한 고지를 차지하고 나아가 한국 침략의 발판을 마련하기 위해 한일 간 협약체결을 강요했다.

2월 6일 러시아와 국교단절을 선언한 일본은 2월 10일 선전포고를 하였다. 일본은 선전포고 이틀 전에 이미 뤼순 항에 있는 러시아군을 공격했다. 또 2월 9일에는 인천을 통해 서울에 진입까지 했다. 군대로 점령한 상태에서 일본 공사 하야시는 한국 정부에다 군사동맹을 강요했다. 또 친러파였던 탁지부 대신 이용익을 일본으로 납치까지 했다.

'한일의정서'는 제2조에 '대한제국의 황실을 확실한 친의로써 안전·강녕하게 할 것' 또 3조에 '대한제국의 독립과 영토보전을 확실히 보증할 것' 등 겉으로는 침략의 야욕을 보이지 않았지만, 제4조에 '제3국의 침해나 내란으로 인하여 대한제국의 황실 안녕과 영토 보전에 위험이 있을 경우에는 대일본제국 정부는 속히 임기응변의 필요한 조치를 행할 것이며, 대한제국 정부는 대일본제국 정부의 행동이 용이하도록 충분히 편의를 제공할 것'으로 명기해 필요하면 언제든 군사력을 동원할 근거를 두고 있다.

결국 대한제국의 안전을 지킨다는 평계 하에 영토를 자유롭게 사용할 수 있도록 했다. 게다가 러일전쟁이 발발할 경우 한국을 중립국이 아닌 우군으로 끌어들이겠다는 속셈이 숨어 있다.

24
February

조선총독부 소록도

조선총독부, 소록도에 '자혜원' 설립하다

전남 고흥 반도 끝자락에서 배로 겨우 1km 떨어진 곳에 있는 섬 소록도. 모양이 작은 사슴을 닮았다 하여 붙여진 이름의 소록도는 한센인들의 애환이 서려 있으며 슬픈 역사가 숨 쉬는 곳이다. 외부와 철저히 단절된 채 천형天刑과의 싸움은 물론 학대와 차별과 싸워야 했던 한센인들의 고통은 말할 수 없이 컸다.

시작은 정확히 알 수 없으나 소록도에는 한센병 환자들이 모여서 살아왔다. 그러다 일제 강점기인 1916년 2월 24일 총독부령 제7호로 소록도 자혜의원이란 이름으로 한센병 진료 시설이 들어섰다. 일제는 육지와 떨어진 섬에 한센병 환자들을 격리시키기 위한 목적이 더 컸다. 사망한 환자들 중에는 가족들의 동의 없이 해부되기도 했다. 초대 병원장은 일본인 아리카와 도루였다.

이듬해인 1917년 5월 17일 자혜의원으로 이름을 바꿨으며 그 후에도 중앙나요양소1949, 소록도 갱생원1957, 국립소록도병원1960, 국립나병원1968 등으로 여러 차례 이름이 바뀌었다. 1945년 일제강점기를 벗어나 해방을 맞았으나 소록도는 여전히 차가운 시선과 차별에 시달려야 했다. 또 자치권을 요구하다 84명이 살해당하는 비극도 겪었다. 2001년 유해 발굴 작업이 실시됐고 2002년에는 '애한哀恨의 추모비'가 세워졌다.

하지만 1981년 12월 31일에 보건복지부 소속으로 국립소록도병원이 되면서 근대적 의료시설을 갖췄다. 현재 460여 명이 치료를 받고 있으나 대부분 전염력을 상실한 환자와 고령자들이 거주하고 있다.

25
February

찰리 채플린,
무성영화

찰리 채플린의 마지막 무성영화 〈모던 타임스〉, 개봉하다

1936년 2월 25일. 찰리 채플린의 걸작 중 하나인 〈모던 타임스〉가 미국 전역에서 개봉됐다. 감독, 제작, 각본, 음악, 편집, 주연 모두를 찰리 채플린이 맡았다. 이 영화는 20세기 초반의 산업화와 경제대공황 시기의 기계적으로 반복되는 노동자의 일상을 코믹하면서도 슬프게 풍자했다. 인간성을 무시하는 자본주의에 대한 강한 분노를 고발하는 영화다. 채플린은 1931년과 1932년에 세계여행을 하며 대공황과 그에 따른 실업, 자동화로 인한 기계의 횡포 등을 절실히 느꼈고 이는 영화에 고스란히 녹아들었다.

이미 유성영화가 나온 지 10년이 됐으나 무성영화를 고집해 극적 효과를 더욱 높였다. 주인공인 떠돌이는 어느 공장에서 일하는데 공장의 사장은 계속 빠르게 생산하라고 지시를 한다. 이런 가운데 떠돌이는 나사처럼 생긴 것은 뭐든지 조이려는 정신병에 걸려서 병원으로 이송된다. 빈민가에는 한 소녀가 살고 있다. 소녀의 아버지는 실직자이지만 소녀와 아버지는 가난해도 행복하게 산다.

그러나 소녀의 아버지가 사고로 거리에서 죽자 소녀는 고아원에 보내지려 한다. 소녀는 탈출을 해 떠돌이와 마주쳤고 경찰차에서 다시 만난 둘은 경찰차에서도 탈출한다. 떠돌이는 백화점에 야간 경비원으로 취직하지만 도둑들과 함께 술을 마시다 다시 경찰서로 간다. 우여곡절 끝에 카바레에 취직한 둘은 행복한 삶을 살 것으로 예상했다. 그러나 소녀의 정체를 안 경찰관은 소녀를 잡으려 하고 소녀와 떠돌이는 다시 탈출한다. 새벽에 둘은 희망을 갖고 다시 걸으면서 영화는 막을 내린다. 이 영화는 150만 달러의 제작비로 850만 달러의 수익을 올려 흥행했다.

갈릴레이 지동설

갈릴레이, 지동설 포기 서약을 하다.

1616년 2월 26일. 로마 교황청 추기경위원회 의사록에는 다음과 같은 문구가 나온다.'그갈릴레이는 태양이 세계의 중심이고 돌지 않으며 지구는 돌고 있다는 견해를 완전히 포기해야 한다. 그는 지금부터 말과 글을 포함하여 어떤 방식으로든 그 견해를 지속적으로 주장하거나 가르치거나 옹호하지 말아야한다. 그렇지 않을 경우 추기경위원회의 제재가 가해질 것이다. 갈릴레이는 이러한 지시에 따르고 순종할 것을 약속했다.'

앞서 1610년 갈릴레이는 망원경으로 태양의 흑점, 달의 표면, 금성의 차고기움, 목성의 4개 위성을 관찰한 결과가 지동설을 뒷받침한다고 공표했다. 이에 대해 추기경이 엄중히 경고했고 결국 위 내용처럼 서약을 한 것이다. 처음에 갈릴레이는 교황청을 설득할 수 있으리라 생각했다. 그래서 지구의 자전에 따른 조수현상이나 무역풍 등에 대해 강연도 했다. 그러나 교황청의 의중을 읽은 고문 신학자들은 갈릴레이의 그런 견해가 '철학적으로 우매하고 신학적으로 이단적'이라고 결론을 내렸고 추기경위원회가 이를 수용하는 형식으로 갈릴레이에게 포기 서약 명령을 내린 것이다.

하지만 갈릴레이는 1632년《프톨레마이오스-코페르니쿠스 두 개의 주요 우주체계에 대한 대화》라는 책을 통해 우회적으로 지동설을 주장했다. 이 책으로 그는 교황청에 불려가 종신 가택연금과 사후에 장례식과 묘비를 세우지 못한다는 형벌을 받았다. 문제의 책도 금서 조치되고 압수되었다. 갈릴레이는 다시 자신의 뜻과 다른 굴욕적인 맹세를 해야만 했다. 350여 년 후인 1979년 교황 요한 바오로 2세는 갈릴레이에게 내린 유죄선고가 실수였다고 인정했다.

27
February

록키마운틴 뉴스

150년 역사의《록키 마운틴 뉴스》, 폐간되다

2009년 2월 27일. 미국 콜로라도 주의 덴버에 있던《록키 마운틴 뉴스》는 마지막 신문을 찍었다. 이 신문은 1859년 4월 23일에 창간이 됐으니 150주년 창간 기념일을 두 달도 채 남겨놓지 않은 시점에 안타깝게도 문을 닫고 만 것이다. 갓 설립된 신생 신문사도 아닌 150년 전통의 신문사의 폐간 소식은 언론계는 물론 지역 사회에도 충격적인 뉴스였다.

당일 200명이 넘는 신문사 종사자들은 폐간을 알리는 경영자의 발표에 일부는 그저 멍한 모습을 보였고 일부는 울먹이기도 했다. 심지어 그 와중에서도 수첩을 꺼내 경영자의 말을 기록하는 기자적 모습을 보이기도 했다. 이같은 모습은 회사 인터넷 홈페이지에 동영상으로 고스란히 올라 보는 이들을 더욱 안타깝게 했다.

이 신문의 폐간은 2008년 금융위기와 디지털 시대로의 이행에 따른 경영위기가 직접적인 원인이었다. 종이신문의 운영비를 종이신문에서 발생하는 광고로 충당할 수 없는 구조가 된 것이다. 그렇다고 디지털 신문에서 충분한 수익이 발생하는 것도 아니었으니 결국 문을 닫는 최악의 상황으로 치달은 것이다.

《록키 마운틴 뉴스》경영자들은 폐간 3개월 전부터 적극적으로 매수자를 찾아 나섰으나 신문의 유지를 위해서는 1억 달러나 되는 비용이 들어가는 현실 앞에서 선뜻 인수에 나설 주체가 없었다. 미국의 미디어 관련 유명 블로그인 '뉴스페이퍼데스와치닷컴'에는《록키 마운틴 뉴스》와 같이 문을 닫은 언론사들과 경영위기로 문을 닫을 상황에 처한 언론사들의 목록이 나열돼 있다. 또 위키피디아에는 미국의 각 주마다 폐간한 매체들의 이름이 많이 열거돼 있다.

28
February

걸프전

걸프전, 드디어 끝나다

1990년 8월 2일. 사담 후세인 이라크 대통령은 이라크 공화국수비대를 주축으로 하는 30만 명의 병사를 동원해 쿠웨이트를 전격 침공하여 점령해 버렸다. 전쟁 발발의 원인은 이라크의 경제난이었다. 이란과의 전쟁으로 피폐해진 이라크는 쿠웨이트와 유전지대 소유권을 둘러싸고 분쟁이 벌어지고 있었다. 게다가 쿠웨이트가 원유 공급량을 늘려 유가를 하락시킴으로써 이라크 경제를 파탄에 몰아넣었다고 비난하고 있었다. 갑작스런 공격을 받은 쿠웨이트는 전혀 대응을 하지 못했다. 쿠웨이트 다스만 궁에서 마지막 수비대가 저항하며 버텼지만 결국 함락되었다. 이라크는 쿠웨이트를 19번째 속주로 삼고 통치하기 시작했다.

미국과 서방 국가들은 곧바로 이라크를 침략자로 규정하고 12건에 이르는 대 이라크 유엔 결의안을 통과시키며 이라크군의 즉각적인 철수를 요구했으나 이라크는 거절했다. 미국은 이라크 철수시한 이틀 뒤인 1991년 1월 17일 작전명 '사막의 폭풍작전'으로 대대적인 이라크 공습에 나섰다.

미국이 주도하는 압도적 공군력을 바탕으로 1개월 간 10만여 회에 걸친 공중폭격을 감행하여 이라크의 주요 시설을 거의 파괴했다. 이라크는 쿠웨이트 내 유전에 불을 질러 파괴하고 이스라엘과 사우디아라비아로 확전하려는 의도를 가지고 주변국을 공격했다. 2월 24일에는 사우디아라비아에 대기하고 있던 미 육군을 진입시켜 전면 지상전을 전개했다. 결국 작전 100시간 만인 2월 28일 이라크군은 쿠웨이트에서 축출되고 종전이 선언됐다. 걸프전에서는 하이테크 병기의 실험장이었으며 TV를 통한 여론조작이 행해진 전쟁이기도 했다.

3월

 경제 건축 과학 문화 발명품 사건 역사 인물 정치

1

March

만주국

일본, 중국 동북지역에 만주국을 설립하다

1931년 9월 만주사변을 통해 중국 북동부를 점거한 일본 관동군은 이듬해
인 1932년 3월 1일 장춘당시신경을 수도로 괴뢰국 만주국을 수립했다. 일본은
청나라의 마지막 황제 '푸이'를 국가원수격인 집정에 앉혔다. 연호를 대동大
同이라 했다. 일본이 푸이를 앞세워 만주국을 세운 것은 대륙 침략 전쟁의 병
참기지를 마련하기 위해서였다. 일본은 같은 해 9월 15일 '일만의정서'에 조
인해 만주국을 정식으로 승인했다. 독일, 이탈리아, 교황청, 스페인, 헝가리,
폴란드 등 일부 국가도 만주국을 승인했다.

하지만 중국 정부가 국제사회에 부당성을 호소하고 국제연맹이 1933년 2월
24일 임시총회에서 만주국을 괴뢰국가로 규정한 '리튼 보고서'를 채택하면서
국제사회로부터는 승인을 받지 못했다. 총회는 만주국을 승인하지 않고 만주
를 열강들의 공동관리 하에 둔다는 권고안을 42 대 1로 의결하자 일본은 이에
불복하고 국제연맹을 탈퇴했다. 만주국은 열하작전으로 승덕이 점령됨으로
써 국토는 요녕, 길림, 흑룡강, 열하의 4성, 인구는 3천 만 명에 이르렀고, 1934
년 3월 푸이가 황제로 즉위하여 제정이 수립되면서 연호를 강덕으로 고쳤다.

만주국의 수립은 식민치하의 조국을 등지고 현지에 터를 잡은 200만 명의
교포의 생명과 재산에 위협이 됐다. 만주에서의 대한독립운동에도 큰 타격
을 주어 무장 독립군은 최후의 거점을 상실하고 그 근거지를 만주에서 중국
본토로 옮겨야만 했다. 또 일본 낭인들은 한국인들의 마을을 습격해 방화·
약탈·살육 등 만행을 자행했다. 만주국은 1945년 8월 소련의 참전으로 관동
군이 괴멸되고 푸이가 소련군에 체포되면서 무너졌다.

2
March

콩코드

최초의 초음속 여객기 콩코드, 시험비행에 성공하다

1969년 3월 2일 최초로 민간 항공여행의 초음속 시대를 열었으나 단명하고 만 콩코드가 시험비행을 성공했다. 영국 BAC 사와 프랑스 아에로스파시알 사가 공동개발한 초음속 여객기 콩코드는 이날 프랑스 상공을 29분 동안 처녀비행을 했다. 그로부터 7개월 동안 45번이나 더 시험비행을 한 끝에 1969년 10월 1일 콩코드는 처음으로 음속을 돌파했다. 이후 1970년 11월 4일에는 102번째 시험비행에서 마하2시속 2천 1백 55km를 기록했다.

콩코드는 마침내 1976년 1월 21일 상업운행을 개시, 민간 항공여행의 초음속 시대를 열었다. 일반 여객기가 대서양 횡단에 7시간 걸리던 것을 3시간 20분만에 주파하고 지구 자전속도보다 빠르기 때문에 "떠나기 전에 도착하라."는 슬로건으로 홍보했다. 다만 연비가 아주 나빠서 대서양 왕복요금이 1만 2천 달러나 해 일반인들이 이용하기에는 무리였다.

2000년 7월 25일에는 파리 북부지역에 추락해 승객과 승무원 109명을 비롯해 현장의 주민 3명까지 목숨을 잃었다. 이로 인해 콩코드는 안정성에 논란이 일어 운항을 1년이나 중단했었다. 2001년 9.11테러 이후로는 승객이 급감하자 결국 2003년 5월 30일 뉴욕-파리 비행을 마지막으로 막을 내렸다.

프랑스어로 '화합'을 뜻하는 콩코드는 프랑스 드골 대통령의 제안으로 개발됐다. 프랑스와 영국은 초기에 140억 달러라는 거액을 투입했지만 콩코드의 대당 가격이 190억 달러로 너무 높았고 연비마저 낮아 구입하려는 회사가 적었다. 결국 당초 300대 생산을 목표로 했으나 20대만을 생산했고 그마저 14대만이 상업비행에 성공했다.

3
March

타임

주간지《타임》, 창간되다

1923년 3월 3일. 뉴욕에서 세계 최대 규모의 주간지이자 가장 영향력 있는 잡지 중의 하나인《타임》이 창간됐다. 당시 24세의 헨리 루스와 그의 고등학교 및 예일대 동창생이었던 브리튼 해든이 뉴욕에서 뉴스 주간지《타임》을 창간했다. 창간호의 표지 인물은 조셉 G. 캐논 당시 공화당 하원의장이었다. 두 사람은《타임》을 창간하기 한 해 전《볼티모어 뉴스》기자를 하다가 일간지의 틈새시장을 공략하겠다는 목표로 회사를 그만뒀다. 가격은 15센트. 두 사람은 72명의 투자자로부터 8만 6천 달러를 투자받았다. 그리고 2만 5천 명이 정기구독 신청을 했으나 창간호는 9천 부밖에 찍지 못했다. 기사 내용은 《뉴욕타임스》등 주요 일간지 뉴스 중에서 주목되는 이슈를 선정해 집중 분석하는 형태였다. 특히 간결한 문장으로 독자들의 마음을 사로잡았다. 기사 하나에 400단어 안팎이었고 문장 하나에 20단어를 넘기지 않았다. 또 주제에서도 당시 글로벌 이슈에 대한 대중의 관심이 증대되고 있는 상황에 맞춰 국제 뉴스와 문화적 사건을 심층 보도했다.

창간 10년만에《타임》은 미국 중산 계급의 오피니언 리더로 자리 잡았다. 《타임》이 성공하자 경쟁지들도 잇달아 생겨났다. 미국의《비즈니스 위크》1929와《뉴스위크》1933, 독일의《슈피겔》1947, 프랑스의《렉스프레스》1953, 이탈리아의《파노라마》1962 등이 대표적이다. 한국에서는 이 잡지를 영어 교재로 삼는 대학 동아리들도 많았다. 1927년부터 매년 연말에 선정하고 있는 '올해의 인물'은 세계적인 관심사가 됐다. 2004년부터는 그해 세계에서 가장 영향력 있는 인물 100명을 선정하기도 한다.

March

루스벨트

프랭클린 루스벨트, 미국 제32대 대통령에 취임하다

1933년 3월 4일. 미국의 제32대 대통령이자 미국 역사상 유일하게 4선을 한 대통령인 프랭클린 루스벨트가 워싱턴 국회의사당에서 취임식을 가졌다. 그는 대공황 탈출에 미온적이었던 공화당의 후버와 맞서 선거인수 472명 대 59명이라는 압도적인 표차로 승리했다. 1929년 10월 미국에 휘몰아친 '검은 목요일'로 촉발된 대공황은 미국 자본주의를 뿌리째 뒤흔들었다. 1932년에 공업생산은 1929년의 절반으로 줄었고 실업자는 1천 5백만 명을 넘었다. 1932년 한 해 동안 뉴욕에서만 95명이 굶어죽었다. 국민들을 무기력과 절망으로 내몰았다. 그는 광장을 가득 메운 10만의 군중 앞에서 "우리가 두려워해야 할 것은 두려움 그 자체 뿐"이라며 자신감 회복을 강조했다.

공황으로부터의 탈출을 위해 루스벨트는 정부의 적극적인 개입정책을 추진했다. 경제 전 분야에 걸쳐 그가 추진한 일련의 정책을 사람들은 그가 대통령 후보 지명 수락연설에서 사용한 용어를 따라 '뉴딜' 즉 '새로운 처방'이라 불렀다. '뉴딜' 정책의 요체는 취임 후 의회를 통과시킨 18개 경제법안과 이에 기초한 '구제와 부흥' 정책에 있었다. 생산을 제한해 공산품 가격을 안정시키고 농산물 경작을 제한하는 농업 조정법을 통해 농산물 가격을 안정시켰다. 또 공공사업국PWA, 연방긴급구제국PERA, 상품금융공사CCC 등을 설치해 대대적인 실업구제 사업을 벌여나갔다.

그는 39세에 소아마비에 걸려 1945년 63세로 뇌출혈로 숨질 때까지 24년간을 휠체어에 의지해 살았지만 불굴의 정신으로 장애를 극복했고, 뉴딜정책으로 대공황을 극복했고, 2차 세계대전의 연합군 승리에 혁혁한 공을 세웠다.

5
March

스탈린

스탈린, 사망하다

1953년 3월 5일. 이오시프 스탈린 소련 수상이 사망했다. 향년 73세. 흐루쇼프 등 정치국원 4명과 만찬을 하던 도중 갑자기 쓰러져 비밀별장으로 옮긴 지 4일만이었다. 30년 동안 세계 첫 사회주의 국가 소련위에 군림하던 스탈린은 그렇게 죽었다. 스탈린은 어려서 폭력적인 아버지 밑에 시달리다 신학교에 입학했으나 사회주의에 심취하면서 반정부 서클에 가담해 퇴학당한 뒤여러 차례 감옥을 드나들며 직업적인 혁명가의 길에 들어섰다. 그는 레닌이 붙여준 스탈린이라는 필명처럼 강철의 사나이였고, 철권으로 나라를 다스렸다. 스탈린이 통치하던 30년 간은 러시아와 소련의 역사에서 가장 영웅적인 시대이면서 동시에 가장 끔찍했던 시대였다.

스탈린의 치하에서 소련은 경제적으로는 국가 중심의 통제 경제와 중소 수공업을 양성하면서 대량의 일자리를 창출했다. 결과적으로 소련은 농업국에서 미국에 이은 세계 2위의 산업국으로 탈바꿈했다. 또 2차 세계대전에서 독일에 승리하고 전승국이 되면서 전후 미국과 함께 양대 초강대국으로 발돋움하는 기반이 되었다.

반대로 스탈린은 집권 과정, 집권 이후에 많은 정적을 무자비하게 숙청한 것으로 악명을 떨쳤고 비판을 받았다. 또한 정치적으로는 독재자 또는 살인마라는 비판도 있다. 그는 집권기간 중 스스로 '만능의 천재', '빛나는 태양' 등으로 우상화를 추진하기도 했다. 그가 죽은 후 흐루쇼프에 의해 강력한 비판을 받고 격하 당했다. 공산주의 변질과 정적 숙청을 자행한 독재자로 평가되었고 '조지아의 인간 백정'이라는 별명까지 붙었다.

6
March

펄 벅

미국 소설가 펄 벅, 사망하다

1973년 3월 6일.《대지》의 작가이자 미국 여류작가 중 처음으로 노벨 문학상을 받았던 소설가 펄 벅이 80세를 일기로 세상을 떠났다. 생후 3개월만에 장로회 선교사인 부모를 따라 중국으로 건너가 상하이에서 자랐다. 중국인 유모와 함께 생활해《삼국지》,《수호지》등을 원서로 읽으며 자신이 중국인이라고 생각할 정도 중국에 애착이 강했다. 1917년 후에 중국 농업연구의 세계적 권위자가 된 존 로싱 벅 박사와 결혼해 두 딸을 두었지만 큰딸은 심한 정신박약이었다. 이는 그녀가 작가가 된 주요한 동기였다.

1923년 중국 생활에 대해 쓴 논설과 단편소설들을 미국 잡지에 처음 기고했고, 1930년 중국에 있어서의 동서양 문명의 갈등을 다룬 장편 처녀작《동풍 서풍》을 발표했다. 이어 1931년《대지》를 발표하면서 작가로서의 명성을 얻기 시작했다.《대지》는 한 중국인 농부와 노비 출신의 아내가 땅과 지위를 얻기 위해 분투하는 과정을 그린 것으로 속편으로 발표된《아들들》《분열된 집안》과 함께 1935년 3부작《대지》로 출판됐다. 1938년 노벨 문학상을 받았다.

2차 세계대전 후에는 반제국주의와 반식민주의, 여권 신장, 아동 보호, 인종차별 반대 등을 주제로 집필을 계속했다. 1964년 소외된 아이들을 위해 펄벅 재단을 설립해 아시아 여러 국가에서 태어난 사생아 입양 알선사업도 벌였다. 1960년대 초 한국과도 인연이 깊었다. 6·25전쟁 후에는 한국의 수난사를 그린《살아 있는 갈대》의 서문에서 펄 벅은 한국을 "고상한 사람들이 사는 보석 같은 나라"라고 묘사하는 등 한국에 대한 애정을 표시했다. 1967년에는 경기도 소사에 혼혈 고아 수용시설인 소사희망원을 설립했다.

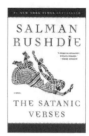

이란, 소설 《악마의 시》 문제로 영국과 단교 선언하다

1989년 3월 7일. 이란 정부는 인도 출신의 영국 작가 샐먼 루시디의 소설 《악마의 시》에 대한 출판금지 요청을 거부한 영국과 외교관계 단절을 선언했다. 이란은 단교발표와 함께 영국 정부가 《악마의 시》 출판을 금지하고 루시디를 기소하면 이 책을 둘러싼 위기가 해소될 수 있을 것처럼 암시했다. 1988년 출판된 《악마의 시》에는 이슬람의 창시자 무함마드의 여러 아내가 창부로 설정되었고 이슬람 교인들이 신성시 하는 《코란》을 악마의 계시로 빗대었다.

책이 출판되자마자 분노에 찬 이슬람교도들은 책을 불태우며 격렬한 시위를 벌였고, 이 과정에서 사상자가 나오기도 했다. 《악마의 시》를 판매하는 각국의 서점에서 폭탄 테러가 발생했고 루시디 지지 사설을 실었던 뉴욕의 한 신문사에 폭발물이 터졌다. 일본인 번역자가 살해당하고, 이탈리아인 번역가가 부상당했다. 1989년 2월 14일 당시 이란의 정치, 종교 지도자 아야톨라 호메이니는 루시디에게 이슬람교 모독죄로 100만 달러 현상금을 걸고 처형 명령을 내렸다.

그러자 영국은 이란 주재 외교관 전원을 철수시켜 버렸다. 영국 정부는 루시디의 작품이 회교에 대해 모욕을 가했다는 점은 시인했으나, 이 작품을 출판할 권리를 막을 수 없다는 입장이었다. 오히려 이란에 대해 호메이니가 루시디에 대해 내린 '처형명령'을 철회할 것을 요구했다. 결국 루시디는 영국 정부 보호 아래 오랜 피신생활을 계속해야만 했다. 그리고 1998년 호메이니 사망 후 취임한 모하메드 이란 대통령이 루시디의 처형 명령을 공식 철회하면서 《악마의 시》 사건은 비로소 막을 내렸다.

8
March

세계 여성의 날

미국 여성 섬유노동자, 1만 5천 명이 일어나다.

1908년 3월 8일. 미국 뉴욕에서 1만 5천여 명의 여성 섬유노동자들이 러트거스 광장에 모여 선거권과 노동조합 결성의 자유, 임금인상 등을 요구하며 대대적인 시위를 벌였다. 시위에 참여한 여성 노동자들은 '우리에게 빵과 장미를 달라.'고 외쳤다. 여기서 빵은 남성과 비교해 저임금에 시달리던 여성들의 생존권을, 장미는 참정권을 뜻하는 것이었다. 당시 미국의 여성 노동자들은 먼지가 가득한 최악의 작업현장에서 하루 12~14시간씩 일해야 했다. 심지어 작업장 화재로 숨지는 여성들도 여럿 나왔다. 그럼에도 불구하고 선거권과 노동조합 결성 자유 등 기본적인 권리도 부여받지 못했다. 이에 봉기한 전 의류 노동자들의 시위는 결국 1910년 '의류노동자연합'이라는 조직 창설로 이어졌다.

1910년 덴마크 코펜하겐에서 열린 제2차 여성운동가대회에서 독일의 노동운동 지도자 클라라 제트킨의 제창에 따라 여성의 날 제정을 결의했다. 이후 유럽 전역으로 3월 8일의 시위를 기념하는 운동이 확산됐다. 결국 유엔은 1975년을 '세계 여성의 해'로 정하고 1977년 3월 8일을 '세계 여성의 날'로 공식 지정했다. 세계적으로 여성의 날이 되면 빵과 장미를 나눠주는 행사가 열린다.

우리나라에서는 1920년부터 나혜석·박인덕 등이 이 날을 기념해왔으나, 일제의 탄압으로 맥이 끊겼다가 1985년부터 공식적으로 기념하기 시작했다. 그리고 2018년 2월 20일 여성의 날을 법정기념일로 지정하는 내용의 '양성평등기본법' 일부 개정안이 국회에서 통과되면서, 2018년부터 3월 8일이 법정기념일인 '여성의 날'로 공식 지정됐다.

바비 인형

바비 인형, 미국에서 첫 선을 보이다

1959년 3월 9일, 39-18-33 사이즈의 성인 여성을 축소한 30cm 키의 섹시한 모습의 '바비 인형'이 뉴욕박람회에서 첫선을 보였다. 바비는 흑백 줄무늬 수영복 차림에 선글라스와 링 귀걸이를 하고 하이힐을 신고 있었다. 머리는 뒤에서 묶어 아래로 드리웠다. 어린이 인형에만 익숙해 있던 구경꾼들은 낯선 바비에 큰 관심을 쏟았다. 이후 바비는 우주비행사, 외과의사, 패션모델, 야구선수 등으로 계속 변신하는 데 성공하며 사람들의 높은 인기를 얻었다. 어린이들뿐만 아니라 성인들도 바비 인형을 수집하는 사람이 꽤나 많다.

바비 인형은 1958년 루스 핸들러가 자신의 딸 바바라가 어린이 인형보다 성인 인형을 갖고 노는 것을 더 좋아하는 것에 착안해서 만들었다. 루스 핸들러는 딸의 이름을 따서 '바비'라고 이름 지었으며 바비 인형의 원조는 독일의 '릴리' 인형으로 알려져 있다. 바비의 제조회사인 마텔 사는 바비의 남자친구 '켄'1961년과 여자친구 '밋지'1963년를 만들기도 했으며, 38마리의 애완동물도 만들어 바비와 함께 판매하는 전략을 펼쳤다. 바비 인형은 1968년에는 영어와 스페인어로 말까지 하고 1976년에는 100년 뒤 열어볼 타임캡슐에 포함되기도 했다.

바비 인형은 그 동안 10억 개 이상이 판매되는 등 성공을 거둔 반면에 여성에 대한 미적 기준을 왜곡하고 백인우월주의문화를 대표한다는 이유로 여성운동가와 제3세계에게 비난을 받기도 했다. 뉴욕박람회에 선보였던 최초의 바비 인형은 런던 크리스티 경매소에서 3천 파운드에 낙찰되기도 했다. 한편 국내에서는 바비를 모방한 미미 인형이 있으며 일본에서는 리카짱 시리즈가 있다.

10
March

노예 해방,
해리엇 터브먼

흑인 노예의 '모세' 해리엇 터브먼, 사망하다

1913년 3월 10일. 노예해방을 위한 남북전쟁이 일어나기 전에 300명의 노예를 탈출시킨 신화적 여성으로 흑인 노예의 '모세'로 칭송받는 해리엇 터브먼이 폐렴으로 세상을 떠났다. 그녀는 15세 때 도망치는 노예를 돕기 위해 감시관에 반항하다 머리를 심하게 맞고 평생 동안 수면발작에 시달린다. 갑자기 잠이 쏟아지는 병이다. 그녀의 본명은 아라민타 로스였다. 태어날 때부터 노예였던 그녀는 탈출 후, '지하 철도'라는 반노예 운동가의 네트워크와 아지트를 통해 13개의 구제 시설을 세워, 70명의 노예를 구하였다. 그녀는 "저는 지하철도 차장으로 8년 일했으며 제 기차는 한 번도 탈선하지 않았고 손님을 놓친 적도 없다."고 소개하기도 했다.

필라델피아로 도망친 터브먼은 메릴랜드로 그녀의 가족을 구해내기 위해 돌아왔다. 천천히 한 번에 한 그룹씩 그녀는 자신의 친척들을 주 밖으로 데리고 나갔으며, 결국 수십 명의 노예들에게 자유를 찾아주었다. 그는 찬송가를 암호로 사용해 위험한 길 또는 안전한 길을 동반 여행자들에게 알려주곤 하였다.

그녀 덕분에 탈출한 사람들에겐 거액의 현상금이 걸리곤 하였지만, 그들을 돕는 게 해리엇 터브먼인 줄은 아무도 몰랐다. 도망노예송환법이 제정되자 도망친 노예들을 캐나다까지 갈 수 있게 도와주었으며 그들에게 직업을 찾아주기도 했다. 남북전쟁 발발 후 터브먼은 연합군을 위해 처음에는 요리사이자 간호사로, 그 다음은 무장 정찰병이자 스파이로 활약했으며 여성 최초로 무장 군대를 이끌고 작전을 수행하기도 했다. 전쟁 후에도 그는 여성 참정권을 위해서 열심히 싸웠으며, 이후 자신의 도움으로 몇 년 일찍 세워진 자신의 이름을 딴 흑인 양로원에 들어가 여생을 보냈다.

11
March

대지진

동일본 대지진이 발생하다

2011년 3월 11일 오후 2시 46분쯤 일본 동북지역 인근 해저에서 규모 9.0의 강진이 발생하였다. 일본 지진 관측 사상 최대 규모였다. 1995년 6천여 명이 희생된 한신대지진 규모7.3의 180배 위력이자 1960년 발생했던 규모 9.5의 칠레 대지진, 1964년 규모 9.2의 알래스카 지진, 2004년 인도네시아 수마트라 지진 9.1 등에 이어 1900년 이후 세계에서 4번째로 강력한 지진으로 기록됐다. 그 영향으로 높이 10m의 초대형 쓰나미가 센다이시 등 해변 도시들을 덮쳤고 도쿄을 비롯한 수도권 일대까지 건물붕괴와 화재피해가 잇따랐다. 2만 명 이상의 인명피해와 수백 조 원이 넘는 재산피해가 발생했으며, 설상가상으로 후쿠시마 원전의 냉각 시스템 이상으로 방사능이 누출되는 대형 사고가 발생했다.

3.11 동일본 대지진의 진원은 일본 미야기현 오시카반도 동남쪽 130km 해저 약 24km 지점으로, 태평양판의 암반이 유라시아판과의 사이에 끼어 있는 북미판의 암반 밑으로 파고들면서 태평양판과 북아메리카판의 경계지점에서 발생한 역단층형 지진이다. 당초 지진 규모는 7.9로 발표됐으나, 미국 지질조사국USGS과 일본 기상청은 7.9에서 8.4를 거쳐 8.8로, 다시 9.0으로 최종 정정했다.

전후 최대의 국난에도 침착하게 대응하는 일본 국민의 모습을 영국의《파이낸셜타임스》는 '인류 정신의 진화'로 표현하며 칭찬했다. 하지만 방재 메뉴얼의 상황을 뛰어넘은 재난에 대한 일본 정부의 미흡한 대처와 특히 원전 폭발을 둘러싼 도쿄전력의 사실 은폐와 축소 보고 의혹 등으로 '방재 선진국 일본'에 대한 비판이 일기도 했다.

12
March

트루먼 독트린

트루먼 독트린이 발표되다

1947년 3월 12일. 트루먼 미국 대통령이 미국 상하양원합동특별회의에서 '그리스·터키 원조 법안' 승인을 위해 이른바 '트루먼 독트린'을 발표했다. 2차 세계대전에 뒤이은 냉전 기간 중에 미국과 소련이 세력 균형을 이루기 위하여 투쟁을 벌이고 있을 때, 영국이 터키·그리스 등 지중해 국가들에게 더 이상 원조를 제공할 여력이 없다고 발표하자 이들 국가는 소련의 영향권 내에 놓일 위험에 처했다. 당시 그리스에서는 영국이 지원하는 아테네 반공정권과 그리스 북부의 친공 게릴라 부대의 내전이 장기화될 조짐을 보이자 영국은 그리스를 지원하는 일에 손을 떼려하고 있었다.

이에 미국 의회는 트루먼 대통령의 요청에 따라 이들 국가를 원조하기 위하여 기금으로 4억 달러를 책정했다. 트루먼의 연설을 통해 그리스·터키가 공산주의 세력에 의해 국내외로부터 위협받을 경우, 미국은 자유국가를 지키기 위해 양국에 군사원조를 실시하고 군사고문단을 파견해야 한다는 점을 강조했다.

미국이 전체주의 정권들을 상대로 한 자유국가의 방위를 지원해야 한다는 트루먼 독트린은 미국 외교정책의 급격한 새 전환점이 됐다. 당연하겠지만 트루먼 독트린에 대해 소련은 소련 지배지역 및 소련 확장에 대한 미국의 공공연한 위협으로 간주했다. 2차 세계대전 중 협력했던 미국과 소련의 우호관계를 파기하고 반소 반공 입장의 냉전정책을 보다 확고히 한 '트루먼 선언'이 발표되자 미국 국민들은 이를 열렬히 환영했다. 트루먼 독트린에 이어 그해 6월 5일 서유럽의 재건을 돕기 위한 '마셜 플랜'이 발표되고 공산 진영 역시 '몰로토프 플랜'으로 서방세계에 맞섬으로써 냉전이 본격 시작됐다.

13
March

디엔비엔푸 공격

월맹군, 디엔비엔푸 공격을 개시하다

1954년 3월 13일. 월맹군은 프랑스가 점령하고 있던 디엔비엔푸 공격을 개시했다. 이후 세계적인 주목 속에 같은 해 5월 7일 디엔비엔푸를 함락할 때까지 56일 동안 월맹군과 프랑스는 치열한 전투를 벌였다. 이 전투로 프랑스군은 6천 명의 사상자가 생기고 1만 명이 포로가 됐으며, 월맹군도 8천 명이 전사하고 부상자가 1만여 명에 이르렀다. 이 전투를 끝으로 프랑스의 100년간에 걸친 인도차이나 지배도 종지부를 찍었다. 프랑스의 자리를 이어받은 것은 바로 미국이었다. 2차 세계대전에서 겨우 승전국이 된 프랑스는 식민지 야욕을 버리지 못하고 용병들을 조직해 1946년 11월 옛 식민지였던 베트남을 다시 침공했다. 프랑스군과 맞서 싸운 것은 호치민의 월맹베트남군이었다.

하지만 전쟁이 장기화됐고 전황은 점차 프랑스군에 불리해졌다. 1953년 11월 프랑스군 총사령관 앙리 나바르는 라오스로 연결된 월맹군의 보급로를 차단하기 위해 1만 6천 명의 외인부대를 동원해 라오스 국경의 디엔비엔푸를 점령하고 요새를 쌓았다. 디엔비엔푸는 주변에 험준한 산이 포진해 있었기 때문에 월맹군의 접근이 어려울 것으로 판단했기 때문이다. 하지만 월맹군은 4만 명의 병력으로 터널을 뚫고 요새벽까지 접근했으며 대포를 분해해서 등에 진 채 인해전술로 산을 넘었다. 마침내 56일만에 함락시켰다. 한편 1954년 4월 디엔비엔푸가 함락되기 한 달 전 쯤 미국 당시 국무장관 존 포스터 델레스는 프랑스 외무장관 조르주 비도에게 핵무기 사용을 제안했다는 사실이 2014년 영국 BBC의 보도로 드러나 충격을 주기도 했다. 실제로 미국과 영국의 도움을 받지 못한 프랑스는 스스로 핵무기 개발에 나선다.

March

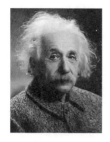

아인슈타인

20세기 최고 물리학자 아인슈타인, 출생하다

1879년 3월 14일, 20세기 최고 물리학자로 꼽히는 알베르트 아인슈타인이 독일의 울름에서 유태인 아버지와 독일인 어머니 사이의 1남 1녀 중 맏이로 태어났다. 전기회사를 운영했던 숙부와 백부의 영향으로 어릴 때부터 수학과 과학에 관심이 많았다. 독일에서의 군대식 교육에 적응하지 못한 그는 신경쇠약으로 독일을 떠나 독학으로 취리히 공과대학에 응시했으나 낙방했다. 다행히 그의 뛰어난 수학성적을 눈여겨 본 학장 덕분에 1년 후 입학을 할 수 있었다.

그의 대학 성적은 중상위 정도에 맴돌았다. 교수와의 마찰, 여자 친구의 임신, 반유대 정서 등으로 전공과 무관한 보험회사에 취직했으나 이마저 힘들어 스위스 시민권을 얻은 후 베른에 있는 특허국 심사관으로 채용됐다.

특허 심사관으로 근무하던 1905년, 연구에 몰두한 아인슈타인은 독일의 물리학 연보에 '특수 상대성 이론'을 포함한 일련의 중요한 논문들을 다섯 편 연달아 발표한다. 이들 논문은 현대물리학에서 양자역학과 상대성 이론이라는 두 축을 등장시키게 만드는 혁명적인 논문들이었다.

그 뒤 프라하 대학 교수와 베를린 대학 교수가 되었다. 1915년에는 '일반 상대성 이론'을 완성하여 물리학자로서 이름을 떨쳤으며 1921년에 광양자 이론의 연구로 노벨 물리학상을 받았다.

그러나 반유대주의는 그를 평생 괴롭혔다. 히틀러 독재정권에 쫓겨, 1933년에 미국으로 건너가 프린스턴 연구소의 교수로 있었다. 2차 세계대전 때에는 루스벨트 대통령에게 원자폭탄을 만들 것을 건의하였는데, 이것이 미국에서 원자폭탄 연구의 시초가 되었다. 그는 20세기가 낳은 최고의 물리학자로 평가받고 있다

15
March

필리핀 발견

스페인 탐험가 마젤란, 필리핀을 발견하다

1521년 3월 15일. 포르투갈 출신의 스페인 탐험가 페르디난드 마젤란이 필리핀을 발견했다. 1519년 8월 10일 역사상 최초의 세계일주를 위해 스페인의 세빌라를 출항한 지 1년 6개월만이었다. 마젤란은 모국인 포르투갈 정부에 3번이나 지원요청을 했다가 거부당한 끝에 결국 스페인의 지원을 받게 됐다. 앤티워프 출신 상인의 경제적 지원과 스페인 국왕 카를로스 1세의 허락을 받고 탐험에 나섰다. 포르투갈은 뒤늦게 마젤란에게 사형선고를 내리고 그를 잡기 위해 추적대까지 급파했지만, 마젤란은 유서를 남긴 채 출발한 뒤였다. 탐험대는 5척의 선박과 270명의 승무원으로 구성됐다.

스페인과 포르투갈 사람 외에 그리스·이탈리아·프랑스·영국 등 여러 나라 사람들로 구성돼 1920년 3월 31일 반란이 일어나 3척의 배가 반란자의 손에 넘어갔으나 마젤란은 신속히 제압했다. 1520년 11월 28일 남미 남단과 푸에고 제도 사이를 통과해 태평양에 이른 마젤란은 수개월 동안 서진을 계속해 1521년 3월 초에 괌 섬을 발견했고 15일 필리핀을 발견했다. 필리핀에서 마젤란은 원주민과 우호관계를 맺었고 군주와 주민들을 그리스도교로 개종시키고 스페인 왕에 대한 충성을 서약하게 했다.

그러나 마젤란은 막강한 무기를 믿고 부족 간 전쟁에 섣불리 참여했다가 4월 27일 원주민의 칼에 죽고 말았다. 부하 12명도 함께 전사했다. 나머지 선원들이 세빌라에 도착한 것은 1522년 9월 8일이었고 생존자는 18명이었다. 비록 마젤란 자신은 세계일주를 완성하지는 못했지만, 그는 인류 최초의 세계일주 항해의 지휘자였다.

16
March

민간인 학살

미군, 베트남전에서 밀라이 학살을 자행하다

1968년 3월 16일 아침. 남베트남 꽝가이성 밀라이 마을에서 미군이 무고한 주민 500여 명을 학살하는 사건이 발생했다. 미 제11보병여단 소속 찰리 중대원 60~70명은 9대의 헬리콥터를 타고 남베트남 해방전선 게릴라들을 색출할 목적으로 밀라이 마을에 착륙했다. 마을에는 어린이와 노인, 부녀자들만이 아침준비에 여념이 없었다. 소대장 캘리 중위의 명령에 따라 주민들이 마을 광장에 모였다. 주민들은 병사들의 눈빛에 살기를 느끼고 "노! 노!" 하면서 애원했지만 소용없었다. 중대원들은 당시 4개월에 걸쳐 병력의 3분의 1이 베트콩과의 전투에서 사망하거나 부상당해 분노에 차 있었다. 이윽고 미군들은 주민들을 향해 무차별 총격을 가해 500여 명을 학살했다. 4시간에 걸친 학살극은 헬리콥터 조종사가 상급부대에 보고한 뒤에야 중단됐다. 상급부대는 '민간인 20명이 우발적으로 희생된 성공적인 작전'이라며 사건을 은폐했다.

이 사건은 당초 군비밀로 베일에 가려 있었지만 1969년 3월 현장에 있던 병사에게 사실을 전해들은 한 제대 군인이 워싱턴에 편지를 보내고, 이 사실을 눈치 챈 《뉴욕타임스》의 시모어 허시 기자가 11월 17일자에 보도하면서 세상에 드러났다.

의회와 국방부 조사에 의해 드러난 사실들로 미국은 충격에 휩싸였다. 지휘 계통에 있던 14명이 기소됐지만 캘리 중위만 재판에 회부됐다. 캘리는 미군법회의에서 부녀자와 노인 등 22명을 살해한 혐의로 종신 노동형 선고를 받았다. 하지만 복역 사흘째 되는 날 닉슨 대통령의 석방 명령으로 풀려났다. 캘리 혼자서 죄를 뒤집어쓴다는 것은 이해가 안 된다는 여론 때문이었다.

17
March

NEWS
막사이사이,
비행기 사고

막사이사이 필리핀 대통령, 비행기 사고로 사망하다

1957년 3월 17일. 필리핀의 반공 지도자 라몬 막사이사이 대통령이 남부 필리핀 세부 섬에서 돌아오는 길에 비행기 추락사고로 많은 수행관리들과 함께 사망했다. 루손 섬의 대장간 아들로 태어난 막사이사이는 자동차 운전수 등을 하면서 1932년 필리핀 공업대학을 졸업하고 태평양전쟁 직전까지 민간회사에 근무했다. 2차 세계대전 중에는 항일 게릴라전에 참가했고, 1945년에 더글라스 맥아더 장군의 명령으로 그의 고향인 잠바레스 주의 군정장관으로 임명되면서 관직생활을 시작했다. 1946년에는 국회의원으로 당선됐고 1950년에는 국방장관으로 임명됐다.

　2차 세계대전 후 필리핀은 경제위기와 2차 세계대전 당시 항일 게릴라 조직이 모태가 된 후크단후크발라하프의 반란 때문에 정치불안이 계속되고 있었다. 그러나 1953년 10월 11일 막사이사이가 대통령에 당선되고, 그의 노력으로 경제성장이 궤도에 오르자 반란은 평정됐다. 그의 서거 후 공적을 기리기 위해 아시아의 평화와 발전을 위해 공헌한 사람들에게 주는 '아시아의 노벨상'으로 불리는 '막사이사이상'이 1957년에 제정돼 막사이사이 대통령의 생일인 8월 31일 수여된다. 상은 정부 공무원, 공공사업, 국제협조 증진, 지역사회 지도, 언론문화 등 6개 부문에 걸쳐 각각 5만 달러의 상금과 메달이 수여된다. 우리나라에서도 장준하1962, 김활란1963, 김용기1966, 이태영1975, 장기려1979, 엄대섭1980, 제정구·정일우1986, 김임순1989, 오웅진1996, 법륜 스님2002, 윤혜란2005, 박원순2006, 김선태2007 등이 수상했다.

18
March

루돌프 디젤

디젤 엔진 발명가 루돌프 디젤, 탄생하다

1858년 3월 18일. 디젤 엔진 발명으로 인류 발전에 큰 기여를 한 루돌프 디젤이 프랑스 파리에서 독일인 부모 밑에서 태어났다. 그는 프랑스-프로이센 전쟁 이후 독일에 정착하였고 뮌헨 공과대학에서 공부했다. 졸업 후 디젤은 냉동기 제작에 종사하면서 '기포 없이 투명한 얼음'을 만드는 제빙기를 세계 최초로 발명해 명성을 쌓기도 했다. 1893년부터 1897년까지 독일의 자동차 회사 MAN AG와 함께 식물부산물 연료로 가동되는 압축착화 방식의 새로운 엔진의 실용화를 위해 연구했다. 1893년 그가 쓴 《합리적 열기관의 이론과 구조》는 크루프와 아우크스부르크 회사 등에 의해 인정을 받아 1897년 최초의 실용적인 디젤 기관이 제작되었다. 이후 세계 각국의 제조회사들이 디젤 기관의 고능률에 주목하여, 다투어 특허권을 양도받았다. 디젤은 라이선스로 돈방석에 앉았다.

디젤 엔진 발명과 성공으로 디젤은 엄청난 부자가 된 데다 역사에 길이 남을 인물이 됐지만 개인사로는 꽤나 불행했다. 우울증에 걸렸고 말년에는 공장을 다른 사람에게 넘겼다. 1913년 9월 29일 영국 해군성 초청으로 런던으로 항해 하던 중 갑자기 배에서 실종됐다. 실종 2주 후에야 노르웨이 북해에서 디젤의 시신과 유류품이 발견되었다. 시신은 이미 부패가 심해 끌어올리지도 못했고 신원 확인을 위해 지갑 등 유류품만 끌어 올렸다. 바다로 투신자살하였다는 의견이나 재산을 노리는 누군가에게 살해당했다는 의견이 분분했지만, 미리 쓴 유서로 재산 대부분을 사회에 기부했기에 자살이라는 설이 설득력을 더 많이 얻었다. 유서에는 "내가 할 일이 없기에 나는 살아가는 뜻이 없다."는 매우 자조적이고 우울한 글이 가득했다.

19
March

가우디 성당

가우디, 사그라다 파밀리아 대성당을 착공하다

1882년 3월 19일. 스페인 천재 건축가 안토니오 가우디는 스페인 카탈루냐 바르셀로나에 있는 사그라다 파밀리아 대성당을 착공했다. 공사 시작 138년이 지난 이 성당은 지금도 짓는 중이다. 완공 날짜는 아무도 모르지만 현재로는 건축가 가우디의 사망 100주년이 되는 2026년 완공을 목표로 하고 있다. 길이 90m, 너비 60m, 172.5m 높이를 목표로 18개의 첨탑8개는 완성됨이 들어설 사그라다 파밀리아 성당의 공식 이름은 언어별로 조금씩 다르다. 한국어 이름은 '속죄의 성가정Holy Family 대성전'이다. 종교서적 출판사 사장 주제프 마리아 보카베야는 당시 산업혁명 여파로 신성함이 많이 약해진 바르셀로나에 '속죄의 의미'로 성당을 세우고 싶어 했다. 이런 취지로 초기에는 건축비를 기부에만 의존했다.

한편 독실한 가톨릭 신자였던 가우디는 이 귀중한 기회를 잡고 몇 차례 설계를 변경해 지금의 안을 만들었다. 그는 40년 이상 이 성당공사건설 책임자였으며 1926년 전차에 치여 죽기 전 15년 동안은 이 일에만 매달렸다. 그가 죽은 후 다른 건축가들이 가우디의 설계를 해석하며 공사는 진행되었지만, 1936년 시작된 스페인 내전 때 하층민들의 폭동으로 성당 지하에 있던 가우디의 사무소가 불타고 많은 자료가 소실됐다. 이미 완성된 성당의 첨탑 4개도 폭파의 위협을 받았지만 카탈루냐 민병대의 경호로 무사할 수 있었다. 중단됐던 건축은 1950년대에 와서야 다시 진행됐다. 한편 성당은 처음부터 건축허가를 받지 않은 사실이 뒤늦게 알려져 466억 원에 달하는 벌금을 내고 2019년 6월 7일에야 착공허가를 받고 합법 건축물이 됐다.

반노예주의

반노예주의 소설 《톰 아저씨의 오두막》이 출간되다

1852년 3월 20일. 미국 소설 최초로 밀리언셀러가 된 《톰 아저씨의 오두막》이 해리엇 비처 스토우에 의해 출간됐다. 스토우는 1850년 도망노예법도망노예의 재판을 금지하고 그를 도와준 이까지 처벌받게 한 법률이 의회에서 통과되자 깊은 분노를 느껴 이 소설을 쓰기 시작했다. 시인 랭스턴 휴즈는 이 소설을 두고 "미국 최초의 저항 소설"이라 칭했다.

착한 노예 톰은 독실한 크리스천이다. 사람들은 그를 '톰 아저씨'라 불렀다. 톰은 밤마다 자기 오두막집에 사람들을 모아 놓고 예배를 보곤 했다. 그는 착한 주인 밑에서 평생 살았으나 가난해진 주인 때문에 팔려간다. 그는 도망칠 기회가 있었지만 주인을 배반할 수 없다며 거절한다. 몇 차례에 이리저리 팔려 다닌 톰은 '악마'라는 별명으로 불리는 주인 레글리의 목화 농장으로 팔려간다. 여기서도 그는 도망칠 것을 제안받지만 듣지 않는다. 오히려 다른 노예의 도망을 도왔다는 의심을 받고 고문 끝에 죽고 만다. 톰은 숨을 거두면서 이렇게 기도했다.

"그대들을 예수님에게로 이끌 수만 있다면 난 내 힘도 보탤 수 있소. 오 오, 하나님! 이 두 영혼을 제게 주옵소서." 톰은 참혹하게 죽을 때까지 자비와 용서의 믿음을 잃지 않았던 것이다.

책은 노예들의 육체적·정신적 고통을 생생하게 묘사한 것 외에도, 노예 제도가 백인 노예주들의 인간성과 도덕성을 얼마나 망가뜨리는지 강조했다. 이 소설이 기록한 경이적인 성공 덕분에 스토우는 그녀의 정치적인 목적을 달성할 수 있었다. 이 소설은 노예제에 대한 깊은 반감과 반노예제 행동주의를 불러일으킴으로써 뒤이어 일어난 남북전쟁에서 결정적인 역할을 했다.

CODE CIVIL
DES FRANÇAIS.

TITRE PRÉLIMINAIRE.

*DE LA PUBLICATION, DES EFFETS
ET DE L'APPLICATION DES LOIS
EN GÉNÉRAL.*

ARTICLE 1.er

나폴레옹 법전

근대 민법전의 모델 나폴레옹 법전, 공포되다

1804년 3월 21일. 유스티니아누스 법전, 함무라비 법전과 함께 세계 3대 법전으로 꼽히는 '프랑스인의 민법전Code Civil des Francais'이 공포됐다. 이후 1807년 나폴레옹이 이 법을 나폴레옹 법전이라 불렀다. 총 3편 2,281조로 된 이 법전에는 프랑스 혁명을 통해 법 앞에서 평등, 취업의 자유, 신앙의 자유, 사유재산의 존중, 계약자유의 원칙, 과실책임주의, 소유권의 절대성 등 근대시민법의 기본 원리가 반영돼 있다. 다만 아내를 가장家長 밑에 종속시켜 여성을 예속화시켰다는 지적도 받았다.

1789년 프랑스 혁명이 발발하기 전까지 프랑스는 통일되고 체계적인 법전을 갖추고 있지 못했다. 프랑스 남부에서는 로마법이, 파리를 비롯한 북부에서는 관습법이 유지되고 있었다. 결혼과 가족생활은 로마 가톨릭의 교회법을 주로 적용했다. 16~17세기부터 각기 다른 관습법을 통일하려는 노력이 있었지만 구세력의 저항이 이를 가로막았다. 혁명이 성공하고 구체제가 붕괴되자 이를 위한 시도가 구체화된다. 혁명 중 마련된 4종류의 법전이 유야무야되자 나폴레옹이 직접 나서 1800년 8월부터 민법전 편찬에 박차를 가한다.

나폴레옹 법전은 나폴레옹의 유럽 제패로 많은 나라에서 시행되었고 각국의 민법전 제정의 기반이 되었다. 또한 나폴레옹의 몰락 후에도 이탈리아, 벨기에, 네덜란드뿐만 아니라 남미 국가들의 민법에도 많은 영향을 미쳤다. 제정된 지 200년 이상 흘렀으나 수정·보충을 거쳐 존속하고 있으며 프랑스에서는 현재에도 이 법전을 사용하고 있다. 작가 스탕달이 문장연습을 위해 매일 나폴레옹 법전을 읽을 정도로 쉽고 간결한 문체로도 유명하다.

22
March

괴테

독일 대문호 괴테, 사망하다

1832년 3월 22일. 독일의 대문호 요한 볼프강 폰 괴테가 숨을 거뒀다. 그의 등장과 함께 독일문학은 전 세계를 휩쓸었다. 독일어와 독일은 괴테 덕분에 완전히 다른 대접을 받았다. 괴테는 1749년 프랑크푸르트에서 사업으로 큰 성공을 거둔 평민 아버지 밑에서 태어나 유복하게 자랐다. 그의 엄마는 어린 괴테에게 책을 읽어주면서 결말을 알려주지 않아 스스로 상상하도록 유도함으로써 창의성을 길러줬다. 어려서부터 언어감각이 탁월했고 문학에 뛰어난 재능을 보였으나 법학을 전공해 변호사로도 활동했다. 그 와중에서도 23세에 《젊은 베르테르의 슬픔》을 발표한다. 이 책은 베스트셀러가 되면서 유럽의 실력자들이 모두 괴테를 만나고 싶어 할 정도로 유명인이 된다. '베르테르 효과'라는 말이 생겨날 정도 책을 따라 자살하는 사람이 많아지자 교황청은 이 책을 금서로 지정하기도 했다.

괴테의 또 하나의 역작이 그가 말년까지 60년 간을 투자해 쓴 《파우스트》다. 괴테의 작품은 그가 사랑했던 여인들이 바탕이 된 것이 많다. 첫사랑 그레첸은 파우스트에 등장하고 두 번째 연인 샤를로테는 친구의 약혼녀였다. 약혼까지 했지만 결국 헤어지고만 릴리 쇠네만, 궁정에서 만나 1천 5백 통 이상의 연서戀書를 보냈던 유부녀 샤를로테 폰 슈타인 등 그의 삶을 거쳐간 수많은 연인들은 창조의 원천이었다. 괴테는 식물학·기상학·해부학·지질학·색채학에 이르기까지 한 사람이 이렇게 많은 족적을 남길 수 있을까 싶을 정도로 다양한 분야에서 업적을 남겼다. 그는 또 2천 7백여 점의 그림을 남긴 화가였고 26년 간 바이마르 궁정극장을 이끌며 모차르트의 오페라를 280번이나 공연한 무대연출가였으며 바이마르 총리에까지 오른 정치가였다.

오션클린업재단, 태평양 쓰레기장 조사결과를 발표하다

2018년 3월 23일. 네덜란드에 본부를 둔 비영리 연구단체 오션클린업재단은 세계의 여러 과학자들과 협력해 3년 간 GPGP Great Pacific Garbage Patch를 조사한 결과를 공식 발표했다. 내용은 충격적이었다. 조사결과에 따르면 섬을 이루고 있는 플라스틱 쓰레기의 개수는 무려 1조 8천 억 개, 무게는 8만 톤에 달했다. 이는 초대형 여객기 5백 대와 맞먹는 무게로 당초 연구진이 예측했던 것보다 16배나 큰 수치였다. 더구나 과학자들의 공중연구조사를 실시한 바에 따르면, 태평양의 플라스틱 쓰레기 더미는 '기하급수적' 속도로 불어나고 있다. 2020년 말 현재는 남한 면적의 15배 규모로 커졌을 것으로 추정된다.

2017년 광고제작자 마이클 휴와 달 데반스 드 알메이다는 UN에 GPGP를 국가로 인정해달라는 신청서를 제출했다. 이들은 국명을 'Trash Isle쓰레기 섬'으로 정했다. 환경운동에 앞장서고 있는 미국의 전직 부통령 앨 고어는 1호 국민이 됐다. 영화《토르》로 유명한 배우 크리스 헴스워스 등 20만 명이 국민으로 등록했다. 이 섬에는 국기와 화폐, 우표, 여권도 있다. 화폐에는 플라스틱 그물에 목이 감긴 바다사자와 갈매기, 플라스틱 바다에서 헤엄치는 고래가 담겨 있다. 화폐 단위는 쓰레기 부스러기를 뜻하는 '더브리debris'다.

태평양의 GPGP 외에 대서양에도 있다. 미국해양교육협회SEA 연구팀은 2010년 미국 동부 앞바다에 엄청난 규모의 플라스틱 쓰레기 섬을 찾아냈다. 플라스틱의 수명은 영구적이다. 이미 물고기와 바닷새들의 입을 통해 먹이 사슬로 파고들어가고 있다.

엑손 발데스 호 기름 유출 사건

1989년 3월 24일이 막 시작된 지 4분 정도 지났을 무렵, 125만 배럴의 기름을 싣고 미국 알래스카 연안의 프린스 윌리엄 만을 경유해 남쪽으로 가던 대형 유조선 엑손 발데스 호가 블라이 암초에 부딪쳤다. 이 충격으로 엑손 발데스 호는 11개 화물 탱크 중 8개, 5개의 발라스트 탱크 중 3개에 구멍이 생겼으며, 순식간에 원유가 흘러나와 칠흑 같은 어두운 바다를 뒤덮었다. 미국 역사상 가장 큰 기름 유출 사고였다. 사고 직후 선장은 발데스 기름 터미널과 해안경비대에 신고를 하였으나, 이들은 이 같은 대규모 기름유출사고에 대비한 비상조치체제를 갖추지 못해 적절한 대응조치를 취하지 못했다. 사고 지역은 헬리콥터와 보트에 의해서만 접근할 수 있어서 유출 초기단계에 대처하기가 어려웠던 데다 강풍마저 불어 방제작업에 애로를 겪었다.

25만 8천 배럴의 원유가 유출됐고, 강풍에 밀려 알래스카 해안 1천 9백km가 온통 끈적거리는 기름덩이로 뒤덮였다. 연어, 바다수달, 물개의 서식지였던 이 지역에서 바다새 25만 마리, 바다수달 2천 8백 마리, 물개 3백 마리, 대머리 독수리 250마리, 고래 22마리 그리고 수많은 연어와 청어떼가 죽었다.

사고 원인에 대해서는 여러 가지가 논의되고 있다. 선장이 술에 취해 있었다거나 무자격 3등 항해사에게 배의 지휘권을 맡긴 점, 비용을 절감하기 위해 레이더를 작동시키지 않았다는 점 등은 재판과정에서도 지적이 되었다. 항해사가 조타수에게 너무 늦게 지시를 했는지, 조타수가 지시를 제대로 따르지 않았는지, 배의 조정 시스템이 제대로 작동되지 않았는지에 대해서도 논의가 있었으나 이에 대해서는 명확하게 밝혀지지 않았다.

25
March

로마조약

유럽경제공동체가 출범하다

유럽의 찬란했던 문명은 두 차례 세계대전으로 폐허가 됐고 '초대된 제국' 미군이 유럽의 안보를 지키는 비참함에 대한 자성이 일어났다. 그 반성의 열매가 유럽경제공동체EEC다. 1957년 3월 25일 프랑스·룩셈부르크·이탈리아·서독·벨기에·네덜란드 등 6개 국이 이탈리아 로마에 모여 유럽경제공동체EEC 설립을 위한 로마조약을 체결했다. EEC 조약이라고도 부르는 이 조약으로 유럽통합은 이제 거역할 수 없는 대세로 굳어졌다. 1958년 1월 1일에 발효된 로마조약은 EEC라는 단일공동시장을 1969년 말까지 완성할 것을 우선 목표로 삼았다.

EEC를 주도한 나라는 프랑스였다. 프랑스는 2차 세계대전 이후 초강대국으로 떠오른 미국을 견제하기 위해 유럽 국가들의 단결이 필요하다고 생각했다. 그러나 수백 년 동안 '대륙 문제의 조정자'라는 외교노선을 유지했던 영국이 유럽경제공동체 설립을 강하게 반대하면서 EEC는 결국 영국을 뺀 프랑스, 서독 등 6개 나라로 구성됐다.

EEC 구성에 반대했던 영국은 유럽자유무역연합EFTA을 결성했다. 여기에는 영국 외에 노르웨이, 스웨덴, 덴마크, 스위스, 오스트리아, 포르투갈 등 7개 나라가 가입했다. EEC는 유럽석탄철강공동체, 유럽원자력공동체와 통합했다. 세 단체가 통합하면서 1991년 유럽공동체EC로 발전했고 독일 통일 뒤 유럽연방을 목표로 한 유럽연합EU이 1993년 11월 1일에 발족했다. EU가 연방국으로 나아가기에는 미국의 견제, 남유럽과 북유럽의 경제 격차 등의 걸림돌이 있으나 미국과 중국의 패권 싸움에 캐스팅 보트 역할을 할 가능성도 있다.

26
March

베토벤

'악성' 베토벤, 숨을 거두다.

1827년 3월 26일. 작곡가로서는 치명적인 청각까지 잃었으면서도 '악성樂聖'
이라 불리는 루트비히 판 베토벤이 숨을 거뒀다. 향년 56세. 독일의 본 출생
으로 할아버지 루트비히와 아버지 요한도 음악가였다. 궁정의 테너 가수였
던 아버지는 아들을 모차르트와 같은 천재 음악가로 만들고 싶었다. 정규 학
력으로는 초등학교를 중퇴했을 뿐인 그는 당시 유럽 음악의 중심 빈으로 유
학, 하이든에게 사사했다. 드디어 25세 되던 1795년에 〈피아노 협주곡 제2
번〉을 연주하며 대성공을 거뒀다.

일생을 독신으로 보낸 베토벤은 1800년에 '제1교향곡'과 '6곡의 현악 4중
주곡'을 발표할 무렵부터 귓병이 나서 점차 악화됐다. 절망한 그는 1802년 〈하
일리겐슈타트의 유서〉를 쓰고 연주자로서의 활동을 포기, 작곡에만 전념했다.
34세 때인 1804년에는 제3교향곡 〈영웅〉을 작곡했다. 당초 나폴레옹에게 바칠
생각이었으나 황제 취임에 분노하고 파기해버렸다. 〈영웅〉을 통해 베토벤은
하이든이나 모차르트의 영향에서 완전히 벗어난 자신만의 개성을 확립했다.

이후의 약 10년 간은 창작활동이 가장 활발했던 시기다. 교향곡, 서곡, 협
주곡, 피아노 소나타, 바이올린 소나타, 기타 실내악의 대부분이 이 시기에 만
들어졌다. 특히 교향곡 〈제5번 운명〉1808년, 〈제6번 전원〉1808년, 〈제9번 합창〉1824년
피아노 협주곡 〈제5번 황제〉1809년, 바이올린 협주곡 3곡, 1806년, 피아노곡 〈파시
오나토 소나타〉1805년 등이 유명하다. 베토벤의 작품들은 19세기와 20세기에
걸쳐 후대 사람들에게 깊은 감명을 주었고, 지금도 그 생명력을 발휘하고 있
다. 본에 있는 그의 생가에는 베토벤 박물관이 있다.

27
March

유리 가가린

최초의 우주비행사 유리 가가린, 잠들다

1968년 3월 27일. 보스토크 1호를 타고 인류 최초로 우주에 나간 소련의 유리 가가린이 34세의 젊은 나이에 사망했다. 스몰렌스크의 한 집단농장에서 1934년 3월 9일에 출생한 가가린은 사라토프의 공업중등기술학교 재학중에 항공 클럽에서 비행기술을 익혔고, 오렌부르크의 항공학교를 졸업한 뒤 1955년 공군에 입대해 전투기 조종사가 됐다. 가가린은 1959년 우주 비행사 모집에 지원해 높은 중력을 견디는 훈련, 소리와 빛이 없는 곳에서 지내는 훈련 등 강도 높은 훈련을 받았다. 그의 작은 키 157.4cm도 우주 비행사에게 적합했다.

1961년 4월 12일 보스토크 1호를 타고 301km 상공에서 시속 1만 8천 마일의 속도로 1시간 48분만에 지구의 상공을 일주함으로써 인류 최초의 우주 비행에 성공했다. 우주에서 지구를 본 감상에 대해 가가린은 "지평선이 보인다. 하늘은 검고 지구의 둘레에 아름다운 푸른색 빛이 비친다."라고 말했다. 우주 비행 후 낙하산을 타고 무사히 지구로 돌아온 가가린은 국가의 영웅으로 추앙받았다. 레닌 훈장을 받았고 최고회의 대의원이 됐으며 중위에서 소령으로 특별 승진도 했다.

소련은 사회주의 체제의 우월성과 미국에 기술 우위를 과시하기 위해 가가린을 전 세계 30개 국에 보내 강연회, 팬사인회 등 다양한 행사를 하게 했다. 미국은 케네디 대통령의 반대로 방문하지 못했다. 그가 어린 시절을 보냈던 그자츠크는 이름을 아예 가가린으로 바꿨다. 이후 우주비행사 대대장 등을 지내고 대령으로 진급했다. 1968년 3월 27일 비행훈련 중 타고 있던 제트 훈련기가 모스크바 근교 블라디미르의 한 마을에 추락해 사망했다.

방사능 누출

미국 스리마일 섬 원자력발전소 방사능 누출사고

1979년 3월 28일 오전 4시 37분. 미국 북동부 펜실베니아 주 남부 서스쿼해나 강 하류에 있는 스리마일 섬에서 미국 역사상 최악의 핵사고로 불리는 원자력 발전소 방사능 누출사고가 일어났다. 사고는 원자로의 냉각이 불가능해져 노심이 녹아내리는 사고였다. 정확한 원인을 알아내지는 못했지만 제2원자로의 주급수 펌프가 작동을 멈췄다. 비상 펌프 역시 작동을 하지 않았고 원자로 중심에서 순환하며 열을 전도시키는 물 공급이 중단됐다. 원자로는 긴급정지했지만 원자로 안에 생긴 죽음의 재는 열을 계속 내뿜었다. 냉각수가 계속 방출됐고 사고 후 110분이 지나서는 노심이 노출되기 시작해 노심상부의 온도가 상승했다.

원자로 내의 온도가 고온이 됐을 때 작동해야 하는 긴급 노심 냉각 장치가 작동하지 않아서 설계상의 잘못이 지적되었다. 게다가 증기거품으로 가압기 수위계가 올바른 수위를 보이지 않자 운전원이 냉각수 과잉이라 오판해 가압기 밸브의 메인밸브를 수동으로 막아 냉각수 유출을 멈추게 했다. 설비상의 결함과 인간의 실수가 겹친 셈이다.

천만다행으로 대기 중으로 유출된 방사능의 양은 극히 미세했고 즉각적인 부작용도 보고되지 않았다. 펜실베니아 주 당국은 어린이와 임산부들에 한해 소개령을 내렸지만 발전소 직원들은 물론 반경 8km 내에 거주하는 2만 5천 명의 주민들 누구도 건강상의 피해를 입지는 않았다. 그럼에도 불구하고 사고가 불러일으킨 공포는 대단했다. 유사한 원자로 7개가 즉시 임시 차단되었다. 이후 미국은 2002년 '원자력 발전 계획 2010'을 수립하기까지 단 1기의 원전도 건설하지 않는 등 미국의 원자력 발전은 사양길로 들어섰다.

29
March

진시황릉

진시황릉, 발견되다

1974년 3월 29일. 중국 산시성의 여산 남쪽 기슭의 한 시골마을에서 양취위 안이라는 농부가 우물을 파려다 흙으로 만든 인형을 발견하고 신고했다. 7월 15일부터 본격적인 발굴이 시작됐다. 진시황릉은 동서 485m, 남북 515m, 높이 약 76m에 달하는 거대한 능이다. 사마천의 《사기》에 의하면 능은 시황제 즉위 초에 착공되어 그가 중국 천하를 통일한 이후에는 70여만 명이 동원되어 완성되었다고 한다. 능 안에는 수은이 흐르는 강과 바다가 있고 천상과 지상을 모방한 지하 궁전도 있다. 진시황이 죽은 뒤 아들 진2세는 아버지를 안장할 때 능을 건축한 공인들이 비밀을 누설할 것을 염려해 모든 공인들을 전부 능 안에 가두었으며, 미혼의 궁녀들을 함께 생매장했다고 한다.

능은 장방형의 두 겹의 담장으로 싸인 능원의 남쪽에 위치하고 있다. 특히 능원 동문 밖의 거대한 병마용갱은 세계적인 관심거리가 되었다. 항우에 의해 많은 도용이 파괴돼 정확한 숫자를 파악하기는 힘들지만 약 6천 개로 추정된다. 특히 그 표정이 모두 달라서 당시 호위 군사들의 실물을 그대로 본떠 만들었을 것으로 추정된다. 도용의 크기는 1.75~1.96m, 도마용은 높이 1.5m, 길이 2m로 실물보다는 조금 크게 만들어졌다. 2호갱에는 궁노병, 기마병, 전차병이 포진하고 있고 지휘부로 추정되는 3호갱도 발견됐다. 세계의 8대 불가사의 중의 하나로 꼽히기도 하는 이 병마용들은 진시황 친위군단의 위용을 과시하는 데 그치지 않고 진나라의 군사편제·갑옷·무기 등의 연구에도 좋은 자료를 제공하고 있다. 일부 도용에서 확인되는 북방 민족의 두발 형식은 친위군단의 민족적 구성을 짐작하게 한다.

March

반 고흐

화가 빈센트 반 고흐, 탄생하다

1853년 3월 30일. 빈센트 반 고흐는 네덜란드의 독실한 기독교 집안에서 태어났다. 백부의 화랑에서 일하면서 그는 밀레의 〈이삭 줍는 여인들〉을 보고 충격과 감동을 받았다. 이후 런던에서 노동자들의 비참한 현실을 보고 성직자의 길을 생각하기도 했으나 동생 테오의 제안으로 화가가 되기로 결심한다. 고흐는 좋아하는 화가들의 그림을 관찰하고 따라 그리며 독학으로 그림 공부를 했다. 초기에는 '감자먹는 사람들'에서 보듯 무채색으로 시골 사람들의 일상을 소박하게 표현했다. 이후 파리에서 당시 대세였던 인상주의를 접했고 특히 유럽에서 당시 유행하던 일본 판화에 깊이 빠져 〈빈센트의 침실〉에서 잘 나타나 있듯이 짙은 배경선과 그림자 없이 얕고 단순한 채색 그림을 완성해 나갔다.

고갱과의 생활은 처음에는 좋았다. 고갱도 고흐의 〈해바라기〉에 감탄했다. 하지만 두 사람 화풍도 성격도 달라 많은 갈등을 겪는다. 결국 고갱이 〈해바라기를 그리는 반 고흐〉를 그리자 두 사람의 갈등은 폭발한다. 그림 속의 해바라기는 흐물흐물했고 고흐의 눈은 술에 취한 듯했다. 이후 고흐는 자신의 귀를 면도칼로 잘라 버릴 만큼 정신 발작을 일으킨다. 그러자 고갱은 타이티섬으로 떠나 버리고 고흐는 정신병원에 입원한다. 이 병원에서 고흐는 오히려 〈별이 빛나는 밤〉, 〈사이프러스 나무〉 등과 같은 걸작을 쏟아낸다. 그는 2천 점이 넘는 작품을 남겼다. 고흐가 정신병원에서 퇴원하자 테오는 형을 위해 시골 마을 오베르에 집을 마련해준다. 1890년 7월 27일 고흐는 오베르의 밀밭에서 권총으로 자살을 시도했고, 이틀 후 숨을 거둔다. 몇 개월 뒤 동생 테오도 병으로 숨지며 둘은 나란히 묻혔다.

31
March

에펠탑

파리의 명물 에펠탑, 건립되다

1889년 3월 31일. 파리의 명물 에펠탑이 건립됐다. 프랑스 혁명 100주년을 기념해 열리는 파리 국제박람회 개막에 맞춰졌다. 1887년 1월 28일 착공해 25개월 간의 공사 끝에 완공된 에펠탑은 높이 324m안테나 포함으로 당시 최고 건물보다 2배나 높았고, 1930년 뉴욕 크라이슬러빌딩이 세워지기까지는 세계에서 가장 높은 구조물이었다. 1만 5천여 개의 철구조물을 250만 개의 나사못으로 연결해 놓은 에펠탑은 그 중량만도 7천 톤이나 됐다.

에펠탑은 그러나 파리 시민들로부터 그다지 호평을 받지 못했다. 당시로서는 파격적인 설계였기 때문이다. 그러니 자금 지원을 해야 할 재계의 비협조로 설계자 구스타브 에펠은 별수 없이 건축비의 80%를 자신이 직접 조달해야 했다. 시민들은 에펠탑이 세워지자 '철골 괴물'이라며 비난을 쏟아냈다. 시인 베를렌은 에펠탑이 보기 싫다며 길을 돌아서 다녔고, 소설가 모파상은 자신의 기념상이 에펠탑을 보지 못하도록 등을 돌려 세웠다. 모파상은 "흉측한 에펠탑을 보지 않을 유일한 곳"이라며 에펠탑 식당을 자주 찾기도 했다.

이 같은 반응에다 원래 20년 간 존속을 조건으로 건립된 터라 에펠탑은 1909년 해체의 위기에 몰리기도 했다. 이에 에펠과 파리시는 궁리 끝에 당시 새로 탄생한 방송을 위한 '전파중계탑'으로 그 용도를 전환함으로써 겨우 살아남을 수 있었다. 덕분에 에펠탑은 송신용 안테나가 설치돼 높이가 20m가량 높아졌다. 프랑스 6개 TV와 8개 라디오가 에펠탑을 이용하고 있다. 1981년 2월에는 에펠탑의 대대적인 보수가 진행됐다. 1만 톤으로 불어난 무게를 줄이기 위해 콘크리트 전망대를 강철제로 바꾸고 엘리베이터도 전기식으로 교환했다.

4월

경제   건축   과학   문화   발명품   사건   역사   인물   정치

1
April

애플

혁신의 아이콘 애플, 설립되다.

1976년 4월 1일. IT시대의 혁신의 아이콘, 애플이 설립된 날이다. 스티브 잡스와 스티브 워즈니악, 그리고 로널드 웨인이 '애플 컴퓨터 회사'라는 이름으로 창업한 후 차고에서 'Apple I'을 제작한 것이 그 시작이다. 이후 애플은 신선한 아이디어와 심플하고 아름다운 디자인, 뛰어난 기술력이라는 3박자를 무기로 세계 최고의 기업으로 성장했다. 2020년 11월 현재 미국 나스닥에서 시가총액은 약 2천 4백 7십 조 원으로 1~2위를 다투는 기업으로 성장했다. 단일 회사가 우리나라 전체 코스피 시장 규모보다 크다.

애플의 사업구조는 상대적으로 단순하다. 매출 규모를 기준으로 보면 아이폰, 아이패드, 기타기기, 서비스 등으로 나눠볼 수 있다. 2019년 한 해 동안 총 3백 21조 원의 매출에 68조 원의 천문학적 순이익을 올렸다. 그 구성을 보면 아이폰을 1억 8천 9백 만 대를 판매해 176조 원의 매출을 올렸다. 또 애플뮤직 앱스토, 애플TV, 애플아케이드 등과 같은 서비스 부문에서 57조 원, 맥을 1천 8백 만 대를 판매해 31조 원, 아이패드 4천 1백 만 대를 판매해 26조 원, 에어팟과 애플워치 등과 같은 기타 기기에서 30조 원의 매출을 각각 올렸다.

애플은 '애플빠'라는 말이 상징하듯 고객들을 묶어 두는 'Lock in' 사업구조에 중점을 두고 있다. 가족 중 1명이 결제를 하면 6명의 가족이 무료로 사용할 수 있게 하는 형태가 대표적이다. 이는 앞으로도 앱이나 음악, 클라우드, 결제 등등에서 관련 서비스 매출이 확대될 가능성이 높다는 의미다. 한편 팀 쿡 CEO 이후 친환경 정책의 비중이 커지고 있다. 2018년 4월 전 세계 43개 국의 생산시설에서 100퍼센트 재생 에너지를 사용하며, 'RE100'을 달성했다.

April

카사노바

'바람둥이' 대명사 카사노바, 태어나다

1725년 4월 2일. '바람둥이'의 대명사면서도 때로는 '최고의 연인'으로 일컬어지는 카사노바가 이탈리아 베네치아에서 태어났다. 처음에는 당시 엘리트 코스인 사제 지망생이었지만 10대 후반에 법학 학위를 받았을 만큼 그는 지식인이었다. 이후 사제생활을 그만두고 군인이 되어 해군 장교로 근무했다. 군생활도 오래가지 못하고 직업 도박꾼이 된다. 도박으로 재산을 탕진하고 카페에서 바이올린을 연주하면서 먹고 살기도 했다. 연주 실력을 인정받아 오케스트라 단원이 되기도 했다. 그는 여성 편력과 범죄자이면서 사기꾼이었지만 한편으로는 2천여 편의 시와 소설과 희곡을 쓴 작가이기도 했다.

그의 미완 자전적 회고록《나의 삶의 이야기》에는 여성 편력사 외에도 당시 사회의 모습이 잘 서술돼 있다. 그는 복권사업 등으로 인한 사기행각과 위험한 마술사라는 죄목으로 범죄자 신분이 돼 투옥됐다. 그러나 15개월 후 감방에서 탈옥해 파리로 도망가서 그곳에서 잠시 재력을 쌓기도 하지만 곧 파산하고 말았다. 이후 로마, 나폴리 등 유럽을 떠돌았다.

카사노바는 유럽의 왕족들, 교황 및 추기경들, 그리고 볼테르나 괴테, 모차르트와 같은 유명 인사들과도 교제를 가졌다. 그가《나의 삶의 이야기》를 집필한 곳도 보헤미아의 발트슈타인 백작의 집이었다. 그는 그곳에서 사서로 몇년 간을 머물면서 책을 썼다. 그는 의술에도 지식이 있었고 점도 잘 쳤다. 유럽 여러 곳에는 카사노바 이름을 딴 거리가 있고 음식점 이름에도 자주 볼 수 있다. 그는 분명 바람둥이였지만 삶은 너무도 다양하고 파격적이었다. 현재에도 카사노바의 삶을 연구하는 카사노비스트들이 전 세계적으로 적지 않다.

3
April

마셜플랜

전후 유럽부흥계획 '마셜 플랜', 법적 효력을 얻다

2차 세계대전이 끝난 뒤 미국은 서유럽 16개 국에 대한 원조계획을 세웠다. 이 유럽 부흥계획은 처음 공식 제안한 당시 미국 국무장관 조지 마셜의 이름을 따서 '마셜 플랜'으로 불렸다. 마셜 플랜은 냉전이라는 시대상황과 밀접한 관련이 있다. 트루먼 대통령은 마셜 플랜이 발표되기 직전인 1947년 3월 12일 의회 연설에서 "극소수의 무장 세력 또는 외부 세력에 의한 전복 행위에 저항하는 자유민들을 지원하는 것이 미국의 정책이어야 한다."는 '트루먼 독트린'을 발표하며 냉전의 개시를 공식적으로 선언했다. 미국 의회는 1948년 3월 상원에서 67표 대 17표, 하원에서 329표 대 74표로 경제협력법을 통과시켜 마셜 플랜을 승인했다. 이어 1948년 4월 3일 대통령의 서명을 거쳐 공식적인 법적 효력을 얻었다.

1947년 6월 5일. 미국의 하버드 대학교 졸업식에 참가한 마셜 국무장관은 연설을 통해 "시장 경제 체제를 채택하는 나라들이 그들의 국내 경제를 부흥시키기 위해 집행하는 계획에 대하여 미국은 대규모 재정적 지원을 하겠다."며 대규모의 유럽 경제원조 계획을 밝혔다.

마셜 플랜의 핵심 내용은 다음 3가지다. 첫째, 유럽 부흥계획을 수립하는 문제는 유럽인의 일이어야 한다. 둘째, 유럽 국가들이 재정적인 자립적 기반 위에서 원만한 생활수준을 유지할 수 있는 정도까지 경제를 회복시키는 데 원조의 목적을 두었다. 셋째, 계획에 참가할 수 있는 대상은 기본적으로 유럽 전체로 설정했다. 하지만 참가국들이 수용해야 할 일정한 조건을 단서로 붙여 소련과 동유럽 국가들을 실질적으로 배제했다.

4
April

북대서양
조약 기구NATO

NATO를 낳은 북대서양 조약이 체결되다

1945년 전후의 서유럽은 경제적으로 황폐해 있었고 정치적으로도 취약한 상태에 놓여 있었다. 영국·미국·프랑스 등의 연합국들은 전쟁으로 군사력도 약화되어 있었다. 이러한 상황에서 프랑스와 이탈리아에서는 공산당이 세력을 얻고 있었다. 소련도 동유럽에 공산주의 세력을 확장시키기 시작해 점차 서유럽을 위협하기 시작하였다. 이로써 2차 세계대전에서 한편이었던 서유럽 연합군과 소련군은 갈라서게 됐다. 특히 소련은 동유럽에 주둔하고 있었다. 그러자 미국과 유럽 국가들은 소련과의 군사적 균형을 맞출 필요가 있다고 판단했다. 소련에 대한 집단안전보장 장치가 필요하다고 느낀 것이다.

이에 따라 1949년 4월 4일 북대서양 조약이 체결됐고 같은 해 8월 24일 이를 바탕으로 한 북대서양 조약기구NATO 또는 북대서양 동맹의 효력이 발생됐다. 회원국은 벨기에, 캐나다, 덴마크, 아이슬란드, 이탈리아, 룩셈부르크, 네덜란드, 노르웨이, 포르투갈, 영국, 미국, 프랑스 등 2020년 3월 기준으로 30개 국이 가입돼 있다. 프랑스는 NATO 회원국으로는 남아 있었으나 1966년 NATO 통합군에서는 탈퇴하였다.

이 기구는 회원국 중 하나가 비가입국으로부터 공격받을 경우 대응하여 상호 방어하는 집단 방어체제다. NATO 최고사령부는 벨기에의 브뤼셀 근교 카스토에 있다. NATO는 본래 목적은 소련에 대한 집단안전보장이었으나 소련의 붕괴 후에는 군사동맹에서 벗어나 유럽의 국제적 안정을 위한 정치기구로 변화하고 있다.

April

이스터 섬

네덜란드 해군 제독 야코프 로헤베인, 이스트 섬 발견하다

1722년 4월 5일. 모아이 석상으로 유명한 이스터 섬이 네덜란드 해군 제독 야코프 로헤베인에 의해 처음으로 발견됐다. 이스터 섬은 칠레에서 3천 700km 떨어진 태평양의 고립된 섬으로 제주도 크기의 10분의 1 정도에 불과한 삼각형 모양의 작은 화산섬이다. 해안 절벽을 따라 많은 용암 동굴이 관측된다. 해안선은 폴리네시아 제도에 속한 섬으로서는 이례적으로 산호초가 적다. 약 2천 9백 년 전쯤에 해양탐험을 하던 남태평양의 폴리네시아 사람들이 이스터 섬에 처음으로 정착한 것으로 추정되고 있다. 전설에 의하면 호투 마투아라는 족장이 2개의 카누에 50여 명을 이끌고 정착해 마을을 만들었다고 한다. 로헤베인이 섬을 발견했을 때에는 인구가 5~6천 명 정도였다고 한다.

하지만 1805년 미국의 노예 상인들이 22명의 원주민을 잡아갔고 1862년 페루의 노예 상인들이 이 섬의 지배 계층을 포함한 원주민들을 마구잡이로 잡아가기 시작하였다. 1877년 이스터 섬에는 110여 명의 원주민만이 남게 됐다. 이스터 섬은 온난다습하고 자연자원이 풍부했다. 연구에 의하면 직경 2m 높이 24m나 되는 거대한 야자수가 섬 전체에 가득했다. 토양도 화산폭발 덕분에 비옥했다. 원주민들은 이곳을 큰 섬이라는 의미의 라파누이라 불렀다.

이스터 섬은 거대한 석상, 모아이로 유명하다. 3.5~5.5m에 이르는 모아이는 약 900여 개가 섬 곳곳에 놓여 있다. 보통은 무게가 20톤 정도이나 큰 것은 10m 높이에 90톤이나 되는 것도 있다. 1968년 스위스의 고고학자 다니켄은 모아이가 외계인의 작품이라 주장해 이목을 끌었다.

April

근대 올림픽

쿠베르탱 남작의 제창으로 첫 근대 올림픽이 개최되다

1896년 4월 6일. 프랑스 귀족 쿠베르탱 남작의 제창에 의한 근대 올림픽의 첫 대회인 제1회 아테네 올림픽이 개최됐다. 쿠베르탱은 프로이센·프랑스 전쟁에 패배한 조국을 재건하기 위해 육체와 정신의 조화를 지향한 고대 그리스의 체육에 매혹되어 1894년 국제올림픽위원회IOC를 창설하고 4년마다 올림픽을 정기적으로 여는 데 성공했다. 쿠베르탱은 당시 초대 IOC위원장으로 파리에 살고 있던 그리스인 디미트리오스 비켈라스를 추대했다. 이후 비켈라스의 노력과 당시 왕세자의 지원, 부호 아베로프의 경기장 신축비용 후원 등에 힘입어 마침내 아테네 올림픽이 열렸다.

제1회 아테네 올림픽은 13개 국에서 300여 명의 선수가 참가한 가운데, 1896년 4월 6일부터 4월 15일까지 10일 간 개최되었다. 개회식에는 대회장 안팎에 8만 명이 몰려들었고 국왕의 개회선언이 있은 뒤 팔라마스 작사, 사라마스 작곡의 〈올림픽 찬가〉가 불렸다. 경기는 육상·체조·역도·펜싱·조정·수영·사이클·레슬링·테니스·사격의 10경기, 43종목이라고 발표됐다. 그 밖에 예정되었던 수구·마술·크리켓은 취소되었고 조정도 악천후로 중지됐다.

고대 그리스의 영광을 기리며 추가된 마라톤에서는 그리스의 양치기인 S.루이스가 역주하여 우승함으로써 그리스 전국을 열광시켰다. 이 대회에서는 우승자와 2위인 사람만이 상을 받았는데, 우승자에게는 상장·은메달·올리브관, 2위자에게는 상장·청동메달·월계관이 수여됐다. 종합 1위는 미국이 메달 11개로 차지했고, 주최국인 그리스가 메달 10개로 2위, 독일이 메달 7개로 3위를 차지했다.

7
April

미터법 제정

프랑스, 미터법을 처음으로 제정하다

과학과 산업 및 상업 분야에서 모든 계측을 위한 가장 논리적인 계량 단위인 미터법은 17세기 중엽 프랑스의 도량형 통일운동이 그 시초다. 당시 파리과학아카데미가 한 제안을 바탕으로 하고 있으며 영국의 임페리얼법야드, 파운드법과 대조된다. 그러다 18세기 말엽에 이르러 영국을 제외한 유럽 여러 나라의 학자들이 공동 조사하여 만들었다. 1795년 4월 7일 프랑스는 미터에 관한 법률을 제정했다. 이로써 미터법이 공식적으로 사용되기 시작했다. 1875년에 프랑스 등 16개국이 미터법 국제조약에 서명함으로써 세계적인 도량형 단위가 되었다.

미터법에는 길이m, 무게kg, 시간s, 전류A, 온도K, 물질의 양mol, 광도cd 등 7개의 기본 단위와 평면각rad 및 입체각rs 등 2개의 예비 단위가 있다. 현재 1m는 국제도량형총회에 의해 진공상태에서 빛이 1/299,792,458초 동안 진행한 거리로 정의돼 있다. 그러나 프랑스가 미터법을 제정할 당시는 지구를 기준으로 삼아 적도에서 북극점까지의 거리를 1만km, 이 거리의 4배인 지구 전체의 자오선 거리인 4만km를 기준으로 삼았다. 즉 1m는 적도에서 북극점까지 거리의 4천만 분의 1을 기준으로 했다.

우리나라도 1964년 1월 1일부터 계량법에 의거해 모든 계량업무에는 미터 단위계를 사용하도록 법제화하고 도량형의 통일을 기함에 따라 국민경제 발전에 큰 계기가 됐다. 체신부에서는 산업 및 상업 분야에서 인류발전에 공헌한 미터협약 100주년을 기념하고 이를 널리 알려 도량형 통일사업에 박차를 가하기 위해 기념우표를 발행했다.

April

아파트 붕괴

신축 와우 아파트 무너지다

1970년 4월 8일 오전 8시경. 서울시 마포구 창전동 와우지구 시민 아파트 15 동 건물 전체가 붕괴하는 사고가 발생했다. 사고가 난 아파트는 1969년 12월 26일에 준공해 준공한 지 4개월이 채 안 된 시점이어서 충격을 주었다. 사고로 33명이 사망하고 39명이 중경상을 입었다. 와우 아파트는 서울시의 고민이었던 무허가 건물을 줄이고 그 대신 서민 아파트를 건설하겠다는 취지 하에 건립된 아파트였다. 서울로 밀려드는 인구로 무허가 주택이 난립하자 이에 대한 대책으로 서민용 아파트를 지어 이 문제를 해결하고자 했던 것이다.

조사 결과 아파트의 받침 기둥에 철근을 제대로 쓰지 않아 기둥이 건물의 무게를 지탱하지 못한 것 때문으로 밝혀졌다. 이는 한국사회의 전시행정, 부정부패의 전형을 그대로 보여주는 사고였다. 건설사와 감독기관의 비리가 서로 결합되어 만들어낸 인재였다. 부실 공사에 대한 인책문제는 국회에까지 비화됐고 당시 서울시장 김현옥이 물러났다.

사고가 발생하자 경찰·군·예비군·미8군 등 1천여 명이 동원되어 구조 작업을 벌였다. 경찰은 이와 별도로 전국 697개 아파트에 대한 안전도 검사에 나섰다. 그 결과 85개 동이 날림공사였음이 밝혀져 충격을 주었다. 결국 이 사고는 너무 빠른 시간에 불충분한 예산으로, 또 건설사의 부실공사와 감독기관 공무원의 부실감사의 합작에 의한 예고된 것이었다. 이 때문에 한 때 아파트 기피현상이 생기기도 했다. 하지만 '와우 아파트 붕괴 사고'로 인해 도시 빈민의 주거문제가 대두되는 계기가 됐다.

제트 항공기

보잉 737이 최초로 비행하다

1967년 4월 9일. 미국의 보잉사가 제작한 쌍발 단거리용 제트 항공기 보잉 737이 첫 비행에 나섰다. 보잉의 제트 여객기 중에서 가장 소형이면서 세계 적으로 가장 잘 팔리는 단·중거리용 쌍발기다. 당시 짧은 노선을 거의 독점 하고 있던 더글러스 사의 DC-9 기종에 대항하기 위해 제작됐다. 최초 발주 는 독일의 루프트한자 항공이 1965년 2월 21대를 주문했다. 미국 밖에서 먼 저 주문을 받은 것은 737기가 처음이었다. 첫 비행 이후 1천 3백 시간 이상 의 시험비행을 마치고 같은 해1967 12월 개량형인 200기와 동시에 미국 연방 항공국의 인증을 받았다.

1967년 12월 28일. 최초의 대량생산기가 루프트한자에 인도되어 1968년 2 월 10일 상용 서비스를 시작했다. 초기의 일반 판매경쟁에서는 737기는 DC-9 에 항상 뒤졌다. 1969년 747 점보기의 판매부진으로 경영위기를 맞게 된 보 잉에서는 이를 극복하기 위한 방안으로 B-737의 판매에 보다 주력하기로 방 침을 정하였다. 그리하여 페이로드와 항속거리를 강화하고 착륙속도를 느리 게 하고 착륙 활주거리를 단축시킨 개량형의 B737-200을 개발하고, 종래의 미국·유럽 이외의 시장에 대한 판매에도 힘을 기울였다.

그 결과 우수한 기종으로 평가받고 있던 727기와 똑같은 넓은 동체를 가졌 으면서도 지방의 작은 공항에도 이착륙이 가능한 B737-200 기종에 대한 수 요가 급증하였다. 전 세계의 로컬 항공사들이 앞다투어 이를 구매하게 되었 고, 미국과 유럽의 거대 항공사에서도 대량으로 이의 구입에 나서 B737-200 은 순식간에 세계적인 베스트셀러가 되었다.

10
April

핑퐁 외교

탁구를 통해 미국과 중국 수교를 트다

1950년 한국전쟁에 중국이 참전하자 미국은 중국을 침략국으로 규정하고 경제봉쇄와 함께 외교적 고립정책을 펼쳤다. 그러나 1969년 1월 출범한 닉슨 행정부는 중국과 대화 채널을 만들고자 노력했다. 당시 중국과 소련 사이에 분쟁이 발생하자 이 틈바구니를 비집고 들어가려한 것이다. 중국의 마오쩌둥 역시 소련과 대등한 관계를 만들기 위해서는 미국과 관계를 개선하는 것이 필요하다고 판단하고 있었다.

1971년 3월 28일 일본 나고야에서 열린 제31회 세계 탁구 선수권 대회에 중국 대표단이 참가했다. 대회 중에 중국은 미국 선수단의 중국 초청 뜻을 비밀리에 전달했고 미국이 이를 받아들였다. 대회가 끝나고 중국은 1971년 4월 10일 나고야 대회에 참석했던 미국 선수단 15명을 베이징으로 공식 초청했다. 이들은 1949년 10월 중국 공산당이 북경을 점령하고 중화인민공화국을 수립한 이후 중국 대륙을 공식 방문한 최초의 미국인이었다. 역사적인 '핑퐁 외교'가 시작된 것이다.

이 친선경기가 갖는 정치적 파장은 엄청났다. 냉전의 상징이었던 두 나라가 우호적인 접근을 시작했음을 전 세계에 알리는 신호탄이었다. 3달 뒤 미국의 헨리 키신저 대통령 안보담당 특별보좌관이 베이징을 극비리에 방문해 저우언라이 수상과 회담을 가졌고, 두 나라는 닉슨 대통령과 마오쩌둥 주석의 역사적인 회담계획을 공동발표하기에 이르렀다. 닉슨의 베이징 방문은 1972년 2월 21일에 실현됐다. 이후 미·중 관계는 급진적으로 발전하여 미국은 1978년 12월 대만과 국교를 단절하고 이듬인 1979년 1월 1일 중국과 수교하였다.

11
April

나치 전범, 심판을 받다.

1961년 4월 11일. 이스라엘 예루살렘의 국민 법정에서는 '악의 화신'으로 알려진 나치 전범 아이히만의 재판이 시작됐다. 3명의 판사 주재로 열린 이 재판은 공개 법정에서 진행됐으며 전 세계에 생중계됐다. 아이히만은 세계 근대사의 가장 큰 오점인 홀로코스트를 주도한 핵심 인물이었다. 그는 어린이 150만 명을 포함해 유대인 600만 명을 학살한 장본인이었다. 그는 1946년 은신처에서 탈출했으나 이스라엘 비밀 정보기관의 오랜 추격 끝에 1960년에 체포됐다.

이스라엘 법무장관이 원고를 맡았고 피고측 변호인단도 있었다. 1천 5백건의 문서를 샅샅이 조사하고 1백 명이 넘는 증인들이 소환되었다. 이들 중 대다수는 강제수용소 생존자들이었으며, 자신들을 수용소로 보내는 과정에서 아이히만의 역할을 진술하였다. 그러나 재판정에 선 아이히만은 겉으로 보기에는 키 작은 50대 중반의 평범한 사람이었다. 하지만 그는 유대인들에 대한 잔혹한 범죄, 인류에 대한 범죄, 그리고 전쟁 범죄로 기소당한 피고였다. 기소 항목은 15가지였으며 이 중 하나만 유죄 판결이 나와도 사형이었다.

아이히만은 항목마다 기소절차상 무죄라고 주장했다. 그는 자신은 단지 "명령을 따랐을 뿐"이라고 했다. 재판을 지켜본 6명의 정신과 의사들도 아이히만의 심리는 정상이라고 진단했다. 그는 히틀러가 자신의 가족을 가스실로 보내라고 명령내렸더라도 그렇게 했을 것이라며 무죄를 주장했다. 하지만 아이히만은 모든 혐의에서 유죄판결을 받고 1962년 5월 교수형에 처해졌다. 아이히만 재판은 종전 후 나치 정권이 몰락하고 오랜 세월이 흐른 뒤에도 전범을 재판정에 세울 수 있다는 사실을 보여주었다.

April

미국 남북전쟁

드디어 미국 남북전쟁이 끝나다.

1860년 대통령 선거에서 링컨이 당선되자 남부 7개 주앨라배마·플로리다·조지아·루이지애나·미시시피·사우스캐롤라이나·텍사스는 1861년 2월 미국 남부연합을 결성했다. 1861년 4월 링컨이 사우스캐롤라이나의 찰스턴 항구에 있는 섬터 요새에 식량을 보내려 하자, 남부연합의 군대가 섬터 요새를 포격했다. 남북전쟁이 발발한 것이다. 곧바로 아칸소·노스캐롤라이나·테네시·버지니아 등 4개 주가 남부연합에 가담하고 켄터키·메릴랜드·미주리는 연방에 머물렀다.

북부는 남부연합의 수도 리치먼드 진격을 노렸고 섬터 요새 공격에 성공한 남부연합은 워싱턴 공략을 위해 진군했다. 양측의 첫 대결전은 7월 21일 부를랑 강에서였으나 서로 피해만 입었다. 북군은 1862년 약 15만 명의 병력으로 리치먼드를 공격했으나 실패했다. 이때 남군의 사령관이 바로 리 장군이었다. 리 장군은 다음해 7월 2차 북부 침공을 강행했는데 남북전쟁 중 최대의 격전으로 불리는 게티즈버그 전투다. 이 전투에서 남군은 2만 5,000명, 북군은 2만 명의 막심한 전사자를 냈다.

1864년 5월 북군은 새 총사령관 그랜트 장군의 지휘 아래 대공세를 개시하였다. 5월 5일의 윌더니스 전투로 시작하여 약 1개월 간 거의 하루도 거르지 않고 전투를 계속한 끝에 피터즈버그에 포진한 남군을 포위한 지 9개월만인 1865년 4월, 그랜트는 마침내 남군전선을 돌파했다. 마침내 리 장군은 그랜트에게 항복 편지를 보냈고 4월 9일 애퍼매턱스 코트하우스에서 양군 사령관이 회견을 한 뒤 1865년 4월 12일 남군의 항복이 공식 인정됐다. 이로써 4년 간의 남북전쟁은 끝이 났다.

13
April

안토니오 메우치,
최초의 전화기

최초의 전화기 발명가 안토니오 메우치가 태어나다

1808년 4월 13일. 이탈리아 피렌체에서 안토니오 메우치가 태어났다. 메우치는 1831년 쿠바로 이주하였고 1850년에는 미국 뉴욕에 도착했다. 그는 그동안 많은 사람들이 알고 있던 알렉산더 그레이엄 벨보다 무려 21년이나 빠른 1854년에 전화기를 발명한 인물이다. 당시 특허를 등록하려면 250달러가 필요했는데 그는 돈이 없어 임시 특허자격을 얻기 위해 20달러를 주기적으로 냈고 그마저 기간이 만료돼 10달러만 내면 기한을 연장할 수 있었음에도 그러지 못했다. 10달러가 없어서 세기의 발명 특허를 놓친 셈이다.

메우치는 류머티스 관절염을 앓아서 거동이 불편한 아내와 얘기를 나누기 위해 전화기를 발명했다. 메우치의 아내는 가난 때문에 메우치가 개발한 전화기를 팔아버려 다시 개발해야 했다. 1876년 안토니오 메우치는 영구 특허를 얻기 위해 자금을 구하러 회사를 이곳저곳 찾아가지만 그 틈을 타 벨이 전화기 특허를 취득하였고, 그 사실을 알게 된 메우치는 즉각 소송을 제기했지만 받아들여지지 않았다. 벨은 설계도나 모형도 없이 이론만으로 특허를 출원했다. 그래서 벨은 특허 취득 후에도 18년 동안 무려 600건의 소송에 시달린다. 그만큼 벨의 특허에는 이견이 많았다는 얘기다. 심지어 벨은 또 다른 특허 논쟁자인 엘리샤 그레이의 특허 서류를 일부 훔쳐봤다는 점을 나중에 인정하기도 했다.

2002년 6월 11일, 미국 하원에서 안토니오 메우치의 전화기 발명에 대한 공헌을 인정하는 법안을 통과시켰다. 완벽히 최초의 전화기 발명가로 인정하는 것은 아니지만 전화기 시제품을 정립한 발명가로 정식 등록시킨 것이다.

14
April

링컨 암살

에이브러햄 링컨, 피격되다

링컨은 연극을 좋아했다. 1865년 4월 14일 그날 포드 극장에는 관객이 많았다. 지루한 남북전쟁이 북군의 승리로 끝난 이틀 뒤였으니 온통 축제 분위기였다. 대통령은 시간에 맞춰 도착해서 부인과 함께 2층의 커다란 박스에 앉아 연극을 관람했다. 〈아메리카의 우리 사촌〉이라는 연극이었다. 10시 13분. 연극의 막간으로 잠시 정적이 흘렀다. 그 순간 권총 소리가 들렸지만 당시 관객 중 이 소리를 들은 사람은 많지 않았다. 범인은 무대로 뛰어 내려 관객들을 향해 "이렇게 폭군은 죽도다."라고 소리치고는 무대 뒤쪽으로 사라져 버렸다.범인의 이름은 존 윌크스 부스였다.

그는 유명 배우이자 남부 지지자였다. 처음에는 링컨을 인질로 잡아 남부 포로들을 석방시키겠다는 계획을 세웠다. 그러나 4월 11일 링컨의 흑인 투표권을 위한 연설을 듣고는 링컨을 암살하기로 계획을 바꿨다. 링컨과 부인이 포드 극장에 간다는 사실을 알게 된 부스는 계획을 실행에 옮기기로 결심했다. 운명의 순간 링컨 경호원이었던 존 파커는 링컨의 마부들과 한잔 하려고 극장 옆 살롱으로 갔다. 이 때문에 대통령은 발코니 박스에 무방비 상태로 앉아 있게 됐다. 기회를 보던 부스는 결국 대통령 뒤로 다가가 머리를 향해 총을 발사했다. 치명상을 입은 링컨은 9시간 동안 혼수상태에 빠져 있다가 다음날인 4월 15일 오전 7시 22분에 사망했다. 암살 이후 부통령 앤드루 존슨이 대통령직을 승계했다. 범인 부스는 10일 간 추격 끝에 워싱턴 DC 남쪽에 있는 농장에 숨어 있다가 발견돼 총격 끝에 4월 26일에 사살됐다.

15
April

타이타닉 호

타이타닉 호, 침몰하다

1912년 4월 15일. '불침선不沈船'이라 여겨졌던 타이타닉 호가 처녀 항해 5일째 되는 날 대서양의 차가운 바다 속으로 침몰했다. 2천 2백 여 명의 승선자 중 무려 1천 5백 17명이 사망한 이 대형 사고에는 안타까운 사연도 많고 우리가 잘못 알고 있는 내용도 적지 않다. 먼저 사고 당시 타이타닉 호에서 멀지 않은 곳에 배가 있었지만 타이타닉 호의 구조요청 조명탄을 축포로 오인해 그냥 지나쳐버렸다. 또 유빙을 발견했을 때 제대로 대응했으면 이를 피할 수 있었음에도 조타수가 방향 조작을 잘 못해 피할 시간을 놓치고 말았다. 갑자기 속절 없이 당한 것이 아니란 얘기다.

또 유빙 충돌 후에도 곧바로 배를 멈췄더라면 구조까지의 시간을 더 벌 수 있었을 텐데 스미스 선장은 계속 항해를 지시해 침몰을 가속화시키고 말았다. 게다가 충돌 후 선장은 1등실의 유명 인사들에게 상황설명을 하느라 구조 요청이 지연되고 말았다. 그래서 실제로 침몰한 것은 타이타닉 호가 아니라 보험금을 노린 회사 측이 배를 바꿔치기 해 고의로 침몰시켰다는 주장까지 있다. 아울러 배의 화려한 외관에 신경 쓴 나머지 구명 보트를 최소한으로 매달았고 그나마도 사람을 충분히 태우지 않은 채 떠나버렸다. 흥미로운 것은 배 아랫 부분에 있던 3등실 손님들은 긴급 대피해 생존율이 높았으나 1등실 손님들은 흥청거리는 분위기 때문에 대피가 늦어 생존율이 낮았다는 점이다.

우리가 잘 못 알고 있는 것은 유빙이 직접적으로 배에 구멍을 낸 것이 아니라 충격에 약한 리벳이 연쇄적으로 터지면서 선체가 벌어져 물이 들어갔다, 는 점이다. 게다가 충격을 받은 부위의 리벳은 규격 미달의 제품들이었다.

16
April

찰리 채플린

찰리 채플린, 태어나다.

1889년 4월 16일. 영국 태생의 풍자 희극 배우 찰리 채플린이 태어난 날이다. 작고 꽉 끼는 윗옷에 헐렁한 바지, 더비 모자에 긴 지팡이, 작은 키165cm에 비해 유난히 큰 구두. 뒤뚱 뒤뚱 넘어질 듯 걷는 모습. 채플린의 트레이드 마크다. 1914년 할리우드 캐스턴 영화사의 영화에 첫 출연한 이후 무성영화와 유성영화를 넘나들며 위대한 대작을 만들어 내며 대중의 우상이 되었다.

그의 영화는 대부분 조금 덜 떨어진 모습에 시종 우스꽝스러운 장면들로 채워져 있지만 늘 가슴 한가운데 애잔한 느낌을 갖게 한다. 가난하고 힘없는 사람들의 이야기, 사회변화에 따른 어두운 곳을 비추고 그것을 센스 있게 풍자하기 때문이다. 영화 〈서커스〉에서 채플린이 배가 고파 어린아이가 들고 있는 빵을 몰래 뺏어 먹는 모습이나, 유리방에 갇혀 출구를 찾지 못해 좌충우돌하는 모습은 웃음을 자아내지만 한편으로는 고개를 끄덕이게 한다. 급속한 산업사회로의 이행 과정에서 인간이 겪는 어지러움을 풍자하고 있음을 금방 알 수 있기 때문이다.

〈모던 타임즈〉에서는 나사를 조이는 동작을 기계적으로 반복하다 쉬는 시간에도 자신도 모르게 같은 동작을 되풀이하는 모습, 특히 식사 시간을 조금이라도 절약하기 위해 공장주가 도입하려는 '벨로우 스피딩 머신'에 앉아 시험당하는 채플린의 모습은 웃음보다는 차라리 눈물이 날 지경이다. 〈위대한 독재자〉에서 채플린이 "인생은 자유롭고 아름다울 수 있는데도 우리는 그 방법을 잃고 말았습니다."라고 말한다. 또 "생각은 너무 많이 하면서도 느끼는 것은 거의 없습니다."라는 말한다. 그 어떤 연설 못지않게 뛰어나고 감명 깊다.

April

이상

시인 이상, 잠들다

1937년 4월 17일은 〈오감도〉, 〈날개〉 등으로 잘 알려진 시인 이상이 유명을 달리한 날이다. 당시 그의 나이 만 26세에 불과했다. 이상의 본명은 김해경. 서울에서 태어났으나 아들이 없던 백부의 집에 양자로 들어가 강릉으로 갔다. 이발관을 하면서 가난했던 생부에 비해 백부는 부유했지만 그는 양자로 입양된 사실 때문에 어린 시절부터 방황한다.

1931년에 〈이상한 가역 반응〉으로 데뷔했는데 그의 시가 모두 그런 것처럼 역시 난해하다. 그는 항상 거울을 들고 다니는 것으로 알려졌는데 그의 작품 〈거울〉을 보면 그의 내면이 살짝 보이는 듯하다. '내악수를받을줄모르는-악수를모르는왼손잡이요. 거울때문에나는거울속의나를만져보지를못한구료마는 나는지금거울을안가졌소마는거울속에는늘거울속의내가있소.' 그는 의도적으로 띄어쓰기를 하지 않는다.

이상이 1934년 7월 24일부터 8월 8일까지 《조선중앙일보》에 연재한 〈오감도〉는 원래 30편을 계획했으나 독자들의 항의가 이어지자 15편만에 중단됐다. 당시 그 시의 게재를 허락한 것은 남의 비난 따위를 염두에 두지 않던 몽양 여운형 사장이었다. 이상은 총독부에서 건축기사 일을 했는데 교묘하게 일본인을 욕하는 시를 총독부 기관지에 게재하기도 했다. 이상은 그가 이상이란 필명을 사용하기 시작한 시 〈건축무한육면각체〉부터 〈오감도〉, 〈최후〉, 〈운동〉 등 하나 같이 난해한 시를 쓴다. 역설적이면서도 언어의 유희를 보여주는 듯한 시다. 죽기 전에는 폐병의 절망 속에서도 기생과 동거하며 역시 난해한 소설 〈날개〉를 쓴다. 다방과 카페 경영에 실패하고 일본에 건너갔으나 "멜론이 먹고 싶다."는 마지막 말을 남기고 죽었다고 한다.

18
April

도쿄 대공습

미국 폭격기, 일본 본토를 공격하다

1942년 4월 18일. 미국은 육군 항공대 제임스 둘리틀 공군 중령이 이끌었던 '둘리틀 폭격대'로 하여금 도쿄, 오사카, 나고야, 고베 등에 대해 공습을 감행했다. 일본의 진주만 공습에 대한 보복작전이었다. 미국은 1941년 12월 7일 진주만 피습에 이어 이듬해 2월 24일 일본 해군이 미국 본토인 캘리포니아까지 공격해오자 보다 공격적인 대책수립에 나섰다. 게다가 전황이 계속 불리하게 돌아가는 상황에서 미군의 사기도 바닥까지 떨어진 상태였기 때문에 국면을 반전시키기 위해서 보복 공격을 서두를 필요가 있었다. 결국 루스벨트 대통령은 일본 본토 공습을 허락했다.

16대의 B-25 폭격기가 투하한 폭탄의 양은 비록 많지 않았고 일본 측 피해도 300여 명의 사상자와 3백 50호의 가옥이 파손되었다. 비교적 경미했지만 일본이 받은 충격은 엄청났다. 당시 각 전선에서 승리를 거듭하던 일본이었고, 천황이 거주하는 도쿄를 포함해 본토가 직접 공격당할 것이라고는 상상도 하지 못했기 때문이다. 그해 일본은 1월 필리핀 마닐라를 점령한 데 이어, 2월에는 싱가포르를 점령했으며, 3월에는 버마와 인도네시아 자바 섬을 점령하는 등 연전연승을 거두고 있었다.

실제로 일본이 본토를 공격받은 것은 13세기 고려와 몽고 연합군의 공격 이후에는 한 번도 없었던 일이었다. 게다가 일본은 본토 방어에 호언장담을 하던 터였으니 그들의 놀라움은 상상이 가고 남는다. 미국 측의 피해도 적지 않았다. 16명의 조종사 중 1명이 전사하고 2명이 행방불명됐으며, 8명은 포로로 잡혔습니다. 포로 중 3명은 일본에서 처형되었다.

19
April

서윤복

서윤복, 세계 마라톤 신기록을 세우다

1947년 4월 19일. 제51회 보스턴 마라톤 대회에서 우리나라 서윤복 선수가 2시간 25분 39초의 세계 신기록으로 우승했다. 동양인으로서는 대회 사상 첫 우승이었다. 대회 출발선에는 서윤복 외에도 남승룡과 손기정이 서 있었다. 아직 정부수립 이전이니 정부가 지원해줄 여력도 없었다. 이들은 미군 비행기를 타고 괌, 하와이, 샌프란시스코 등을 거쳐 일주일 이상 걸려 대회장에 도착했다. 결국 손기정은 컨디션 난조로 출발 직전 아쉽게도 출전을 포기했다. 손기정은 이미 1936년 베를린 대회에서 일장기 말소 사건으로 나라 잃은 서러움을 겪은 사람이었으니 그 안타까움은 무척 컸다.

선두를 달리던 서윤복은 경기 도중 마의 코스인 30km지점에서 갑자기 도로에 뛰어든 개 때문에 그만 넘어지고 만다. 또 운동화끈이 풀어지는 등 악재가 겹쳤다. 결국 165cm의 왜소한 동양인 서윤복은 마침내 세계 신기록으로 결승선을 통과했다. 남승룡은 2시간 41분 10초로 10위에 올랐다. 나라의 변변한 지원도 받지 못한 채 태극기를 달고 첫 출전한 대회에서 당당히 우승하였으니 선수들의 감동은 이루 말할 수 없었다. 선수들은 경기 후 부둥켜안고 펑펑 울었다. 김구 선생은 '足覇天下발로 천하를 제패하다'라는 휘호를 선물했다.

3년 뒤인 제54회 대회에는 함기용, 송길윤, 최윤칠이 나란히 1, 2, 3위를 휩쓸었다. 이 대회 감독이 손기정이었다. 1994년 제98회 대회에서는 '몬주익의 영웅' 황영조가 2시간 8분 49초의 한국 신기록으로 4위를 기록했고, 2001년 제105회 대회에서는 '봉달이' 이봉주가 2시간 9분 43초로 우승을 차지해 한국인으로서는 역대 3번째 우승을 차지했다.

20
April

항공기 격추

대한항공 902편, 소련에 의해 격추되다

1978년 4월 20일. 프랑스 오를리 공항에서 이륙해 미국 알래스카 앵커리지 공항을 경유해 김포공항으로 올 예정이었던 대한항공 902편이 소련 수호이 전투기에 의해 격추당한 뒤 비상착륙했다. 902편은 당시 내부 항법장비 이상으로 소련 영공을 침범했다. 사고 발생 전 902편은 북극에서 4백 마일 떨어져 있는 캐나다 공군 얼러트 기지를 통과했고 그후 갑자기 급선회하여 앵커리지 대신 무르만스크 쪽으로 향했다.

당시 보잉 707 여객기에는 관성 항법장치가 장착돼 있지 않았고 대한항공의 설명에 따르면, 나침반과 실제 경로의 차이를 계산할 때 편각의 부호를 잘못 파악하여 크게 우회전하였다고 한다. 소련 공군은 이 여객기를 미국 공군정찰기인 RC-135로 착각하였고 곧바로 수호이 Su-15 전투기가 이륙했다.

소련 측 보고에 따르면 902편은 전투기의 지시를 따르라는 명령을 무시하였다고 한다. 또 소련 전투기 조종사는 상관에게 군사적으로 위험하지 않다고 설득하였으나 상부로부터 요격하라는 명령을 받았다. 요격 이후 기체 내 압력이 급강하했고 날개 파편에 의해 일본인과 한국인 승객이 각각 1명 사망했다. 당시 사고기에는 승무원 12명을 포함해 모두 109명이 타고 있었다.

비행기는 무르만스크 인근에 비상 착륙했다. 당시 대한민국과 소련 사이에는 국교가 없었기에 미국이 대리로 협상에 나서, 사고 후 2일이 지난 1978년 4월 22일에 승객들은 헬싱키를 통하여 귀환하였다. 기장과 항법사는 소련 당국에 억류되어 조사를 받았고 공식적으로 사과한 후에야 귀국했다. 이후 소련은 대한민국에 배상금 10만 달러를 청구하였고 사고 비행기도 반환받지 못했다.

21
April

마크 트웨인

《톰소여의 모험》의 작가 마크 트웨인, 잠들다.

1910년 4월 21일. 미국의 소설가 새뮤얼 랭혼 클레먼스는 영면에 들었다. 그는 마크 트웨인이라는 필명으로 우리에가 더 잘 알려져 있다. 미시시피 강 유역을 배경으로 개구쟁이 톰 소여와 허클베리 핀의 모험을 그린 자전적 동화 《톰 소여의 모험》이 대표작이다. 1835년 미국 미주리 주 프로리다에서 태어난 그는 4살 때 미시시피 강변의 소도시 해니벌로 이사갔다. 그가 유년기를 보낸 미시시피 강 주변의 풍경은 《톰 소여의 모험》의 무대가 됐다.

11살에 아버지를 잃은 그는 인쇄소에서 견습공으로 일하게 되었다. 그 덕분에 브라질을 탐험하고 미시시피 강을 누비는 증기선의 키잡이 일도 하였다. 이때 사용한 수심 깊이의 단위를 필명으로 사용하였다. 마크 트웨인은 '물 깊이 두 길'이라는 뜻이다. 그는 서부개척 시대에 금을 찾기 위해 토지를 매입했지만 실패하고 빚이 늘어나자 신문사에서 일을 했다.

마크 트웨인은 1865년에 〈뜀뛰는 개구리〉로 문단에 등단하였고, 이어 〈순박한 여행기〉로 인기를 끌었다. 생활의 체험을 소재로 한 많은 작품을 발표하여, 그 속에 자연 존중, 물질문명의 배격, 사회풍자 등을 표현하면서 유머와 풍자에 넘치는 작품 경향을 보였다. 첫 단편들을 실어 마크 트웨인이 작가로서의 호평을 받게 해준 것은 자신이 일한 《캘리포니언》이었다.

신문 기자였던 그는 1863년 처음으로 필명을 사용했으며, 유머러스한 단편 〈캘리베러스의 명물 도약 개구리〉1865로 호평을 얻으며 작가로서 이름이 알려지기 시작했다. 말년에는 〈지구로부터의 편지〉를 출판했으며, 당시 미국 내에서 형성되고 영향을 주던 기독교 근본주의를 비판하는 내용을 포함하였다.

22
April

헨리8세

헨리 8세, 왕위에 오르다.

1509년 4월 22일. 잉글랜드 국왕 헨리 8세가 왕위에 올랐다. 헨리 8세는 영국의 역사에서 매우 중요한 인물 가운데 한 명이다. 기독교 역사에서 로마 교황청과 대립한 왕으로 더 알려졌다. 헨리 8세는 복잡한 여성 편력과 6번의 결혼으로 유명하다. 1536년 한 해 동안에만 헨리 8세의 첫 왕비인 아라곤의 캐서린이 사망했고, 제1계비인 앤 불린은 참수되었으며, 제인 시모어가 제2계비가 되었다. 제인 시모어가 유일하게 아들을 남기고 사망한 1537년, 헨리 8세의 상심은 꽤 컸던 듯하다. 그 후 3년 동안 새로운 왕비를 맞아들이지 않았던 것이다.

그러나 1540년 토머스 크롬웰의 적극적인 권유로 또다시 독일 클레베의 왕녀인 앤을 맞아들이게 된다. 그러나 그해에 바로 이혼하고 역시 같은 해에 제4계비인 당시 19살의 캐서린 하워드와 결혼했다. 결혼한 지 2년 뒤인 1542년에 캐서린 하워드는 간통죄로 참수되었고, 이듬해인 1543년 헨리 8세는 마지막 계비인 캐서린 파와 결혼하여 비교적 안정을 이루었다. 이처럼 다양한 그의 여성 편력의 배경에는 사실 아들을 후계자로 삼아 튜더 왕가를 굳건하게 세우고자 하는 강한 의중도 실려 있었다.

그는 캐서린과의 이혼을 허락하지 않는 로마 교황청과 갈등을 겪다 교황청으로부터 파문을 당했다. 그 뒤 그는 교황과의 결별을 선언하고 1534년 수장령首長令을 내려 잉글랜드 교회를 로마 가톨릭교회로부터 분리시켰다. 그러나 집권기에 영국은 늘어나는 왕실의 비용과 과도한 화폐 발행 등으로 심각한 인플레이션 현상을 겪었고, 공유지의 사유재산화로 농민에 대한 수탈이 극심했다.

23
April

윌리엄 셰익스피어

영국이 낳은 세계 최고의 극작가 셰익스피어, 잠들다

1616년 4월 23일. 영국의 자존심 윌리엄 셰익스피어가 사망했다. 1564년 4월 26일에 유아세례를 받았다는 기록만 있고 정확한 생일은 알 수 없지만 그는 잉글랜드 스트랫퍼드어폰에이번에서 부유한 상인의 아들로 태어났다. 어렸을 때 학교공부에 별로 흥미를 느끼지 못했고 대신 산으로 들로 뛰어다니면서 생각에 잠기거나 시를 짓는 것을 좋아했다. 집안 형편이 기울어지자 14살에 학교를 그만두고 집안일을 도와야 했다. 18살에는 결혼한 뒤 배우가 되고 싶어서 1588년 고향을 떠나 런던으로 갔다.

극장 마구간지기로 취직했다가 마부 역을 할 배우가 병이 나자 대신 무대에 서게 되었다. 연극공부를 하면서 틈틈이 희곡을 쓰기 시작했다. 특히 1592년 페스트로 많은 사람들이 죽어 극장문을 닫았을 때, 신진 극작가였던 셰익스피어는 여러 편의 희곡을 썼다. 그 가운데 가장 인기를 끈 작품이 〈베니스의 상인〉이었다. 이 일을 계기로 그는 당시 연극계를 주름잡던 한 세력가의 극단에 들어가 간부 단원이 되었고, 그 극단을 위해 작품을 쓰는 전속 작가로서도 활동했다. 또한 때때로 극단에서 단역을 맡아 배우로 일하기도 했다.

셰익스피어는 그 뒤 희극과 비극, 사극 등 여러 분야의 작품을 다양하게 발표했고 뛰어난 재능을 발휘하여 많은 관객들의 마음을 사로잡았다. 셰익스피어의 4대 비극인 〈햄릿〉, 〈리어 왕〉, 〈맥베스〉, 〈오셀로〉가 이 무렵의 작품이고 또한 〈로미오와 줄리엣〉 등 37편의 희곡과 여러 권의 시집을 남겼다. 영국 사람들이 '셰익스피어를 인도와도 바꾸지 않겠다.'고 할 정도로 셰익스피어는 영국의 자존심으로 불린다.

April

의회도서관

미국 지식과 힘의 상징, 의회 도서관이 개관하다

1800년 4월 24일. 미국의 사실상 국립도서관인 의회도서관이 워싱턴 DC에서 개관했다. 당시에 의회가 필라델피아에서 워싱턴 DC로 옮기면서 개관을 한 것인데 대통령직에서 물러나 있던 토머스 제퍼슨은 많은 양의 개인 장서를 기증해 기틀을 닦아 주었다. 그는 일찍이 "책 없이 살 수 없다."거나 "신문 없는 정부보다는 정부 없는 신문을 택하겠다."는 말로 책과 언론의 중요성을 강조한 사람이다.

서재 규모에서나 중요도에서 세계 최대인 이 도서관에는 3천만 권이 넘는 서적과 470개 언어로 된 인쇄물이 있다. 물론 지금도 해마다 소장도서가 약 100만 권씩 늘어나고 있다. 특히 구텐베르크 인쇄 초판과 성서를 포함해 유명한 고서를 소장하고 있다. 여기에다 방대한 양의 신문, 3천 3백만 편의 논문, 50만 개의 마이크로필름, 만화책, 지도, 악보. 음반 등 다양한 자료들이 있다. 미국 의회조사국CRS, 의회예산처, 미국 연방회계감사원GAO, 기술평가원과 함께 미국 의회의 4대 입법보조기관 중 하나다.

1899~1939년에 목록법·분류법 등의 도서정리 기술에 관해 많은 업적을 남겼으며, 인쇄카드·종합목록 등을 개발하였는데 여기서 시작한 도서분류법은 세계적으로 널리 이용되고 있다. 메인 건물이라 할 수 있는 토마스 제퍼슨 빌딩은 그 내부가 웅장하고 화려하며 그림과 조각 등 다양한 예술작품들이 함께 있다. 비록 길지 않은 역사의 미국이지만 미의회도서관을 보고나면 그들이 지식의 체계에 대해 어떤 자세를 갖고 있는지를 느끼게 된다. 어쩌면 그것이 미국의 힘일지도 모른다.

25

April

순종

조선의 마지막 임금 순종, 승하하다

1926년 4월 25일. 대한제국의 제2대 황제이자 조선의 마지막27대 임금님인 순종이 승하했다. 고종의 둘째 아들이면서 유일한 적자였다. 어머니가 바로 명성왕후 민비다. 명성왕후는 몇 명의 자식을 더 낳았으나 장성한 것은 순종이 유일했다. 일본 낭인들에 의해 어머니가 비참하게 죽음을 맞은 것은 순종의 나이 만 21세 때였다. 태어난 다음 해인 1875년 2월에 왕세자로 책봉되었고, 1882년에 민 씨를 세자빈으로 맞았다. 1897년 대한제국의 수립에 따라 황태자로 책봉되었다. 1904년 새로이 윤 씨를 황태자비로 맞이하였다.

순종은 아버지 고종이 헤이그 밀사 사건으로 일본에 의해 강제로 물러나면서 1907년 즉위했다. 순종이 즉위한 직후인 1907년 7월 일제는 이른바 한일신협을 강제로 체결하여 국정 전반을 일본인 통감이 간섭할 수 있게 하였다. 이후 1910년 8월 29일 일본에 나라를 강탈당할 때까지 한 많은 임금으로서의 자리를 지켰다. 그러나 순종은 한일합방 조약에 끝내 서명하지 않아 이완용이 대신 서명할 정도로 군주로서의 자존심을 지켰다.

나라를 빼앗긴 이후 순종은 황제에서 왕으로 강등되어 16년 동안이나 창덕궁에서 유폐되다시피 했으며 일본은 순종을 가리켜 이왕李王이라고 부르며 멸시했다. 순종은 어린 황태자 시절부터 아편이 든 차를 마시고 생명의 위기를 겪는 등 역사의 질곡 속에서 한평생 힘들게 살았다. 순종이 53세의 일기로 승하하자 그의 장례식에 6.10 만세 운동이 일어났고, 이를 계기로 민족주의와 사회주의 계열의 합작인 신간회가 결성되기도 했다. 경기도 남양주에 있는 유릉이 바로 순종과 순종비의 무덤이다.

26

April

체르노빌
원자력 폭발

체르노빌 원자력발전소가 폭발하다

1986년 4월 26일. 우크라이나 키예프 북쪽, 벨라루스 접경 지역에 위치한 체르노빌 원자력발전소 제4호기 원자로가 폭발했다. 원자로의 설계적 결함과 안전 규정 위반, 운전 미숙 등의 원인이 복합적으로 작용해 발생한 엄청난 사고였다. 국제원자력사고등급INES 최고 등급인 7단계에 해당하는 최악의 방사능 누출 사고로 평가된다.

사고는 전력공급이 중단됐을 경우 비상전원 공급 전까지 터빈이 얼마나 오랫동안 전력을 공급할 수 있을지를 시험하는 과정에서 발생했다. 전력 부족으로 냉각수 펌프 회전이 줄면서 유량이 감소했고 온도가 상승했다. 이어진 폭발로 4호기의 노심과 원자로 건물 지붕이 파괴되고 화재가 발생해 고온·고방사능의 핵연료와 흑연 파편이 공중으로 치솟았다. 약 10일 간 아이오딘, 세슘 등 방사성 물질이 대량으로 방출됐다. 소련 정부는 발전소 주변 약 30km를 출입금지구역으로 지정하고 주민들을 대피시켰다. 5월 중순까지 약 11만 6천 명의 주민이 다른 지역으로 이주했다.

사고 당일 2명의 원전 직원이 사망했으며 소방관 등 237명 중 134명이 급성방사선증후군ARS으로 확진받았고 그중 28명이 3개월 내 사망했다. 방사선에 노출된 사람은 구조원과 노동자를 포함하면 최대 60만 명 정도다. 체르노빌 포럼은 사고로 인해 약 4천여 명이 암으로 사망했다고 추정했다. 그러나 유럽 과학자들은 그 수를 3~6만 명으로 추정했다. 사건 후 체르노빌 발전소 주변의 출입제한구역은 유럽에서 야생 동식물이 가장 번성하는 지역으로 변화했다. 우크라이나 정부는 2011년부터 체르노빌 발전소 주변을 관광객들에게 개방했다.

27
April

히말라야 등정

오은선, 히말라야 안나푸르나 등정에 성공하다

2010년 4월 27일. 한국 여성 산악인 오은선이 8천 91m 높이의 안나푸르나 정상을 정복했다. 이로써 오 씨는 여성 최초로 히말라야 8천 미터급 14좌를 완등하는 기록을 세웠다. 다만 오 씨가 약 1년 전인 2009년 5월 6일 오른 것으로 돼 있는 칸첸중가8,586m 등정은 실제로 오르지 않았다는 논란이 일었고 대한산악연맹은 2010년 8월 오 씨의 칸첸중가 등정은 사실이 아닐 가능성이 크다고 결론 내렸다. 오 씨에 이어 칸첸중가에 다녀온 한 국내 산악인이 "정상의 사진이 실제 정상의 모습과 많이 다르다."고 주장함에 따라 의혹이 일기 시작했다.

1966년 3월 5일. 전라북도 남원에서 태어난 오은선은 직업군인인 아버지를 따라 강원도에서 어린 시절을 보냈다. 그는 1993년 대한민국 최초의 여성 에베레스트 원정대 대원으로 첫 해외원정을 시작해 11년 후인 2004년 아시아 여성 산악인 최초로 세계 최고봉인 에베레스트8,848m 단독 등정에 성공했다.

2006년에는 한국 여성 산악인 최초로 세계 7대륙 최고봉을 완등했다. 2007년 7월 20일에는 한국 여성 산악인으로서는 처음으로 K28,611m 등정에 성공했다. 2008년 세계 여성 산악인 최초로 히말라야 14좌 중 한 해 4개봉마칼루(8,463m), 로체(8,516m), 브로드피크(8,047m), 마나슬루(8,163m)을 연속 등정하는 데 성공했다. 2009년 역시 칸첸중가8,586m=논란, 다울라기리8,167m, 낭가파르밧8,126m, 가셔브룸 I 봉8,068m 무산소 연속 등정에 성공하며 여성으로서는 최초로 2년 연속 한 해 4개봉 무산소 등정에 성공한 기록을 가지고 있다.

무솔리니와 그의 정부 클라레타 페타치, 피격당하다

2차 세계대전에서 패배가 임박해지자 무솔리니와 그의 정부情婦 클라레타 페타치는 1945년 4월 27일 스위스로 달아나다 이탈리아 빨치산에게 잡혀 다음 날인 4월 28일 총살당했다. 독일군 사병으로 변장, 인스부르크로 퇴각하는 트럭 행렬에 몸을 숨겼지만 국경 부근에서 잡히고 만 것이다. 두 사람의 시신은 밀라노 로레토 광장의 인근 주유소 지붕에 나란히 거꾸로 매달렸다.

이로써 유럽 최초의 파시스트 지도자로서 이탈리아를 세계대전 속으로 끌어들여 엄청난 재앙을 불러온 무솔리니는 비극적인 죽음을 맞았다. 그는 뛰어난 대중연설로 군중을 휘어잡아 최연소 이탈리아 총리에 올랐다. 이후 권위주의 통치를 통해 1인 독재체제를 확고히 했다. 그러나 히틀러와의 동맹 관계를 구축하면서 2차 세계대전의 늪에 빠졌고 결국 그의 정부와 함께 치욕적인 죽음을 맞은 것이다. 군중들은 이를 보고 조롱했으나 어떤 사람이 자신의 벨트를 풀어 클라레타의 뒤집어진 스커트를 수습해주었다. 이로 인해 자신의 소신을 용기 있게 실천하는 것을 '클라레타의 스커트를 고친다.'라는 말을 낳게 되었다.

49세의 무솔리니는 29살이나 연하인 페타치를 처음 만났을 때 이미 다섯 아이가 딸린 아버지였다. 무솔리니는 이탈리아의 마지막 왕비 마리아 조제와도 불륜을 저질렀다는 사실이 그의 막내 아들 로마노가 쓴 편지를 통해 드러나기도 했다. 무솔리니의 애인 클라레타는 로마의 상류층 출신으로 그의 아버지는 교황의 개인 주치의이기도 했다. 그녀는 이탈리아 남부 휴가지에서 무솔리니와 우연히 만나 단번에 사랑에 빠진 후 자신의 방을 무솔리니의 사진으로 도배를 할 만큼 열렬한 숭배자가 됐다.

29
April

윤봉길 거사

윤봉길 의사, 투탄 의거하다

1932년 4월 29일 오전 11시 40분. 중국 상하이 북동쪽에 있는 홍구공원. 일본 국가가 거의 끝날 무렵 비밀 항일단체인 한인애국단의 단원 윤봉길 의사는 일왕의 생일 겸 전승축하기념식 행사에 폭탄을 투척했다. 사상자는 일본 군사령관 대장 시라카와, 해군중장 노무라, 육군중장 우에다, 주중공사 시게미쓰, 민단장 가와바타, 총영사 무라이 등과 다수의 간부들이었다. 이중 가와바타는 현장에서 즉사했고, 시라카와는 5월 24일 사망했다. 윤봉길은 김구가 조직한 한인애국단에 입단하여 김구의 지시로 이 거사를 결행하였다. 이 사건은 국내외에 큰 충격을 주었으며 한국독립운동을 활성화시키는 계기를 마련하였다. 특히 일제의 침략을 받아오던 중국인들을 열광시켰고, 그들에게 한국독립운동을 새롭게 인식시켜 이후 대한민국임시정부를 적극 후원하게 하였다. 중국의 장제스 총통은 "중국 백만 대군도 하지 못한 일을 일개 조선 청년이 해냈다."며 놀라워했고, 이후 대한민국 임시정부에 대한 전폭적인 지원을 약속했다.

의거를 성공적으로 수행한 윤봉길은 자폭을 기도하였으나 실패하고 일본군에 잡혔다. 25세의 청년 윤봉길은 모진 고문 끝에 일본으로 압송됐다. 1932년 12월 1일 가나자와에서 총살을 당했다. 시신은 봉분도 없이 아무렇게나 묻혔다가 광복이 된 후에야 효창공원에 안장될 수 있었다. 그가 거사를 며칠 앞두고 두 아들에게 보낸 편지에는 '너희도 만일 피가 있고 뼈가 있다면 반드시 조선을 위해 용감한 투사가 되어라. 나의 빈 무덤에 찾아와 한 잔 술을 부어 놓아라. 그리고 너희들은 아비 없음을 슬퍼하지 말아라.'라고 쓰여 있었다.

히틀러와 에바 브라운, 동반 자살하다

1945년 4월 30일 오후. 베를린의 지하 벙커. 56세의 아돌프 히틀러와 33세의 에바 브라운은 동반 자살을 했다. 히틀러는 권총으로, 에바 브라운은 청산가리 캡슐로. 두 사람은 벙커에서 결혼식을 올린 지 채 하루도 지나지 않아 나란히 죽음을 택했다. 이날 두 사람은 이탈리아의 독재자 무솔리니도 그의 정부와 함께 빨치산들에게 체포돼 죽었다는 소식을 들은 뒤 채념한 듯 죽음을 결심했다. 두 사람이 자살을 할 때는 이미 소련군이 두 사람의 숨어 있던 지하 벙커에서 500m 지점까지 육박해오고 있었다.

한편 에바 브라운은 결혼식 후 "이젠 날 히틀러 부인이라고 불러도 돼!"라며 행복한 미소를 지었다고 한다. 많은 사람에게는 희대의 독재자였지만 그녀는 히틀러의 사랑을 원했던 것이다. 에바는 1912년 2월 6일 독일 뮌헨에서 평범한 가정에서 출생하였으며 그의 아버지는 교사였다. 1933년 히틀러가 수상에 취임한 이후에도 에바 브라운은 히틀러의 숨겨진 애인으로 외부에 모습을 드러내지 않았다. 그 때문에 에바 브라운은 히틀러의 관심에서 멀어져가는 불안감으로 스트레스에 시달렸으며 2차례나 자살을 시도하기도 했다.

화가 지망생이었고 소심했던 히틀러와는 달리 활달했고 평범했던 에바. 두 사람은 일견 어울리지 않는 커플이었다. 게다가 히틀러는 이복 누나의 딸을 사랑했었다. 그럼에도 에바는 전쟁이 기울대로 기울어진 상황에서 히틀러를 찾아와 결혼식을 올리고 함께 죽음을 택했다. 17세에 한 화방에서 히틀러와 운명적 만남을 가진 그녀는 히틀러의 비서이자 여인이었으며 아주 잠시 동안 그의 부인이 되었던 것이다.

5월

 경제 건축 과학  문화 발명품 사건 역사 인물 정치

1
May

엠파이어스트에이트
빌딩

뉴욕 엠파이어스테이트 빌딩, 개관하다.

1931년 5월 1일. 40년 넘게 세계에서 가장 높은 건물의 자리를 차지해 왔던, 뉴욕 맨해튼 중심부에 있는 엠파이어스테이트 빌딩이 개관했다. 1930년에 착공하여 1년 45일만에 완공됐다. 이 시기에는 빌딩들의 높이 경쟁이 치열했었는데 엠파이어스테이트 빌딩이 완공되기 전까지는 크라이슬러 빌딩이 왕좌에 앉아 있었다. 엠파이어스테이트 빌딩은 1972년 세계무역센터 북쪽 탑에게 자리를 내줄 때까지 40년 동안 최고층 빌딩의 자리를 지켜왔다. 2001년 9.11 이후로 102층 381m 높이의 엠파이어스테이트 빌딩은 다시 뉴욕에서 가장 높은 건물이 됐다. 2020년 지금에는 뉴욕에서 7번째로 높은 빌딩이다.

이 건물이 개관한 때는 대공황 시기여서 내부 사무공간이 대부분 공실이었다. '엠프티Empty 스테이트 빌딩'이라는 별명을 얻기도 했다. 86층에 있는 전망대는 개관과 함께 사람들이 몰려들었다. 하지만 건설에 워낙 막대한 비용4천 94만 달러이 들어가 손익분기점을 넘어서는 데 거의 20년이 걸렸다. 그럼에도 이 건물의 설계도는 단 2주일만에 완성됐다.

당초 비행선 계류장을 꼭대기에 만들어 승객들이 엘리베이터를 타고 86층 전망대까지 내려오게 하려 했으나 실행불가능한 것으로 드러나면서 68m 높이의 첨탑은 방송 안테나 구실을 하게 됐다. 1945년 7월 28일에 B-25 폭격기 한 대가 79층과 80층 사이의 북쪽에 충돌해 14명이 사망하는 아찔한 사고가 있었는데 놀랍게도 건물이 멀쩡했고 이틀만에 다시 문을 열었다. 이 건물을 얼마나 튼튼하게 만들었는지 보여주는 사건이었다.

2
May

모나리자, 다 빈치

세계적 걸작 〈모나리자〉의 레오나르도 다 빈치, 세상을 떠나다

1519년 5월 2일, 인류가 낳은 걸출한 천재들 라파엘로, 미켈란젤로와 함께 르네상스 시대 3대 화가로 손꼽히는 레오나르도 다 빈치가 67세의 나이로 세상을 떠난 날이다. 이탈리아 빈치라는 마을에서 사생아로 태어난 그는 의사가 되기를 원했으나 신분 때문에 될 수 없었다. 14살 때 아버지의 손에 이끌려 그림을 배우기 위해 피렌체로 이주해 안드레아 델 베로키오 밑으로 들어갔다. 그곳에서 20대 초반까지 미술과 기술 공작 수업을 받았다. 베로키오는 다 빈치의 그림 재능을 알아보고 그림은 제자에게 맡기고 자신은 조각에만 몰두할 정도로 다 빈치의 그림 솜씨를 인정했다.

다만 그는 그림을 끝까지 완성하지 못하는 습관이 있었다. 저 유명한 〈모나리자〉도 미완성이다. 그 같은 습관 때문에 당시 라파엘로나 다른 사람에 비해 다 빈치는 메디치 가문의 재정적 지원을 받지 못하기도 했다.

그러나 그는 분명 천재였다. 그는 수많은 시체를 직접 해부하는가 하면 메모를 통해 온갖 다양한 것들을 고안했다. 그가 종이 쪽지에 남긴 그림들 중에는 오늘날의 낙하산, 헬리콥터, 전차, 잠수함, 증기기관 등에 해당하는 것들을 볼 수 있다. 그는 또 파동운동 이론, 연통관 내의 압력, 유체에 미치는 압력의 발견자이기도 하다.

레오나르도 다 빈치는 평생 독신으로 살았고 채식주의자였다. 미술사에 길이 남을 걸작, 다양한 분야에 걸쳐 엄청난 분량의 종이 쪽지를 남겼으면서도 "나는 내게 주어진 시간을 허비했다."고 한탄했다는 레오나르도 다 빈치는 어쩌면 '지나치게' 천재적인 인물의 전형이었을지도 모른다.

May

마키아벨리, 군주론

이탈리아 정치사상가 마키아벨리, 태어나다

1469년 5월 3일.《군주론》으로 유명한 니콜로 마키아벨리가 태어났다. 르네상스 말기 이탈리아의 사상가로 약소국 피렌체 공화정부의 서기관으로 15년간 재직 중 외교와 군사면에서 활약했으며 여러 책을 펴냈다.

마키아벨리가 당시 정치지도자 즉 '군주'에게 헌정한 정치기술이 바로《군주론》이었다. 당시 작은 국가들로 난립해 있던 이탈리아의 발전을 위해서는 강대한 권력을 가진 군주가 통일국가를 수립해야 한다고 믿었다. 특히 피렌체라는 약소국의 상황을 경험한 것이 그런 사상의 바탕이 되었다. 이를 위해서는 "군주는 도덕관념에 얽매이지 않고 정치의 기술적 합리성에 철저해야 한다."고 주장했다. 사랑받기보다는 두려움을 느끼게 하는 것이 안전하다거나, 군주는 능숙한 거짓말쟁이여야만 한다거나, 인간들은 다정하게 대해주거나 아니면 아주 짓밟아 뭉개 버려야 한다는 등의 주장이 그것이다. 그는 "우리 시대에 위대한 업적을 성취한 군주들은 신의를 별로 중시하지 않고 오히려 기만책을 써서 인간을 혼란시키는 데에 능숙한 인물들이라는 것을 알 수 있다."고 말한다.

마키아벨리의 이 같은 주장은 훗날 과장되어 마치 목적을 위해서는 수단을 가리지 않아야 한다는 개념으로 잘못 받아들여지는 경우가 많았다. 하지만 마키아벨리의《로마사 논고》에는 전혀 다른 모습을 드러낸다. 이 책에서 그는 군주정보다 인민의 자유와 정치참여를 존중하는 공화정이 위대한 국가에 이를 수 있는 정치체제라고 주장하며 공화주의자로서의 신념을 명백히 드러내고 있다. 15년 간의 공직생활 이후에 그는 15년 간 극심한 가난 속에 살았다. 마키아벨리는 그 같은 경험과 폭넓은 고전을 탐독함으로써 통찰력을 가질 수 있었다.

May

파나마 운하

태평양과 대서양을 잇는 파나마 운하, 착공되다

1904년 5월 4일. 파나마 운하가 착공됐다. 파나마 운하는 수에즈 운하에 이어 인공적으로 만든 지구상에 존재하는 2번째 운하로, 태평양과 대서양을 연결해 아메리카 대륙과 유럽 대륙의 거리를 단축시킨 길이 81km의 운하다. 수에즈 운하는 파나마 운하보다 훨씬 앞선 1869년에 개통된 운하로 지중해를 거쳐 곧장 인도양으로 갈 수 있게 만든 길이 192km의 운하다.

파나마는 남북 아메리카를 이어주는 길고 좁은 영토로서 운하를 개통하기 좋은 지형이다. 파나마 지협에 운하건설을 처음 착공한 것은 1880년 이후다. 파나마 정부는 수에즈 운하를 건설한 프랑스의 레셉스에게 건축을 허가해주었지만 공사를 하던 회사가 도산하면서 사업은 실패하고 공사는 중단되었다. 이후 미국이 프랑스 회사로부터 운하굴착권과 기계 · 설비 일체를 넘겨받아 마침내 1914년에 완공했다.

파나마 운하는 20세기 세계 7대 불가사의로 꼽힐 만큼 신공법과 신기술장비가 총동원되는 고난도의 복잡한 공사였다. 마침내 1914년 8월 15일 안콘호가 새롭게 만들어진 물길을 가름과 동시에 파나마 운하가 공식적으로 개통되었다. 운하 착공을 시작한 지 10년이 훌쩍 지나서의 일이었다. 파나마 운하와 그 수문의 건설과 개통은 뛰어난 공학적 업적이며, 운송과 여행의 판도를 바꾼 중대하고 역사적인 사건이라 할 수 있다.

미국 정부는 그 뒤 85년 동안 운영권을 가지고 있다가 1999년 12월에 파나마 정부에 이양했다. 한편 파나마 운하 개통 100주년이 되던 지난 2014년 파나마 운하보다 훨씬 긴 니카라과 운하 건설이 발표되기도 했다.

5
May

나폴레옹

나폴레옹 1세, 세인트헬레나 섬에서 사망하다

1815년 6월 워털루 전투에서 영국과 프로이센의 연합공격에 패배해 세인트 헬레나 섬에 유폐생활을 하던 나폴레옹은 1821년 5월 5일 세상을 떠났다. 세 인트헬레나 섬에서 나폴레옹은 현지 총독으로부터 많은 괴롭힘을 당했다. 썩 은 포도주를 따라주는가 하면 나폴레옹이 건강악화로 고통스러워했지만 오 히려 주치의를 프랑스로 귀국시켜버리기도 했다.

근대 유럽이 낳은 최고의 군사 천재로 평가받고 세계사에 큰 영향을 미친 나폴레옹 보나파르트는 그렇게 세상을 하직한 것이다. 그가 남긴 나폴레옹 법전은 전 세계의 민법에 크나큰 영향을 미쳤다. 그는 군대의 전략과 전술은 물론이고 훈련, 조직, 군수 심지어는 의복과 포상제도에 이르기까지 모든 부 분을 전반적으로 선진화시켜 유럽의 다른 나라들도 프랑스 육군을 흉내냈다.

파리 육군사관학교 졸업 이후 육군 포병 소위로 임관한 나폴레옹은 1799 년에 쿠데타를 일으켜 제1통령에 취임했다. 5년 뒤에 프랑스 원로원은 그를 황제 자리에 앉혔다. 하지만 스페인과 러시아 원정 실패로 회복하기 어려울 정도로 큰 손실을 보았다. 1814년 나폴레옹은 전쟁에서 패배해 엘바 섬으로 유배됐으나 1년이 채 되지 않아 탈출해 다시 권력을 잡았다. 하지만 1815년 6월 워털루 전투에서 영국과 프로이센의 연합공격에 패배해 백일천하를 끝 내고 세인트헬레나 섬에 유폐됐다.

근대 유럽은 영국의 산업혁명이라는 경제적 혁명과 프랑스 혁명이라는 정 치적 혁명을 통해 탄생한 세계였다. 그런 면에서 나폴레옹은 전 세계 역사에 도 큰 영향을 미친 인물이다.

6
May

우표

세계 최초의 우표, 영국에서 발행되다

1840년 5월 6일. 세계 최초로 우표가 영국의 교육자 로랜드 힐에 의해 시작됐다. 당시 여왕이던 빅토리아 여왕의 얼굴이 인쇄된 우표로 검은 색 1페니짜리라는 뜻에서 '블랙 페니'라 불렸다. 이 전에도 공식, 비공식으로 우편증지를 사용했지만 주로 편지를 받는 사람이 우편 요금을 부담했고 거리별, 무게별로 요금도 모두 달라 번거롭고 복잡했다. 이때 힐이 우편제도 개혁에 관한 논문을 발표하면서 각계의 큰 호응을 얻었다. 힐은 거리와 지역에 관계 없이 보내는 사람을 부담자로 한다는 취지로 우편제도 개혁을 제안하여, 1839년 영국 의회에서 채택된 후 빅토리아 여왕의 서명을 받아 1840년 1월 1일부터 정식 발효됐다.

하지만 최초로 붙이는 식의 우표를 구상해낸 사람은 로랜드 힐이 아닌 스코틀랜드의 한 책방 주인이자 인쇄소의 주인이었던 제임스 찰머스였다. 이 제안이 로랜드 힐에 의해 받아들여진 후, 우표 디자인을 고심하던 힐이 빅토리아 여왕의 즉위식 기념 메달을 소재로 디자인해 이날 1페니짜리 흑색 우표를 발행했다.

이것이 바로 세계 최초의 우표 '페니 블랙 원 페니One Penny' 이다. 이틀 후인 5월 8일에는 2펜스짜리 우표 '펜스 블루 투 펜스Two Pence' 가 발행됐다. 이는 우표의 색깔이 흑색과 청색이어서 붙여진 이름들이었다. 힐은 1846년부터 1864년까지 영국의 우편업무를 총괄하는 직책을 맡으며 근대 우편제도를 정착시키는 데 기여한 공로로 기사작위까지 받았다. 그는 또한 우편함도 만들었다. 우리나라 최초의 우표는 세계 최초의 우표가 탄생된 지 44년 후인 1884년 11월 18일 홍영식에 의해 5문과 10문당시 화폐 단위 2종의 우표가 발행됐다.

7
May

거제 포로수용소

거제도 포로수용소 폭동 발생

1952년 5월 7일. 거제도 제76 포로수용소의 이학구가 주도한 공산포로들이 수용소장 미 육군 F.T. 도드 준장을 납치하는 폭동을 일으켰다. 이들은 처우 개선, 자유의사에 의한 포로 송환 방침 철회, 포로의 심사 중지, 포로의 대표 위원단 인정 등을 요구했다. 미군의 발포로 70여 명이 죽고 140여 명이 부상 당했다. 또 미군 및 포로들 간의 충돌로 50여 명이 살해됐다.

한국전쟁 당시 북한군과 중공군 포로 수용을 위해 거제도 일대 360만 평에 포로수용소가 설치됐다. 여기에는 15만 명의 인민군 포로와 중공군 포로 2만 명 등 17만 3천 명이 수용됐다. 그 중에는 여성 포로도 300명이 있었다. 이곳에서는 북한 송환을 찬성하는 친공포로와 반대하는 반공포로 간의 유혈사태가 종종 발생했으며 결국 수용소 소장이 납치되는 사건까지 발생했던 것이다. 1953년 6월 8일 판문점 휴전회담에서 체결된 '포로 송환협정'에는 귀향을 원하는 포로를 휴전 성립 후 60일 내에 송환하기로 되어 있었다. 그러나 한미방위조약체결 전에는 휴전할 수 없다고 반대하던 이승만 대통령은 반공애국 동포를 북한으로 보낼 수 없다고 주장하며 그 협정을 묵살했다.

결국 이승만 대통령은 1953년 6월 18일부터 21일까지 부산, 대구, 마산, 영천, 논산, 상무대, 부평 등 7곳의 포로수용소에서 3만 5천 명 중 2만 7천여 명의 반공포로들을 석방해버려 온세계를 깜짝 놀라게 했다. 휴전을 낙관하던 미국은 이승만의 동의 없이는 휴전이 어렵다는 것을 절감케 하는 계기가 됐다. 1953년 7월 27일 휴전협정 후 폐쇄되고 친공산포로들은 판문점을 통해 북송됐다.

8

May

앙리 뒤낭

적십자 창시자 앙리 뒤낭, 태어나다.

5월 8일은 적십자의 날이다. 국제적십자를 창시한 앙리 뒤낭이 1828년 5월 8일 태어나 이날을 국제적십자의 날로 지정한 것이다. 부유한 사업가의 아들로 스위스 제네바에서 태어난 뒤낭은 1853년 은행직원으로 아프리카 알제리에 갔다가 식민지 경영에서 막대한 이익이 생기는 것을 목격했다. 이후 미개척 지역의 개발을 통해 경제적 이익을 얻을 것을 꿈꾸며 은행을 그만뒀다. 하지만 사업은 어려워졌고 자금난을 겪었다.

1859년 6월 이탈리아 북부에서 전쟁 중인 나폴레옹에게 도움을 청하기 위해 만나러 갔다. 그러나 그는 끝내 나폴레옹을 만나지 못하고 돌아가는 길에 솔페리노 전투를 운명적으로 목격하게 된다. 그가 도착했을 때는 전투가 막 끝난 뒤였다. 뒤낭은 수많은 시체와 부상자들이 그대로 버려져 있는 모습을 보고 충격을 받았다. 그는 인근 마을 부녀자들을 모아 어느 나라 소속의 군인인지 따지지 않고 돌보아 주었다.

이 사건을 계기로 뒤낭은 뜻을 같이 하는 사람들을 규합해 1863년 10월 29일 제네바에서 정식으로 국제적십자운동을 시작했다. 흰색 바탕에 붉은 십자가의 표장도 그때 정해졌다. 뒤낭이 적십자 설립에 매달리는 동안 그의 사업은 악화되어 그만 많은 빚더미에 앉고 만다. 게다가 조직 내분으로 적십자 회장 자리마저도 물러나게 돼 가난하고 초라한 신세로 전락하고 말았다. 뒤낭은 적십자 설립의 공적을 인정받아 제1회 노벨 평화상을 받지만 경제적으로 힘든 개인의 삶은 하나도 나아지지 않았다. 결국 그는 사람들의 기억에서 잊힌 채 1910년 10월 30일 쓸쓸히 죽음을 맞았다.

텐징 노르게이

진정한 산악인, 텐징 노르게이 잠들다

1953년 5월 29일 오전 11시. 티베트 사람 셰르파 텐징 노르게이는 8,848m 에베레스트 정상을 바로 눈앞에 두고 있었다. 영하 25도였지만 날씨가 맑고 바람도 비교적 강하지 않았다. 8,760m의 남봉을 지나 마주하게 된 마지막 고비는 12m의 가파른 바위였다. 몇 발짝만 더 오르면 인류 최초로 에베레스트 정상을 밟게 되는 순간이었다. 그러면 당연히 그는 유명인으로서 영원히 세상에 이름을 남길 수 있을 것이었다. 그러나 그는 동료 에드먼드 힐러리를 기다렸다. 힐러리는 지쳐서 뒤에 처져 있었던 것. 추위와 유혹 속에서 그는 무려 30분이나 힐러리를 기다린 끝에 힐러리로 하여금 먼저 정상을 밟게 한다.

이들이 정상에 15분가량 머물며 찍은 사진에는 힐러리는 보이지 않고 텐징만 등장한다. UN 깃발을 든 텐징의 사진은 세계 등반역사의 기념비적 사진이 된 것이다. 힐러리 사진이 없는 것에 대해 텐징이 카메라를 조작할 줄 몰랐기 때문이라고 설명했지만, 어쩌면 텐징에 대한 존경과 감사의 표시였을지도 모른다.

이후 텐징은 다시는 에베레스트 등반에 나서지 않았고 후진양성에 힘쓰다 뇌출혈로 쓰러져 1986년 5월 9일 71세의 일기로 세상을 떠났다. 국적은 티베트지만 네팔에서 태어난 그는 처음에는 등반대의 짐을 운반하는 포터로 출발했지만 2차 세계대전 후에는 포터 대장으로 수많은 등반대에 참가하였다. 그는 "나는 어머니 무릎에 오르는 아이의 사랑으로 매번 산을 찾았다. 셰르파들에게는 정상을 의미하는 단어가 아예 존재하지 않는다."라고 말했다.

10
May

대륙횡단철도

북아메리카 첫 대륙횡단철도가 개통되다

1869년 5월 10일. 미국에서 대서양과 태평양을 잇는 첫 대륙횡단철도가 하나로 이어진 날이다. 대륙의 동쪽과 서쪽에서 각각 시작된 공사가 6년만에 하나로 연결된 것이다. 대륙횡단철도는 캘리포니아 주의 새크라멘토에서 네브래스카 주의 오마하를 잇는 총 2천 8백 26km 길의 철도다. 공사는 연합태평양철도는 동쪽에서 서쪽으로, 중태평양철도는 서쪽에서 동쪽으로 건설해와 마침내 미국 유타 주 프로먼토리 서밋에서 만났다. 이날 연결식에서 마지막 스파이크인 골든 스파이크를 박은 사람이 바로 스탠포드 대학의 창립자 릴런드 스탠퍼드였다.

연합태평양철도는 동쪽에서 1천 7백 49km를 건설했는데 카운실 블럽스를 출발해 네브래스카, 콜로라도, 와이오밍, 유타 등을 가로질렀다. 이 공사에는 퇴역 군인과 아일랜드 이민자들이 참여했다. 중태평양철도는 서쪽에서 출발해 1천 1백 10km 구간을 건설했는데, 새크라멘토를 출발해 시에라네바다 산맥을 관통하여 유타에 이르렀다. 이 구간의 공사는 주로 중국 이민자들이 맡았다.

상대적으로 평지였던 동쪽과는 달리 시에라네바다 산맥을 관통해야 했던 서쪽 구간은 공사중에 수많은 인명을 앗아갈 정도로 험난했다. 가끔 영화에 등장하는 장면이다. 한편 동쪽구간은 지역은 평탄했으나 대신 인디언들과의 충돌이 문제였다. 미국의 대륙횡단열차는 교통을 발전시켜 도시 형성에 기여했지만, 미국 내 아메리카 원주민의 땅을 철도공사용으로 무상몰수하는 미국 정부의 정책으로 인해 많은 문제를 낳았다. 결국 생존권 투쟁을 벌인 아메리카 원주민과 이를 탄압한 미국 정부 간의 폭력충돌이 빈번히 발생했다.

May

살바도르 달리

초현실주의 화가 달리가 태어나다.

1904년 5월 11일. 20세기 가장 독창적인 초현실주의 화가로 평가받는 스페인의 화가 살바도르 달리가 태어났다. 그의 독창성과 상상력은 사람들로 하여금 그림을 통해 이 세상을 다시 보는 법을 알려주었다. 고흐와는 다르게 최고의 그림값을 받았던 그는 피카소처럼 부유하게 잘살았다. 달리는 자신이 태아였을 때를 기억한다고 태연히 말하며 자궁 속의 세상을 풍부한 색감의 언어로 묘사한다. 어릴 때부터 안하무인이었고 고집불통이었다. 그 탓에 미술아카데미에서도 퇴학당한다. 달리는 2번에 걸친 세계대전과 스페인 내전이라는 대참사 속에서도 별다른 영향을 받지 않고 자기만의 삶의 방식을 고집했다.

그의 자서전에도 교만한 태도의 극치를 달리는 글로 가득하다. "모든 교회의 종들을 울릴지어다! 허리를 구부리고 밭에서 일하는 농부들이여, 지중해의 북풍에 뒤틀린 올리브나무처럼 굽은 허리를 바로 세울지어다! 보라 살바도르 달리가 태어났도다." 이런 식이다. 그는 일생동안 '정상'에 익숙해지는 것이 몹시 어려웠다고 털어 놓았다.

달리는 파리에 가서 피카소, 디자이너 샤넬, 르네 마그리트, 막스 에른스트 등과 같은 초현실주의자들을 만나고 예술가로서의 커다란 영감을 얻는다. 흐물흐물한 시계로 유명한 그림 〈기억의 지속The Persistence of Memory〉은 두통에 시달리던 달리가 함께 극장에 가기로 한 친구를 보내고 집에 혼자 남아서 우연히 그린 그림이다. 그의 노년은 파킨슨병과 자살 기도, 침실 화재로 인한 수술을 받으면서 힘들었다. 결국 폐렴과 심장병 합병증으로 응급실을 오가다 달리는 1989년 85세의 나이에 세상을 떠났으며 고향 피게레스 미술관에 안치됐다.

중국 쓰촨성에서 대지진 발생하다

2008년 5월 12일 오후 2시 28분. 규모 8.0의 지진이 중국 쓰촨성 원촨현을 강타했다. 진원은 지표로부터 14km에 불과했다. 유라시아판과 인도판이 충돌하면서 유라시아 지각판 내 티베트 고원지대의 지각이 동쪽으로 움직였고, 그 영향으로 쓰촨성 서북쪽에 있는 룽먼산 단층활동을 유발한 것이 원인으로 꼽혔다. 전체 2만여 건 이상의 여진이 발생했고 여진 중에는 규모 6.2까지 기록됐다. 피해면적은 10만km²에 달했다.

지진으로 인한 사망자는 약 6만 9천 명으로 대부분 쓰촨성에서 발생했다. 실종자는 약 1만 7천 명, 부상자는 약 37만 4천여 명이다. 140만 명 이상이 긴급구조 후 이송됐으며 응급처치한 전체 부상자 수는 386만여 명이었다. 또 450만 동 이상의 건물이 파괴되었다. 당시 허술하게 지어진 학교건물들이 지진으로 무너지면서 수업 중이던 수천 명의 학생들이 떼죽음을 당한 참사가 발생했다. 쓰촨성 내 발전소 5곳과 변전소 6곳도 무너져 내렸다. 이밖에도 산사태, 열차 탈선, 화재 등의 피해가 있었고 총 1조 위안, 한화 160조 원의 경제 손실이 발생한 것으로 추정됐다. 중국 정부는 무너진 학교 건물을 유적으로 관리하며 교훈으로 삼고 있다.

세계 각국에서 자원봉사자들이 구조활동을 지원했다. 한국 정부는 119 구조대원 40여 명을 파견했으며 이후 민간에서도 의료진과 자원봉사자들이 봉사활동을 했다. 한편 대지진 발생 며칠 전 소들이 울타리를 뛰어넘어 도주를 하고 무수한 두꺼비 떼가 이동하는 것이 목격되는 등 동물들이 이상행동을 했다는 보도가 있었다.

13
May

알퐁스 도데

순수한 사랑 《별》, 알퐁스 도데가 태어나다

1840년 5월 13일. 《별》의 작가 프랑스 소설가 알퐁스 도데가 태어났다. 예리하고 예민한 지성의 소유자요, 섬세하고, 신경질적이고, 세련되고, 미묘한 재치의 소유자인 그는 자기도 모르는 사이에 모든 사람들을 매혹시켰다. 양치기 소년이 몰래 짝사랑 하던 주인집 아가씨 스테파네트. 자신에게 음식을 가져다주러 산 위에 올랐다가 소나기로 발이 묶인 이 아가씨와 양치기 소년은 하룻밤을 보내야 하는데…

"7월의 밤은 아주 짧아요, 아가씨. 조금만 참으면 된답니다."

진정으로 아가씨를 위로하는 소년. 하지만 당황함과 기쁨이 교차하는 소년의 깊은 마음속에는 조금만 지나면 끝나버릴 7월의 밤에 대한 아쉬움이 고스란히 전해져 온다. 세상에서 가장 소중한 보물을 지키는 심정으로 홀로 앉아 있는 양치기 소년 곁으로 잠을 설쳐 밖으로 나온 스테파네트 아가씨는 마침 지나가는 별똥별을 보고 무엇이냐고 묻는다. 소년은 "천국으로 들어가는 영혼이에요."라고 대답한다. 소년 곁에서 별자리 이야기를 듣고 있던 소녀는 그만 까무룩 잠이 든다. 소년의 어깨에 머리를 기댄 채.

"수많은 별들 가운데 가장 아름답고 빛나는 별 하나가 길을 잃고 내려와 내 어깨에 머리를 기댄 채 잠들어 있다."

그 순간 양치기 소년은 세상을 얻은 것처럼 행복했을 것이다.

황순원의 〈소나기〉를 연상케 하는 알퐁스 도데의 《별》이야기다. 잉크빛 하늘에는 쏟아질 듯 반짝이는 별들로 가득하고 까만 어둠에 쌓인 언덕 위에는 맑은 영혼의 두 사람만 나란히 앉아 있는 풍경은 언제 떠올려도 아름답기 그지없다. 그 외 작품으로 《마지막 수업》, 《방앗간 소식》, 《사포》 등이 있다.

14
May

마크 저커버그

페이스북 창업자, 마크 저커버그 태어나다

1984년 5월 14일. 페이스북 창업자 마크 저커버그가 태어났다. 빌게이츠, 일론 머스크, 제프 베조스 그리고 사망한 스티브 잡스 등과 함께 21세기 대표적인 혁신 기업가다. 2010년 《타임》은 그를 '올해의 인물'로 뽑았다. 뉴욕주에서 치과의사인 아버지와 정신과 의사인 어머니 밑에서 유복하게 자란 저커버그는 중학교 시절 컴퓨터 프로그램에 푹 빠졌다. 12세 때 2층에서 쉬고 있는 아버지에게 1층 진료실에 환자가 온 사실을 알려주는 소프트웨어 프로그램 '저크넷'을 개발했다. 아버지는 명석한 아들에게 아타리 베이직 프로그래밍 언어를 가르쳤고 소프트웨어 개발자인 데이비드 뉴먼에게 개인 지도를 받게 했다. 고등학교 시절에는 인공지능을 이용한 음악 플레이어를 개발해 마이크로소프트와 AOL이 이를 구매하고 취직을 제안했지만 거절하고 하버드로의 진학을 택했다.

페이스북은 처음에는 하버드 대학교 학생들만 이용할 수 있게 했지만 이후 전국 대학으로 서비스를 확대했다. 음악 전문 방송국으로 유명한 MTV가 7천 5백만 달러에 인수를 제안했고, 2006년에는 야후로부터 10억 달러라는 거금에 인수 제안을 받았지만 저커버그는 이를 거절했다. 그는 10억 달러보다 훨씬 더 큰 꿈이 있었기 때문이다. 2020년 11월 7일 현재 페이스북의 시가총액은 8천 3백 57억 달러다. 10억 달러에 비해 거의 천 배나 큰 액수다.

마침내 2012년 5월 18일 페이스북은 나스닥에 상장했다. 시장가치는 무려 1,040억 달러. 바로 다음날 그는 9년 간 교제해온 중국계 미국인 프리실라 챈과 전격 결혼식을 올림으로써 또 한 번 세상의 주목을 한몸에 받았다. 그녀는 캘리포니아 주립대에서 소아과를 막 졸업한 상태였다.

May

라스베이거스

모하비 사막 가운데 라스베이거스가 세워지다

1905년 5월 15일. 미국 남서부 네바다 주 남부의 모하비 사막 가운데에 라스베이거스가 세워졌다. 주위에 3천m가 넘는 산들이 둘러 싸여 있어 매우 건조하다. 카지노와 관광의 도시, 우리에게는 세계가전전시회가 열리는 곳으로도 유명하다. 결혼과 이혼 수속이 간단하기로도 유명한 도시다. 인근에 1936년 완공된 유명한 후버댐이 있고 식수는 40km 가량 떨어진 콜로라도 강물과 후버댐으로 만들어진 미드 호수의 물을 사용하고 있다.

몰몬교 백인들이 하나둘 정착하기 시작할 무렵 라스베이거스에는 파이우트 인디언들이 살고 있었다. 인디언들의 개종에 포기한 이곳에 1905년 철도회사가 땅을 매입하면서 인구가 늘어나기 시작했다. 1931년 주정부가 카지노 도박업을 합법화하면서 빠르게 성장했다. 첫 대형 카지노는 1946년에 열렸다. 1950년에 들어서면서 카지노 손님을 유치하기 위해 호텔들은 경쟁적으로 사치스런 오락을 제공하였다. 벨라지오 호텔 앞 연못에서 1천여 개의 분수가 노래에 맞춰 춤을 추는 벨라지오 분수쇼는 라스베이거스 최고의 볼거리로 손꼽힌다. 2016년 한 해 동안 라스베이거스를 방문한 관광객수는 4천 2백 90만 명이며 컨벤션에 참석하러 온 방문자 수는 6백 30만 명이나 된다.

핵무기 실험장소인 네바다 테스트 사이트가 도시 북부에 자리 잡고 있다. 가까운 곳에 넬리스 공군 기지와 도시 북부에 넬리스 공군 시험훈련장이 있다. 수년 전부터는 캘리포니아 주의 높은 세금과 규제 문제로 애플이나 테슬라 자동차 등이 네바다로 거점을 옮기는 과정에서 라스베이거스에도 많은 회사들이 속속 옮겨오고 있다. 덕분에 도박의 도시에서 산업의 도시로 탈바꿈하고 있다.

16
May

문화대혁명

중국, 문화대혁명을 시작하다

1966년 5월 16일. 중국을 광란의 시대로 몰고 갔던 소위 문화대혁명이 시작됐다. 공식 명칭은 '무산계급 문화대혁명'이다. 무산계급이 주인공이 되는 새로운 공산주의 문화를 만들겠다는 명분을 내걸었지만 사실은 대약진 운동 실패로 궁지에 몰린 마오쩌둥이 류사오치 국가주석 등 반대파를 제거하기 위해 벌인 권력투쟁이었다. 소련의 원조를 받던 1차 5개년 계획1953~1957이 중소 이념분쟁으로 인한 소련의 철수로 실패하자 마오쩌둥은 '대약진운동'이라는 극단적 사회주의 실험을 한다. 하지만 결과는 3천만 명이 아사할 정도의 참혹한 실패로 끝난다. 마오쩌둥은 국방외교 등 2선으로 물러난다. 이후 물질장려정책으로 경제를 회복시킨 류사오치에 대한 지지가 높아지자 마오쩌둥은 이들을 자본주의를 쫓는 주자파로 몰아 공격했다. 결국 사회주의 문화의 부흥을 내세우며 문화대혁명을 촉발시킨 것이다.

홍위병들은 우상숭배라며 불상과 공자사당과 같은 수많은 귀중한 문화재를 파괴해버렸다. 학교는 문을 닫고 공장도 멈춰섰다. 학생이 스승을 반혁명분자라며 두들겨 패고 자식이 부모를 반역자로 고발하는 인간성 상실의 시대였다. 시진핑 현 주석도 아버지가 반당분자로 몰려 좌천된 뒤 어린 시절 농촌으로 쫓겨나 토굴에서 어렵게 생활해야만 했다. 이 같은 광란의 시대는 1976년 마오쩌둥이 사망할 때까지 10년 간이나 계속됐다. 문화대혁명은 중국에서는 여전히 금기어다. 마오쩌둥의 오류가 부각될 경우 중국공산당의 지도력이 약화될 수 있다는 우려 때문이다. 그래서 문화대혁명의 온전한 평가는 지금도 이뤄지지 못하고 있다.

17
May

마지노선

프랑스의 마지노선이 붕괴되다

1939년 9월 1일. 독일은 폴란드를 침략한 뒤 당시로서는 생소한 전격전을 펼쳐 한 달만에 점령하고 덴마크와 네덜란드마저 차례로 집어 삼켰다. 다음 침공 대상이 프랑스라는 것은 누구나 알 수 있었다. 하지만 서로 선전포고까지 한 상태였지만 섣불리 공격하지는 못했다. 1차 세계대전 때 서부전선에서 양국은 서로 참혹한 피해를 입은 경험이 있고, 당시 영국과 프랑스의 연합전력과 독일의 전력이 균형을 이루고 있었기 때문이다. 또한 프랑스에는 난공불락의 요새 '마지노선'이 있었기 때문이다. 프랑스는 1차 세계대전에서의 뼈아픈 교훈을 바탕으로 공격 우선주의를 버리고 방어위주의 전략을 택했고 그 결과물이 바로 마지노선이었다.

프랑스는 1927년부터 당시 국방장관이던 앙드레 마지노가 중심이 돼 독일과의 국경지역에 거대한 요새를 짓고 있었다. 마지노선은 독립된 요새가 아니라 내부철도망으로 연결돼 있는 거대한 방어선이었다. 1차 조성된 프랑스와 독일 국경 사이 350km 구간에는 142개의 요새와 5천 개가 넘는 콘크리트 벙커가 배치됐다.

하지만 독일은 소련과 상호 불가침조약을 맺어 안전망을 확보한 뒤에 마침내 프랑스를 침공했다. 프랑스는 마지노선을 철저히 믿었다. 하지만 1차 세계대전이었으면 통했을 마지노선은 전격적인 기동전을 들고 나온 독일군에게는 1940년 5월 17일 허무하게 무너지고 말았다. 이후 독일은 파리에 무혈입성하고 프랑스의 항복을 받아냈다. 독일의 프랑스 침공 당시 전차의 성능과 규모는 연합국이 오히려 우세했다. 하지만 전차에 통신장비까지 갖추고 유동적이고 집단적으로 작전을 펼친 독일군의 전력에는 밀렸다.

18
May

화산 폭발

세인트 헬렌스 화산, 폭발하다

조짐은 1980년 3월 15일부터 나타났다. 1857년 이후 비교적 조용하던 세인트 헬렌스 화산에 지진활동이 급증했다. 3월 말쯤에는 지질조사국과 연구팀이 화산활동의 징조로 받아들였다. 하지만 123년만에 폭발이라 구경꾼 수천 명이 몰려들었다. 장사꾼들은 화산이 그려진 머그컵이나 티셔츠를 판매하기도 했다.

미국산림위원회가 지질조사국의 정보를 바탕으로 출입제한구역을 정했지만 일반인의 출입통제가 제대로 이뤄지지 않았다. 지질조사국이 워싱턴 주 주지사에게 계곡 가는 길을 막아 달라고 요청했지만, 주지사는 낚시철이 시작되는 때라는 부담을 느꼈고 폐쇄에 따르는 비용과 지역경제를 고려해 거부했다. 하루 전인 5월 17일 화산 폭발 가능성을 다룬 뉴스가 미국 전역에 나갔지만 정작 화산은 잠잠한 듯했다. 심지어 폭발 위험성을 얘기한 사람들에게 호들갑을 떨었다고 비난하기도 했다.

다음날인 5월 18일 오전 8시 32분에 드디어 세인트 헬렌스 산은 폭발했다. 산 정상부 400m와 북쪽 측면 전체가 무너져 내리면서 엄청난 돌과 흙, 물이 화산 쇄설류와 함께 터져 나오는 격렬한 폭발이었다. 산의 절반이 날아가 버리는 거대한 폭발이었다.

가장 먼저 여의도 전체를 650m 높이로 덮을 수 있는 어마어마한 양의 대형 산사태가 났다. 시속 1천km가 넘는 화쇄난류는 잘 자란 나무를 순식간에 쓰러뜨렸다. 폭발은 9시간이나 계속되면서 수백만 톤의 화산재를 22km높이까지 뿜어 올렸다. 안전구역에 있던 53명을 포함한 57명이 사망했고 1백여 명이 부상을 입었다. 재산피해는 10억 달러에 달했다.

19
May

핵전쟁, 스타니슬라프
페트로프

버튼 하나로 70억 명을 구한
스타니슬라프 페트로프, 타계하다.

1983년 9월 26일. 모스크바 외곽 미사일 사령부에 스타니슬라프 페트로프 중령은 미국의 핵미사일이 소련을 향해 날아오는 것을 모니터를 통해 봤다. 일어나지 말아야 할 일이 일어난 것이다. 그는 다리가 후들거렸다. 경보음이 요란하게 울렸고 미국이 핵무기를 발사한 것이 확실해 보였다. 만약 미국이 핵을 발사했는데 소련이 대응해 핵을 발사하지 않으면 소련만 엄청난 피해를 입을 수도 있는 상황이었다. 실제로 대응발사를 하도록 규정이 돼 있었다.

하지만 페트로프는 '이건 틀림없이 실수일 거다.'라고 생각했다. 잠시 후 다시 경보가 울리기 시작했다. 레이더에 5개의 핵미사일이 소련으로 향하고 있었다. 하지만 그는 경보를 믿지 않았고 상관에게 경보장치가 고장이 났다고 보고했다. 전쟁을 하면서 5기만 쏠 리는 없다고 판단한 것이다. 조금 후 상부로부터 인공위성이 햇빛을 미국의 ICBM으로 잘못 인식한 것이라는 통보를 받았다. 일촉즉발의 핵전쟁 위기에서 페트로프는 결과적으로 핵전쟁을 막았다. 그러나 소련 군부는 이 사실을 기밀에 부치고 페트로프를 쫓아내 버렸다.

이 같은 사실은 소련이 해체된 이후 1998년 기밀문서가 해제되고 독일 일간지 《빌트》가 보도함에 따라 세상에 알려졌다. 페트로프의 이 같은 사실이 알려지자 UN은 그에게 세계시민상을 수여했다. 페트로프는 "그것이 나의 일이었고 나는 일을 했을 뿐이다."라고 말했다. 2017년 5월 19일 그는 77세의 나이로 타계했다. 그가 죽은 소식도 몇 개월 간 세상에 알려지지 않다가 그의 행위에 감탄한 한 독일인이 안부전화를 하면서 그의 아들이 사실을 말해 준 덕분에 뒤늦게 알려졌다.

20
May

청바지

리바이스 청바지, 미국 특허를 출원하다

1873년 5월 20일. 리바이 스트라우스는 라트비아에서 온 이민자 제이콥 데이비스가 작은 금속 장식 못인 리벳을 이용해 잘 터지지 않는 청바지를 특허 출원하자는 제안을 해오자 특허 신청료를 지불하는 조건으로 공동 특허를 신청한다. 독일 바이에른 출신의 미국 이민자인 리바이 스트라우스는 사업감각이 있어서 단박에 그 가치를 알아봤던 것이다. 리벳으로 청바지 주머니 모서리를 단단히 고정하니 주머니에 넣은 물건이 작업 도중에 잘 빠지지 않아 노동자들로부터 호평을 받을 것이라고 본 것이다. 오늘날 청바지의 대명사가 된 리바이스가 그렇게 시작됐다.

리바이 스트라우스는 가난에 시달리다 아메리칸 드림을 꿈꾸며 1847년 18세에 뉴욕으로 이주했다. 먼저 이주해와 있던 친척들의 옷 사업에 합류하지만 돈벌이가 시원치 않자 그는 서부개척의 바람을 쫓아 샌프란시스코로 이주해 텐트용 천과 포장마차 덮개용 천, 옷 등을 팔기 시작했다. 리바이 스트라우스와 제이콥 데이비스는 자신들이 특허 출원한 청바지의 폭발적인 인기를 확인하고는 청바지 생산회사를 설립해 '대박'을 터뜨렸다.

이후 2차 세계대전으로 미군들이 유럽으로까지 청바지 열풍을 퍼뜨렸고, 우리나라도 한국전쟁 때 미군들을 통해 청바지가 확산됐다. 1950년대에는 청바지가 10대 사이에도 유행했고 1957년에는 세계적으로 1억 5천만 벌이 생산되었다. 10년 후에는 미국에서만 2억 벌이 판매되었고 1977년에는 5억 벌로 배 이상 늘어났다. 실용성과 멋이 어우러지고 여기에다 젊음과 기성 가치에 대한 반항의 이미지까지 더해지며 청바지는 하나의 아이콘으로 자리 잡았다.

21

May

파리코뮌

파리코뮌에 대한 정부의 진압 시작, '피의 주간'

1871년 5월 21일. 프랑스 정부군에 의해 파리코뮌에 대한 대대적인 진압이 시작됐다. 이른바 '피의 주간'이 시작된 것이다. 보불전쟁에 패해 프랑스가 굴욕적인 강화조약을 맺는 것을 반대해 일어난 파리 시민들은 파리 시청을 점거하고 우여곡절 끝에 1871년 3월 18일 코뮌 성립을 선포했다. 파리 시민과 노동자들의 봉기로 혁명적 노동자 정권이 세워진 것이다. 이 파리코뮌은 이후 피의주간으로 코뮌이 붕괴되기까지 70일 동안 자치체제로 운영됐다. 1789년에 일어난 프랑스 혁명 후 또 하나의 역사적 실험이 파리에서 행해지게 된 것이다.

코뮌은 징병제를 폐지하고 부채의 지불유예와 이자폐기, 관리자 봉급의 최고액 설정, 재산의 국유화, 노동자의 최저생활보장 등 여러 가지 정책을 발표했다. 또 풍선 등을 통해 마르세이유, 리옹, 툴루즈 등 지방 도시에도 코뮌 결성을 촉구함에 따라 이들 지역에 실제로 코뮌이 설립되지만 오래 가지 못하고 정부에 의해 진압됐다.

훗날 레닌은 파리코뮌을 "역사상 최초로 벌어진 노동계급의 사회주의 혁명의 예행연습"이라고 높이 평가하기도 했다. 그러나 프로이센과 결탁하고 유럽 각국의 지원을 받은 정부군은 파리로 진격, 피의 진압을 시작했다. 이후 1주일 간의 치열한 시가전 끝에 파리코뮌은 결국 붕괴됐다. '피의 주간' 동안 죽은 시민의 수는 정확히 파악되지 않았지만 최소 1만 명에서 최대 5만 명에 이르는 것으로 알려져 있다. 이후에도 10만여 명이 체포돼 상당수가 종신 유형에 처해졌다. 지금도 파리의 페르 라세즈 묘지에는 마지막까지 저항하다 총살 당한 147명을 기리는 '코뮌 전사자의 벽'이 관광객의 발길을 맞고 있다.

22
May

바그너

히틀러가 좋아했던 작곡가 바그너가 태어나다

1813년 5월 22일. 결혼 행진곡으로 유명한 〈혼례의 합창〉과 〈탄호이저〉, 〈니벨룽겐의 반지〉, 〈순례자의 합창〉 등으로 유명한 독일의 작곡가 리하르트 바그너가 태어난 날이다. 바그너는 뛰어난 천재 음악가이면서 동시에 정치적으로도 많은 논쟁을 불러일으킨 사람이다. 그는 유대인을 특히 싫어했고 독일인 우월주의를 강조했다. 그것은 다음 세대에 등장한 히틀러에게는 훌륭한 이용거리가 됐다.

바그너가 유대인을 싫어한 이유는 무명시절 자신의 곡을 봐주지 않고 냉정하게 내쳤던 유대인 작곡가 마이어베어에 대한 미움 때문이었다는 분석과 유부녀와 사랑에 빠졌다가 죽음 직전까지 가서야 포기한 실패한 사랑 때문이라는 분석이 있다.

니체 역시 젊은 시절 바그너에 열광했다. 그러나 니체는 훗날 바그너의 음악은 "무대 효과를 통해 사람들을 최면 상태에 빠뜨리고 세뇌한다."고 비판했다. 니체의 이 같은 비판적 예언은 히틀러를 통해 비극적으로 적중한 셈이다. 히틀러는 바그너의 오페라 〈로엔그린〉을 관람한 후 그를 좋아하게 됐다. 독일인으로서의 자긍심을 한껏 치켜세워주는 음악이라는 것이다. 이후 히틀러는 독일인을 하나로 뭉치게 하고 독일인 우월주의를 세뇌하고자 바그너의 음악을 철저하게 이용했다. 나치의 집회에는 매번 〈마이스터징거〉 서곡 연주로 문을 열었으며 바그너의 교향곡 〈지그프리트 목가〉를 제2당가로 사용할 정도였다. 또 가두행진 시에는 〈탄호이저〉 중 〈순례자의 합창〉을 주로 틀었는데 유대인들을 가스실로 몰아넣으면서도 〈순례자의 합창〉을 연주하게 했다. 이스라엘에서는 지금도 바그너의 음악을 들을 수 없는 이유다.

인형의 집,
헨리크 입센

〈인형의 집〉의 헨리크 입센, 잠들다

문학작품은 가끔씩 한 시대의 가치관과 관습을 뒤흔들어 놓곤 한다. 그것은
결국 패러다임의 변화로 이어지기도 한다. 입센의 〈인형의 집〉도 그런 작품
가운데 하나다. 1906년 5월 23일은 〈인형의 집〉으로 유명한 노르웨이 극작
가 헨리크 입센이 세상을 떠난 날이다. 〈인형의 집〉은 1879년 코펜하겐 왕립
극장에서 초연되자마자 세계적으로 유명해졌다. 특히 여성 해방운동에 불을
지른 작품으로 유명하다.

　여주인공 '노라'는 병에 걸린 남편 '헬마'를 살리기 위해 돌아가신 아버지
의 서명을 위조해 고리대금업자로부터 돈을 빌린다. 덕분에 남편은 살아나
고 은행장 취임을 앞둔 축복의 크리스마스 시즌. 그러나 행복은 오래가지 못
한다. 고리대금업자였던 크로그쉬타는 자신을 해고하려는 남편에게 노라가
저지른 수표 위조사실을 알려 남편의 명성에 흠집을 내겠다고 협박한다. 남
편 헬마는 아내 노라에게 불같이 화를 낸다. 어찌 어찌 해서 문제는 잘 해결
됐으나 노라는 그동안 자신이 인형처럼 살아왔음을 깨닫고 남편의 만류에도
불구하고 집을 나가버린다.

　새로운 윤리관을 상징하는 '노라'와 기존의 인습을 대변하는 남편 '헬마'.
여성의 가출이라는 결말은 당시로서는 충격적이었다. 노라는 결혼제도와
같은 사회통념이나 가치관, 법률뿐 아니라 종교에 대해서도 의문을 제기한
다. 이 역시 〈인형의 집〉을 뜨거운 논쟁거리로 만드는 요인이 됐다. 하지만
〈인형의 집〉은 새로운 시대를 연 작품이 됐고, 그가 직접 쓴 원고는 유네스
코 세계기록유산으로 지정됐다. 입센의 〈인형의 집〉은 문학의 힘을 웅변하
는 작품이라 할 수 있다.

야수의 심정으로 유신의 심장을 쏘았다

1979년 10월 26일 밤. 한국현대사의 흐름을 송두리째 바꿔 버리는 사건이 발생했다. 소위 10.26 사태다. 당시 박정희 대통령의 신임을 받던 김재규 중앙정보부장이 권총으로 대통령을 시해한 사건이다. 그 후 1년이 채 못 된 1980년 5월 24일 10.26 사태의 주범인 김재규 전 중앙정보부장은 사형당했다. 사건 이후 18년 간 공고했던 대한민국의 권력은 갑자기 공백상태가 됐고, 그 자리를 합동수사본부장을 맡고 있던 전두환이 군부 내 사조직인 '하나회'를 활용해 권력을 차지했다.

전두환 소장은 당시 계엄사령관이었던 정승화 육군 참모총장을 대통령의 승인도 받지 않은 상태에서 체포했다. 이 과정에서 우리 군끼리 총격전이 벌어져 사상자까지 발생하는 비극이 일어나고 말았다. 이른바 '12.12사태'는 훗날 김영삼 대통령 시절 '하극상에 의한 쿠데타적 사건'으로 규정되었다.

한편 김재규의 범행동기와, 계획적인가 우발적인가에 대해서는 여전히 여러 가지 해석이 분분하다. 다만 범행 후 자신의 아지트인 중앙정보부로 가지 않고 육군본부로 가서 결국 체포되고 말았다는 점, 부하들에게 사전 지시 없이 당일 그것도 한두 명에게 명확하지 않게 지시했다는 점 등으로 대권을 노린 계획적 범행으로 보기에는 석연치 않다는 주장도 나오고 있다. 최근에는 김재규와 함께 내란죄로 사형을 당한 그의 부하들의 죄목이 적정했는가 하는 언론의 탐사보도도 있었다. 특히 주범 김재규의 재판이 끝나지도 않은 상태에서 공범들의 사형이 먼저 집행된 점 등을 지적했다. 당사자인 김재규는 법정 진술에서 "야수의 심정으로 유신의 심장을 쏘았다."고 말했다. 이 역시 입장에 따라 다르게 해석이 될 수 있는 말이다.

May

달 탐사

케네디 대통령, 아폴로 계획 선포하다

1961년 5월 25일. 미국의 제35대 대통령 존 F. 케네디 대통령은 미 의회 양원이 모두 모인 자리에서 아폴로 계획을 선포한다. 소련이 한 달여 앞인 1961년 4월 12일 유리 가가린을 태운 최초의 유인 우주비행에 성공한 상태였다. 미국은 소련의 기술력에 두려움을 느꼈다. 의회 발표에 앞서 케네디 대통령은 당시 부통령이었던 린든 존슨으로부터 "1966년에서 1967년 사이에 달 착륙을 성공시키는 것이 소련에 대해 우주 경쟁에서 우위를 차지할 수 있는 방안이 될 것"이라 답변을 들은 터였다. 의회 연설에서 케네디 대통령은 "인간이 달에 착륙한 후 지구로 귀환하는 계획을 성공시키기 위해 온갖 어려움과 막대한 비용을 감수할 것"이라고 말했다.

아폴로 계획은 34대 대통령 아이젠하워 재임시절부터 추진돼 오던 유인 우주 비행계획, '머큐리 계획'을 기반으로 했다. 머큐리 계획은 우주비행사 1명이 지구 궤도를 비행하는 것을 목표로 했다면, 아폴로 계획은 3명의 우주비행사를 실제 달에 착륙시키는 것을 목표로 했다. 케네디 대통령은 후보 시절에 우주탐사에 있어 소련에 우위를 확보하겠다고 공약했다.

그러나 케네디 대통령의 의회 연설에도 불구하고 미항공우주국 내에서조차 목표 달성에 회의적이었다. 아폴로 계획에는 케네디 대통령의 선포 후 약 6년 뒤인 1967년 1월 27일 발사된 아폴로 1호에서부터 18호까지 총 16대의 우주선이 사용되었다. 이 가운데 유인 우주 비행의 성공은 아폴로 7호부터였다. 마침내 1969년 7월 16일 아폴로 11호는 달 착륙에 성공했다.

26
May

사과

호주, 사과Sorry의 날을 제정하다

호주는 1998년부터 매년 5월 26일을 '국가 사과의 날National Sorry Day'로 정하고 기념행사를 벌이고 있다. 이 나라 원주민들을 학대했던 것을 잊지 않기 위해서다. 1997년 5월 26일 발표된 'Bringing Them Home'이란 제목의 정부 보고서에는 과거 호주 정부의 원주민 학대 사례가 담겨졌고 의회에서의 논의를 유발시켰다.

2003년 개봉된 호주 출신 여성 다큐멘터리 감독이 호주의 원주민을 대상으로 만든 작품 〈토끼 울타리〉에는 호주 원주민들이 겪은 1900년대 초반의 고통스러운 역사가 생생하게 그려져 있다. 1900년대에 영국 식민정부가 호주 원주민 여성들과 백인 남성들 사이에 태어난 혼혈 아동을 엄마로부터 강제로 '훔쳐'와서 수용소 등 열악한 환경에 집단으로 거주시킨 다음, 백인 가정의 무급 가정부로 부리는 역사가 있었다. 주한 호주 대사관은 이 다큐멘터리를 적극 홍보하기 위해 부산영화제에 출품하기까지 했다

2008년 2월13일 오전 9시 케빈 러드 호주 총리가 수도 캔버라 국회의사당에서 과거 원주민들에게 가했던 호주 정부의 탄압에 대한 공식사과문을 3분 동안 낭독했다. 정부가 엄마로부터 강제로 빼앗아온 '도둑 맞은 세대'와 그 후손의 고통과 아픔, 그리고 유가족들에게 사과한다는 내용이었다. 2007년 12월 취임한 러드 총리가 이날 원주민 대표들과 전직 총리, 의원들이 지켜보는 가운데 낭독한 이 사과문은 1910년부터 1970년까지 정부 동화정책에 따라 원주민 자녀 3~10명 중 1명을 백인 가정과 시설에 강제로 보냈다는 보고서가 나온 지 10년이 지나 나온 것이다.

27

May

음악 감동

전장에 핀 음악이라는 꽃

사라예보 내전이 격화되던 1992년 5월 27일. 빵을 사기 위해 줄을 서 있던 사라예보 시민들에게 세르비아 민병대의 포탄이 떨어져 22명의 무고한 시민이 사망했다. 다음날 오후 4시. 검은 옷을 입은 한 남자가 커다란 가방을 들고 사건 현장에 나타났다. 저격병들의 총구가 일제히 그를 향했지만 그는 천천히 가방에서 첼로를 꺼낸 뒤 알비노니의 〈아다지오 G단조〉를 연주하기 시작했다. 이 남자는 22일 동안 같은 시간에 정확히 나타나 연주를 했다. 22명의 사망자 한 명 한 명을 위로하기 위한 것.

그는 사라예보 필하모닉 오케스트라의 수석 첼리스트 '베드란 스마일로비치'였다. 그의 연주가 사라예보 시민들의 사기를 올릴까 봐 세르비아 민병대는 저격병을 보내기로 했고, 이에 맞선 시민저항군은 국가대표 사격 선수 여성에게 이를 보호하도록 임무를 줬다. 다행히 스마일로비치는 22일 간의 연주를 무사히 마칠 수 있었다. 이 감동 스토리는 캐나다의 작가 스티븐 겔러웨이에 의해 《사라예보의 첼리스트》라는 책으로 출간됐다.

같은 해1992 걸프전이 벌어져 많은 사람들이 희생되었고 생존자들도 공포에 떨어야 했다. 이 때 이스라엘 필하모닉 오케스트라와 지휘자 주빈 메타가 두려움과 절망의 나날을 보내는 주민들에게 희망과 용기를 주고자 나섰다. 주민들에게 공연을 시작한 것. 주민들은 방독면을 지참하고 공연을 보러 왔다. 공연 중에 방공호로 뛰어가야 한 적도 있었다.

놀라운 일은 이 같은 죽음을 무릅쓴 공연에 세계적인 음악가들이 이스라엘로 날아와 동참했다는 점이다. 아이작 스턴, 예핌 브론프만, 다니엘 바렌보임, 이차크 펄만 등등 내로라하는 유태계 음악가들이 함께 무대에 섰다.

28
May

민주화

민주사회를 위한 변호사 모임이 창립되다

1988년 5월 28일. 88올림픽을 앞둔 시점에 인권옹호와 민주사회 발전에 기여한다는 목표로 '민주사회를 위한 변호사 모임'민변이 결성됐다. 민변은 2개 단체가 토대가 됐다. 하나는 1970~1980년대 시국사건 변론을 맡아 활동하던 인권변호사들이 1986년 구로동맹파업 사건의 공동 변론을 계기로 만든 '정의 실천 법조인회'정법회가 그것이다. 정법회는 권인숙, 박종철, 김근태 씨 등에 대한 고문사건을 폭로하고 변론을 하는 등 독재에 반대하는 민주화 운동에서 중요한 역할을 맡았다. 다른 하나는 1980년대 민주화 운동에 영향을 받은 신진 변호사들 중 일부가 결성한 '청년변호사회청변'다. 민변은 한승헌 등 중진변호사 30명과 소장 변호사 16명이 결성했다. 초대 간사는 故 조준희 변호사가 맡았다.

민변은 출범 후 여러 건의 시국사건 변론과 양심수 석방과 과거청산 등 사회적 이슈에 대한 올바른 대응 및 민주적 제도개혁에 노력했다. 1996년 12월 26일 당시 여당의 안기부법과 노동법 날치기 통과에 항의하는 변호사 철야농성을 벌였다. 1998년 김대중 정부 출범 이후에는 공익소송위원회를 설치해 김포공항 소음피해 소송, 흡연 피해자 집단소송 등 여러 공익소송을 진행했다. 2001년부터 한국인권보고대회를 개최하고 보고서를 발간했으며, 당시 큰 사회적 쟁점이 된 인권법 제정과 인권기구 설치 활동에 적극 관여했다. 2003년 노무현 정부 출범 후에는 국가보안법, 사립학교법, 과거사법, 언론관계법 등 4대 개혁입법과 사법제도개혁 추진에 적극 참여했다.

29
May

고상돈,
에베레스트 등정

'한국 산악인의 전설' 고상돈, 잠들다

1979년 5월 29일. 한국인으로서는 처음으로 에베레스트 등정에 성공한 '한국 산악인의 전설' 고상돈이 사망한 날이다. 향년 32세. 당시 그는 북아메리카 최고봉인 매킨리산해발 6,194m 등정대에 참가해 역시 한국 최초로 이 산을 등정하는 데 성공한 뒤 하산 길에 800m 빙벽에서 그만 실족해 추락했다. 이 사고로 고 씨는 동료 이일교 씨와 함께 현장에서 숨졌다. 이들의 추락 장면을 목격한 미국 원정대가 급히 구조에 나섰지만 두 사람은 이미 사망한 뒤였고 함께 하산하던 박훈규 씨도 발가락 손가락을 대부분 잃는 큰 부상을 입었다. 고 씨가 사망한 5월 29일은 공교롭게도 1953년 에드먼드 힐러리가 텐징 노르게이와 함께 세계 최초로 에베레스트 등정에 성공한 날이기도 하다.

고상돈은 앞서 1977년 9월 15일 낮 12시 50분에 제주도 원정팀 소속으로 에베레스트 정상을 밟았다. 한국인으로서는 최초였다. 그로 인해 한국은 세계 8번째로 세계 최고봉을 오른 국가에 이름을 올릴 수 있었다. "여기는 정상, 더 이상 오를 곳이 없다."고 했던 고상돈의 당시 말은 한동안 유행했었다. 당시 고 씨는 에베레스트 정상에서 손으로 눈을 파헤친 뒤 성경 1권과 사진 3장을 묻음으로써 먼저 간 동료들을 추모했다고 한다.

그의 유해는 경기도 광주 한남공원에 묻혔다가 1980년에 그가 태어난 제주도 한라산 해발 1,100m 고지에 이장됐다. 고상돈은 청주상업고등학교를 거쳐 청주대학교 경영학과를 2년 마치고 중퇴했다. 그 뒤 한국전매공사 청주 연초제조창에 근무하면서 대한산악연맹 충북연맹 이사를 지냈다. 그는 1965년 충북산악회에 가입한 것을 시작으로 등산인으로 출발했다.

30
May

잔 다르크 화형

잔 다르크, 프랑스 루앙에서 19세의 나이로 화형 당하다

"나는 맹세코 마녀가 아닙니다."

19세의 잔 다르크는 사람들을 향해 이렇게 외쳤다. 그러나 사람들은 끝내 그녀가 묶여 있는 장작더미에 불을 붙이고야 말았다. 1431년 5월 30일. '백년전쟁의 꽃' 잔 다르크가 프랑스 루앙에서 종교재판에 의해 화형을 당한 날이다. 죄명은 '마녀'였다. 프랑스 북동부 지역 동레미에서 소작농의 딸로 태어난 잔 다르크는 오랜 전쟁으로 피폐해진 당시 상황에서 16세가 되던 해 천사의 계시를 들었다.

백성들은 왕가의 다툼에 병사로 동원되어 의미도 없이 죽어갔다. 누가 이기든 어느 한 편이 이겨야 끝날 전쟁이었고 프랑스 사람들은 도버 해협을 건너온 잉글랜드군의 횡포에 적개심을 품게 되었다. 다만 그들을 하나로 뭉치게 만들 구심점이 없었는데 이 때 나타난 것이 바로 잔 다르크였다. 그녀는 흰 갑옷을 입고 병사들 앞에서 전투를 지휘했고 사기가 치솟은 프랑스 군대는 영국군을 무찔렀다. 그녀의 도움으로 기적같이 왕좌를 차지한 샤를 7세는 그러나 즉위 후 태도가 달라졌다. 영국군을 완전히 몰아내자는 잔 다르크의 주장을 무시하고 시간을 끌었다. 시간을 번 영국군은 재차 공격해왔고 그녀의 치솟는 인기를 질투한 왕은 그녀를 지원하기를 꺼린다. 결국 잔 다르크는 잉글랜드 동맹군에게 붙잡혀 잉글랜드 군에게로 넘겨진다. 잉글랜드는 샤를 7세에게 많은 몸값을 주면 잔 다르크를 넘겨주겠다고 했으나 왕은 묵묵부답이었다. 마침내 잔 다르크는 '신의 계시를 받았다는 주장'을 이유로 마녀로 몰려 19세의 꽃다운 나이에 화형 당했다. 그녀를 불태웠던 교회는 1920년이 되어서야 그녀를 성녀로 인정했다.

31
May

하이든

나폴레옹이 보호한 음악가 하이든, 세상을 떠나다

1809년 5월 31일, 〈천지창조〉, 〈사계〉 등으로 잘 알려진 하이든이 세상을 떠난 날이다. 오스트리아의 한 시골 마을에서 수레바퀴를 만드는 가난한 목수의 12명의 자녀들 가운데 하나로 태어난 하이든은 거의 독학으로 음악을 배웠다. 그는 무려 100여 곡이나 되는 교향곡을 작곡해 '교향곡의 아버지'로 불리는데 모차르트에게도 깊은 영향을 주었으며 베토벤을 가르치기도 했다. 현악 4중주곡인 〈세레나데〉, 〈종달새〉, 오라토리오인 〈천지 창조〉, 〈사계〉 등이 그의 대표작이다. 〈적과 흑〉으로 잘 알려진 스탕달은 하이든의 〈사계〉를 두고 '미켈란젤로의 화면'이라고 평가했다.

나폴레옹도 하이든을 존경하였는데 그에 얽힌 재미있는 일화가 있다. 1809년 오스트리아는 나폴레옹 군대의 침공을 받았고 몸져누운 하이든은 피할 수 없었다. 그러자 나폴레옹은 군대를 보내 하이든의 집을 경비토록 했다. 경비 중 한 프랑스 군인이 하이든의 집을 방문해 그와 그의 음악에 깊은 경의를 표했다. 그 병사는 하이든이 말년에 작곡한 〈천지창조〉에 나오는 아리아 한 곡을 불렀다고 한다. 하이든은 이를 듣고 감동의 눈물을 흘렸다. 얼마 지나지 않아 이 프랑스 장병은 전사했고, 하이든도 며칠 후 세상을 떠났다. 시신을 실은 영구차 뒤를 오스트리아 사람들과 함께 프랑스 군인들이 한마음으로 따르면서 그를 애도 하고 경의를 표했다.

작은 키에 활달했던 하이든은 늘 인자하고 유머가 넘치는 인물이었다. 그러나 그는 빈에서 한 이발사의 딸과 결혼했는데, 그녀는 소크라테스의 아내 크산티페와 비견될 만큼 악처였다. 위대한 음악가도 악처를 감동시키는 못한 셈이다.

6월

1
June

네팔 왕실 학살

네팔 왕실에 대학살 사건이 일어나다

2001년 6월 1일. 네팔 왕실 일가족이 몰살하는 대참극이 벌어졌다. 국왕이 왕궁에서 매달 주재하는 왕실 일가의 만찬이 열렸다. 참석한 사람은 비렌드라 국왕과 그의 부인 아이스와랴, 디펜드라 왕세자, 니라잔 왕자, 쉬루티 공주, 그리고 국왕의 누이 등이었다. 이 자리에서 술 취한 디펜드라 왕세자가 왕비에게 꾸중을 듣고 화가 나 가족들에게 무차별 총격을 가해 국왕 부부 등 8명이 현장에서 즉사하고 디펜드라 왕세자도 병원에서 사흘 뒤에 죽었다. 유혈극의 원인은 뒷날 조사에 의하면 왕세자가 결혼에 반대하는 국왕 내외와 갈등 때문이었다.

왕세자는 네팔 유력 정치인의 딸 데브야니 라나와 사랑에 빠져 비밀 결혼식까지 올렸으나 부모는 끝내 허락하지 않았다. 화가 난 국왕은 심지어 왕세자 대신 차남에게 왕위를 물려주겠다고 할 정도였다. 결혼 반대 이유도 분분하다. 왕비가 점성술사의 말을 믿고 당시 30세였던 왕세자가 35세 이후에 결혼해야 한다고 믿었다는 보도가 있었다. 또 왕실과 신부 가문이 사이가 좋지 않았다는 설과 왕비가 별도로 며느리감을 봐두고 있었다는 얘기도 있었다. 권력다툼을 원인으로 보는 시각도 있다.

참극 후 왕권은 마침 해외출장으로 죽음을 면한 왕의 동생 갸넨드라가 물려받았다. 그는 비상계엄을 선포하고 폭정과 공포정치를 일삼았다. 이에 야당 연합과 반군이 손을 잡고 민주화 시위를 벌였다. 왕은 강경진압으로 맞섰고 미국 등 국제사회도 네팔 정부를 압박했다. 결국 갸넨드라는 두 손을 들고 권력이양을 발표했다. 네팔은 연방민주공화국으로 재출범하고 2008년 4월 제헌 의회 선거를 치렀다. 2001년 대참극이 네팔 왕실의 몰락으로 이어진 셈이다.

2
June

반달족 로마

반달족, 로마를 약탈하다

455년 6월 2일. 반달족 군대가 로마 시내로 난입했다. 이로 인해 로마는 훗날 '반달리즘'이라는 말이 생길 정도로 수많은 귀중품을 빼앗기는 등 철저히 털렸다. 기원전 390년 켈트족이 로마 시내를 쑥대밭을 만들었고, 410년에는 서고트족이 로마 시내를 침입해 교회를 제외하고 잿더미를 만든 뒤에 3번째 대규모 공격이었다. 그 후에도 아틸라가 이끄는 훈족에게 로마 전역은 거의 10년 동안 유린당했다. 그런 로마에 반달족이 찾아온 것이다. 게르만의 한 종족인 반달족은 훈족에게 밀려 남쪽으로 내려왔다.반달족의 침략 조짐이 보이자 로마 황제 발렌티아누스 3세는 반달국 국왕과 혼인 동맹으로 위기를 넘기려 했다. 자신의 딸을 반달국 왕자와 결혼시키기로 한 것이다. 그렇지만 로마 황제는 20년 간 야만족의 침입에 맞서 싸워온 아이티아누스 장군을 의심해 직접 살해했다. 에드워드 기번은《로마제국 흥망사》에서 '왼손으로 오른손을 자른 꼴'이라 했다.

발렌티아누스 3세의 후계자로 추대된 페트로니우스 막시무스는 반달국의 왕 가이세리크 함대가 쳐들어온다는 소식에 궁을 빠져나와 도망가다가 시민들의 손에 죽고 말았다. 반달족은 로마인의 예상과 달리 지중해를 건너 로마를 포위했다. 교황 레오 1세의 중재로 참극은 면했으나, 로마는 반달족 군대에게 보름 동안 귀중한 보물들을 모두 빼앗겼다. 반달족은 신전의 지붕에 입힌 금까지 벗겨갔다. 문화재나 예술품을 이유 없이 무차별 파괴하는 행위를 일컫는 '반달리즘'은 여기서 비롯된 용어다. 하지만 반달왕국도 534년 비잔틴동로마제국의 유스티니아누스 1세의 군대에 멸망했다.

3

June

한일회담

한일회담 반대, 6.3 시위를 야기하다

군사 쿠데타로 권력을 잡은 박정희 정권은 경제개발 자금이 필요하자 일본과의 회담을 추진했다. 1962년 양국은 메모지 한 장으로 사실상 협상을 타결했다. 핵심은 역시 돈이었다. 10년 간 무상 3억 달러, 이자 3.5부에 7년 거치로 유상으로 2억 달러 차관을 받는 조건이었다. 일제의 36년 간의 지배에 따른 정신적·물질적 보상에 대한 언급조차 돼 있지 않은 한국 국민들에게는 굴욕적 회담이었다.

1964년 3월, 4.19로 들썩였던 대학가는 또다시 들썩였다. 3월 24일 서울대학교에서는 화형식이 벌어졌다. 굴욕적 한일회담은 군사정권에 대한 저항의 움직임이 본격화했다. 학생들은 어깨를 걸고 거리로 나왔다. 5월 20일 대학생총연합회 주최의 한 장례식이 서울대학교에서 거행됐다. 박정희 정권이 내세웠던 민족적 민주주의에 대한 장례식이었다. 일본에 대한 민족적 굴욕을 상징했다.

이날을 계기로 시위는 점차 반정부 성격을 띠었다. 쏟아지던 거리의 열기는 마침내 6월 3일 절정을 이뤘다. 시위대는 한일회담 반대와 박 정권의 퇴진을 요구하며 청와대로 향했다. 그러나 정권은 오히려 6월 3일 밤 9시 40분을 기해 계엄령 선포로 대응했다. 결국 1965년 2월 한일협정은 조인됐다. 대학에는 휴교령이 내려졌다. 학생운동 주모자들은 내란죄로 기소돼 옥고를 치른다.

아직도 과제로 남아 있는 위안부 문제나 강제동원 피해자들의 보상 문제 등의 해결에 일본은 '약속'이라며 들먹이고 있는 것이 바로 한일협정이다. 우리에게는 목에 가시다. 마치 일본의 전쟁 범죄가 냉전에 가려진 것처럼 한국에 대한 일제의 만행이 '잘못된 약속' 뒤에 숨는 셈이다.

June

천안문 광장

천안문, 피로 물들다

1989년 6월 4일 새벽 1시 40분. 탱크와 장갑차를 앞세운 인민해방군은 시위대들이 밤새워 농성을 하고 있던 베이징의 천안문 광장에 기습적으로 들이닥쳤다. 천안문 사건의 발발이다. 한 달 이상 농성에 지친 시위대는 탱크 캐터필러의 굉음과 뒤이어 닥칠 끔찍한 살육을 전혀 예상하지 못했다. 당시 중국은 마오쩌둥 이후 덩샤오핑에 의해 약 10년 간 개방정책을 펼치면서 각종 비리와 심각한 빈부격차로 정부에 대한 학생들과 시민들의 불만이 컸었다.

마침 덩샤오핑과 대립하던 후야오방이 죽자 사람들을 그를 추모하기 위해 집회를 열었고 정부에 대한 불만이 겹치면서 자연스럽게 천안문 광장에서 연좌 농성이 시작됐다. 이에 덩샤오핑은 강력한 진압을 명령했고, 새벽에 광장에 들이닥친 군인들은 시민들을 향해 사격을 가했다. 광장은 순식간에 피로 물들었다. 그러나 중국 정부는 철저한 보도통제를 통해 "한 사람의 사망자도 없었다."며 거짓 발표를 했다. 또 시위대들을 국가를 전복하려는 폭도로 몰아붙였다. 그러나 영국 BBC는 약 7천 명이 사망했고, 그 중 군인이 1천 명이라고 보도했다. 이후에도 중국 정부는 시위 주동자를 색출해 총살시켰다. 당시 맨몸으로 탱크 앞을 가로막는 동영상이 전 세계에 보도되면서 많은 사람들에게 충격을 주기도 했다.

천안문의 처참한 모습은 때마침 중국을 방문 중이었던 고르바초프를 취재하기 위해 중국에 와 있던 외신 기자들에 의해 즉각 전 세계에 알려졌다. 천안문 사건은 문화대혁명 이래 절대화되고 있던 마오쩌둥 사상에 대한 민중의 저항이라는 점에서 국내외적으로 큰 반향을 일으켰고 아직도 중국인들의 가슴 저변에 흐르고 있다.

5

June

오 헨리

《크리스마스 선물》의 오 헨리, 잠들다

가난한 부부는 크리스마스 이브를 서로 축복하고 싶었다. 그러나 고작 1달러 87센트를 가진 부인은 아무것도 할 수 없었다. 사랑하는 남편에게 백금 시곗 줄을 사주고 싶었던 부인은 길고 탐스런 자신의 머리카락을 자른다. 낡은 가죽줄 때문이 남편은 시간을 확인할 때마다 남의 눈치를 보는 것 같았기 때문이다. 퇴근하는 남편을 기다리는 부인은 짧아진 자신의 머리 때문에 남편이 자신을 싫어할까 봐 애를 태웠다. 드디어 남편이 돌아오고 그는 사랑하는 부인의 짧아진 머리를 보고는 온갖 복잡한 표정을 짓는다.

"내 머리는 빨리 자라는 걸요." 부인의 목소리는 간절하고 애처로왔다.

"당신의 머리칼이 없어졌단 말이지? 크리스마스 선물은 서로 잠시 보류하기로 합시다. 나는 당신의 긴 머리에 어울리는 머리빗을 사기 위해 돈이 필요해서 시계를 팔아버렸다오."

오 헨리의 단편 소설《크리스마스 선물》의 줄거리다.

1910년 6월 5일은《마지막 잎새》로 우리에게 잘 알려진 오 헨리가 사망한 날이다. 그는 어릴 적에 어머니가 폐결핵으로 사망하자 어렵게 생활했다. 어쩌다 공금횡령죄로 3년 간 감방생활을 하며 다양한 경험을 한다. 이후 약 10년 동안 무려 300편에 가까운 단편소설을 썼다. 한 달에 평균 3편인 셈이니 참 대단한 창작열이다. 그의 본명은 윌리엄 시드니 포터. 어머니를 앗아간 폐결핵으로 그도 어릴 적부터 몸이 약했는데 결국 폐결핵과 당뇨병 등이 겹쳐 뉴욕에서 48세의 아까운 나이로 죽고 말았다. 낡은 담장에 늙은 화가가 그려놓은 나뭇잎 하나로 인해 사람은 삶의 희망을 갖는다는《마지막 잎새》는 그가 죽기 5년 전에 쓴 작품이다.

6
June

노르망디

2차 세계대전의 전환점, 노르망디 상륙작전을 개시하다

1944년 6월 6일. 개시된 작전명 '오버로드' 지상 최대의 상륙작전으로 나치 점령 하의 유럽 해방을 의미했다. 5일 동안의 이 작전 결과로 서부전선에서 연합군은 승리를 할 수 있게 됐다. 결과적으로 연합국이 독일을 물리치고 2차 세계대전에서 승리하는 계기가 됐다. 바로 2차 세계대전의 대표적인 사건인 노르망디 상륙작전이다. 이 작전에 투입된 병력은 미군, 영국군, 캐나다군을 합쳐 15만 6천 1백 15명이었으며, 6천 9백 39대의 전투함과 상륙함, 2천 3백 95대의 전투기와 수송기가 투입됐다. 45만 톤의 탄약을 포함해 700만 톤의 전략물자가 투입됐다. 글자 그대로 지상 최대의 작전이었다.

연합국은 소련이 독일과 힘겹게 전쟁을 치르고 있을 때인 1942년부터 유럽 상륙작전을 구상하고 있었다. 연합군은 프랑스 북서부 해안 5곳에서 상륙을 했는데 오마하 해변과 주노 해변의 전투가 특히 치열했다. 노르망디 상륙작전 전체 사망자 4천여 명 중 절반이 넘는 2천 4백 명의 미군이 오마하 해변에서 사망했다. 주노 해변에서도 캐나다군이 처절한 전투를 벌였다. 독일군의 MG42 기관총은 캐나다군에게 심각한 피해를 입혔다.

연합군은 또 가짜 정보나 이중 첩자를 활용해 노르망디가 아닌 프랑스 칼레 지역에 상륙할 것으로 독일이 믿게 만들었다. 실제로 칼레는 영국과 거리가 가장 가까웠다. 한편 점령 독일군을 피해 영국에서 망명 정부를 이끌던 프랑스 드골은 노르망디 상륙작전에서 '왕따'를 당했다. 'D-Day'라는 군사 용어가 최초로 쓰인 것도 노르망디 상륙작전이었다. 원래 'D-Day'는 6월 5일이었지만 기상악화로 6월 6일이 됐다.

7
June

십자군 전쟁

십자군, 예루살렘에 도착하다

1099년 6월 7일, 6만여 명의 1차 십자군이 1096년에 출발한 지 3년만에 예루살렘에 도착했다. 거의 6주 간 계속된 전투 끝에 7월 15일 마침내 십자군은 예루살렘을 점령했다. 십자군의 출발이 성지 예루살렘을 셀주크 투르크로부터 탈환하는 것이 목적이었으니 성공한 셈이다. 그러나 십자군 원정은 총 8차례에 걸쳐 일어났지만 그 중 성지탈환이라는 본래의 목적을 달성한 것은 1차 원정 때뿐이었다. 나머지는 모두 어처구니없는 탈선행위들로 가득했다. 1212년 5차 십자군, 이른바 소년 십자군은 상인들과 결탁한 선주의 농간으로 이집트 알렉산드리아로 끌려가 이슬람인들에게 노예로 팔리는 운명에 처했다. 이슬람인들은 700여 명에 달하는 소년 십자군들을 모두 풀어줬다.

1차 십자군 때도 '마라의 학살'처럼 온갖 잔인한 짓을 서슴지 않았다.아무튼 예루살렘을 점령한 1차 십자군들은 이슬람 군인들은 물론 일반 백성들까지 도륙을 했다. 거리와 광장에는 사람의 머리와 팔다리가 산더미처럼 쌓여 있는 처참한 광경이 도처에 벌어졌다. 십자군들은 자신들이 저지른 대량학살은 그동안 더럽혀졌던 성지를 그들의 피로 씻겨야 한다고 믿으며 그것이 신의 정당한 심판이라고 생각한 듯하다. 십자군은 빼앗은 예루살렘에 왕국을 세우고 유럽으로 개선했지만 예루살렘은 곧 다시 이슬람인의 손에 들어갔다. 물론 교황은 계속 십자군을 파병했다. 십자군 전쟁은 종교의 탈을 쓴 막장전쟁이었다. 성스러운 이름에 세속적 욕망이 결합된 전쟁이었다. 신의 이름을 빌어 약탈과 살인 등의 만행이 이렇게 판을 친 전쟁은 찾아보기 어렵다.

8
June

무함마드

이슬람의 창시자 무함마드, 잠들다

이슬람교의 창시자 무함마드는 서기 570년 지금의 사우디아라비아의 메카에서 태어났다. 그가 태어나기도 전에 아버지는 사망하고 태어난 지 얼마 되지 않아 어머니마저 죽는다. 고아가 된 무함마드는 작은 아버지 손에서 길러진다. 무함마드는 자라서 무역상이 된다. 상인으로서 능력을 인정받은 그는 25세에 부유한 40세의 과부 하디자와 결혼한다. 40세가 되던 어느 날 동굴에서 명상을 하는 중 이상한 힘을 느끼면서 신의 말씀을 외우고 복창하라는 소리를 듣게 된다. 그것이 '읽어라'라는 의미의 '코란Koran'의 시초다.

얼마 후 그는 그 목소리의 정체가 대천사 가브리엘임을 깨닫고 자신에게 사명이 주어졌음을 확신한다. 하지만 메카에서의 전도는 오히려 탄압을 받게 되자 메디나로 떠난다. 이를 '헤지라'라고 하는데 이슬람력의 기원622년 7월 16일이 됐다. 메디나에서 전도에 성공하고 메카를 공격할 수 있는 기반을 마련한다. 메카를 이슬람의 중심지로 만들기 위해 여러 차례 전쟁을 펼친 끝에 630년 메카 함락에 성공한 뒤 이슬람 공동체 '움마Ummah'를 세우고 아라비아 전역으로 넓혀 나갔다.

메카의 대부분의 사람들을 이슬람교로 개종시킨 뒤 그는 신전에 있는 여러 우상파괴를 지시했다. 632년 건강이 악화돼 6월 8일 애처 아이샤가 지켜보는 가운데 사망했다. 무함마드에 대한 현대적 평가는 사회의 악습과 부도덕한 관행을 폐지하고자 노력했던 사회개혁운동가였으며, 평등주의를 주창한 박애주의자였다. 무슬림들은 무함마드를 '예언자' 혹은 '라술 알라Rasul Allah: 신의 사도'라고 부른다.

이한열 열사, 시위 중 최루탄에 맞아 중상 입원하다

1987년 6월 9일. 서울 신촌의 연세대학교에서는 '6·10 대회 출정을 위한 범연세인 총궐기 대회'가 열리고 있었다. 이한열은 시위에서 학생과 전경 사이에서 학생들 보호를 위해 시간을 벌어주는 전위대 역할을 맡았다. 오후 4시 40분 경. 이한열은 시위 도중 최루탄을 공격적으로 쏴대는 전투경찰을 피해 교문 안으로 뛰어 들어가고 있었다. 그 때 일부 전경이 30도 각도 이상으로 쏘아야 하는 규정을 어기고 최루탄을 수평으로 쏘았고 그 중 한 발이 이한열의 뒤통수를 강타했다. 피를 흘리는 이한열을 도서관학과 2학년 이종창이 부축했고 이 장면이 사진으로 찍혔다. 이한열은 계속 "뒤통수가 아파. 나 괜찮아?"라고 중얼거렸고 학생들은 그를 급히 신촌 세브란스 병원으로 옮겼다. 그날 오후 5시 30분 "내일 시청에 나가야 하는데…"라는 말을 마지막으로 혼수상태에 빠졌다.

　이한열은 6월 항쟁이 끝나고 6.29 선언이 이루어짐으로써 원했던 민주화를 보지 못한 채 입원 25일만인 7월 5일 오전 2시 5분에 20세의 꽃다운 나이에 숨을 거두고 말았다. 6.29 선언 후 노태우 후보가 병문안을 온 적이 있다. 1987년 박종철 고문치사 사건과 이한열의 사망 사건은 정부의 폭력적 진압에 대한 국민적 반감을 불러 일으켰고 이는 6월 항쟁으로 이어졌다. 장례식은 7월 9일 당시 총학생회장 우상호가 민주국민장 집행위원장이 돼 거행됐다. 연세대학교 본관에서 신촌 로터리, 서울시청 앞, 광주 5.18묘역 순으로 이동되며 진행되었는데, 당시 추모 인파는 서울 100만, 광주 50만 등 전국적으로 총 160만 명이었다고 한다.

10
June

6·10 만세운동

6·10 만세 운동, 일어나다

1926년 6월 10일은 조선의 마지막 임금 순종의 인산일조선과 대한제국의 왕이나 황제 직계 가족의 장례일이었다. 이날 오전 8시 30분경 순종의 상여가 종로를 지날 때 일단의 사람들이 일제히 만세를 부르고 격문을 살포했다. 격문은 "일본 제국주의 타도", "토지는 농민에게", "8시간 노동제 채택", "우리의 교육은 우리들 손에" 등이었다. 주위의 수많은 사람들이 이에 호응했다. 이른바 '6·10 만세 운동'이 발발한 것이다.

이 운동을 주동한 사람은 연희전문의 이병립, 박하균, 중앙고보의 이현상, 경성대학의 이천진, 2차 조선공산당수 강달영, 사회주의계의 권오설, 김단야, 이지탁, 인쇄직공 민영식, 이민재, 천도교의 박내원, 권동진, 양재식, 손재기, 백명천 등 주로 학생들이었다. 만세운동은 곧 전국으로 번져, 고창, 원산, 개성, 홍성, 평양, 강경, 대구, 공주 등지에서 대규모의 만세시위운동이 일어났다. 3·1 운동을 잇는 전국적 전 국민적 항일운동이었다. 하지만 3·1 운동의 트라우마가 있는 일제 역시 철저한 경계태세를 갖추고 있었고 주도측의 유대도 강하지 못했다.

이 사건으로 1,000여 명이 체포, 투옥되었으며, 제2차 고려공산청년회 책임비서 권오설을 비롯한 다수의 공산당원이 체포됨으로써 제2차 조선공산당이 무너지는 결과를 가져왔다. 또 송진우, 정인보, 박헌영 등도 배후조종 혐의로 경찰서에 불려가 고문을 당하는 등 고초를 겪었다.서구 열강의 소극적 지원, 일제의 교묘한 문화통치 등으로 민족운동이 정체를 겪던 시점에 터져 나온 활력소였으며 이후 1929년 광주학생운동에도 영향을 끼쳤다.

June

소신공양

불길 속의 가부좌로 세계를 놀라게 한 스님

1963년 6월 11일. 베트남 사이공에 있는 미국 대사관 앞. 베트남 정부의 불교 탄압에 대한 항의의 표시로 티엔무 사원의 주지 틱꽝득 스님이 가부좌를 틀고 앉았다. 스님 주위에도 많은 스님들이 둘러 앉아 있거나 서 있었다. 스님한 명이 하얀 통을 들고 조심스레 틱꽝득 스님의 온몸에 찬찬히 기름을 부은뒤 틱꽝득 스님의 뒤에서 합장을 했다.

이 때 주위의 스님들이 술렁이며 말리려 했지만 경찰들은 이를 제지했다. 왜 경찰이 스님의 죽음을 지켜보고만 있었는지 얼핏 이해가 되지 않았다. 분신자살이 아닌 '소신공양'으로 종교행사의 하나로 여겼기 때문일 수 있다. 당시 베트남 대통령 응오 딘 지엠은 가톨릭 신자로 국민의 절대다수가 믿는 불교를 탄압했다.

틱꽝득 스님은 온몸이 화염에 휩싸여 불타는 중에도 한 치의 흐트러짐도 없이 가부좌 자세를 유지했다. 불타는 스님 앞에 엎드려 절하는 동료 스님들. 스님은 죽음을 맞아 쓰러진 상태에서도 가슴에 모은 손을 풀지 않았다. 이 모습은 국내외에 고스란히 보도됐다. 문제는 대통령 응오 딘 지엠은 독신이다의 동생의 부인으로 실질적인 영부인 역할을 했던 마담 누가 이 사건에 대해 언론과의 인터뷰에서 "땡중의 바베큐 쇼"라고 말했다.

이 말은 국내 여론에 기름을 부었다. 베트남 정부를 돕던 미국마저 고개를 돌리게 만들었다. 결국 그해 11월 1일 군부에 의해 쿠데타가 일어나고 대통령과 그의 동생은 죽음을 맞았다. 티엔무 사원에는 지금도 틱꽝득 스님의 소신공양 사진과 당시 타고 갔던 낡은 자동차가 전시돼 있다.

12
June

안네의 일기

안네, 일기 쓰기를 시작하다

안네 프랑크가 13살 생일선물로 받은 붉은 체크 무늬의 조그만 일기장.《안네의 일기》는 1942년 6월 12일부터 그녀와 숨어 있던 가족 및 이웃들이 나치비밀경찰에 발각돼 끌려가 가기 전 1944년 8월 1일까지 2년 이상 쓰였다. 유대인이었던 안네의 아버지는 미국으로의 망명에 실패하자 암스테르담의 공장 사무실에 있는 창고를 책장으로 위장해 은신처를 만들었다.《안네의 일기》에는 비를 맞으며 걸어서 몰래 은신처로 가는 장면이 나온다.

어린 소녀의 마음에 그것은 부끄럽고도 두려운 경험이었다. 2년이 넘는 기간 동안 안네는 숨 막히는 좁은 공간에서, 언제 발각될지 모를 공포 속에서 일기장과 대화했다. 감수성 예민할 나이의 소녀는 짧지 않은 시간 동안 그렇게 커갔다. 이웃사람과 함께 총 8명의 은신처 생활자들은 결핍과 갈등 속에서 숨죽이며 살았다. 안네는 그 과정에서도 맛있게 먹은 음식, 불어와 역사, 지리 등을 공부한 이야기, 가족과의 갈등과 즐거움 등을 일기에 담았다.

게슈타포는 1944년 8월 4일 밤 이 은신처를 급습해 8명 전원을 체포하고 강제 수용소로 이송했다. 안네는 16세의 나이로 유대인 강제수용소에서 영양실조와 장티푸스로 죽고 말았다. 이미 어머니는 정신이상으로 죽고, 언니마저 장티푸스로 죽은 뒤였다. 독일 패망으로 해방되기 불과 두 달 전이었다. 유일하게 살아남은 안네의 아버지는 소련군 소용소로 끌려갔다가 겨우 목숨을 건질 수 있었다.《안네의 일기》도 아버지의 손에 의해 출판됐다.《안네의 일기》는 지금까지 60여 개 국어로 번역돼 3천만 권 이상이 팔린 것으로 알려져 있다.

13
June

미군 장갑차

미군 장갑차에 여중생들이 압사당하다

한·일 월드컵의 열기로 온 나라가 뜨거웠던 2002년 6월 13일. 경기도 양주
시 광적면 효촌리 56번 지방도로에서 중학 2학년 여학생 2명이 미군 장갑차
에 깔려 숨지는 사고가 발생했다. 이른바 '미선·효순 양 사건'이다. 두 학생
은 다른 친구와 만나 의정부로 놀러가기 위해 300m쯤 떨어진 친구네 식당으
로 가던 중이었다. 같은 시각 미군 2사단 44공병대 소속 부대는 훈련을 마치
고 다음 집결지로 이동 중이었다.

부교 운반용 궤도 차량은 넓이가 한국의 차선 하나의 폭인 3.4m보다 넓은
3.67m였다. 또 차량 구조상 오른쪽은 시야가 확보되지 않는 차량이었다. 그
래서 평소 도로의 중앙선을 밟으며 운행하고 차량 맨 위에는 관제병이 사방
을 둘러보며 운전병에게 방향을 지시했다.

그런데 사고지점은 오르막인데다 우측으로 꺾이는 곳이었다. 때마침 맞
은편에서 장갑차가 오고 있었다. 장갑차의 차폭도 3.6m나 됐다. 궤도 차량
은 장갑차와의 충돌을 피하기 위해 오른쪽 갓길에 바짝 붙어 운행했다. 뒤
늦게 관제병이 '스톱'을 외쳤지만 통신기기 고장으로 운전병은 듣지 못했다.

미군은 사고 수습에 나섰다. 당일 미8군 사령관이 직접 유감을 표했고, 다
음날 2사단 참모장이 문상했다. 19일 한미합동조사 결과가 발표되었다. '과
실사고'였다는 것. 11월에 미군 부대에서 열린 군사법정에서는 장갑차 운전
사에게 무죄평결이 내려졌고 해당 병사들은 미국으로 출국했다. 해방 이후
미군에 의한 여러 사건 사고처리에 누적된 불만을 가진 시민들은 분노했다.
주한미군지위협정SOFA 개정과 사고 재조사를 요구하며 촛불시위를 벌였다.

14
June

체 게바라

쿠바 혁명가 체 게바라, 태어나다

1928년 6월 14일은 철학자 사르트르가 '20세기의 가장 완전한 인간'이라고
칭찬했던 체 게바라가 태어난 날이다. 그는 현실의 안락과 권력에 안주하지
않고 신념에 따라 행동하고 당당히 죽음을 맞은 인물의 대명사로 평가받고
있다. 아르헨티나 로사리오의 중상류층 집안에서 5남매의 장남으로 태어나
부족한 것 없이 자란 체 게바라. 25세에 의사가 된 그에게는 편안하고 여유
로운 삶이 보장됐지만 아르헨티나의 노동자와 농민들의 어려운 삶을 보고
사회문제에 눈을 떴다.

특히 과테말라로 옮긴 후 그는 3살 연상의 페루 학생운동가 출신 혁명가
일다 가데아를 만나 결혼했고, 과테말라 민주정부가 미국의 지원을 받은 쿠
데타에 의해 무너지는 것을 보고 진정한 혁명은 무력으로 이뤄야 한다는 믿
음을 갖게 됐다. 그는 아내와 함께 멕시코로 망명하고 피델 카스트로의 쿠바
혁명에 동참해 게릴라 활동을 벌인 끝에 혁명에 성공하고 고위 각료가 됐다.
하지만 그는 또 다른 나라의 혁명을 돕기 위해 홀연히 사라진다.

그가 선택한 곳은 아프리카 콩고였다. 그러나 현지 특수성을 이해하지 못
해 실패하고 남미의 볼리비아로 돌아가 혁명을 지원한다. 볼리비아 주민들
은 외지인인 그를 신뢰하지 않았다. 결국 그는 미국의 지원을 받는 볼리비아
정부군에 체포돼 1967년 10월 39세의 나이에 총살당하고 만다. 그는 살아 있
을 때보다 죽은 뒤 더 유명해진 인물이다. 프랑스의 68운동에서 그는 정신적
지주가 되었고 많은 추종자를 낳았다. 혹자는 '혁명도 사회주의도 사라진 지
금 오로지 체 게바라만 살아남았다.'고 할 정도로 체 게바라는 이념과 국가를
떠나 전설의 혁명가로 오래도록 존재할 것이다.

15
June

마그나 카르타

영국 존 왕, 마그나 카르타에 서명하다

1215년 6월 5일. 영국 존 왕은 귀족들의 압력에 못 이겨 마그나 카르타^{대헌장}에 서명을 하고 만다. 왕과 귀족들 간의 일종의 계약서에 불과하고 사실상 사문화한 문건이라고 할 수도 있지만, 백성들의 자유와 권리를 상징하고 인류를 민주주의 물길로 이끈 대전환점이라 할 수도 있다. 서구 사회 헌법의 기초를 세운 것이다. 왕권신수설을 바탕으로 독점하던 권력을 귀족과 나눈다는 개념 자체가 획기적이었다. 물론 실정으로 존 왕의 힘이 무력해진 시대적 상황도 무시할 수는 없다.

존 왕은 1204년 프랑스 필리프 2세에게 대륙의 영국 땅 대부분을 빼앗겼다. 안으로는 과세와 군역을 자주 요구하면서 귀족들의 불만이 쌓여 있었다. 게다가 형인 리처드 1세 때부터 발생한 막대한 부채를 해결하지 못하고 있었고 1209년에는 횡령 혐의로 교황으로부터 파문까지 당했다.

대헌장은 전문前文과 63개조로 되어 있다. 대헌장의 내용은 부당한 상납금·군역 면제, 귀족들의 봉건적 특권 존중, 부당한 벌금이나 자유민에 대한 비합법적인 체포 금지, 그밖에 적정한 재판·행정의 실시, 도시 특권의 존중, 상인의 보호 등을 규정하고 있다. 한 마디로 국왕도 법 아래에 있다는 원칙을 확립한 것이다.

대헌장 제39조에는 '자유민은 누구를 막론하고 자기와 같은 신분의 동료에 의한 합법적 재판 또는 국법에 의하지 않는 한 체포, 감금, 점유 침탈, 법익 박탈, 추방 또는 그 외의 어떠한 방법에 의하여서라도 자유가 침해되지 아니하며, 또 짐 스스로가 자유민에게 개입되거나 또는 관헌을 파견하지 아니 한다.'라고 돼 있다.

16
June

포드 자동차

헨리 포드, 포드 자동차회사를 설립하다

1903년 6월 16일. 헨리 포드는 미국 미시간 주 디어본에 포드 자동차를 설립했다. 포드는 1896년 토머스 에디슨으로부터 자신이 직접 개발한 엔진에 대한 호평을 받자 자동차사업에 뛰어들 결심을 했다. 처음부터 사업에 성공했던 건 아니다. 여러 차례 실패와 창업을 거듭한 그는 1903년 11명의 지인들과 함께 모은 자본금 2만 8천 달러로 자신의 이름을 딴 자동차회사를 세운 뒤 본격적인 성공 궤도에 올랐다. '포드 신화'의 시작이었다. 아울러 근대적 의미의 직장 개념의 시작이기도 했다.

포드는 1863년 미시간 주 그린필드의 이민자 가정에서 태어났다. 어릴 적부터 기계에 관심이 많던 그는 이곳저곳에서 수습공과 증기기관 엔진 수리공으로 일했다. 1891년 '에디슨 일루미네이팅'에 엔지니어로 취직했고, 1893년 수석 엔지니어로 승진했다. 1908년 내놓은 세계 최초의 대량생산 모델인 '포드 모델 T'가 크게 히트했다.

1913년 생산라인에 이동 조립 벨트를 도입해 세계 최초로 일괄 작업공정을 완성함으로써 자동차 생산속도를 대폭 개선했다. 하루 1천 대의 자동차 생산을 가능케 했다. 컨베이어벨트에 의한 라인 생산, 과학적 관리기법, 대중을 대상으로 하는 소품종 대량생산 등 포드의 생산방식과 경영철학은 이후 전 세계로 퍼져나갔다. '포드 시스템'이다. 1923년에는 연간 생산대수 167만 대로 미국 자동차의 반을 생산하면서 절정에 달하였으며, 1924년까지 총 1천 5백만 대를 생산하였다. 하지만 GM, 크라이슬러 등 경쟁사들 등장으로 한때 국유화설이 나돌 만큼 경영이 악화되기도 했다.

June

워터게이트

현직 대통령, 리처드 닉슨을 사임케 한 '워터게이트' 발발하다

1972년 6월 17일. 워싱턴 DC 워터게이트 호텔에서 근무하던 한 경비원은 건물 최하부 계단의 후미진 곳과 주차장 사이 문이 열쇠로 잠겨 있지 않은 채 테이프가 묶여 있는 것을 발견했다. 의심이 들자 경찰에 신고했고 도착한 경찰은 민주당 사무소에 불법 침입한 5명의 남성을 현행범으로 체포했다. 이후 조사에서 이들은 3주 전에도 같은 사무소에 침입했고 이날은 제대로 작동하지 않는 도청기를 재설치하기 위한 것이었다. 문제는 그중 1명의 수첩에서 백악관 연락처가 나왔다. 특히 그는 과거 닉슨 대통령 캠프에서 활동한 인물이었다. 당연히 대통령이나 그 측근이 관련됐을 것으로 의심할 수 있었다. 하지만 닉슨 대통령 측은 "3류 절도에 불과하다."며 백악관과의 관계를 부인했다.

그 때《워싱턴 포스트》의 기자 밥 우드워드와 칼 번스타인은 독자적으로 취재에 나섰다. 이들의 관련 기사로 세간의 관심이 집중되면서 닉슨 대통령을 궁지로 몰아넣었다. 닉슨은 CIA를 이용해 FBI의 관련 수사를 방해하려 하기도 했다. 특별검사 해임을 법무장관에게 요구했으나 법무장관은 사표를 내버렸다.

닉슨은 1973년 11월 17일 플로리다 올랜드에서 400명의 기자 앞에서 자신의 행위에 대해 변명했다. 이 때 "나는 사기꾼crook이 아닙니다."라는 유명한 말을 했다. 하지만 백악관에서 나눈 대화 테이프가 우여곡절 끝에 검찰에 넘겨지고 하원에서 대통령 탄핵 권고안이 잇달아 가결되었다. 유죄판결이 기정사실화되자 닉슨은 결국 1974년 8월 8일 TV 연설을 통해 사퇴를 발표했다.

18
June

아문센

최초로 남극 정복한 아문센, 실종되다

1928년 6월 18일. 사상 최초로 남극을 정복한 아문센이 사망한 날이다. 북극 해 탐험에서 조난당한 친구를 구조하기 위한 수색에 나섰다가 그만 실종됐 다. 아문센이 남극점에 도달한 1911년 당시는 영국, 프랑스, 독일 등 강대국 들 사이에 식민지 확장 경쟁이 치열하면서 남극도 정복 대상지였다. 특히 영 국과 노르웨이가 자존심을 건 승부를 벌이고 있었다. 실제로 노르웨이의 아 문센 탐험대와 영국의 스콧 탐험대가 비슷한 시기에 경쟁에 나섰다. 결과는 한 달의 차이로 아문센이 먼저 남극을 정복했고, 더구나 스콧은 돌아오는 길 에 그만 전원이 사망하고 말았다. 아문센은 처음에는 북극을 목표로 했지만 피어리에 의해 이미 북극이 정복당했다는 소식을 듣고는 대원들에게 숨기다 가 바다 한가운데 나왔을 때 목적지가 남극임을 알려줬다.

성공한 아문센과 실패한 스콧의 차이는 무엇일까? 아문센은 추위에 강한 개를 이용했고 식량이 부족하면 개를 잡아먹었다. 이는 앞서 남극 탐험에 실 패했던 섀클턴이 조랑말을 이용하다 어려움을 겪었다는 사실을 알았기 때문 이다. 아문센은 스콧에게도 말을 끌고 가지마라고 조언했지만 스콧은 듣지 않았다. 말은 또 쉽게 지쳤고 크레바스에 빠지면 구출하기도 어렵다. 게다가 스콧은 죽은 말을 양식으로 사용하지 않고 버렸다.

또 아문센은 탐험에 방해가 되면 아무리 귀한 물건이라도 버렸지만 스콧 은 탐사과정에서 채집한 자료들을 끝까지 포기하지 못했다. 이 자료들은 나 중에 귀하게 활용되었지만 스콧과 대원들은 죽은 뒤였다. 스콧도 영국에서 는 영웅 대접을 받긴 했지만 역사에 이름을 남긴 사람은 철저히 준비하고 일 에 임했던 아문센이었다.

19
June

로젠버그 부부

로젠버그 부부, 스파이 혐의로 전기의자에 앉다

1953년 6월 19일 저녁. 미국 뉴욕 주의 오스닝에 있는 싱싱 교도소에서 세계를 떠들썩하게 만든 사형집행이 이뤄졌다. 사형수는 로젠버그 부부였다. 그들의 죄목은 소련에 원자폭탄 제조에 관한 정보를 넘긴 스파이 혐의였다. 부부는 혐의를 완강히 부인했고, 사실대로 자백하면 사면해주겠다는 정부의 제안마저 뿌리치고 차례로 전기의자에 앉아 죽임을 당했다.

원자폭탄을 만든 과학자들은 로젠버그 부부의 혐의가 지나치게 과장되었다고 주장하기도 했다. 아인슈타인마저 트루먼 대통령에게 "사형판결만은 철회되어야 한다."고 탄원서를 냈다. 그들의 사형을 반대하는 청원이 세계 각지로부터 쇄도했다. 사르트르, 피카소는 물론이고 교황까지 이들의 구명에 나섰다. 그러나 부부는 끝내 사형을 당했다. 당시에는 매카시즘 광풍이 불던 때였다. 스파이 혐의와 별도로 이들 부부는 파업 주동자로 해고되었고 공산당에 가입한 적도 있었다. 게다가 당시 미국은 자신들만 소유한 줄 알았던 '신의 한 수'인 원자탄을 소련도 개발했다는 소식을 듣고 경악하던 때였다. 판결문을 보아도 비논리적이고 허점이 많았다.

하지만 그들의 혐의는 여전히 풀리지 않는 의문점들이 많다. 소련 몰락 후 흐루쇼프가 그들의 도움을 언급한 녹음이 공개되기도 했다. 또 2차 세계대전 중 소련의 통신 내용에 줄리어스 로젠버그의 처남이 명백히 스파이 행위를 했음이 드러나기도 했다. 여전히 논란이 되고 있지만 시대 상황을 감안한다고 하더라도 석연치 않은 사형이었던 점은 분명해보인다. 그들은 왜 혐의를 인정하면 살려주겠다는 정부의 제안을 뿌리치고 끝내 죽음을 선택했을까?

20
June

정지용

한국 현대시의 발원지, 정지용 태어나다

1902년 6월 20일. 〈향수〉로 너무나 유명한 시인이자 소설가 정지용이 태어난 날이다. 충북 옥천에서 태어난 그는 연못에서 용이 승천하는 태몽을 꾼 후 태어났다 하여 '지용池龍'이라는 아명으로 불렸다. 3.1운동 당시 교내 시위 주동으로 무기정학을 받았을 정도로 일찍이 현실문제에도 관심을 기울인 정지용은 일본 유학에 영문학을 전공했다. 귀국 후인 1929년에는 모교인 휘문고보에서 영어 선생님을 맡아 해방까지 학생들을 가르쳤다.

해방 후에는 이화여대 교수로서 한국어와 라틴어 강의를 했고, 가톨릭 신자인 그는 천주교 재단에서 창간한《경향신문》의 주간을 맡기도 했다. 이어《가톨릭청년》을 창간해 편집고문을 맡았다. 이 때 이상의 시를 소개하여 그를 문단에 등단시킨 사람이 바로 정지용이었다. 시단 활동은 김영랑과 박용철을 만나《시문학》동인에 참여하면서 본격화했다.

해방 이듬해는 사회주의 계열 문인들로 구성된 조선문학작가동맹 아동분과 위원장으로 추대 되었는데 이것이 그의 삶을 힘들게 만들었다. 정부수립 후 무슨 이유에서 인지 이화여대 교수직과《경향신문》주간직을 버리고 현재의 서울 은평구 녹번동에 초당을 짓고 은거한다. 그러다 6.25가 나자 납북당한 뒤 행적이 모연해졌다. 1993년 4월 24일, 평양에서 발간되는《통일신보》는 정지용이 1950년 9월 경기도 동두천 부근에서 미군 폭격에 사망했다고 보도하기도 했다. 그의 납북 이력 때문에 그의 작품은 금기시되었다가 1988년 납월북작가의 작품이 해금되면서 주목을 받기 시작했다. 시인 김기림은 "한국의 현대시는 지용에서 비롯되었다."고 평가했다.

21
June

프랑수아즈 사강

프랑스 현대 소설가 프랑수아즈 사강, 출생하다

1935년 6월 21일에 프랑스 현대 소설가이자 극작가인 프랑수아즈 사강이 태어났다. 사강은 애묘의 이름이고 본명은 꾸아레다. 그녀의 작품《슬픔이여 안녕》과 그녀의 인생을 보면 '문학'이 뭔지에 대해 고민에 빠지게 만든다. 30세에 요절한〈목마와 숙녀〉의 박인환은 '문학이 죽고 인생이 죽고'라며 한탄했지만, 친구들은 그의 무덤에 양주 조니워커와 카멜 담배를 함께 묻어 주었다. 30세란 나이와 문학이라는 단어와 조니워커. 뭔가 부조화스럽다는 느낌이 든다.

카프카는 "글을 쓴다는 것은 궁극적 고독이며, 스스로 차가운 심연으로 빠져드는 것"이라고 했다. 소설가 박범신은 "우울에 잡아먹히지 않으려고 글을 쓴다."고 했다.

사강은 소설《슬픔이여 안녕》이 일약 베스트셀러가 되면서 유명해졌다. 그녀가 불과 19세에 쓴 작품이다. 19세 소녀의 감성과 필치에 세상 사람들의 가슴이 움직일 수 있는 것이 문학이다. 국내에서는 그녀의 소설《브람스를 좋아하세요》가 더 많이 알려져 있다.

사강은 부유한 가정에 태어났지만 '문학'을 접하면서 평범한 삶과는 점점 멀어진다. 20세 연상의 남자와 결혼하지만 2년만에 헤어지고, 다시 모델 출신의 미국 남자와 결혼해 아들을 하나 낳았지만 다시 이혼한다. 폭음, 마약, 도박에 탐닉하고 신경쇠약으로 정신병원에 입원도 한다. 사강은 마약혐의로 재판을 받으면서 "나는 나를 파멸시킬 권리가 있다."고 말해 파문을 일으켰다. 그녀는 2004년 69세의 나이로 죽었다. 그러나 그녀의 작품들은 여전히 프랑스에서 가장 많이 읽히는 책들 중 하나다.

22
June

자동차 경주

최초의 자동차 경주, 파리에서 열리다.

1894년 6월 22일. 프랑스 일간지《르 프티 주르날》은 파리~루앙 구간을 안전하면서도 최소의 연료 소비로 완주한 운전자와 팀원들에게 5천 프랑의 상금을 주는 경주를 했다. 최초의 자동차 경주인 셈이다. 다만, 속도보다는 신뢰성 테스트였다. 1년 후인 1895년 파리에서 보르도까지 구간에서 실질적인 자동차 경주가 개최되었다. 이 대회에서 결승선을 가장 먼저 통과한 선수는 48시간 48분을 기록한 에밀레 라바소르였으나 4인승이 아닌 2인승 차로 대회에 참가해 규정 미달로 실격처리 됐다. 공식적인 첫 자동차 경주는 1900년 프랑스 자동차 클럽ACF이 개최한 고든 베넷 컴배 국제대회였다. 고든 베넷은 미국의 뉴욕 헤럴드의 소유주로 이 대회 후원자였다. 미국에서도 1895년 최초의 자동차 경주가 시카고에서 열렸다. 54.36마일87.48km을 달리는 경주에서 프랭크 듀리에가 우승했다. 근대적 의미의 첫 자동차 경주는 1904년 10월 개최된 벤더빌트 컵 대회였다. 벤더빌트가 미국 자동차협회AAA를 후원해 뉴욕 롱아일랜드에서 개최했다.

우리나라 최초의 자동차 경주는 1982년 서울 잠실에서 개최된 한국 자동차 경주대회였다. 16대의 자동차가 참가했다. 1987년에는 진부령에서 용평까지를 랠리 경주대회가 열렸다. 같은 해 영종도에서 포장도로 경주가 열리면서 일반인들의 관심이 높아졌다. 2001년에는 대한민국 최대 규모의 GT 챔피언십 대회가 열렸다. 자동차 경주에는 한 명이 타서 고속주행용으로 특수설계된 차로 하는 오픈휠 경주와 시판용 자동차를 개조해 달리는 랠리 경주, 빙판길 경주 등이 있다.

23
June

남극

남극조약, 발효되다

남극대륙은 혹독한 자연조건 때문에 오랜 기간 동안 인류의 접근과 실효적 지배가 곤란한 장소였다. 20세기 들어 과학기술과 교통의 발달로 접근이 이전보다 용이해졌고 여러 가지 면에서 이용가치가 높아지자 각국은 앞다퉈 남극으로 달려갔다. 이에 남극지역에 관한 사항을 규율하는 기본적인 조약의 필요성이 대두되면서 아이젠하워의 제안으로 1959년 12월 1일에 워싱턴에서 12개 국이 서명하여 1961년 6월 23일 발효되었다. 현재 가입국은 우리나라를 포함해 42개 국이다. 한국은 1986년 11월 28일 발효됐다. 총 14개 조문으로 구성된 조약의 주된 내용은 ①남극의 평화적 이용, ②과학적 탐사의 자유, ③영유권의 동결, ④핵실험 금지 등이다. 이들 내용은 남위 60도 이남의 지역에 적용된다. 다만 빙붕은 모든 지역이 포함된다.

우리나라의 경우 1988년 2월 남극의 킹조지 섬에 세종과학기지를 완공함으로써 세계에서 18번째로 과학기지를 건설한 국가가 됐다. 또한 2014년에는 장보고과학기지를 세워 세계에서 10번째로 2개의 남극기지를 보유한 국가가 되었으며, 남극에 대한 과학연구활동을 활발히 진행 중이다. 남극조약은 포괄적인 내용만 규정돼 있어 해양생물보호나 자원보호 등 세부 사항은 별도 협약들이 맺어지고 있다. '남극동식물보존을 위한 합의조치'1964, '남극의 바다표범보호에 관한 협약'1972, '남극해양생물자원보존에 관한 협약'1980, '남극광물자원 활동규제조약'1988, 광물자원 활동을 50년 동안 금지한 '환경보호에 관한 남극 조약의정서'1991 등이 그것이다.

'남미의 얼굴' 마추픽추, 세상에 알려지다

1911년 6월 24일. 미국의 역사학자이자 탐험가인 하이럼 빙엄은 남미 페루의 안데스 산맥 열대 우림지역인 우루밤바 계곡을 탐험하다 엄청난 장면을 목격했다. 잉카 제국의 신비한 유적지 마추픽추가 세상에 발견되는 순간이었다. 마추픽추는 '태양의 도시', '공중 도시', '잃어버린 도시' 등으로 일컬어지는 남미의 상징이다. '오래된 봉우리'라는 뜻의 마추픽추는 해발 2,400m 높이의 산정상 부근에 있고 구름이 산허리를 감고 있을 때가 많아 산 밑에서는 잘 볼 수 없다. 주위는 심한 경사의 비탈이지만 정상은 믿기 어려울 정도로 넓은 평원이다.

비탈에 만든 40층의 계단식 논에서 당시 사람들은 옥수수, 감자 등을 재배해 식량으로 사용했다. 논과 마을들은 3천 개의 계단으로 연결돼 있다. 200여 개의 건물로 이뤄진 마을에는 정교한 신전과 궁전, 일반인들이 살 수 있는 집이 있고 그 주위를 성벽으로 둘러쌌다. 최고 360톤이나 되는 돌을 어떻게 그 높은 곳까지 밀림을 뚫고 옮겼는지는 불가사의다. 한 치의 틈도 없이 돌을 쌓아올린 기술은 놀라움 그 자체다. 요즘 봐도 감탄할 정도의 관개기술도 그들은 가지고 있었다.

잉카인들은 왜 이 깊은 오지에 그렇게 힘들게 마을을 건설했을까? 스페인의 공격을 피해 깊은 산속으로 도망 와서 세운 것으로 추정될 뿐이다. 마추픽추는 지난 2007년 7월 7일 선정한 신세계 7대 불가사의의 하나에 포함됐다. 그곳에 살던 잉카족들은 더 깊숙한 오지로 떠난 것으로 알려져 있다. 그들이 떠나고 400년이나 버려진 도시로 있다가 빙엄에 의해 세상에 알려진 것이다.

25
June

마이클 잭슨

'팝의 황제' 마이클 잭슨, 영원히 잠들다

2009년 6월 25일. '팝의 황제' 마이클 잭슨이 갑자기 사망해 많은 팬들에게 충격을 주었다. 특히 'This Is It' 투어 관련 기자 회견을 한 지 불과 석 달 가량 지난 상황이라 정말 갑작스런 죽음이었다. 그에게는 황제, 전설, 신, 심지어 외계인이라는 찬사가 쏟아졌다. 전 세계 1억 4천만 장이나 팔려 《기네스북》에까지 오른 1982년의 앨범 〈Thriller〉. 후반부에 좀비들과 추는 군무는 압권이다. 〈Thriller〉의 초대박 이후 5년 뒤 전작의 부담감을 이기고 마이클 잭슨은 앨범 〈BAD〉를 내놓는다. 거의 전곡을 직접 작사 및 작곡하고 마케팅까지 맡음으로써 종합 프로듀서로서의 능력을 보여줬다. 이 앨범에 수록된 곡 중 5곡이 연속 차트 1위에 오르는 공전절후의 기록을 세운다. 마이클 잭슨이 직접 고안한 특수 신발을 신고 몸을 앞으로 기울이는 장면은 유명하다.

이후 1991년 그는 전설적 프로듀서 퀸시 존스와 결별하고 독자적으로 앨범 〈Dangerous〉를 내놓는다. 엄청난 흥행을 이어갔지만 1993년 어린이 성추행 혐의에 휘말려 급전직하로 추락하고 만다. 죽기 직전에는 자신의 히트곡 가사를 기억하지 못할 정도로 극심한 수면부족에 시달렸다고 한다.

마이클 잭슨은 아이들을 너무나 사랑해서 어른들에게 오해 받은 측면이 있다. 1993년 1월 31일 슈퍼볼 하프 타임 때 그가 보여준 세기적 공연의 주제도 어린이였다. 그의 사망 원인은 프로포폴의 과다 사용으로 알려졌다. 그의 사망 소식이 알려진 직후 구글에서는 그의 이름 검색 횟수가 너무 폭증해 프로그램이 이를 자동 스팸으로 인식, 잠시 동안 '마이클 잭슨'이라는 단어가 검색이 불가능해지기도 했다.

June

김구 암살

백범 김구, 흉탄에 쓰러지다

1949년 6월 26일 12시 36분. 백범 김구는 서울 자택인 경교장에서 육군 장교 안두희의 총에 맞아 서거했다. 향년 74세. 평생을 독립운동에 몸 바쳤던 백범은 그렇게 어이 없이 숨졌다. 안두희는 왜 백범을 죽였는지에 대해서 끝내 진실을 말하지 않았다. 경찰 역시 살해 이유를 구체적으로 밝히지 않았다. 《뉴욕타임스》는 이승만 정부를 전복하려는 쿠데타 음모가 발각된 것 때문이라고 보도하기도 했다.

범인 안두희는 무기징역을 선고 받았으나 감형돼 6.25 때 장교로 근무하고 사면까지 되었다. 그러나 그는 안영준이라는 가명으로 평생을 도망다니다시피 하며 살아야 했다. 길거리에서 맞기도 하고 칼에 찔리기도 하는 등 끊임없이 신변의 위협을 받다가 결국 지난 1996년 10월 23일 자택에서 버스 운전사 박기서 씨의 몽둥이에 맞아 죽고 말았다. 박 씨는 몽둥이에 '정의봉'이라고 썼다.

7대 독자였던 김구는 매관매직의 병폐에 분노해 동학에 입도하고 19세에 동학군의 선봉장으로 해주 성을 공략했다. 명성황후가 일본 낭인들에 의해 시해 당하는 을미사변이 나자 격분해 일본군 중위를 찔러 죽이기도 했다. 이 때문에 체포돼 사형선고를 받았으나 고종 황제의 특사로 형이 정지됐고 이후 탈옥을 해 공주 마곡사에서 승려가 된다.

이봉창, 윤봉길 의사의 거사를 주도했고 무력으로 독립을 쟁취하려 했다. 광복군을 조직하고 훈련을 해 대한민국 임시정부의 이름으로 대일선전포고를 하기도 했다. 백범의 어머니도 훌륭한 분이셨다. 《백범일지》에는 생신상을 준비하는 모습을 보고 "내가 먹고 싶은 음식을 준비하겠다."며 돈으로 달라고 한 뒤 그 돈으로 권총 2자루를 사서 독립운동가들에게 주었다는 일화가 나온다.

팔레스타인 납치 항공기 사건

1976년 6월 27일. 팔레스타인 인민해방전선 소속 테러리스트 2명과 독일 적
군파 소속 테러리스트 2명이 이스라엘 벤구리온 공항에서 출발해 프랑스 파
리 드골 공항으로 향하던 에어프랑스 소속 AF-139편을 납치했다. 중간 기착
지 아테네에서 이륙 3분만의 일이었다. 이후 이스라엘 최정예 특수부대 사이
렛 매트칼에 의해 역사상 가장 성공한 인질 구출작전으로 일컬어지고 있는 '
엔테베 작전'이 수행된다.

여객기에는 254명의 승객이 탑승하고 있었는데, 그중 3분의 1이 이스라엘
국민이었다. 리비아 벵가지에서 7시간을 대기하면서 재급유까지 마친 테러
범들은 뜻밖에도 비행기를 아프리카 우간다의 엔테베 공항으로 끌고 갔다.
우간다와는 1972년에 단교가 돼 정식 외교 채널조차 없었다. 게다가 수집된
정보에 의하면 우간다 대통령 이디 아민은 테러범 편이었다.

그 와중에 테러범들은 유대인이 아닌 승객 47명을 석방했고 이스라엘은
이들로부터 많은 정보를 얻어 냈다. 구해야 할 최종 인질수는 106명으로 파
악됐다. 많은 논의 끝에 C-130 수송기로 상당수의 군인과 무기를 싣고 엔테
베 공항에 직접 착륙해서 인질들을 구출하기로 했다. 테러범들과 우간다 정
부군은 설마 대놓고 공항활주로를 통해 수송기를 착륙시킬 것이라고는 예상
하지 못했다. 4대의 C-130 수송기에는 사이렛 매트칼 병력과 함께 장갑차까
지 실렸다. 가장 큰 문제는 어떻게 야간에 조명 없이 착륙하는 블랙아웃 랜딩
을 할 것인가 이었다. 결국 7월 2일 금요일 오전 7시 최종 작전 명령이 하달
됐다. 작전은 90분만에 끝났다. 테러범 7명과 우간다군 45명이 사살됐고 인
질 4명이 희생됐다. 구출부대 지휘관 네타냐후 1명이 사망했다.

9천만 명의 목숨 앗아간 1차 세계대전, 발발하다

1914년 6월 28일. 사라예보에서 오스트리아 황태자 프란츠 페르디난트 대공이 세르비아의 한 청년이 쏜 총에 숨진다. 이는 장차 무려 900만 명의 목숨을 앗아갈 1차 세계대전의 발발을 알리는 신호탄이 됐다. 전쟁은 4년 4개월 가까이 지구촌을 소용돌이 속으로 몰아넣었다.

당시 유럽은 전쟁 일보 직전이었다. 독일이 강대국으로 부상하고 이를 누르려는 프랑스와 러시아의 대립이 첨예화하고 있었다. 프랑스는 독일에 알사스와 로렌 지역을 빼앗긴 뒤 보복을 벼르고 있었다. 여기에다 범슬라브주의와 범게르만주의라는 민족주의가 충돌해 갈등이 최고조에 달해 있었다. 사라예보의 총성은 그 화약고에 불쏘시개를 던진 것뿐이었다.

곧바로 오스트리아가 사라예보에 선전포고를 하자 러시아가 오스트리아에 전쟁 선포하고 다시 독일이 러시아에 선전포고를 하면서 확산된다. 전황이 불리해진 독일이 이른바 '무제한 잠수함 작전'을 펼치면서 미국 상선이 잇달아 피해를 입자 미국마저 참전하며 전 세계가 전쟁의 폭풍 속으로 휘말려 들어갔다. 미국을 참전시킨 것은 독일의 실수였다.

영국, 프랑스, 러시아, 미국 등 연합국과 독일, 오스트리아, 불가리아, 오스만 제국 등의 동맹국이 양진영으로 갈려 싸웠으나 결국 연합국의 승리로 끝이 났다. 1차 세계대전에서는 탱크와 기관총이 등장했고 독가스가 처음으로 사용되기도 했다. 패전국 독일은 엄청난 보상금을 지불해야 했고, 이는 결국 2차 세계대전의 뿌리가 됐다. 전쟁 중에 러시아는 혁명으로 왕조가 몰락했다. 전후 세계 질서에 헤게모니를 잡은 것이 바로 미국이다. 미국의 우드로 윌슨 대통령은 국제연맹설립을 주도하면서 패권을 거머쥐었다.

삼풍백화점이 무너지다

1995년 6월 29일 오후 5시 57분경. 서울 서초구 서초동에 있던 삼풍백화점 건물이 무너져 내렸다. 불과 8개월 전에 성수대교가 붕괴됐었다. 삼풍아파트는 당시 국내 최고가 아파트 중 하나였고 삼풍백화점은 1989년 완공돼 지은 지 6년밖에 안 된 신축 건물이었다. 지상 5층 지하 4층에 연면적 7만 4천 ㎡의 크기로 당시 단일 매장으로는 서울 소공동의 롯데백화점 본점에 이어 전국 2위였다. 그런 건물이 폭삭 주저앉아 버린 것이다. 백화점은 5층 식당가 천장이 무너진 후 한 층씩 차례로 내려앉았다. 손님이 가장 많은 시간대에 사고가 발생했고, 퇴근 시간에 맞춰 몰려든 차량과 인파로 접근이 어려워 구조에 어려움을 겪었다.

사고는 부실시공과 안전 불감증, 공무원 비리 등이 뒤엉킨 인재였다. 쇼핑 공간을 늘리기 위해 기둥을 줄이고 옥상에 무거운 냉각탑을 얹으면서 건물의 하중이 늘어났다. 또 사고 당일 아침 A동 5층 식당가 기둥에 균열이 생기고 천장이 내려앉았지만, 경영진은 4·5층만 폐쇄하고 백화점을 운영했다. 이 사고로 삼풍백화점 회장과 사장인 아들, 뇌물을 받고 불법 설계 변경을 승인해준 전 서초구청장 등 25명이 기소됐고, 모두 유죄를 선고받았다

삼풍백화점 붕괴 사고로 사망자 502명, 부상자 937명, 실종자 6명 등 1천 445명의 인명 피해를 입었다. 당시 매몰돼 있던 박승현 씨는 17일만에 구조돼 온 국민의 주목을 받았다. 1998년 서울 양재동 시민의 숲에 참사 위령탑이 세워졌고, 삼풍백화점이 있던 자리에는 주상복합 아파트인 대림아크로비스타가 2001년 착공되어 2004년 완공됐다.

June

대형폭발

퉁구스카에서 대형폭발 사건이 일어나다

1908년 6월 30일 오전 7시 17분경. 러시아 변방 시베리아 크라스노야르스크 지방 퉁구스카 강 인근의 밀림에서 원인을 알 수 없는 대규모 공중폭발이 일어났다. 이 지역은 인간의 접근이 쉽지 않다. 불덩이가 서쪽에서 동쪽으로 날아가다가 폭발했는데 순식간에 나무 6~8천만 그루에 해당하는 2천 1백 50km²의 숲이 파괴됐다. 나중에 조사단에 목격된 것은 모두 한 방향으로 쓰러져 있는 어마어마한 양의 나무들 모습이었다. 파괴된 숲에서는 죽은 1,500마리의 순록 시체와 옆으로 쓰러진 나무들이 발견되었다.

당시 목격자들도 "450km나 떨어진 곳에 있던 기차를 타고 있었음에도 심한 땅울림과 함께 돌풍이 몰아쳐 열차가 전복됐다.", "사건 현장에서 15km 떨어진 곳에서 방목하던 가축 1,500마리가 타 죽었다."라며 '공포의 불덩이' 가 일으킨 폭발의 위력이 얼마나 대단했는지를 증언했다. 섬광은 스웨덴 스톡홀름에서 플래시 없이 사진을 찍는 게 가능할 정도였다고 한다.

당시의 폭발력을 현재의 TNT를 기준으로 한다면 500만 톤에 상당한 규모로 추정된다. 원인은 커다란 운석이 떨어진 것으로 추정될 뿐 정확한 것은 알 수 없었다. 소련 과학아카데미와 모스크바 대학교 과학자들이 조사에 나섰으나 마찬가지였다. 러시아 최대의 미스터리였다. 다만 2013년에 운석 파편이 발견되긴 했으나 대형 운석공 등은 찾을 수 없었다. 따라서 혜성이 지상 6~8km 상공에서 폭발했다는 주장도 나왔다. 이 또한 혜성의 접근에 대한 천문학자들의 보고가 없었다는 주장에 공격받았다. 지표에 쌓인 대량의 메탄이 지상으로 분출하며 폭발했다는 주장도 나왔다.

7월

 경제 건축  과학 문화 발명품 사건 역사 인물 정치

1
July

워크맨

소니, 워크맨을 출시하다

1979년 7월 1일. 일본 소니는 세계 최초의 소형 카세트 테이프 레코더 플레이어 '워크맨'모델명 :TPS-L2의 판매에 나섰다. '걸어 다니며 내가 원하는 음악을 듣는다.'는 의미를 담고자 했던 '워크맨'은 영어 어법에도 맞지 않지만 휴대용 카세트 플레이어의 대명사가 돼 국제적으로 통용됐다. 또 단일회사 품종으로 세계에서 가장 많이 팔린 가전제품이라는 타이틀을 얻으며 혁신의 아이콘이 됐다.

소니의 기술 팀장이었던 구로키 야스오는 연구소의 젊은 직원들이 작은 카세트테이프 레코더를 재생 전용으로 개조해 음악을 즐기는 모습을 보고 재생 전용 기기를 개발하게 됐다. 개발 기간은 불과 4개월, 가격은 창립 33주년을 기념해 3만 3천 엔으로 책정됐다. 좋은 음질과 편리한 휴대성으로 대중을 압도한 TPS-L2는 출시 2개월만에 초기 생산 물량인 3만 대가 모두 매진됐다. 기존 음악 감상이 가진 공간적 제약을 뛰어넘는 새로운 패러다임을 제안하고 개인용 음향기기 시대의 시작을 알린 것이다.

1981년 출시한 후속모델 'WM-2'는 전작에 비해 더욱 작고 가벼워지면서 전 세계적으로 약 2백 50만 대 이상 판매되는 큰 인기를 얻었다. '워크맨Walkman'이라는 브랜드명은 판매 2년만인 1981년 프랑스 사전《푸치 라 루스》에, 1986년《옥스퍼드 영어사전》에 등록되기도 했다. 구로키 야스오는 '미스터 워크맨'으로 불리며 일본을 대표하는 세계적인 산업 디자이너가 됐다. SONY 로고도 그가 입사 6개월만에 만들어 냈다. 그는 이렇게 말했다. "상품이 아니라 사회의 변화, 즉 시대를 디자인하는 것이 산업 디자이너지요."

2
July

월마트

샘 월튼, 월마트 1호점을 오픈하다

1962년 7월 2일. 샘 월튼은 아칸소 주의 로저스에 월마트 1호점을 열었다. 소득 수준이 낮고 인구도 5천 명이 채 안 되는 곳의 1호점 개점이었지만 세계 최대 소매점 '월마트 신화'의 신호탄이었다. 1923년 오클라호마 주 킹피셔의 평범한 중산층 가정에서 태어난 샘 월튼은 어려서부터 잡지를 팔거나 신문 배달을 하며 장사꾼 기질을 보였다. 월튼은 1945년 9월 자신의 돈 5천 달러와 장인에게 빌린 돈 2만 달러를 투자해 아칸소의 소도시 뉴포트에 있는 벤 프랭클린 잡화점을 매입하여 소매업에 첫발을 내디뎠다. 벤 프랭클린 잡화점은 프랜차이즈 상점이었지만 월튼은 독자적으로 가격을 할인하는 영업전략을 폈다. 직접 제조업자들을 만나 물건을 싸게 사들여 박리다매를 추구한 덕에 개업 5년이 될 무렵에는 아칸소 최고 소매상점이 되었다.

'싸게 사서 가치 있게 진열하고 싸게 팔아라.' 이것이 월튼의 핵심 경영철학이고 월마트의 핵심 경쟁력이었다. 월튼은 먼저 중소도시의 상권을 장악하는 전략을 구사했다. 당시 선두주자였던 K마트 등 다른 할인점 업체들이 인구 5만 명이 넘은 대도시로 몰려가는 것과는 다른 행보였다. 대신 월튼은 큰 비용을 들여 IT시스템을 도입해 매장부터 사무실의 컴퓨터에 이르기까지 전사적인 네트워크망을 구축했다. 또한 자체 인공위성을 띄워 미 전역의 배송 상태와 전 세계 산지 가격 동향을 체크했다. 마침내 월마트가 대도시로 방향을 돌렸을 때 월마트에는 이미 바코드 시스템이 완벽하게 갖추어져 있었고 모든 매장의 거래 정보가 실시간으로 수집되고 있었다. 1992년 4월 5일 월튼이 사망했을 때, 월마트는 2천여 개 점포에 38만 명의 종업원을 고용하는 거대 기업으로 성장해 있었다.

3
July

짐 모리슨

기인 짐 모리슨, 27살에 잠들다

록의 황금기였던 1960년대에 그룹 'Doors'의 리더 싱어 짐 모리슨은 아주 특별한 사람이었다. 당시 반전문화와 히피를 바탕으로 환각적 도치를 의미하는 '사이키델릭Psychedelic'이 그림이나 영화, 음악 등에 하나의 신조류를 형성했는데 짐 모리슨은 사이키델릭의 시인으로 불렸다. 그는 지미 헨드릭스, 제니스 조플린과 함께 이른바 '3J'로 불렸다. 1943년생인 그는 10대 시절부터 니체와 랭보, 장 콕도 등에 심취했다. 1965년 친구들과 그룹 '도어스'를 결성해 〈The Doors〉, 〈Strange Days〉, 〈L.A. Woman〉 등의 앨범을 연이어 발표해 빅히트를 친다. 특히 〈The Doors〉는 역사상 가장 위대한 데뷔 앨범의 하나로 손꼽히고 있다. 노래 가사는 대부분 짐 모리슨이 쓴 것으로 반항과 광기로 가득 차 있으면서도 세련미를 물씬 풍긴다.

짐 모리슨은 활동 기간 중에 술과 약물 복용, 외설행위 등으로 여러 차례 논란을 일으켰다. 결국 그는 '탄압'을 피해 1971년 3월 파리로 이주했다. 이주한 뒤 그는 거리 음악가들과 어울려 음악활동을 계속했다. 그러나 1971년 7월 3일 목욕 중 불과 27세의 나이에 심장마비로 사망하고 말았다. 약물 과다복용이 원인인 것으로 알려져 있다. 그는 1993년 로큰롤 명예의 전당에 헌액되었고, 2008년에는 음악잡지 《롤링 스톤》이 뽑은 '역대 최고의 가수 100선'에서 47위에 오르는 등 높은 인기를 구가하고 있다. 그의 무덤은 프랑스 파리의 페르 라세즈 공동묘지에 있다. 지금도 파리를 방문하는 전 세계의 수많은 청년들이 그의 무덤을 찾고 있다.

4
July

미 육군사관학교

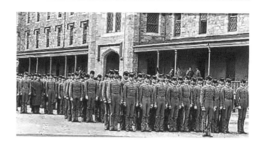

미 육군사관학교, 웨스트포인트에 창설되다

1802년 7월 4일, 미국 뉴욕 웨스트포인트에 미 육군사관학교USMA가 창설됐다. 프랑스의 사관학교 생시르를 모델로 5명의 교관과 10명의 생도로 시작했다. 소재지 이름을 따 웨스트포인트는 미국 육군사관학교의 별칭이 됐다. 독립전쟁 당시 조지 워싱턴 장군은 허드슨 강이 내려다보이는 이 고지를 전략적 요충지로 판단, 1778년 웨스트포인트 요새를 건설했다. 당시 영국으로부터 독립한 미국은 정예장교가 필요했고 대통령이었던 토머스 재퍼슨은 사관학교 창설을 준비했다. 1964년 존슨 대통령은 생도 규모를 4천 4백 17명으로 늘리며 대대적인 시설공사도 병행했다. 당시 박정희 전 대통령이 방문해 학칙 위반 생도 250명을 구제토록 제안해 환호를 받은 일화도 있다. 여생도가 입학하기 시작한 것은 1976년부터였다. 한국에서는 1998년부터 사관학교에 여생도 입학이 허가됐다.

생도들은 4년 간 전액 학비 무료는 물론 품위 유지비를 받고 졸업 후 소위로 임관하며 학사 학위를 받는다. 생도들은 또 36개의 전공을 선택할 수 있고 졸업 후 연봉도 높아서 미국 고교생들의 높은 인기를 얻고 있다. 한국의 육군사관학교도 웨스트포인트를 많이 참고했다. 미국 육군사관학교는 2009년《포브스》선정 '최고의 미국 대학교 순위'에서 프린스턴, 칼텍, 하버드, 스와스모어, 윌리엄스 대학교를 제치고 1위를 차지하기도 했다. 모든 학비와 생활비를 제공해주며 월급까지 주기 때문에 높은 입학경쟁률을 보이고 있다. 사관학교라고 하면 규율과 복종이 강요된 경직된 문화를 떠올릴 수 있지만, 웨스트포인트의 교육은 창의력과 팀워크, 고도의 지적 교양을 겸비한 차세대 리더를 양성하는 곳으로 정평이 나 있다.

July

비키니

비키니 수영복, 첫 등장하다

요즘에는 여름철 수영장이나 바닷가에서 아무렇지 않게 볼 수 있는 비키니 수영복. 하지만 비키니 수영복이 세상에 첫 등장할 때는 '원자폭탄'에 비견될 만큼의 충격이었다. 1946년 7월 5일, 파리의 한 수영장에서 수영복 대회가 열리고 있었다. 대회장을 가득 메운 1만여 명의 사람들은 자신의 눈을 의심했다. 그들 앞에 한 여성 모델이 조그만 천으로 가슴과 아랫도리만 가린 채 알몸을 드러내다시피 하고 나타난 것이다. 이를 지켜본 디자이너 루이 레아르는 불과 나흘 전인 7월 1일 태평양 마셜 제도에 속한 산호초 비키니 섬에서 있었던 원자폭탄 실험을 떠올리며 자신이 만든 수영복에 '비키니'라는 이름을 붙였고 상표로도 등록했다.

태평양 마셜 제도에 속한 산호초 비키니에서는 1946년 7월 1일 미국이 기자단을 불러 놓고 공개 핵실험을 가졌다. 나가사키에 떨어졌던 폭탄과 같은 급의 원자폭탄이 B29로부터 투하되자 아름답던 바다는 순식간에 불바다가 됐고 지켜보던 사람들이 큰 충격에 빠졌음은 당연했다.

여성 수영복은 1920년대 후반에 겨우 팔다리가 노출되는 정도였다. 비슷한 시기에 상하의가 분리된 '아톰' 수영복이 있었지만 배꼽까지 드러내지는 않았다. 하지만 주요 부위만 가린 비키니 수영복에는 비난이 쏟아졌다. 부도덕하다는 바티칸의 비난에 이탈리아·스페인 등은 법적으로 수영복 사용을 금지시켰다. 모델들이 비키니를 입으려 하지 않아 카바레 스트립 댄서에게 옷을 입혀 대회에 내보내야 할 정도였다. 본격적인 유행 물결을 타기 시작한 것은 1960년대에 프랑스 영화배우 브리지트 바르도가 비키니를 즐겨 입으면서였다.

July

모파상

프랑스 작가 모파상, 사망하다

1893년 7월 6일. 프랑스 소설가 기 드 모파상이 파리 교외의 한 정신병원에서 43살로 숨졌다. 모파상은 한 해 전에 니스에서 자살을 기도했으나 살아남아 정신병원에 수용되어 있었다. 노르망디의 미로메닐에서 태어난 모파상은 파리에서 법률을 공부하던 중 1870년 프로이센-프랑스 전쟁이 일어나자 학업을 중단하고 참전한다. 전쟁에 심한 염증을 느낀 그는 문학으로 발걸음을 돌렸다. 모파상의 문학 이력에는 두 명의 선배가 있다. 플로베르와 그의 소개로 알게 된 에밀 졸라다. 플로베르는 그에게 직접 문학을 가르쳤고, 졸라는 자신이 주도하는 자연주의 문학동인 '메당 파'에 모파상을 끼워 넣음으로써 소설가로서 모파상의 탄생에 크게 기여했다.

1880년 모파상은 졸라를 포함한 6명의 젊은 작가들이 쓴, 프로이센-프랑스 전쟁에서 취재한 단편집 《메당 야화》에 자신의 출세작인 중편소설 〈비곗덩어리〉를 싣는다. 1883년에는 장편소설 〈여자의 일생〉을 발표함으로써 작가로서 명성을 높였고, 이 작품은 플로베르의 〈보바리 부인〉과 함께 프랑스 사실주의 문학이 낳은 걸작으로까지 평가받는다. 27살부터 신경증세를 앓아는 고통 속에서도 불과 10년 동안의 문단생활에서 단편소설 약 300편, 기행문 3권, 시집 1권, 희곡 몇 편 외에 〈벨아미〉1885 〈몽토리올〉1887 〈피에르와 장〉1888 〈죽음처럼 강하다〉1889 〈우리들의 마음〉1890 등의 장편소설을 썼다. 그의 작품에는 이상한 성격의 소유자, 어두운 염세주의적 인물이 많이 등장하는데, 이것이 그의 무감동적인 문체를 통해 작품 전체에 묘한 고독감을 감돌게 했다. 이러한 경향은 시대적인 상황 그리고 모파상의 질병과 맞물려 더욱 강하게 드러났다.

7
July

중일전쟁

중일전쟁의 발화점 노구교 사건이 발발하다

1931년 일본의 중국 만주 침략으로 반일운동이 일어나던 1937년 7월 7일 밤
10시 반. 베이징의 서남쪽 8km 지점에 있는 노구교에서 중일전쟁의 발단이
되는 사건이 일어난다. 소위 '7·7사변'이다. 이날 노구교 부근에서 야간훈련
을 하던 일본군 중대는 갑자기 들리는 10여 발 총성에 긴급점호를 했는데 병
사 1명의 행방이 묘연했다. 일본군은 즉각 전투태세에 돌입하면서 사건은 벌
어졌다. 사라진 병사는 화장실에 있어서 20분 후에 대열에 복귀하는 바람에
점호에 늦은 것으로 뒤늦게 판명났지만 이미 상부에 연락을 취해 "단호히 전
투를 개시해도 좋다."는 명령을 받은 상태였기 때문에 상황은 예상하지 못
한 방향으로 흘러갔다.

　일찍이 마르코 폴로가 《동방견문록》에서 '세계에서 가장 아름다운 다리'
라고 격찬했던 다리 근처에서의 충돌은 일본군의 자작극인지 중국의 항일세
력에 의한 것인지는 지금까지도 밝혀지지 않고 있다. 일본군은 보병 주력부
대를 즉각 출동시켜 중국군을 공격했고 다음날에는 노구교를 점령했다. 곧
바로 양측은 격렬한 전투를 벌였다. 중국과 일본은 협상을 통해 사태 확산을
막기 위해 9일 정전하고 11일 협정을 맺었다.

　그러나 일본 정부와 군부는 중국을 쉽게 점령할 수 있다고 생각해 노구교
사건을 중국 침략의 기회로 삼았다. 3개 사단을 파병해 화북을 공격하고 7월
28일 베이징을 점령했다. 이에 중국 국민당 정부도 완강히 저항하며 양국의
전면전이 되었다. 8년 간에 걸친 중일전쟁은 이렇게 시작됐다. 일본은 계속
대군을 투입하여 1937년 12월 13일 국민정부의 수도 난징을 점령하고 약 30
만 명의 희생자를 낸 '난징 대학살' 사건을 일으켰다.

July

일본 강제 개항

페리 제독, 일본을 강제 개항시키다

1840년 아편전쟁 이후 서구 열강은 아시아 국가들에 대해 문호개방 압력을 높여 왔지만, 일본은 네덜란드에게만 나가사키에서 제한된 교역을 허용하는 쇄국정책을 고수해왔다. 그런 일본에 1853년 7월 8일 3천 5백 톤급의 증기선 흑선Black-Ship을 기함으로 한 4척의 증기선과 범선이 일본 에도만에 나타났다. 이들은 함포 사격으로 무력시위를 하면서 통상을 요구했다. 일본사회의 경제적·사회적 대전환이 시작되는 순간이었다. 일본인이 '흑선'이라 부른 이 배들은 1852년 11월 미국의 노포크 항을 떠나 대서양·케이프타운·인도양을 거쳐 중국 해안을 지나 220여 일만에 일본에 도착했다. 이들의 항로를 보면 왜 한국을 놔두고 일본부터 갔을까, 하는 의문이 든다. 미국에게는 일본이 증기선의 석탄 중간 보급기지의 의미가 있었기 때문이다. 영국, 프랑스에 비해 신생국인 미국은 1844년 중국과 통상조약을 체결했는데 당시 배편인 증기선으로 미국에서 태평양으로 중국에 가려면 석탄 중간 보급기지가 필요했다.

배에 타고 있던 페리 제독은 수호조약체결을 원하는 필모어 미국 대통령의 친서를 소지하고 있었다. 일본인들은 난생 처음 보는 증기선에 놀랐다. 노쇠해진 막부도 수수방관만 할 뿐 혼란에 휩싸이기는 마찬가지였다. 논란 끝에 일본이 친서를 접수하자 페리는 도착 9일만에 일본을 떠났다가 이듬해 초 8척의 함선을 이끌고 다시 에도만에 나타났다. 더 이상 버틸 수 없다고 판단한 일본은 개항을 결정하고 3월 31일 미국과 '가나가와 조약'을 체결하고 하코다테와 시모다 등 2개 항구를 개항했다. 미국은 최혜국 대우를 얻었다. 일본은 이어 영국, 러시아, 네덜란드, 프랑스와 유사한 통상조약을 맺음으로써 국제사회에 문호를 개방했다.

9
July

퍼그워시 성명

핵무기 없는 세상을 위하여, '퍼그워시 성명'이 발표되다

미국과 소련의 수소 폭탄 경쟁이 심화되던 1955년 7월 9일, 철학자 러셀과 물리학자 아인슈타인 등 세계의 저명한 지식인 11명이 캐나다의 작은 어촌 퍼그워시에 모여 핵무기의 위험성을 경고하며 '핵무기 폐기 협정' 체결을 촉구하는 성명을 발표했다. 2차 세계대전 이후 반핵 평화운동의 중요한 이정표가 된 이른바 '퍼그워시 성명'이다. 성명은 미국, 소련, 영국, 프랑스, 중국, 캐나다 6개 나라의 국가 수반에게 보내졌다. 이 성명은 러셀과 아인슈타인이 주축이 되었기에 '러셀-아인슈타인 선언'이라고도 한다.

그로부터 2년 뒤인 1957년 7월 7일. '러셀-아인슈타인 선언'에 동조하는 10개 국 22명의 핵물리학자들이 퍼그워시에 다시 모여 '핵무기 없는 세계, 전쟁 없는 세계'를 주창하는 첫 회의를 열었다. 정확한 이름은 '과학과 국제 문제에 관한 퍼그워시 회의'이다. 창립회의에서는 방사능의 분석을 토대로 핵실험의 중지를 요청했다. 그 뒤 매년 한두 차례 여러 나라를 순회하며 열리고 있다. 창립되던 해에 소련의 스푸트니크 발사로 촉발된 미소경쟁의 와중에 양측 과학자들의 비공식 대화를 주선한 것을 시발로 핵확산 금지조약NPT 제안1958년, 쿠바위기 중재1961년, 핵실험 금지조약 체결1963년, 화학무기 협상 1969년 등 이들의 업적은 무수히 많다.

퍼그워시 회의는 1995년 창립 멤버인 롯 블라트와 노벨 평화상을 공동으로 수상하며 세계에 널리 알려지기 시작했다. 회의는 창립 당시부터 고수하고 있는 몇 가지 원칙 즉 회원제를 배격하고 오직 초청에 의해서만 회의 참석자들을 선정한다든지, 모든 회의를 비공개로 진행한다는 고집 등을 지금까지 지켜오고 있다.

July

프루스트

《잃어버린 시간을 찾아서》의 마르셀 프루스트, 태어나다.

1871년 7월 10일. 소설《잃어버린 시간을 찾아서》로 유명한 마르셀 프루스트가 태어났다. 소설 한 권으로 이렇게까지 유명해진 사례를 찾는 것도 쉽지 않을 거다. 앙드레 말로는 "세상에는 두 종류의 사람, 프루스트를 읽은 사람과 읽지 않은 사람만 있다."고 얘기할 정도로 그를 높이 평가했다. 실제로《잃어버린 시간을 찾아서》는 20세기 전반의 소설 중 질과 양에 있어서 모두 최고로 일컬어지는 작품이다.

프루스트는 9살 때 심한 천식을 앓았는데, 이로 인해 그는 활동적이기 보다는 섬세한 감수성을 가진 사람으로 성장했다. 아버지가 파리 대학 교수였고 어머니가 유대교 돈 많은 집안의 딸로 부유한 집안에서 태어난 프루스트는 그러나 성장기에는 파리 사교계와 심지어 창녀촌을 드나들며 낮에는 방탕한 생활을 했으며, 밤에는 독서와 글을 쓰는 일을 했다. 어머니는 그런 아들을 끝없는 사랑으로 보살핀다.

고질병 천식이 심해지면서 외출을 삼가게 된 프루스트는 파리 사교계를 주름잡던 화려한 시절에 대한 기억이 바로 자신을 지탱하는 힘이라는 점을 깨닫고《잃어버린 시간을 찾아서》를 집필하게 됐다. 천식 때문에 창문을 이중으로 잠그고, 잡음을 막기 위해 코르크로 사방을 막은 밀실에 틀어박힌 채 거의 누워서 책을 쓰다시피 했다. 그는 51세에 생을 마감할 때까지 13년 동안이나 이 작품에만 매달렸다. 7편으로 구성된 대작《잃어버린 시간을 찾아서》는 프루스트 생전에 4편이 발간됐고 그의 사후에도 3편이 출간됐다. 프루스트는 1922년 51세의 나이로 부모님이 잠든 묘지 파리의 페르 라 셰즈에 묻혔다.

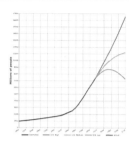

인구

세계 인구 첫 50억 명 돌파

1987년 7월 11일, 전 세계 인구가 처음으로 50억 명을 돌파했다. 이후 1989년 UN개발계획은 인구수, 인구분포, 고령화 등 다양한 인구문제에 대한 심각성을 환기하는 것을 목표로 7월 11일을 '세계 인구의 날'로 제정했다. 기원전후 즈음의 세계 인구는 약 2억 명 내지 3억 명이었던 것으로 추산된다. 이후 중세시대는 흑사병 등 질병과 전쟁 등으로 오히려 인구가 줄어들기도 했으나 산업혁명 이후 의학과 농업이 발전하면서 인류는 급격하게 증가했다. 50억 명을 돌파한 지 불과 12년 뒤인 1999년 10월에 세계 인구는 60억 명, 2011년 10월 31일에 70억 명을 돌파했다. 2019년 말 현재 77억 1천만 명으로 2000년에 비해 1.3배 증가했다. 전문가들은 2067년에는 세계 인구가 100억 명에 도달할 것으로 예상하고 있다.

인구수가 빠르게 늘어나며 지구의 환경도 덩달아 오염되기 시작했고 식량난, 물 부족, 질병 등 다양한 문제가 함께 일어나고 있다. 1인당 소비할 수 있는 자원의 양은 감소하고 있지만, 수요는 계속해서 늘어나고 있기 때문이다. 이미 지구상의 30억 명은 마실 물도 부족한 상황이다.

우리나라 또한 '저출산 고령사회 기본법'을 제정한 이후 2012년부터 현재까지 세계 인구의 날을 기념하고 있다. 다만 출산 장려를 위해 노력하는 날로 여기고 있다. 하지만 '지구촌'을 놓고 보면 인구 증가는 심각한 문제다. 한국도 자원을 많이 소비하는 나라로 꼽히는데, 세계자연기금wwf이 발간한 2016년도 한국 생태발자국 보고서에서는 한국인이 지금처럼 살기 위해 3.3개의 지구가 필요하다고 지적했다.

July

카이사르

율리우스 카이사르, 태어나다.

기원전 100년 7월 12일. 율리우스 카이사르가 태어났다. 오늘날 7월을 July라 부르는 것은 카이사르의 이름 Julius에서 따왔다. 기원전 272년 이탈리아 반도를 통일한 로마는 지중해 해상권을 놓고 카르타고와 치른 포에니 전쟁에서 승리하면서 지중해 해상권을 독점했다. 문제는 이 과정에서 빈부격차가 심해졌고 귀족파와 평민파 간의 대립이 일어났다. 평민파인 카이사르는 국유지 분배법안 등을 내놓으며 민중의 큰 인기를 얻었다. 특히 2차례나 영국을 공격했고 큰 반란이 일어난 갈리아 지방을 점령하면서 국민적 영웅으로 떠올랐다.

그러자 당시 권력자 폼페이우스와 원로원은 카이사르를 제거하기 위해 군대를 두고 혼자서 로마로 오라고 명령했다. 카이사르는 이 명령에 거부하고 "주사위는 던져졌다."라면서 루비콘 강을 건너 로마로 진군했다. 싸움에서 패한 폼페이우스는 이집트로 도망갔고 로마를 장악한 카이사르는 폼페이우스를 쫓아 이집트로 갔다. 카이사르가 이집트에 도착하기도 전에 폼페이우스는 암살을 당했다. 카이사르는 그 곳 왕위계승 싸움인 알렉산드리아 전쟁에 휘말렸으나 승리했다. 그는 매혹적인 클레오파트라를 왕위에 오르게 하고 그녀와의 사이에 아들까지 낳아 화려하게 함께 로마로 돌아온다.

이로써 1인 지배자가 된 그는 식민·간척·항만·도로건설·구제사업 등 각종 사회정책 사업과 역서의 개정 율리우스력 등의 개혁사업을 추진했다. 그는 종신 독재관에 올랐으나 BC 44년 3월 15일 공화정을 파괴할 것을 우려한 양아들 브루투스와 카시우스 롱기누스를 주모자로 하는 원로원의 공화정 옹호파에게 원로원 회의장에서 칼에 찔려 죽었다.

13
July

월드컵

제1회 월드컵, 우루과이에서 열리다.

1930년 7월 13일. 우루과이 수도 몬테비데오에서 13개 국이 참가한 가운데
제1회 월드컵 대회가 개막됐다. 우루과이로 결정된 것은 1924년, 1928년 올
림픽에서 2번이나 우승한 축구강국인데다 1930년이 우루과이 독립 100주년
이 되는 해였기 때문이다. 그러나 이탈리아, 네덜란드, 스페인, 헝가리, 스웨
덴 등 첫 대회 개최를 희망했던 유럽 국가들이 반대했다. 이에 우루과이는 참
가팀의 여비와 체재비를 부담하겠다는 파격적인 제안을 내놓았고 FIFA 회장
줄리메도 설득해 성사됐다. 그래도 유럽에서는 벨기에 · 프랑스 · 유고슬라비
아 · 루마니아 등 4개 국만 참가했다. 이들 외에 미국과 남미 8개 국이 전부였
다. 주경기장이 미처 완공되지 않아 보조 경기장에서 개막식을 가졌다. 개막
5일이 지나서야 주경기장을 사용할 수 있었다. 원래 첫 경기는 개최국 차지였
으나, 프랑스 혁명 기념일을 맞아 프랑스와 멕시코전을 개막 경기로 열었다.
이 경기는 주심이 경기종료 휘슬을 6분이나 일찍 불어버려 경기가 재개되는
해프닝이 벌어지기도 했다. 결과는 4 대 1로 프랑스의 승리.

　주최국 우루과이는 강호들을 연달아 격파한 뒤 결승에서 아르헨티나와 만
났다. 7월 30일 열린 결승전에서는 공인구가 없던 시절이어서 사용할 공을 놓
고 신경전을 벌였다. 평소 사용하던 공이 유리했던 것. 결국 전반전은 아르헨
티나 공을, 후반전은 우루과이 공을 사용하기로 했다. 그래서인지 전반전은
아르헨티나가 2 대 1로 앞섰고 후반전은 우루과이가 경기를 뒤집어 4 대 2로
우승했다. 우루과이가 '줄 리메컵'의 첫 주인이 됐다. 첫 대회는 55만 명이 넘
는 관중에 25만 달러 이상의 수익을 올린 성공적인 대회였다.

July

바스티유 감옥 습격

바스티유 감옥, 습격당하다

1789년 5월 5일. 프랑스 베르사유 궁전에서는 성직자 · 귀족 · 평민 세 신분층으로 구성된 3부회가 175년만에 열렸다. 6월 20일 평민과 자유주의 귀족들이 서로의 단결을 약속한 '테니스 코트 서약'이 이뤄지고 7월에 접어들자 루이 16세는 군대를 소집해 진압하려 하면서 프랑스 전역에는 혁명의 기운이 감돌았다. 당시 프랑스에서는 실업자가 300만 명에 달했고 고향을 떠나는 사람들도 많았다. 40만 명가량의 파리 시민 중 2만 5천 명이 살아남기 위해 매춘을 했다는 주장도 있다.

그럼에도 불만을 토로하는 사람은 왕명에 따라 재판도 없이 투옥되거나 심지어 처형됐다. 백성들의 불만과 분노는 쌓여 갔다. 진압하러 오는 루이 16세 군대의 공격이 두려워 시민들은 무장하기로 결정했다. 특히 루이 16세는 당시 민중들에게 인기가 있었던 재무대신 네케르를 해임해버렸다. 마침내 7월 14일 시민들이 들고 일어났다. 이날은 우연히도 빵 가격이 가장 비싼 날이었다. 시민들은 무기 창고 하나를 습격해 3만여 자루의 총과 12대의 대포를 확보하고 바스티유 감옥으로 향했다. 바스티유 감옥은 1370년 영국과의 백년전쟁 중 요새로 지어졌으나 17세기부터 정치범 감옥으로 사용되면서 사람들에게는 전제정치의 상징물로 여겨졌다. 또 화약과 다량의 무기도 바스티유 감옥에 있었다.

당시 감옥에는 죄수가 7명밖에 없었다. 시민들은 무기를 내어 줄 것을 요구했으나 오히려 총탄 세례가 쏟아져 수십 명의 사상자가 발생하자 흥분한 시민들은 감옥을 점령해버렸다. 마침내 10년 간에 걸친 프랑스 혁명의 심지에 불이 붙은 셈이다. 이날은 프랑스 혁명 기념일로 프랑스 최대 국경일이 됐다.

July

렘브란트

빛의 마술사 렘브란트, 태어나다

1606년 7월 15일. 네덜란드가 자랑하는 화가 렘브란트 반 레인이 암스테르담 서쪽 레이던에서 방앗간집 9번째 아들로 태어났다. 그는 또 자화상만 100여 점을 남겨 자화상을 가장 많이 그린 화가로도 유명하다. 14살 때 레이던 대학에 입학했지만 학교 공부에 흥미를 느끼지 못하고 그림에만 열중하자 그의 부모는 유명한 화가 밑에서 3년 간 미술공부를 할 수 있도록 해줬다. 당시 네덜란드는 해상무역의 강자로 떠오르며 부를 축적하고 이 과정에서 자신의 부와 명예를 뽐내기 위해 경쟁적으로 최고의 미술가들에게 작품을 의뢰하는 부자들이 많았다.

1632년 외과의사협회가 젊은 렘브란트에게 단체 초상화를 의뢰한다. 유명한 〈니콜라스 툴프 박사의 해부학 강의〉는 그렇게 태어났다. 초상화에도 연출이 적용된 첫 사례다. 이전의 화가들이 인물을 증명사진처럼 경직되게 그렸다면 그는 자신만의 방법으로 그렸다. 그러기 위해서 그림 속 인물의 포즈를 세밀하게 연구하고 자신만의 색깔을 만들기 위해 물감 제조법까지 연구했다.

렘브란트가 22살에 그린 첫 자화상을 보면 얼굴의 중요부위인 눈, 코, 입은 어둠속에 들어 있고 뺨만 환하게 빛난다. 그는 자신의 얼굴을 활용해 빛에 관한 여러 가지 실험을 하며 독특한 명암기법을 터득했다. 그는 자화상을 통해 표정도 연구했다. 화난표정, 웃는 표정, 놀라는 표정, 일그러진 표정 등을 통해 인간 내면의 감정을 잘 표현해내는 데 성공했다. 그는 타고난 재능을 바탕으로 끊임없이 노력한 화가였다. 그는 그림을 의뢰한 고객이 그림을 수정해달라고 하면 절대로 들어주지 않는 것으로도 유명했다. "화가가 본인이 의도한 대로 마무리가 되었다면 그걸로 그림은 이미 완성된 것이다."라며.

16
July

카라얀

지휘의 '마술사' 카라얀, 잠들다.

쇼팽, 슈만, 브람스 등 19세기가 피아니스트의 시대였다면 20세기는 지휘자의 시대였다. 1989년 7월 16일 지휘의 '마술사' '황제' '천재'라는 칭호를 듣는 헤르베르트 폰 카라얀이 81세를 일기로 타계했다. 카라얀은 레너드 번스타인과 함께 20세기를 대표하는 지휘자로 꼽힌다. 카리스마형 리더 카라얀은 '현미경과 같은 예리한 귀, 뛰어난 음악적 감식안, 지칠 줄 모르는 음악에의 정열'로 20세기 음악사에 한 획을 그었다. 생전의 카라얀은 150곡이 넘는 레퍼토리를 연주·해석했고, 700장에 가까운 디스크를 냈다. 그의 디스크는 전 세계적으로 2억 장 이상이나 팔렸다. 그러나 카라얀은 1933년 나치당에 가입했고 이 때문에 많은 비난을 받아야 했다.

카라얀은 1908년 4월 5일 외과 의사 에른스트 폰 카라얀과 슬로바키아 출신인 어머니 마르타 사이에서 차남으로 모차르트의 숨결이 남아 있는 오스트리아 잘츠부르크에서 태어났다. 카라얀은 3살 때부터 피아노를 연주한 '신동'으로 비교적 순탄한 음악인생을 걸었다. 1916년부터 1926년까지 잘츠부르크 모차르테움에서 공부할 때 스승으로부터 지휘에 집중하라는 권고를 받고 지휘로 전향했다. 지휘자로 정식 데뷔는 1928년 12월 27일 빈에서 였다.

1955년 베를린 필하모닉 오케스트라의 종신 지휘자에 임명됐다. 카라얀은 유럽의 주요 오케스트라와 오페라 극장을 장악했던 지휘자였고, 더 나아가 오페라 연출, 음악 영화 연출, 매니지먼트 사업, 교육, 음악 치료 등의 영역까지 뮤직 비즈니스에 전방위적으로 손을 뻗쳤다. 눈을 지그시 감고 지휘에 열중하는 카라얀의 모습은 많은 사람의 뇌리에 깊이 각인돼 있다.

17
July

디즈니랜드 개원

디즈니랜드, 첫 개원하다

1955년 7월 17일. 만화영화 〈미키 마우스〉의 제작자 월트 디즈니가 미국 캘리포니아 로스앤젤레스 교외 애너하임에서 세계 최초의 테마파크 '디즈니랜드'를 세웠다. 디즈니랜드의 바깥 둘레는 산타페 철도가 돌고, 유원지 안에는 1890년대의 미국 마을을 재현한 '메인 스트리트 USA'를 중심으로 '모험의 나라', '개척의 나라', '동화의 나라', '미래의 나라' 등의 7개 구역이 테마별로 배치되어 있다. 지구상에서 가장 행복한 곳이자 가장 마법 같은 곳이라는 디즈니랜드는 어린이에게는 꿈과 모험과 미래를 안겨주고, 어른들에게는 지난날의 향수와 동심의 세계를 선사해 왔다. 오늘날까지도 대표적인 명소로 꼽히고 있어 전 세계 수많은 사람들이 이곳을 다녀간다.

전 세계에는 6개의 디즈니 리조트가 있다. 리조트는 테마파크, 워터파크, 호텔, 엔터테인먼트 거리 등이 모여 있는 부지를 말한다. 오리지널 격인 애너하임 디즈니랜드 리조트 외에 미국 올랜도에 월트 디즈니 월드리조트, 일본의 도쿄 디즈니랜드 리조트, 중국의 상하이 디즈니랜드 리조트, 홍콩의 홍콩 디즈니랜드 리조트, 프랑스의 디즈니랜드 파리 등이 그것이다. 디즈니랜드의 직원들은 깔끔한 복장과 엄격한 용모규정, 절대로 '모른다'는 대답을 하지 못하는 규정으로도 유명하다. 디즈니랜드는 맥도널드 햄버거, 코카콜라와 함께 미국의 문화를 세계에 전파하는 첨병 역할을 하고 있다. 한편 오늘날 수백억 달러의 자산 규모를 자랑하는 디즈니는 영화, 비디오, 텔레비전, 라디오, 인터넷, 만화, 교육용 소프트웨어, 테마공원, 호텔, 스포츠팀, 소매점, 가족 식당 등 다양한 오락산업을 거느리고 있는 명실상부한 '디즈니 제국'이 되었다.

18
July

나의 투쟁

히틀러, 《나의 투쟁》을 출간하다

1925년 7월 18일. 아돌프 히틀러는 자서전《나의 투쟁》1권을 출간했다. 정확하게는 히틀러가 구술하고 그의 수하였던 루돌프 헤스가 받아쓴 책이다. 원래 제목은 '거짓과 어리석음, 비겁함에 맞선 4년 반 동안의 투쟁'이었으나 출판사 사장 막스 아망이 "제목이 너무 길다."면서 딱 두 단어로 줄인 것이 바로 '나의 투쟁'이었다. 그해 연말까지 팔린 책은 1만여 권에 불과했지만 히틀러가 권력을 장악하고 나서《나의 투쟁》을 나치의 바이블로 삼은 뒤부터는 거의 2천만 부나 팔려나갔다. 심지어 신혼부부들이 결혼식을 올릴 때 의무적으로 1권씩 선물하도록 했다. 하지만 히틀러는 책에 대해 좀 창피해했다. 그는 집권한 뒤 "내가 총리를 맡을 줄 알았다면 그런 책은 쓰지 않았을 것이다."라고 말했다고 한다. 실제로 그는 1928년에《나의 투쟁》2권도 만들어 놨지만 출판하지 않았다.

히틀러는《나의 투쟁》에서 "대중은 작은 거짓말보다는 큰 거짓말에 더 쉽게 속는 법이다."고 적었다. 또 역사의 진보는 마르크스가 주장한 계급투쟁이 아닌 인종투쟁이라고 주장했다. 또 "수백 년 동안만이라도 장애가 있는 자들을 솎아낸다면 건강한 인류만 남을 것이다."라거나 "위대한 아리아인은 모든 민족 위에 군림해야 한다. 아리아인이 없어지면 세계는 망한다."라는 황당한 주장을 했다. "바보 100명에게서 천재 1명이 나올 리는 없다. 따라서 민주주의를 폐지시켜야만 한다."고도 했다. 2015년 12월 31일 이후부터는 히틀러가 죽은 지 70년이 넘어서 퍼블릭 도메인으로 풀렸다. 러시아에서는 2010년부터 금서로 지정했다.

19
July

로제타석

로제타석 발견

1799년 7월 19일. 나폴레옹의 이집트 원정군 포병대위 부샤르가 나일강 하구의 로제타 마을에서 진지를 구축하던 중 검은 현무암 비석조각을 발굴했다. 가로 72cm, 세로 114cm 크기의 조각에는 문자들이 빽빽하게 적혀 있었다. 돌에는 54행의 그리스 문자와 이를 번역한 이집트 상형문자, 서민들이 즐겨 쓰던 문자가 새겨져 있었다. 나폴레옹은 발견 당시에는 아직 고대 이집트의 상형문자를 해독하지 못했기 때문에 이 비석의 문자해독이 그 열쇠라고 생각하고 매우 소중하게 보관했다. 하지만 2년 뒤 영국군에 패배한 프랑스가 평화조약 대가로 영국에 넘겼다. 현재는 런던의 대영박물관에 보관돼 있다.

그때까지도 이집트 상형문자가 해독되지 않은 터라 많은 학자들이 달려들었다. 프랑스의 샹폴리옹도 해독에 매달렸다. 대부분의 학자들이 상형문자가 '의미'를 표현하는 표의문자라고 생각한 데 반해, 샹폴리옹은 '소리'를 나타내는 표음문자일 수 있다며 주류와는 다른 연구방법을 선택했다. 돌에 쓰인 그리스 문자는 돌이 기원전 196년에 제작됐고 프톨레마이오스 5세의 공덕비임을 확인해주었다. 상형문자에도 반드시 프톨레마이오스의 이름이 들어 있을 것으로 믿은 샹폴리옹은 유독 타원형으로 둘러싸인 한 기호에 주목했다. 어렵게 해독한 결과 왕의 이름이었던 것이다.

같은 방식으로 '제2의 로제타 스톤'으로 불린 오벨리스크에서 클레오파트라의 이름도 찾아냈다. 이로써 로마인의 역사책에서나 등장하던 클레오파트라의 이름이 이집트 역사에서도 생생하게 살아나게 됐다. 샹폴리옹의 발음기호 찾기는 1822년이 되어서야 27개 파라오 왕의 이름과 이집트 상형문자의 음가音價를 모두 밝혀낼 수 있었다.

July

달 착륙

암스트롱, 인류 최초로 달에 착륙하다

1969년 7월 20일 오후 10시 56분 한국 시간 21일 오전 11시 56분. 미국 아폴로 11호 우주비행사 닐 암스트롱이 바위로 뒤덮인 달의 '고요한 바다' 표면에 인류 최초로 왼발을 내디뎠다. 아폴로 11호는 7월 16일 오전 9시 32분에 발사됐다. 발사 후 102시간 45분 40초만에 120만km의 우주를 날아 무사히 달에 도착했다. 이는 1957년 소련의 스푸트니크 1호 발사와 함께 시작된 미소 간의 우주개발 경쟁에서 미국이 처음으로 전세를 뒤집는 순간이기도 했다. 소련은 그동안 첫 유인 우주선 발사, 첫 지구궤도 선회, 첫 우주 유영 등에서 미국을 앞서 나갔다. 미국 케네디 대통령은 1961년 유인 우주선을 소련보다 앞서 달에 착륙시키겠다는 '아폴로 계획'을 발표했다. 10년이 채 못 돼 이를 실현시킨 것이다.

달 착륙선 이글은 암스트롱과 올드린을 태워 모선 콜롬비아를 떠났고, 함께 출발한 콜린스는 달 주위를 110km 상공에서 계속 돌았다. 달에 내린 암스트롱은 "이것은 한 인간의 작은 발자국이지만 인류에게 있어서는 거대한 도약이다."라고 소감을 밝혔다. 24분 뒤 올드린도 뒤따라 달에 내려섰다. "아름답군, 아름다워, 멋진 황량함이야."라고 말했다. 하지만 올드린은 후에 쓴 자서전에서 달 표면에 내려선 뒤 우주복에 소변을 지렸다고 털어 놓았다. 한편 암스트롱만이 카메라를 갖고 있었기 때문에 사진의 주인공은 올드린이 차지했다. 이들의 무사 귀환에 전 미국은 열광했다. 뉴욕과 시카고에서는 이들을 국가적인 영웅으로 환영하고 퍼레이드를 벌였다. 미국은 아폴로 11호를 시작으로 이후 1972년 12월 17호까지 5번 달 착륙에 성공했다.

21
July

스페인 무적함대
격파

영국 함대, 스페인 무적함대를 격파하다

1588년 7월 21일. 영불해협에서 영국 함대와 스페인 무적함대가 교전을 벌였다. 16세기 스페인은 신대륙 발견과 해상항로 개척 등으로 해상왕국이면서 동시에 경제 강국이었다. 영국도 엘리자베스 1세가 등장하면서 바다로의 진출을 시도했고 양국은 결국 바다에서 맞붙었다. 양국은 특히 종교 갈등도 깊어 충돌의 분위기는 물어 익어갔다. 게다가 엘리자베스의 후원을 받은 영국 해적선들이 곳곳에서 스페인 상선을 괴롭힌 점도 스페인을 자극했다. 실제로 당시 영국의 유명한 해적 드레이크는 스페인 식민지와 상선들을 닥치는 대로 약탈했다. 스페인은 참지 못하고 영국에 선전포고를 했다. 그들이 자랑하는 무적함대를 영국 해협으로 파견했다.

130척의 무적함대에는 2천 5백 문의 대포와 8천 명의 해병, 1만 9천 명의 보병이 타고 있었다. 이에 비해 영국은 여왕 배는 겨우 34척뿐이었고 163척의 개인 소유 배로 함대가 구성돼 있었다. 영국은 상대가 되지 않는 전력이었지만 기동력에 있어서는 오히려 우위에 있었다. 또 부사령관에 임명된 드레이크처럼 실전경험이 많은 지휘관들이 영국군에는 있었다.

드디어 1588년 7월 21일 첫 교전이 시작됐다. 영국군은 기동력을 최대한 살렸고 무엇보다 바람을 등지고 싸워 유리한 위치를 점했다. 영국군은 몇 척의 화선火船을 보내 무적함대를 혼란에 빠뜨리기도 했다. 결국 무적함대는 참패를 하고 후퇴를 했는데 귀로마저 잘 못 선택하는 바람에 더 큰 피해를 입었다. 사나운 날씨와 강한 폭풍우로 유명한 북해바다로 퇴로를 선택했던 것이다. 스페인 함대는 전투에서 잃은 병력보다 더 많은 병력과 함선을 귀로에서 잃어 버렸다. 130척 중 53척만 고국으로 돌아갈 수 있었다.

22
July

멘델

유전학의 아버지 멘델, 태어나다

1822년 7월 22일. '유전학의 아버지'로 불리는 그레고어 멘델이 오스트리아 메렌 지방현 체코의 작은 마을의 소작농의 아들로 태어났다. 그는 사제이면서도 기독교가 아닌 생명과학 분야에서 더 유명하다. 그레고어는 그의 수도명이다. 농부의 아들답게 그는 자연과학자가 되고 싶었으나 아버지가 부상을 입어 가세가 기울어 대학진학을 포기했다. 그러나 여동생의 도움으로 겨우 전문대학에 진학했지만 그마저 중퇴했다. 그가 수도회에 입회한 것도 학비 걱정을 들기 위한 목적이 컸다. 신부가 된 후에도 멘델은 대학에서 청강을 통해 다윈의 진화론을 배웠고 이를 증명하기 위해 수도원 정원에 완두콩을 심고 실험을 했다.

완두는 우성과 열성이 뚜렷하게 나타나는 대표적인 식물이기 때문에 유전의 법칙을 연구하기에 적합했다. 당시 수도원장도 온실까지 만들어 주며 도왔다. 멘델은 8년에 걸친 완두콩 실험을 통해 〈식물잡종에 관한 연구〉라는 논문을 발표했다. 그러나 그의 직업과 대학 중퇴라는 학력 때문에 학계는 무시했다. 그냥 뚱뚱한 어떤 수도자의 원예 취미나 엉뚱한 연구 정도로 여겼다. 게다가 멘델은 너무 소심해서 자기 발견을 적극적으로 알리려 하지 않았다.

줄담배를 피워대던 그는 1884년 1월 6일, 만 61세 나이에 만성 신장염으로 죽고 말았다. 멘델이 죽은 뒤 그의 뒤를 이은 수도원장은 멘델이 8년 간 혼신을 다한 실험결과, 논문과 연구 자료의 대부분을 태워버렸다. 그로부터 16년이 지난 1900년 네덜란드 식물학자 더 브리스가 비슷한 연구를 하다가 도서관에서 우연히 멘델의 논문을 보고 자신의 연구에 첨부했다. 멘델의 법칙이 재발견된 것이다.

23
July

포드 자동차

포드 자동차 첫 판매 차량, '모델 A'

1903년 7월 23일. 포드 자동차는 처음으로 자동차 판매에 나섰다. 지금은 전세계에 단 1대 남은 것으로 알려진 '모델 A'다. 모델 A는 첫 제품이라는 점 외에도 포드 자동차에는 각별한 의미가 있다. 헨리 포드는 그해 6월 디트로이트의 작은 사무실에서 자본금 10만 달러에 직원 11명으로 포드 자동차를 시작했으나 곧바로 심각한 자금난에 빠지고 만다. 잔고는 바닥이 보이고 투자자마저 쉽게 나타나지 않았다. 이 절체절명의 위기에서 포드를 구한 것이 바로 '모델 A'다. 1903년형 모델 A 3대가 1,320달러에 팔리면서 자금에 숨통이트이기 시작했던 것이다. 이후 헨리 포드는 자동차왕으로 그리고 포드는 '포드 시스템'으로 자동차 대량생산의 기본 틀을 만들어 오늘날 전 세계 자동차산업의 상징으로 성장했다.

이날 모델 A 3대가 한꺼번에 팔려나가지 않았다면, 오늘날 포드는 역사속으로 사라졌거나 또 다른 이름으로 존재하고 있을지도 모른다. 이 때문에헨리 포드의 증손자이자 현 포드의 회장인 빌 포드는 포드의 역사를 이어 줄수 있는 상징적 존재인 1903년형 모델 A에 강한 애착을 보였다. 2013년 10월경매에 나온 모델 A 1903년 형을 낙찰받은 사람도 바로 빌 포드였다. 모델A를 손에 쥔 빌 포드는 "모델 A는 우리 회사가 어려운 시기에 계속해서 나아갈 수 있도록 도와줬고 나의 증조 할아버지가 그의 신념인 모든 사람들이 탈수 있는 자동차를 만들 수 있도록 연구가 계속될 수 있도록 한 차다."라며 감격해했다. 모델 A는 1927년 다시 생산되기 시작해 이후 수백만 대가 판매됐고 1908년 생산된 단일 모델 최고의 히트 자동차인 모델 T로 이어지면서 오늘날 포드 신화의 토대가 됐다.

July

알렉상드르 뒤마

《삼총사》의 작가 알렉상드르 뒤마, 태어나다.

《삼총사》,《몬테크리스토 백작》의 작가 알렉상드르 뒤마가 1802년 7월 24일 프랑스 빌레르코트레라는 작은 마을에서 태어났다. 4살 때 아버지를 여의고 교육도 제대로 받기 힘들 정도로 어렵게 살았지만 책읽기를 좋아했다. 성인이 된 후에는 생계를 위해 파리로 가 오를레앙 공작후에 루이 필리프 왕의 후원으로 유명한 극작가가 된다.《앙리 3세와 그의 조정》은 화려한 문체로 프랑스 문예부흥을 묘사한 작품으로 빅토르 위고도 격찬을 할 만큼 큰 인기를 끌었다. 이후 20여 년 동안 뒤마는 위고, 비니Vigny와 더불어 가장 인기 있는 극작가로 이름을 떨쳤다. 그러던 중 당시 잡지 창간이 유행하면서 연재소설 게재가 많아지자 뒤마는 소설에도 관심을 기울이기 시작했다.

뒤마는 일상의 권태를 싫어했다. 특히 여행을 좋아했는데 이탈리아 여행에서 뒤마는 여자, 오페라, 그리고 지중해에 대한 다양한 경험을 했고 돌아와서 검사劍士들의 화려한 이야기인《삼총사》1844를 써서 대호평을 받았다. 이어 후편으로《20년 후》1845와《브라질론 자작철가면》1848을 썼다. 그는 250편이 넘는 작품을 썼으며 역동적이고 활기찬 필체는 천부적인 자질을 보였다. 특히 파란만장한 장편 모험소설《몬테크리스토 백작》1844~1845은 출간즉시 세계적으로 유명해졌다. 하지만 그는 사치와 방탕한 생활에 빠졌고 결국 돈을 위해 글을 써야만 했다. 방탕한 생활의 결과로 뒤마는 사생아 아들을 두었는데, 그가 바로 뒤마의 문학적 재능을 이어받은 훌륭한 작가이며, 우리에게는《춘희》1848로 널리 알려진 뒤마 피스다. 아들 뒤마 피스가 희곡《사생아》1858와《방탕한 아버지》1859에서 자신의 아버지를 묘사한 것은 어쩌면 당연했다.

25
July

Evening News
Meet Louise, the world's
first test-tube arrival
SUPERBABE

시험관 아기

세계 첫 시험관 아기, 탄생하다

1978년 7월 25일, 영국 올드햄 병원에서 세계 최초로 시험관 아기가 태어났다. 루이스 브라운으로 이름지어진 아기는 2.6kg으로 건강한 여아였다. 언론들은 대서특필을 했다. 신의 고유영역으로 여겨온 '인간 탄생'의 비밀 일부가 깨어진 듯했기 때문이다. 시험관 아기는 올더스 헉슬리가《멋진 신세계》에서 묘사했던 아이들의 대량생산을 떠올리게 만드는 사건이었지만 전 세계 불임으로 고통 받는 부부들에게는 반가운 소식이 아닐 수 없었다.

1년 전, 나팔관이 막혀 아이를 가질 수 없었던 아기 엄마 레슬리 브라운이 상담 차 올드햄 병원 산부인과 의사 패트릭 스텝토와 케임브리지 대학의 생리학자 로버트 에드워즈를 찾았다. 두 사람은 12년 동안 시험관 아기 실험에 매달려 최소한 100번 이상 실패했지만 이 분야에서만은 베테랑이었다. 연구팀이 레슬리의 난자와 남편 존 브라운의 정자를 시험관에서 수정시킨 수정란을 48시간 후 레슬리 자궁에 착상시키는 데 성공했다. 루이스는 예정보다 3주 빨리 제왕절개수술로 세상에 모습을 드러냈다. 이후 루이스는 결혼해서 자연임신으로 슬하에 두 아들을 두고 정상적으로 살았다.

하지만 당시에는 비판과 비난도 적지 않았다. 루이스의 부모는 사람들로부터 루이스가 반드시 아프거나 죽을 것이라고 저주하는 내용의 편지를 많이 받았었다고 한다. 특히 바티칸은 '자연의 섭리에 반한 근원적 악'이라며 강력한 어조로 비판했다. 일부 과학자들도 위험성이 완전히 제거될 때까지 실험을 멈춰야 한다는 의견이었지만 '시험관 아기' 행진은 멈추지 않았다. 우리나라는 1985년 10월 12일 서울대병원 장윤석 교수팀에 의해 이뤄진 첫 시험관 쌍둥이 아기가 제왕절개로 태어났다.

26
July

국시유세단

'한일합방의 나팔수' 국시유세단, 발족하다

1909년 7월 26일. 일제의 조선합병 당위성을 알리는 것을 목적으로 한 '국시
유세단'이 원각사에서 첫 모임을 가졌다. 이 단체는 당시 이완용이 친일단체
일진회에 밀리자 이를 견제하고 자신의 입지를 강화하기 위해 만든 것이다.
연설에 나선 고희준은 "이토의 '동양평화론'에 바탕으로 한국은 동양평화와
세계안녕을 위해 일본에 의지해야 하고 양국의 이해가 같다."고 말했다. 일본
유학을 하고 독립협회에도 참여했던 그는 조선총독부 기관지였던《대한매일
신보》에 "독립이 실현되면 조선민족은 과연 행복할까"라는 논설을 게재했다.

다음 날인 27일 연흥사현 종로구청에서발기회가 있었다. 임시회장에 정
응설, 규칙제정위원회 고희준, 신광희, 예종석이 선정됐다. 신광희는 군인이
었는데 친일신문인《대한신문》의 사장을 지낸 인물이다. 그는 안중근 의사에
의해 이토 히로부미가 살해됐을 때 이토를 위한 국민추도대회를 준비한 사
람이다. 예종석은 용달회사로 큰돈을 번 인물로 3.1운동 때는 시위반대운동
을 맹렬히 펼쳤다. 중일전쟁이 발발하자 조선지원병제도 제정축하회를 주도
하기도 했다. 윤치호는 일기에 예종석을 '썩은 달걀'이라고 표현하기도 했다.

국시유세단은 전국을 돌아다니며 "조선은 일본의 보호를 받지 않으면 홀로
설 수 없다."고 선전했다. 이완용이 활동자금으로 400원을 기부했으며 통감부
도 4~5,000원을 냈다. 이 같은 물적 지원에 힘입어 유세단은 당시에는 희귀
했던 유성기를 사용하기도 했다. 권력의 비호 하에 혹세무민한 것이다. 정부
는 각 도에 훈령을 보내 유세단원을 후히 대접하라고 지시했다. 국시유세단
은 1년 이상 활동하다가 한일합방 이후인 1910년 9월 13일에 정식 해체됐다.

27
July

6·25전쟁
휴전협정

6·25전쟁 휴전협정을 조인하다

1953년 7월 27일 오전 10시 12분. 6·25가 발발한 지 만 3년 1개월, 휴전협상 개시 2년여만에 765차례의 회담 끝에 휴전협정이 조인됐다. 유엔 대표 해리슨 중장과 북한 대표 남일 대장은 한국어·영어·중국어로 된 전문 5조 36항의 협정문서 정본 9통과 부본 9통 등 총 18통의 문서에 서명했다. 클라크 유엔군 사령관, 김일성 조선인민군 최고사령관, 펭더화이 중국인민지원군 총사령관도 협정문서에 서명했다. 한국 측의 서명은 없었다.

그날 밤 10시 전국에서 총성이 멎었다. 한국인 250만 명, 중국인 100만 명, 미국인 4천 명 등 400만여 명의 사망자를 낸 전쟁이 멈춘 것이다. 휴전협상에 돌파구가 생긴 것은 1953년 3월 15일 스탈린이 사망하자 공산측이 부상병포로 우선 교환에 합의해왔기 때문이다. 아이젠하워 미국 대통령도 "휴전협정 후에도 한국을 계속 방위하겠다."고 이승만 대통령을 안심시키며 협상을 촉구했다.

하지만 이승만 대통령은 4월 12일 성명을 통해 '휴전반대 단독북진'을 주장했고 국회도 4월 21일 북진통일을 결의했다. 6월 8일 미국과 공산 측 간에 포로교환협정이 체결되자 9일부터 전국적으로 격렬한 데모가 잇따랐고 이 대통령은 6월 18일 반공포로 2만 7천 명을 석방해버렸다. 6월 22일 이승만 대통령은 클라크 유엔군사령관과 회담을 갖고 한국 정부의 휴전협정 동의 조건으로 한미상호방위조약체결, 중국군 즉시 철수, 제네바 정치회담의 시한설정 등 3개항을 제시했다. 사태가 해결될 기미가 보이지 않자, 아이젠하워 대통령은 로버트 특사를 한국으로 보내 '한미상호방위조약 연내 체결' 조건을 제시하고 7월 24일 이승만 대통령으로부터 휴전협정에 대한 동의를 얻어냈다.

July

탕산 대지진

인류 최악의 지진, 탕산 대지진 발생

1976년 7월 28일. 중국 하북성 탕산에 인류 역사상 가장 끔찍했던 대지진이 발생했다. 리히터 규모 7.8의 지진은 23초 간에 불과했지만 이로 인한 피해는 상상을 초월했다. 중국 정부가 발표한 공식 집계로 사망자 24만 2천 4백 명, 중상자 16만 4천 명, 불구 3천 8백 명이었다. 20세기 최악의 지진피해였다. 당시 중국은 아직 개방이 되지 않아 외신기자가 현지 취재를 원활히 할 수 없었다. 대만에서는 사망자수를 60만 명에서 100만 명까지로 보고 있다. 실제로 초기 화북성 혁명위원회에서도 사망자수를 65만 5천 명으로 발표했다.

이처럼 엄청난 피해가 일어난 이유는 인구 100만 명이 넘는 큰 도시였고, 중국에서 당시 가장 많은 인구가 밀집된 지역이었던 데다가, 공업도시로 공장들이 많이 세워져 있었고 광업도시로 갱도들이 많았기 때문이다. 수천 명이 갱도에 매몰된 경우도 있었다. 또 지진의 형태가 지표면이 내려앉는 직하형이라 피해를 키웠지만, 덕분에 인근의 베이징이나 톈진까지 피해가 전달되지 않은 것이 큰 다행이었다. 중국 정부의 대규모 인력투입에도 불구하고 복구에는 10년이 걸렸다. 실종자 수색에만 6년가량이 필요했다. 전염병 등을 우려해 신속히 매장하는 바람에 종종 이산가족이 발생했다.

중국 정부의 언론통제로 그 참상이 외부에 제대로 알려지지 않다 보니 외국의 지원은 거의 없어 복구에 더 오랜 시간이 걸렸다. 게다가 당시 중국은 세계 최빈국이었기 때문에 중장비 또한 거의 없어서 구조장비는 삽과 곡괭이가 거의 다였다. 사건 34주년이던 2010년 7월 28일 해당 사건을 극화한 평샤오강 감독의 재난 영화 〈탕산 대지진〉이 개봉되었다.

July

가쓰라 태프트 밀약

가쓰라 태프트 밀약

1905년 7월 29일. 일본 도쿄에서는 내각총리대신이자 임시외무대신이었던 가쓰라 다로와 미국의 육군장관 윌리엄 태프트후에 미국의 제27대 대통령이 됨 사이에 비밀협약이 맺어졌다. 내용은 일본의 대한제국 지배권과 미국의 필리핀 지배권을 상호 인정하는 것이었다. 이로써 일본이 제국주의 열강의 동의를 얻어 한반도의 식민화를 노골적으로 추진해가는 직접적인 계기가 되었다. 태프트는 이 합의 각서의 내용을 곧바로 당시 국무장관이던 엘리후 루트에게 전보로 알렸고, 시어도어 루스벨트 대통령은 7월 31일 그 내용을 승인했다.

이 밀약의 내용은 서명된 문서나 조약의 형태가 아니라 서로의 합의를 기록한 각서로만 존재하며 그 내용도 오랫동안 공개되지 않았다. 그러다 1924년 미국의 외교사가인 타일러 데닛이 시어도어 루스벨트 대통령의 문서들을 연구하다가 발견해《커런트 히스토리》에 발표하면서 그 실체가 드러났다. 밀약의 구체적인 내용을 보면 다음과 같다.

첫째, 미국이 필리핀을 통치하고, 일본은 필리핀을 침략할 의도를 갖지 않는다. 둘째, 극동의 평화 유지를 위해 미국·영국·일본은 동맹관계를 확보해야 한다. 셋째, 미국은 일본의 한반도에 대한 지배적 지위를 인정한다.

일본은 1905년 8월 12일 제2차 영일동맹을 맺어 영국에게도 한반도에 대한 지배권을 인정받았다. 그리고 1905년 9월 5일 포츠머스 조약을 체결해 러시아에게도 한반도에 대한 지배권을 인정받았다. 힘을 얻은 일본은 1905년 11월 17일 을사늑약으로 대한제국의 외교권을 빼앗아 보호국의 지위로 전락시켰으며, 1910년 8월 29일에는 주권을 완전히 빼앗았다.

July

메이지 천황

메이지 유신을 이끈 메이지 천황, 사망하다

1912년 7월 30일. 일본 메이지 유신을 이끈 메이지 천황이 지병이던 당뇨병의 악화로 59세로 사망했다. 에도막부가 시작된 지 250년이 되던 1853년 6월, 미국의 페리 제독이 이끄는 4척의 검은 군함이 일본에 들이닥쳐 개항을 요구했다. 천하무적으로 여겼던 청나라가 아편전쟁에서 패배하는 것에 놀라고 있던 일본은 결국 1854년 미일 화친조약을 맺는다. 미국은 4년 뒤 자신들에게 한층 유리한 미일 수호통상조약을 맺는다. 이후 에도막부는 서양열강들과 잇따라 불평등 조약을 맺는다. 막부의 위신은 크게 떨어졌고 불평등 조약으로 인해 금, 은 등 국부의 유출도 심했다.

이에 평소 막부에 불만을 갖고 있던 지방의 번들이 무능한 막부보다는 왕을 중시하고 외세를 물리치려는 존왕양이 운동을 벌인다. 1868년 조슈번과 사쓰마번이 주도해 막부를 폐지하고 메이지 천황 중심의 새로운 정권을 수립한다. 이후 일본은 서양식 자본주의 형성과정을 밟게 되는데 이를 '메이지 유신'이라 부른다. 메이지 천황은 일본의 제122대 천황으로 고메이 천황의 둘째 아들이었다. 이름은 무츠히도睦仁. 1867년 독살설이 있는 아버지 뒤를 이었다.

도쿠가와 막부를 타도하고 정치권력을 되찾은 후 메이지 천황은 에도를 도쿄로 개칭하여 수도를 옮기고 연호를 메이지로 정했다. 번을 통폐합해 현을 설치하고 중앙정부가 직접 현에 관리를 파견해 다스리는 이른바 '폐번치현'을 단행했다. 이와 함께 미국과 유럽에 사절단을 파견해 근대 문물을 수용했다. 근대 자본주의 경제체제로 진입한 일본은 동아시아 정복의 야욕을 품었다.

31

July

생텍쥐페리

《어린 왕자》 작가 생텍쥐페리, 비행사고로 실종되다

1944년 7월 31일. 2차 세계대전이 한창이던 때 공군 장교로 참전 중이던 앙투안 드 생텍쥐페리는 비행 도중에 행방불명됐다. 그는 사고로 몸이 불편해 조종 불가 판정을 받았지만 비행하고 싶어 했다.《어린 왕자》로 널리 알려진 프랑스의 소설가이자 군인이었던 그는 북서아프리카, 남대서양, 남아메리카 항공로의 개척자이며, 야간 비행의 선구자 중 한 사람이다.

그는 1900년 6월 19일 프랑스의 리옹에서 태어나 우편물을 항공 수송하는 회사에 다녔다. 이후 2차 세계대전 초기에 공군에서 활동하다가 1940년에 프랑스 북부가 나치 독일에 점령되자 미국으로 망명했다. 이후 1943년부터 다시 프랑스의 공군 조종사로 활동하다가 1944년 7월 그의 마지막 비행에서 실종됐다. 추락사로 추정됐는데 1998년 그의 유품으로 보이는 비행기 부품이 발견되었다.

《어린 왕자》외에도 그의 작품으로는《남방 우편기》,《야간 비행》,《인간의 대지》,《성채》등이 있다. 생텍쥐페리의 저작물들은 국가를 위해 싸우다 숨진 사람들의 저작권을 추가로 보호하는 프랑스 저작권법에 따라 저작권을 30년간 추가로 보호받는다. 이에 따라 그의 작품들은 대부분의 국가에서 2015년부터 퍼블릭 도메인이지만 프랑스에서는 2045년까지 저작권이 유지된다. 공식 판매부수 8천만 부가 넘고 해적판까지 합치면 전 세계적으로 1억 부 이상이 팔렸을 것으로 추정되는《어린 왕자》는 160여 개 언어로 번역되어 오늘날에도 널리 사랑받고 있다. 하늘을 사랑했고 하늘에서 사라진 생텍쥐페리는 지금도 많은 이들의 마음속에 살아 있다.

8월

경제   건축   과학   문화   발명품   사건   역사   인물   정치

1
August

청일전쟁

일본, 청나라에 선전포고하다

1894년 8월 1일. 일본은 청나라에 선전포고를 했다. 청나라도 곧바로 선전포고를 함으로써 청일전쟁이 공식화됐다. 하지만 양국의 전쟁은 이미 진행 중이었다. 7월 23일 일본군은 조선의 경복궁을 기습 점령하고 김홍집 친일내각을 구성한 뒤, 청나라군에게 조선을 떠날 것을 요구하는 성명을 발표토록 강요했다. 이에 청나라는 조선에 주둔하고 있던 2천 5백 명의 군대에게 전투준비를 지시하고 아울러 만주 지방에 있던 8천 명의 병력을 조선으로 진입시켰다. 실제 양국의 물리적 충돌은 역시 선전포고에 앞서 7월 25일에 일어났다. 일본 해군이 아산 앞바다 풍도에서 청나라 함대를 기습 선제공격을 한 것이다. 7월 28일에도 성환에서 양국 간의 전투가 있었다.

청일전쟁은 아시아의 패권을 놓고 조선에서 벌인 싸움이다. 표면적인 진행은 동학농민군에게 진주성이 함락당하자 놀란 조선의 조정이 청나라에 파병을 요청했고, 일본도 텐진조약을 근거로 제물포에 군대를 상륙하면서 대치됐다. 하지만 청나라는 아편전쟁 이후 양무운동으로 힘을 길러 내심 패권을 노리고 있었고, 청불전쟁의 패배로 베트남에 대한 지배력을 잃어 조선에서의 영향력을 결코 양보할 수 없는 입장이었다. 일본 역시 메이지 유신 이후 조선의 지배력 확보와 대륙 진출의 야욕을 숨겨온 터였다. 이 같은 판세를 읽은 동학농민군이 외세에 빌미를 주지 않으려 자진 해산을 했고, 조선 정부도 청나라와 일본에 군대 철수를 요구했으나 양국은 듣지 않았다. 특히 일본은 오히려 내정간섭과 군대 추가 파병을 하며 노골적인 야욕을 드러냈다. 일본은 이 전쟁에서 승리함으로써 아시아에서 먼저 제국주의 국가가 됐고 청나라의 배상금으로 경제발전과 군비확장까지 했다.

2
August

통킹만

미국, 베트남 통킹만을 포격하다

1964년 8월 2일. 미국은 베트남 통킹만 공해상에서 미 구축함 매독스 호가 북베트남 초계정 3척으로부터 어뢰와 기관총 공격을 받고 반격에 나서 1척은 침몰시키고 다른 2척은 격퇴시켰다는 깜짝 놀랄 발표를 했다. 통킹만은 베트남과 중국 사이에 있는 만이다. 미국은 이를 빌미로 베트남 전쟁에 본격적으로 개입했다. 존슨 대통령의 명령으로 미국 폭격기들은 북베트남 초계정 기지와 유류 저장시설들을 폭격했다. 7일 미 하원은 만장일치로 '통킹만 결의안'을 채택, 군사행동을 보장해줬다. 사실상 선전포고인 셈이다. 1965년 2월 B-52를 동원한 폭격이 시작됐고, 이듬해 3월에는 육군과 해병대가 상륙했다.

하지만 1968년의 미 상원 조사에 의하면 미군은 1964년 2월부터 북베트남을 도발하는 비밀작전 '34 A'를 수행해왔고, 매독스 호는 북베트남 영해 내에서 스파이 활동을 해왔다는 것이다. 더구나 8월 4일에 2차로 공격받았다는 미국의 발표는 허구였다. 또 1971년 미 국방부 연구보고서 《펜타곤 페이지》에 따르면, 미 함선이 먼저 공격한 것으로 드러났다. 미 함선이 실제로 공격받았는지도 의문시됐다.

베트남전 당시 미국 국방장관이었던 로버트 맥나마라도 1995년 회고록에서 이 전투가 조작되었음을 고백했다. 당시 미국 존슨 대통령은 막대한 원조를 해줬음에도 불구하고 남베트남 정부의 부패와 무능으로 전황이 날로 악화되자 베트남 전쟁에 직접 개입하는 구실을 찾고 있었다. 다만 미군이 베트남 전쟁에 개입하기 위해 의도적으로 이 사건을 조작했다는 주장과 단지 부정확한 보고에 따른 실수였을 뿐이란 주장이 지금도 논란으로 남아 있다.

3

August

원자력 잠수함

원자력 잠수함 노틸러스 호, 세계 최초로 북극점을 통과하다

1958년 8월 3일 오후 11시 15분, 세계 최초의 원자력 잠수함인 노틸러스 호
가 인류역사상 최초로 북극점 수면 아래를 통과했다. 깊이는 4천 87m였다.
길이 97m, 배수량 3천 1백 80톤의 노틸러스 호는 원자로에서 만들어진 증기
로 터빈을 돌려 동력을 공급받기 때문에 기존 잠수함에 비해 훨씬 컸다. 잠수
상태에서도 20노트 이상의 속력을 낼 수 있었고 연속으로 50일 간 물 속에서
항해할 수도 있었다. 1951년 건조 계획이 승인돼 GE사에 의해 1954년 1월 21
일 진수됐다. '노틸러스'라는 이름은 1870년 프랑스 소설가 쥘 베른의 공상과
학소설《해저 2만 리》에서 등장하는 괴물체의 이름에서 따왔다.

　1955년부터 2년 간 시험 항해를 성공리에 끝낸 노틸러스 호에게 내려진
임무는 얼음으로 덮인 북극해 밑을 통과하되 반드시 북극점을 통과라는 것
이었다. 하지만 1957년 8월의 1차 시도는 실패했다. 자북극에서 나오는 강력
한 자력 때문에 나침반이 기능을 제대로 하지 못했기 때문이다. 이듬해 4월
의 2번째도 실패했다. 1958년 7월 23일 3번째 진주만에서 그 역사적 탐험의
출발에 나섰다. 함장은 W.R. 앤더슨 중령이었고 116명의 승무원이 타고 있었
다. 베링해협을 거쳐 북극으로 건너간 노틸러스 호는 알래스카 앞바다에서
잠수해 북극점을 지나 8월 7일 그린란드에서 탐험을 마쳤다. 3천 390km를
평균 시속 19.05노트로 96시간 동안 잠수했다. 이는 원자력 잠수함이 아니고
서는 해낼 수 없는 일이었다. 1980년 항해 임무를 마치고 퇴역하여 1985년부
터 코네티컷 주 뉴런던에 있는 노틸러스 호 기념박물관에서 전시되고 있다.

August

안데르센

'동화의 아버지' 안데르센, 사망하다

1875년 8월 4일 오전 11시 5분, 어린이뿐만 아니라 어른까지도 감동시키는 덴마크의 동화작가 안데르센이 70세를 일기로 생을 마감했다. 안데르센은 코펜하겐 근처 오덴세에서 가난한 구두수선공 아버지와 세탁부 어머니 사이에서 외아들로 태어나 힘든 형편 속에 자랐다. 안데르센은 어려서부터 문학을 좋아하는 아버지 밑에서 문학작품을 자주 접했다. 그가 11살 때 아버지가 병으로 사망하자 가족의 생활고는 더욱 심해진다. 그는 배우가 되기를 원해 15살 때 코펜하겐으로 떠나 여러 극단을 찾아가 입단을 요청하지만 번번이 퇴짜를 맞는다. 다행히 당시 정계 실력자이자 왕립극장 단장인 요나스 콜린을 만나 슬라겔세와 헬싱고르의 라틴어 학교와 코펜하겐 대학도 졸업할 수 있었다.

1833~4년의 이탈리아 여행을 소재로 한 '즉흥시인'이란 작품이 독일에서 호평을 받으면서 그의 이름이 유럽 전체에 알려지기 시작했다. 1835년《아이들을 위한 동화》란 첫 동화집을 발표했다. 동화작가로서 데뷔한 것. 이후 안데르센은 〈엄지 공주〉〈꿋꿋한 양철 병정〉〈인어공주〉〈벌거벗은 임금님〉〈성냥팔이 소녀〉〈눈의 여왕〉〈전나무〉 등 200여 편의 동화를 꾸준히 발표했다.

1846년에는 덴마크 국민으로선 최고의 영예인 단네브로 훈장을 받았고 당대 최고의 인기 소설가 영국의 찰스 디킨스와 친밀한 관계도 유지했다. 말년의 안데르센은 류머티즘에 시달리며 종종 병상에 누워 있었다. 그는 평생 독신으로 살았으며 딱히 가족이라 할 만한 사람이 없었다. 그래서 8월 11일에 열린 장례식에는 덴마크 국왕과 황태자를 비롯한 수백 명이 찾아왔지만, 정작 그와 혈연관계가 있는 사람은 아무도 없었다.

August

혼다 소이치로

혼다 창업자 혼다 소이치로, 사망하다

1991년 8월 5일. 혼다의 창업주 혼다 소이치로가 간질환으로 84세에 타계했다. 그는 파나소닉 창업주 마쓰시타 고노스케, 교세라 창업주 이나모리 가즈오와 함께 일본 경제계에서 '3대 경영 신'으로 불리는 인물이다. 혼다 소이치로는 1906년 11월 17일, 일본 시즈오카의 하마마츠에서 철공소를 운영하는 아버지 밑에서 태어나 어릴 때부터 자전거를 수리하는 일을 익혔다.

22살이 되던 1928년 고향에서 자동차 수리소를 차리고 1937년 자동차 부품공장을 세워 도요타에 납품했다. 이후 도요타에 공장을 매각하고 그 돈으로 1946년 10월 혼다 모터스의 전신인 혼다 기술연구공업을 창립하고 2년 뒤 오토바이를 양산한다. 또 1963년에는 승용차를 생산해 각각 세계 최고의 제품으로 올려놓은 그는 일본에서 기술개발을 통한 입지형 기업인의 대표적 인물로 꼽힌다.

초등학교만 졸업한 그는 학교 교육에 부정적이었다. 그는 "책에는 과거에 관한 것밖에 나와 있지 않다. 책을 읽노라면 과거에 얽매여 퇴보할 것 같아 싫었다."고 말할 정도였다. 하지만 그는 기술개발에 미쳐 2~3일 동안 잠도 자지 않았던 일은 잦았다. 일본 왕에게 훈장을 받을 때도 공장 작업복 차림으로 달려가 참석자들을 놀라게 만들기도 했다. 그는 탁월한 기술능력과 마케팅을 바탕으로 회사를 대기업으로 성장시켰으며 1959년 미국 현지에 첫 혼다 오토바이 딜러를 열게 된다. 그리고 1973년에 혼다의 사장에서 물러나 은퇴하기 전까지 최고 기술고문이라는 직함으로 기술연구 분야에 전념했다. 유족들과 지인들은 그의 유언을 지키기 위해 장례식 대신 회사와 공장별로 '감사 모임'이라는 이름의 추모자리를 만들었다고 한다.

6
August

원자폭탄 투하

일본 히로시마에 원자폭탄이 터지다

1945년 8월 6일 오전 8시 15분 30초. 미국은 역사상 처음으로 원자폭탄을 일본 히로시마에 투하했다. 서태평양 티니안 섬 기지를 출발한 B29 에놀라 게이 호는 히로시마 상공 9천 7백 50m 지점에서 원자폭탄을 투하하여 상공 5백 80m에서 폭발했다. 일본군은 3대의 공군기가 접근하는 것을 보고 공급경보를 발령했다가 곧 취소했다. 소규모 편대라 위협으로 간주하지 않았던 것이다. 당연히 전투기 대응도 없었다. 미군 편대 중 한 대는 촬영, 다른 한 대는 과학적 측정이 목적이었다. 에놀라 게이 호는 조종사 티베츠 대령의 어머니 이름에서 딴 이름이고, 지름 71cm, 길이 3.05m, 무게 4t의 원폭 1호는 '리틀 보이'로 불렸다.

폭탄이 터지자 인구 30만 명에 가까운 도시는 순식간에 잿더미로 변했다. 인류가 처음 경험하는 대참사였다. TNT 화약 1만 2천 5백 톤 상당의 원폭이 도시를 강타하자 오렌지빛 섬광과 엄청난 불덩이가 치솟으며 도시의 60%가 파괴됐다. 폭발 중심지로부터 반경 500m 이내의 모든 생명체는 즉사했다. 미군 부조종사가 "오, 하느님, 우리가 지금 무슨 일을 저질렀나이까?"라며 괴로워했다. 24만 명이 방사능과 고열, 그리고 후유증으로 죽어갔다. 방사능 오염으로 인한 사망과 질병은 오늘날까지도 끊이지 않고 있다.

히로시마가 목표물이 된 것은 당시 이미 일본 본토를 공습해온 미군의 폭격을 받은 적이 없는 도시였기 때문이다. 트루먼 대통령은 "첫 번째 원자폭탄은 경고에 지나지 않는다."며 사흘 후인 8월 9일 나가사키에 2번째 원자폭탄 '패트맨'을 떨어뜨렸다. 이튿날 일본 천황은 무조건 항복 의사를 연합군에 전달했다.

7
August

타고르

'인도의 시성' 타고르, 사망하다

1941년 8월 7일. 인도의 시성詩聖 라빈드라나드 타고르가 고향 캘커타에서 숨을 거뒀다. 향년 80세. 우리에게는 그의 시 '동방의 등불'이 잘 알려져 있다. "빛나던 등불의 하나인 코리아… 나의 마음의 조국 코리아여 깨어나소서." 이는 일제 식민지 하에서 고통받던 우리나라 국민에게 큰 희망을 주었다. 이 시는 1929년 4월 2일자《동아일보》에 게재됐는데 일본을 방문 중이던 타고르가《동아일보》의 방한 요청에 사정상 응할 수 없게 되자 시를 대신 보내줬다고 전해진다. 그는 최남선의 요청으로 3.1운동 실패에 좌절해 있던 한국인을 위해 '패자의 노래'를 쓰기도 했다. 타고르의 한국에 대한 관심은 그의 조국 인도처럼 식민지하에 신음하는 한국인에 대한 동병상련이었을지 모른다.

인도 캘커타에 브라만 계급 대지주의 14번째 아들로 태어난 타고르는 정규교육은 받지 않았으나 일찍부터 모든 예술 분야에서 뛰어난 재능을 보여 11살 때부터 시를 썼고, 16세 때 첫 시집《들꽃》을 출간했다. 한때 독립투쟁을 위해 비밀결사에 가담했고 간디와 함께 정치운동도 했다. 그의 대표적 시집은《기탄잘리》이다. '신에게 바치는 송가'라는 뜻의《기탄잘리》는 157편의 서정시를 묶어 1910년에 처음 출간했다. 그는 이 시집으로 1913년 노벨문학상을 수상했다.

타고르는 문학뿐만 아니라 음악, 무용, 드라마, 그림 등에도 조예가 깊었고 인도 국민의 교육에도 많은 정열을 쏟았던 다재다능한 거인으로 평가되고 있다. 타고르가 인도인의 사랑을 받고 있는 것은 그가 시인이면서 애국적 독립운동가와 교육자로서의 공적을 많이 쌓았기 때문이다. 인도의 국가國歌도 그가 작사·작곡했다.

August

동남아국가연합

아시아 5개 국, 동남아국가연합을 결성하다

1967년 8월 8일. 태국, 말레이시아, 필리핀, 인도네시아, 싱가포르의 5개 국 대표가 '동남아시아국가연합ASEAN' 결성을 발표했다. 당시 동남아시아 지역 내 협력체제로서는 이미 1961년에 발족한 태국, 말레이시아연방, 필리핀 3 국에 의한 '동남아시아연합ASA'이 있었지만 이즈음에는 거의 유명무실한 상태였다. ASEAN은 5개 국의 경제, 사회, 문화, 기술 등의 지역협력기구임과 동시에 어떠한 형태의 외부간섭으로부터도 우리들의 안전을 지킬 것이라면서 간접적으로 공산세력에 대항하는 결속을 강조했다.

하지만 1990년대 냉전붕괴 이후로 의미가 없어진 데다가 공산국가인 베트남과 라오스가 개혁개방의 길로 접어든 탓에 굳이 반공국가들만의 모임으로 남아 있을 필요성이 없어졌다. 나아가 1995년과 1997년에 베트남, 라오스 및 미얀마를 회원국으로 받아들이면서 전체 동남아 지역을 포괄하는 협의체가 되었다. ASEAN은 내전 등 어떠한 일이 터지더라도 회원국 간 내정간섭을 하지 않는 걸 원칙으로 삼고 있다. 그러면서도 궁극적으로 유럽연합과 같은 국가연합이 되는 것이 최종 목적이다.

2015년에는 'ASEAN 공동체'를 출범시켰는데 정치안보, 경제, 사회문화 등 3대 분야의 공동체로 구성됐다. ASEAN의 회원국수는 10개 국이며 본부는 인도네시아 자카르타에 있다. 우리나라는 문재인 정부 출범 이후 박원순 서울시장을 특사로 파견하는 등 대아세안 외교 수준을 유럽연합과 함께 미국, 중국, 러시아, 일본과 동등한 수준으로 격상하려 하고 있다. 2009년부터는 ASEAN과 한·아세안특별정상회의를 5년마다 한 번씩 개최하고 있다.

피사의 사탑

피사의 사탑, 착공되다

1173년 8월 9일. 중세의 세계 7대 불가사의 중 하나로 꼽히고 있는 피사의 사탑이 착공됐다. 높이 58.5m, 무게 1만 4천 5백 톤의 이 대리석 건물은 이탈리아 서부 토스카나 주 피사에 있는 피사 대성당의 종루를 목적으로 지어졌다. 불과 2층을 채 다 올리기도 전에 한쪽으로 기울어지기 시작했다. 5년 만에 건설 공사는 중단됐다. 기울어짐을 막을 마땅한 보완책이 나오지 않았고 피사 공화국마저 외부와 전쟁을 벌이는 바람에 나라 사정이 어려워 100년 가까이 공사가 중단됐다.

1272년 공사 중단 94년만에 건축가 조반니 디 시모네가 기울어진 쪽의 받침을 더 길게 하는 방식으로 공사를 진행했다. 하지만 탑은 더욱 뒤틀어졌고 결국 6년만에 다시 중단됐다. 이후 1319년 건축가 토마소 디 안드레아 피사노는 기존 탑 위에 종전의 기울기를 무시하고 지면과 수직이 되게끔 7층을 얹어버린 뒤 완공을 선언해버렸다. 지금도 피사의 사탑의 꼭대기만 지면과 수직인 이유이다. 특히 오랜 세월이 흐른 탓에 최상층은 유행이 바뀌어 고딕 양식으로 올려졌다. 처음 목적인 종탑에 맞도록 종이 장착되어 최종 완공된 것은 1372년이 돼서다.

1990년 1월 기울기가 약 4.5m로 최대치에 이르며 붕괴 우려가 높아져 관광객 입장이 전면 금지됐다. 이에 이탈리아는 더 이상 기울어짐을 방지하기 위해 강철 케이블로 탑을 고정시킨 뒤 11년 동안 꾸준한 지반강화 작업을 진행해 기울기를 4.1m로 안정시킨 후 2001년 11월 일반에 재공개했다. 매년 수십 만 명의 관광객이 찾는 대표적 유적인 이 사탑의 안전을 평가하기 위해 이탈리아 정부는 3개월마다 탑의 기울기를 측정하고 구조를 진단하고 있다.

영국 그리니치 천문대, 착공하다

1675년 8월 10일. 지구의 시간과 공간을 근대적으로 획정한 그리니치 천문대가 영국 왕 찰스 2세의 지시로 착공됐다. 대항해 시대를 거쳐 온 유럽 항해자들은 망망대해에서 길을 잃지 않기 위해 자신들의 좌표를 정확하게 알고 싶어 했다. 정확한 해로를 찾으려면 제 위치를 알아야 했고, 미래를 전망하려면 시간을 파악해야 했다. 초대 천문대장은 왕실 천문학자 존 플램스티드였으며 그의 조수이자 2번째 왕실 천문학자가 되며 훗날 핼리혜성의 출현을 예측한 천재적인 천문학자 애드먼드 핼리도 이곳에서 일했다.

점차 영국 선박들이 그리니치 기준 시간을 쓰면서 세계의 기준으로 돼 갔다. 1884년 미국 워싱턴에서 열린 국제회의는 그리니치 표준시GMT를 세계의 시간으로 승인했다. 동경 0도 00분 00초 자오선을 정의하면서 세계의 모든 장소가 이 선을 기준으로 경도로 표시할 수 있게 되었고 이를 기준으로 세계의 시간을 1도당 4분씩 배분하는 표준시GMT가 시작됐다. 이는 1972년 협정세계표준시UTC로 바뀌기 전까지 전 세계 시간의 기준이 되었다.

천문대는 20세기 이후 이런저런 사정으로 여러 차례 위치를 옮겨 다녔지만, 세계가 공유한 본초자오선은 움직이지 않았다. 한편 보다 더 정밀한 UTC는 국제 원자시계를 기준으로 한다는 점에서 차이가 있다. 전 세계 여러 국가의 실험실에서 보유한 400개 이상의 세슘 원자시계 시간의 가중 평균치를 기반으로 정한다. 그리니치 천문대는 1998년 공식적으로 문을 닫았지만, 2007년 시계 사업가 피터 해리슨의 기부로 예전의 모습대로 재현됐다.

11
August

바이마르 헌법

바이마르 헌법이 공표되다

1919년 8월 11일. 독일 대통령 프리드리히 에베르트는 슈바르츠부르크에서 바이마르 헌법에 서명하고 공표하였다. 그 명칭은 헌법 제정을 논의한 도시의 이름을 따 바이마르 헌법이라 불린다. 앞서 독일은 국가기관에 대한 권한을 제한하고 국가 형태로 군주제를 규정하는 비스마르크 헌법이 있었으나 이 헌법은 기본권에 대한 조항이 없었다. 바이마르 헌법의 초안 작성은 당시 내무부 차관, 후에 장관을 지낸 후고 프로이스가 했다. 그 후에 국민자문위원으로 막스 베버가 검토하는 일을 맡았다.

바이마르 헌법은 국민주권주의에 입각해 보통·평등·직접·비밀·비례 대표 등의 원리에 의하여 의원내각제를 채택했지만, 직접 민주제적인 요소도 다소 인정하였다. 바이마르 헌법은 19세기 자유주의·민주주의를 기본으로 하면서 20세기 사회국가의 이념을 가미한 특색 있는 헌법이다. 이는 근대 헌법상 처음으로 소유권의 의무성사회성을 강조하고 인간다운 생존생존권을 보장하는 것을 이상으로 하는 사회국가의 입장을 취한 점에서 20세기 현대 헌법의 전형이 되었다.

바이마르 헌법은 1933년 나치의 국민혁명과 동시에 실효성을 잃어버렸고 1945년 6월 5일 연합군이 정권을 인수하면서 폐기됐다. 그러나 그 후 세계 민주주의 국가에 많은 영향을 끼쳤다. 특히 생존권, 즉 사회적 기본권의 헌법적 도입에 있어서 효시가 되었고, 우리나라의 현행 헌법 역시 바이마르 공화국 헌법의 예를 따라 생존권 규정을 두는 방식으로 사회국가 원리의 실현을 도모하고 있다. 8월 11일은 독일에서 민주주의 시작을 기념하기 위해 바이마르 공화국의 국경일로 지정되었다.

August

PC

IBM PC, 첫 등장하다

1981년 8월 12일. 미국의 IBM이 뉴욕에서 기자들을 모아놓고 신개념 상품인 PC5105 출시를 발표했다. PC가 처음 세상에 모습을 드러냈다. 요즘엔 PC가 보통명사지만 당시엔 고유명사였다. 5년 앞서 애플컴퓨터가 '애플'이라는 개인용 컴퓨터를 출시했지만 일부 마니아를 위한 제품이었기에 IBM PC를 PC의 원조로 보고 있다.

IBM은 최초의 PC에 인텔이 만든 중앙처리장치cpu와 운영체제os로 마이크로소프트ms사의 DOS를 선택했다. PC 사업에 동참한 두 기업은 21세기를 대표하는 기업으로 자리 잡았다. MS의 성공에는 사실 컴퓨터 분야에서 누구도 넘볼 수 없는 난공불락의 요새를 구축했다고 과신한 IBM의 오판이 자리 잡고 있다. IBM은 MS가 DOS를 타사에 공급하지 못하도록 막을 생각을 못한 것이다. 당시 겨우 직원 수 15명의 MS를 얕본 것이다. 결국 세계 각국의 컴퓨터 회사들은 DOS를 장착한 IBM 호환기종을 더 저렴한 가격으로 팔았다. IBM은 흔들거렸고 MS는 승승장구했다. MS가 그래픽을 지원하는 윈도우 개발로 방향을 틀 때에도 IBM은 속수무책으로 지켜볼 수밖에 없었다. 결국 IBM은 PC 사업을 접어야 했다.

어쨌든 초기 IBM PC는 엄청나게 판매됐다. IBM은 처음 1986년까지 24만여 대의 PC가 보급될 것으로 기대했으나 첫해 4만 대 판매 후엔 매년 갑절 이상씩 판매량이 늘었다. 1983년 12월《타임》은 PC를 '올해의 인물'로 선정해 세상을 깜짝 놀라게 했다. 올해의 인물 자리에 무생물이 최초로 올랐기 때문이다. PC를 그만큼 세상을 변화시킬 '물건'으로 본 것이다.

13
August

나이팅게일

'백의의 천사' 나이팅게일, 사망하다

1910년 8월 13일. 현대 간호학의 창시자이자 '백의의 천사', '등불과 같은 여인' 등으로 불린 박애주의의 대명사 플로렌스 나이팅게일이 런던에서 90살을 일기로 사망했다. 1820년 5월 12일에 이탈리아 피렌체를 여행 중이던 영국인 부부의 둘째 딸로 태어났다. 부유한 집안의 그녀는 17살 때 가난하고 병든 사람들을 돌보는 일에 평생을 바치겠다고 선언해 주위 사람들을 깜짝 놀라게 했다. 당시 간호사는 비천하고 심지어 부도덕한 직업으로 여겨졌기 때문에 가족들은 격렬히 반대했다.

하지만 나이팅게일은 간호사가 되기 위해 여러 차례 청혼도 거절하며 관련 공부를 조용히 해나갔다. 가족을 따라 국내외 여행을 할 때조차 혼자 인근의 병원과 요양소, 빈민수용소 등을 견학했다. 마침내 33살 때인 1853년에는 런던에 있는 소규모 자선 요양소의 책임자가 되었다.

1854년 러시아와 오스만 제국 간의 크림 전쟁이 발발했다. 오스만을 지원한 영국은 부상병 간호를 위해 봉사대를 조직해 파견했고 나이팅게일도 참가했다. 1854년 11월 4일, 나이팅게일은 38명의 간호사와 함께 전쟁터인 보스포루스 해협 인근의 스쿠타리에 도착해서 영국군 야전병원에서 근무를 시작했다.

하지만 그녀가 한 일은 오늘날의 '간호'와는 거리가 있었다. 약품은 고사하고 침대와 이불조차 부족한 상황에서는, 치료에 앞서 청소와 세탁과 조리 같은 허드렛일부터 처리해야 했기 때문이다. 그녀는 '간호사'이기 이전에 탁월한 행정가요 조직가였다. 귀국한 후 그녀는 간호원을 양성하기 위해 나이팅게일 간호학교와 기숙사를 세운 다음 건강위생에 대해 전문적인 교육을 강의하였다. 영국의 메릿 훈장을 수여받은 최초의 여성이 되었다.

14
August

의화단 운동

의화단 운동, 진압되다.

1900년 8월 14일. 8개 국 연합군이 베이징을 점령하고 의화단을 진압했다. 이로써 반외세, 반제국주의, 반기독교를 내걸고 서구 열강과 벌인 전쟁은 사실상 끝이 났다. 의화단은 아편전쟁, 청불전쟁, 청일전쟁에 잇달아 패배하고 막대한 배상금 지급 등으로 몰락해 가는 청나라 말기의 상황에서 외국에 대한 반감과 기독교에 대한 반감이 겹쳐 극단적인 폭력적인 모습으로 나타났다. 의화단은 백련교 세력과 결합하면서 종교적 색채와 함께 빠르게 세력이 커졌다. 결국 188명의 서구 선교사들과 가족들이 희생됐고 4만 5천 명에 달하는 중국인 기독교인들도 살해됐다.

서구는 청 조정에 의화단의 진압을 요청했지만, 청 조정은 진압을 할 여력조차 없었으며 오히려 이들을 옹호하기까지 했다. 영국 등은 자체 병력을 동원했으나 청나라 서태후는 오히려 의화단과 손을 잡기로 하고 1990년 6월 21일 서양에 전쟁을 선포했다. 당시 서구 열강들은 세계 도처에서 서로 싸우고 있는 적대관계였지만 의화단에 의해 자국민이 학살당하자 연합군을 조직해 청나라를 공격하기로 결의했다. 연합군의 수는 지상병력만 4만 8천 명에 달했다. 일본, 러시아, 영국, 프랑스, 미국, 독일, 이탈리아, 오스트리아 등 8개 국이었다. 총사령관으로는 독일 육군 제3군 사령관 알프레트 폰 발더제 육군 원수가 임명되었다. 이홍장, 위안스카이 등 지방 군벌들은 서태후의 명령을 따르지 않아 연합군은 후방 걱정 없이 베이징까지 진격했다. 베이징을 함락한 연합군은 대대적인 학살과 파괴를 자행했다. 이 과정에서 의화단뿐만 아니라 무고한 중국인들도 목숨을 잃었다. 청은 이 전쟁의 패배로 맺은 신축조약으로 서구 열강의 반식민지가 된다.

15
August

닉슨 쇼크

닉슨, 금태환 중지를 선언하다

1971년 8월 15일. 닉슨 미국 대통령이 "달러화 방어를 위해 달러와 금의 태환兌煥을 90일 간 잠정 중단한다."고 선언했다. "달러를 더 이상 금으로 바꿔 줄 수 없다."는 이 선언으로 세계는 큰 혼란에 빠져 들었다. 이른바 '닉슨 쇼 크'였다. 내용면에서는 사실상 '달러화의 부도 선언'에 다름없었다. 또 1944 년 7월 합의된 이래 유지돼 오던 '브레튼우즈 체제'의 붕괴를 의미했다. 브레 튼우즈 체제는 연합국들이 모여서 "미국은 달러를 금으로 바꿔주고 다른 나 라 통화는 달러에 연동시키자."고 한 합의체제다. 미국은 30년 가까이 잘 유 지돼 왔고 세계 경제번영의 틀이 되었던 이 체제를 스스로 파괴하겠다고 선 언한 셈이니 그 만큼 당시 미국 경제가 나빴다는 방증이다.

브레튼 우즈 체제 하에서 미국은 자국통화이면서 동시에 유일한 국제통 화였던 달러를 마구 찍어 세계 경제를 좌우했다. 그러나 1960년대 후반 들어 베트남 전쟁으로 막대한 군비가 소요된 데다 무역수지마저 적자로 떨어졌 다. 적자 누적으로 달러 유출이 늘어나고 비축된 금이 줄어들자 더 이상 견딜 수 없어 결국 '태환 중지'를 선언하고 만 것이다.

미국의 이 같은 조치는 다른 나라의 통화, 특히 무역흑자가 막 정착되기 시작한 일본 엔과 서독 마르크의 통화절상과 브레튼 우즈 체제에서 유지돼 왔던 고정환율제를 변동환율제로 바꾸겠다는 전략이었다. 하지만 세계 어느 나라도 미국에 대들지 못했다. 결국 그해 12월 18일 선진 10개 국 재무장관 이 워싱턴 스미소니언 박물관에서 '스미소니언 체제'를 출범시킨다. 이로 인 해 금 1온스당 가격이 절하돼 각국의 화폐가 달러화 대비 절상되고 환율변 동폭이 확대됐다.

16
August

일본경제단체총연합

일본경제단체연합회가 창립되다

1946년 8월 16일. 일본경제단체연합회경단련이 창립됐다. 정부의 경제정책 및 그 관련 문제에 대해 조언해주고 회원 기업 간의 이견을 조정하는 한편 세계 경제의 건전한 발전에 기여하는 것이 설립 목적이다. 한국의 '전경련'과 비슷한 단체다. 오늘날 일본을 경제대국으로 만드는 데 있어서 최전선에 서서 키를 잡고 이끌어 온 조직과 인물들이 포함돼 있다. 특히 경단련은 일본을 움직이는 정치권, 정부관료, 그리고 국민과의 사이에서 적절한 전략과 전술을 구사하며 꾸준히 영향력을 증대했다. 특히 관료들이 표류할 경우 정책기획과 대안제시를 하면서 일본을 리드하는 싱크탱크 역할도 했다. 경단련은 자체 기관지를 발행하고, 내외 보도기관에 적극적인 홍보활동을 통하여 소비자, 노동조합, 비영리조직NPO 및 많은 사회조직과 긴밀히 유대하고 있다. 경단련은 일본상공회의소·경제동우회·일본경영자단체연맹과 함께 일본 재계 4대 단체 가운데 하나다.

경단련의 초대 회장은 이시카와 이치로닛산 화학 공업이었다. 경단련은 일본의 전국적인 종합경제단체로서 대기업 대표로 구성된 재계의 총본산이다. 24개의 상설위원회와 간담회, 방위생산위원회, 우주개발추진회의를 갖고 있다. 경단련 회장은 '재계의 총리'라고 불릴 만큼 권한이 막강하다. 1952년 일본산업자문위원회의 역할을 확대하면서 재편성하였고, 1955년에는 자민당 결성, 미키 총리시대의 독점금지법 개정반대 등에 큰힘을 행사했다. 1961년 사단법인으로 정식 등록하였다. 1975년 이후에는 그 영향력이 감소됐는데 정치헌금에 대한 규제가 엄격해지고 다수의 일본 기업들이 다국적 성격을 띠게 되었기 때문이다.

17
August

증기선

최초의 증기선, 시운전 성공하다

미국의 로버트 풀턴이 1807년 8월 17일 세계 최초의 외륜 증기선 '클레몬트 호' 시운전에 성공했다. 풀턴은 최고 24마력의 증기기관을 장착한 전장 45m의 증기선을 제작, 뉴욕의 허드슨 강변에서 성대한 진수식을 가졌다. 이 클레몬트 호는 뉴욕~올버니 간을 정기 항행했다. 풀턴은 비록 최초로 기선을 발명한 사람은 아니었지만, 세계 최초로 기선에 의한 정기항로를 개설하여 상업적으로 성공한 선구자다. 뉴욕 주는 기선항행 독점권을 주어 그의 사업을 보호했다.

클레몬트 호가 시운전하는 날 올버니까지 운행할 것이라는 풀턴의 사전 안내에도 사람들은 출발지인 허드슨 강가로 모여들었다. 이 실험이 실패할 것이라고 생각했기 때문이다. 하지만 통나무 모양의 클레몬트 호가 마침내 움직이기 시작하자 사람들은 환호했다. 배는 바람과 파도를 가르며 상류를 거슬러 침착하게 항해했고 배의 굴뚝에서는 32시간 240km의 여정이 끝날 때까지 연기가 뿜어 나왔다.

1820년이 되면 미국 동부의 거의 모든 하천에서 증기선이 운항되었고, 1838년에는 증기선으로 대서양을 횡단하는 꿈이 실현되었다. 로버트 풀턴은 1765년 11월 14일 미국 펜실베니아 주 리틀 브리튼에서 태어났다. 3살 때 아버지를 여의고 처음에 그림을 배웠다. 점차 기계학과 수학에 관심을 갖게 되었고 영국 런던으로 건너가 1793년까지 벤자민 웨스트한테서 그림을 배웠다. 이 때 영국에 머물면서 풀턴은 방적기와 증기기관을 보고 기계발명에 관심을 가졌다. 실제로 그는 발명가로서 대리석 자르는 톱, 운하 파는 기계, 아마포 짜는 직기 등을 만들었다.

18
August

김대중

김대중 전 대통령, 서거하다

2009년 8월 18일 오후 1시 43분. 김대중 전 대통령이 서울 신촌 연세대 세브란스 병원에서 폐렴 후유증으로 인한 다발성 장기손상으로 입원 36일만에 서거했다. 향년 85세. '민주화 운동'의 상징으로 김영삼YS, 김종필JP과 함께 소위 '3김'시대를 이끌며 50년 간 우리 정치의 한 축을 담당했던 김대중DJ은 그렇게 눈을 감았다. 1924년호적상 1925년 전라남도 신안군 하의면 후광리의 김운식과 장수금 사이에서 3남 1녀 중 장남으로 태어났다. 그의 호는 '후광後廣'으로 태어난 마을 이름에서 따와 지었다.

1971년 이후 모두 4차례 대선에 도전한 끝에 1997년 제15대 대통령에 당선됐다. 첫 호남 출신 대통령이자 직선제로 선출된 최초의 민주당계 정당 소속 대통령이었다. 2000년 6월 15일에는 평양에서 북한 김정일 국방위원장과 남북정상회담을 가졌고, 그해 12월 한국인 최초로 노벨 평화상을 수상했다. 남아프리카 공화국의 넬슨 만델라와 민주투사, 투옥, 망명, 전 대통령 용서, 노벨 평화상 수상 등의 이력이 겹치는 부분이 많아 외신에서는 김대중에게 '아시아의 만델라'라는 별명을 붙여주기도 했다. 1972년 10월 중앙정보부가 김대중을 일본에서 납치해 바다에 빠뜨려 죽이려다 실패하는 '김대중 납치 사건'과 1980년 광주민주화운동 주모자로 사형선고까지 받는 등 심한 탄압을 받았다. 그래서 그의 별명은 겨울을 버티고 피어난다는 '인동초'다. "어느 분야에서나 성공하려면 서생적 문제의식과 상인적 현실감각을 겸비해야 한다." 김대중의 일생을 요약해주는 자전적 어록이다. 때문에 진보와 보수 모두에게서 비판을 받았고 또 사랑도 받았다.

팔레비 정권

이란에서 CIA 지원받은 팔레비, 쿠데타로 집권하다

1951년 이란 총선에서 모사덱이 총리로 선출됐다. 앞서 그는 1925년 팔레비 왕조가 수립되자 외무장관직을 사임하는 등 반反팔레비 인물이었다. 모사덱은 영국과 소련 양쪽에 일정한 거리를 둔 원로 귀족 정치가였다. 당시 이란의 석유는 브리티시 페트롤리엄BP의 전신인 앵글로-페르시안 오일사AIOC가 원유의 생산에서부터 정제와 판매까지 독점하고 있었다. 또 당시 2차 세계대전 후 제3세계 민족주의가 고양되고 있었던 때라 이란에서도 석유산업을 되찾아야 한다는 인식이 팽배했었다. 결국 1951년 3월 석유산업 국유화법안이 상·하 양원에서 만장일치로 가결됐고 모사덱은 일약 국민적 영웅으로 떠올랐다. 모사덱은 또 팔레비 국왕의 권한을 제한하는 정책도 펼쳐 팔레비를 지지하는 세력과 갈등도 빚었다.

한편 이란의 석유가 전후 경제 재건에 필수적이라고 보고 있던 미국과 영국은 이러한 모사덱 총리의 석유자원 국유화에 큰 우려를 나타냈다. 또 당시는 냉전 상황이라 이란의 석유가 소련으로 갈 수 있다는 사실을 우려했다. 미국 CIA는 비밀 작전아작스 작전을 통해 이란 및 미 언론들에 모사덱 총리에 반대하는 기사들을 게재함으로써 반모사덱 쿠데타 준비에 돌입했다. 1953년 8월 19일 CIA는 영국 정보기관 MI6의 도움으로 모사덱 타격대를 조직했다. 미국과 영국의 사주를 받은 파즐롤라 자헤디 장군은 친팔레비 쿠데타를 일으켰다. 모사덱은 실각되어 체포당해 금고 3년형을 선고받았다. 1956년 8월 석방되었으나 평생 가택연금으로 살았다. CIA는 이것을 부인해오다 쿠데타 발발 60주년인 2013년 처음으로 인정했다.

20
August

프라하의 봄

'프라하의 봄', 끝나다

1968년 8월 20일 오전 11시. 소련, 폴란드, 헝가리, 불가리아, 동독 등 5개 국의 바르샤바 조약기구 군대 약 20만 명이 사전통고 없이 일제히 체코슬로바키아를 침공했다. 인구 1천만 명에 불과한 체코에 그처럼 많은 병력을 투입한 것은 앞서 헝가리나 동독에서의 봉기로 엄청난 인명피해가 나 서방 세계로부터 비난을 받은 바 있기 때문에 속전속결로 끝내려 했다. 체코 정부는 국제사회에 이 부당한 침입을 호소하였으나 어떤 나라도 관심을 갖지 않았다. 체코 정부는 군과 국민들에게 저항하지 말라고 당부했고 정치보복을 지나치게 하지 않는 조건으로 순순히 투항했다. 결국 둡체크를 비롯한 개혁파 지도자들은 소련으로 연행되었다. '프라하의 봄'은 그렇게 가고 있었다.

체코 사태 당시 한 외신기자가 '프라하의 봄은 과연 언제 올 것인가?'라고 타전한 이후 이 '봄'이라는 단어는 부다페스트의 봄, 바르샤바의 봄, 서울의 봄처럼 '자유민주화운동'을 상징하는 단어로 자리 잡았다. 2차 세계대전 후 소련의 영향권에 편입된 중부유럽의 작은 나라 체코에 민주화 바람이 불었다. 당시 체코에는 이미 1956년 소련에서 흐루쇼프 서기장에 의한 스탈린격하 운동이 벌어진 뒤에도 스탈린주의자인 안토닌 노보트니 정권의 보수정책이 계속되었다.

경제는 피폐해지고 반정부 분위기 커지자 소련의 브레즈네프가 1967년 2월 직접 체코를 방문하여 둡체크를 당 제1서기에 올렸다. 그런데 둡체크는 오히려 '인간의 얼굴을 한 사회주의'라는 강령을 내세우고 언론·집회·출판의 자유를 보장하는 등 더 급진적인 자유주의 개혁을 추진했다. 소련은 이런 분위기가 동유럽으로 전파되는 것이 두려워 결국 무력 개입을 한 것이다.

아키노 피살

필리핀 정치지도자 아키노, 피살되다

1983년 8월 21일 오후1시. 4~5발의 총성이 필리핀 마닐라 공항에 막 착륙한 중화항공 여객기 주변에 울려 퍼졌다. 그리고 잠시 후 한 여인이 "군인들이 니노이를 쏘았다."며 울부짖었다. 필리핀의 야당 지도자인 전 상원의원 베니그노 아키노가 피살된 것이다. 정적 마르코스 대통령으로부터 1972년 체포돼 8년 간 투옥됐다. 특히 1977년에는 군사재판에서 사형선고까지 받았다. 1980년 심장병 수술이라는 명목으로 미국 망명길에 올랐던 아키노는 그렇게 죽고 말았다.

　그의 죽음은 필리핀 내 야당세력을 규합해 대통령선거에 출마하기 위해 망명지 미국을 떠날 때부터 이미 예견된 것이었다. 미국 뉴욕의 필리핀 총영사관이 암살설을 근거로 아키노에게 비자발급을 해주지 않자 아키노는 위조여권을 만들어 귀국을 강행했던 것이다. 필리핀 정부는 범인이 청부살인자인 롤란도 갈만이라고 밝혔으나, 야당은 아키노를 호송하던 보안 군인이 살해했다고 주장했다. 또 범인으로 지목된 갈만 역시 저격 직후 다른 군인들에 의해 피격되어 사망하였다. 필리핀 국민의 대다수는 갈만의 단독범행이라는 정부의 발표를 믿지 않았다. 이에 따라 연일 격렬한 시위가 계속되었고, 마르코스 정권은 18년만에 최대의 위기를 맞았다. 이후 마르코스는 1986년 2월 아키노의 부인 코라손 아키노가 출마한 대통령 선거에서 부정선거를 자행했다가 국민의 격렬한 저항에 부딪쳐 결국 하와이 망명길에 올랐다. 필리핀 법원은 아키노 저격 사건 발생 4년 뒤인 1987년에 아키노와 갈만의 살해 혐의로 16명의 군인에게 종신형을 선고하였다. 이 사건의 실질적인 배후자는 마르코스 정권 때 군의 총사령관을 역임한 파비안 베르로 알려졌다.

22
August

적십자

적십자 탄생시킬 제네바 협약이 체결되다

1864년 8월 22일. 스위스 연방정부의 주최로 미국·유럽 17개 국의 정부대표가 모인 국제회의가 제네바에서 개최되고 여기서 전시상병자의 보호, 응급구호소·육군병원·의무요원·간호요원의 중립, 적십자 표장의 채택 등을 규정한, 일명 적십자조약인 '제네바 협약'이 채결됐다. 제네바 협약은 '전투의 범위 밖에 있는 자와 전투행위에 직접 참가하지 않은 자는 보호를 받아야 하고 존중되어야 하며, 인도적인 대우를 받지 않으면 안 된다.'고 하는 도의상의 요청에 의거하여 부상병·조난자·포로·일반 주민 등의 보호를 목적으로 하는 법규이다.

루소는 《사회계약론》에서 "국가 간 전쟁에서 무기를 손에 들고 있는 한 이를 살해할 권리가 있다. 그러나 무기를 버리고 항복하는 순간 적 또는 적의 도구 기능을 버리고 다시 단순한 인간으로 되돌아간 것이므로 이제 그 생명을 빼앗을 권리는 없다."고 주장했다. 이 같은 사상을 바탕으로 1859년 이탈리아 통일전쟁 때에 프랑스군과 오스트리아군의 솔페리노 전투의 비참한 광경을 목격한 앙리 뒤낭은 국제적 구호단체의 설치와 그 활동의 안전을 보장하는 조약의 체결을 제창했다. 그래서 만들어진 것이 국제적십자운동이고 제네바 협약이다. 제네바 협약은 1864년 최초로 체결된 후 1906년, 1929년, 1949년 3차례에 걸쳐 개정되고 보완됐다. 또 1977년에는 1949년 제네바 4개 협약에 추가되는 2개 의정서, 2005년에는 1949년 8월 12일자 제네바 협약 및 추가 식별표장 채택에 관한 추가의정서_{제3의정서}가 채택됐다. 우리나라도 첫 번째 협약에 1903년 1월 8일에 가입했고 같은 해 2월 7일에는 이 협약을 해전에 응용한 '1899년 헤이그 협약'에 가입했다.

23
August

여자정신근로령

일제, 여자정신근로령을 공포하다

1944년 8월 23일. 일제는 '여자정신근로령'을 공포한다. 전쟁에 노동력이 부족하자 만 12살부터 40살 미만의 배우자 없는 여성을 정신대의 대상으로 규정하고 노동력을 착취하려는 목적이었다. 그 이전에 이미 여성노동력을 착취하고 있었으나 이로써 합법적 근거를 마련한 것이다. 불응하는 자는 취직령서에 의해 강제로 취업하게 하고, 그래도 불응하면 국가총동원법으로 처벌했다.

동원 방법은 관청의 알선, 공개 모집, 자발적인 지원, 학교나 단체를 통한 선전 등 다양한 형태로 이루어졌다. 근로정신대로서 동원된 일본과 조선의 여성은 20만 명이며, 그 중 조선인은 5만에서 7만 명이다. 특히 일제는 여성들에 일자리도 주고 학교도 갈 수 있게 해준다고 속여 끌고 가 실제로는 임금도 주지 않고 강제노역을 하게 한 경우도 많았다. 이 가운데 일부는 일본군위안부로 끌고 가기까지 했다. 본래 정신대는 '국가를 위해 솔선수범하는 조직'이라는 의미로, 여러 분야의 전쟁 지원 단체에 붙어 사용되었다. 전쟁이 계속되면서 전시체제 하에서 노동력이 부족해지자, '근로정신대'가 조직되어 전쟁 수행을 위한 노역에 투입되기 시작하였으며 여성 대원으로 이루어진 '여자근로정신대'도 결성됐다.

조선여자근로정신대는 노동력의 동원이라는 점에서 성적 착취가 이루어진 일본군 위안부와는 다르지만, 근로정신대라고 모집해 놓고 위안부로 끌려가거나 성착취를 당하는 경우가 잦았다. 따라서 일제에 대한 여성 착취라는 개념에서 한 분류로 인식돼 종전 후 위안부와 혼용하여 정신대라는 용어가 사용되기도 했다. 근로정신대로 강제노역을 마치고 온 여성들 가운데 일본군 위안부 경력자로 오해받을까 봐 피해사실을 말 못하고 살아온 사람도 있었다.

폼페이 최후의 날, 이탈리아 베수비오 화산 폭발

79년 8월 24일. 이탈리아 베수비오 산이 대규모 화산 폭발을 일으켜 인근의 폼페이 주민 수천 명이 희생되는 참사가 일어났다. 2만 명 내외의 폼페이 인구 중 적게는 2천 명 많게는 5천 명이 죽었다. 높이가 1,281m인 베수비오 산은 유럽 대륙 유일의 활화산이었지만 900년이 지나도록 한 번도 분화하지 않았기 때문에 당시 사람 누구도 화산 폭발을 예측하지 못했다. 베수비오 산은 화산 지역에서 보이는 거친 바위나 흙은커녕, 산꼭대기까지 무성한 숲으로 이루어져 기원전 1세기에 스파르타쿠스의 난을 일으킨 검투사들과 노예들이 이 곳으로 도망쳐 숨을 정도였다.

오후 1시부터 시작된 분화로 인한 피해보다 소리 없이 덮쳐온 화산재가 피해를 더 확대시켰다. 화산재를 잔뜩 머금은 안개구름이 낮게 깔리면서 사람들은 질식해 쓰러졌다. 비극은 이튿날인 25일 아침까지 이어졌다. 폼페이는 돌멩이와 화산재 밑에 4m 깊이로 매몰되었다. 게다가 막판에는 화산재가 섞인 비까지 내려, 이 돌멩이와 화산재 더미는 시멘트처럼 딱딱하게 굳어 버렸다.

매몰된 폼페이가 세상에 알려진 것은 한참 뒤였다. 1738년 4월의 어느 날, 한 농부가 베수비오 산에서 밭을 갈다가 꽤 긴 쇠붙이를 발견했다. 이것은 한눈에 보기에도 아주 먼 옛날에 쓰인 수도관임을 알 수 있었다. 나폴리의 국왕은 이 소식을 듣고 곧 발굴을 지시했고, 그 땅 밑에서는 놀라운 도시가 발견되었다. 물론 당시 사람들은 그 지하도시가 무엇인지 잘 몰랐다. 이 도시가 고대의 폼페이란 사실은 1755년 독일의 고고학자 요한 빙켈만이 밝혀냈다. '폼페이 최후의 날'은 소설, 영화, 그림의 중요한 소재가 됐다.

25
August

조총

일본, 조총을 전래 받다

1543년 8월 25일. 일본 규슈 남쪽 끝 다네가시마에 정체불명의 대형 선박이 나타났다. 이 배는 중국 광둥성을 떠나 양쯔강 하구의 영파로 가려다가 해적 선의 공격과 태풍까지 만나 표류하던 중 다네가시마로 밀려온 중국 밀무역 선이었다. 100여 명의 선원 중에는 포르투갈인 3명도 있었는데 이들은 두 자 루의 조총鳥銃을 갖고 있었다. 섬의 도주는 큰 돈을 주고 이 조총을 산 뒤에 조 작법과 총의 복제를 위해 노력했다. 이 조총은 이듬해 일본 육지까지 전파됐 다. 조총이 보급되면서 일본의 전투 양상은 크게 달라졌다. 당시는 쇼군의 지 위가 땅에 떨어지고 약육강식이 판을 치던 이른바 센고쿠 다이묘 시대였다.

이 때 조총의 중요성을 먼저 간파해낸 인물이 바로 오다 노부나가다. 그는 1575년 나가시노 전투에서 조총을 유효적절하게 사용하는 전술을 구사해 '전쟁의 천재'로 불리게 됐다. 당시 조총은 한 번 쏘고 나면 다음 발사 때까지 시간이 걸린다는 약점 때문에 전쟁의 주력 무기로 사용되지는 못했는데, 오 다는 3천 정의 조총 부대를 3열로 세우고 한 조가 사격을 하는 동안 나머지 2조가 장전을 함으로써 연속해서 사격할 수 있게 했다.

오다의 조직적 총격술은 전국시대 일본의 세력 판도를 완전히 뒤바꿔 놓았 고 곧 시작될 임진왜란 때 가공할 위력을 발휘했다. 조총은 일본말로 철포鐵 砲:데뽀다. 그래서 '무데뽀'는 철포도 없이 무턱대고 무모하게 일을 저지른다 는 뜻이 됐다. 우리나라는 선조 22년1589 황윤길 일행이 일본에 사신으로 갔 다가 오는 길에 대마도주로부터 몇 자루 받아 온 것이 시초다. 인조 2년1624 에 일본에서 조총 수천 자루를 수입했다는 기록이 있다.

26
August

인권선언

프랑스, '인권선언'을 발표하다

프랑스 혁명이 한창 진행되고 있던 1789년 8월 26일, 국민의회가 프랑스 국민이 누려야 할 권리에 대한 인권선언을 발표했다. 세계 최초의 인권선언이다. 정식 명칭은 '인간과 시민의 권리 선언'으로 전문과 17조로 구성되어 있다. 프랑스 혁명의 기본정신을 밝히고 자유와 평등, 국민주권, 재산권 등에 대해 규정하고 있으며 미국의 독립선언과 함께 민주와 자유주의 원리를 표현했다. '인권 선언'은 근세의 자연법과 계몽사상을 통해 자라난 인간 해방의 이념을 담고 있으며, 근대 시민사회의 정치이념을 명확히 표현하고 있다. 여기에는 루소의 일반의지론, 국민주권론, 몽테스키외의 권력 분립론, 존 로크의 자연권론 등이 사상적으로 녹아들어 있다. 실제로 제6조는 '법은 일반의지의 표현이다.'로 시작한다.

'인간은 자유롭고 평등한 권리를 가지고 태어났다. 사회적 차별은 오로지 공공 이익에 근거할 경우에만 허용될 수 있다.'는 것을 제1조로, 제2조에서는 압제에 대한 저항권, 제3조에서는 주권재민, 제11조에서는 사상과 의사의 자유로운 교환에 대해서 규정하고 있다. 종교의 자유와 언론의 자유는 법률로서 보호되었고10조, 소유권은 신성불가침한 지위를 부여받았으며제17조, 공직과 지위는 중산층에도 개방되었다.

라파예트 등이 기초한 이 선언은 구체제의 모순에 대한 시민계급의 자유선언이면서, 헌법 제정을 위한 강령으로서의 성격을 띠고 있다. 또 입법권과 행정권의 행사가 모든 정치 제도의 목적과 방향에 부합되는지 언제라도 비교할 수 있도록 기준이 마련되었음을 뜻한다. 1791년 프랑스 헌법의 전문으로 채택된 '인권선언'은 세계 각국의 헌법과 정치에도 커다란 영향을 미쳤다.

27
August

헤겔

게오르크 빌헬름 프리드리히 헤겔, 태어나다.

1770년 8월 27일. 독일 슈투트가르트에서 게오르크 빌헬름 프리드리히 헤겔이 태어났다. 점잖고 평범해 보이는 사람이었지만 지적으로 모험가였으며 이에 자부심을 가졌다. 그는 많은 저술을 했는데 그중《정신현상학》,《논리학》,《법철학 강요》등은 요즘도 많이 읽힌다. 그는 인류의 역사는 자유가 실현되는 과정으로 봤다. 역사란 '절대정신'의 자기실현 과정이라는 것이다. 그래서 헤겔은 자유, 평등, 박애라는 이상이 역사를 통해 구체적인 형태로 실현된 사례로 프랑스 혁명에 열광했다. 절대정신은 다름 아닌 이성이고 그 본질은 자유라고 생각했다. 헤겔은 인류의 진보를 낙관했다.

헤겔은 정신의 발달과정을 변증법으로 설명한다. 모두가 당연시하던 것 즉 '정正이 어느덧 자기모순反에 직면하게 되고 이 도전을 이기고 도약合하면서 역사는 발전한다는 것이다. 주관적 정신과 객관적 정신이 만나 정신의 가장 완성된 형태인 절대정신이 된다.'는 것이다. 절대정신은 변화와 투쟁 속에서 완성시켜 나갈 수 있다. 그러나 사람들은 절대정신이 역사 속에서 끊임없이 작용하고 있음을 알지 못한다.

카이사르나 나폴레옹 같은 영웅이 역사의 흐름을 바꾼다고 생각한다. 하지만 이는 이성 즉 절대정신이 작용한 결과로 '때가 맞지 않으면' 결코 영웅은 출현할 수 없는 것이다. 우리가 의식하지 못해도 절대정신은 개개인과 구체적인 사건들을 통해서 실현되고 있다. 결국 영웅은 인류의 자유가 확대되기 위한 도구, 즉 절대정신이 자기를 실현하는 수단일 뿐이다. 헤겔은 말을 타고 지나가는 나폴레옹을 보고 "나는 시대정신을 보았다."고 말했다. 60세에 베를린 대학 총장이 되었고 이듬해에 사망했다.

마틴 루서 킹, 워싱턴 대행진을 벌이다

1963년 8월 28일. 20만 명의 군중이 워싱턴 기념탑 광장에 모였다. 노예해방 100주년을 기념해 평화대행진을 벌이기 위해서였다. 이 많은 인원을 실어 나르기 위해 1,514대의 임대버스와 21편의 특별열차가 동원됐고, 남부의 가난한 흑인들은 대표를 보냈다. 오전 11시 15분, 1.6km 앞의 링컨기념관을 향한 참가자들의 대행진이 시작됐다. 참석자들 손에는 '인종차별 철폐' '일과 자유를 달라'는 플래카드가 들려 있었다. 무리 중에는 노벨 평화상 수상자 랠프 번치, 영화배우 말론 브란도, 가수 밥 딜런 등의 모습도 눈에 띄었다.

1963년 들어 흑인들의 시위가 빈번해지고 있었다. 10주 동안 186개 지역에서 750회 이상의 시위가 일어났다. 이는 1955년 흑인 인권운동 지도자 마틴 루서 킹의 주도로 시내버스 이용의 흑인차별에 반대해 5만 명의 흑인 시민이 벌인 몽고메리 버스승차 거부운동이 성공리에 마친 뒤 남부 도시 곳곳으로 시위가 확산되었기 때문이다. 이로 인해 흑인 지도자에 대한 구속과 시위 금지령이 강화되고 흑인들도 더욱 호전적으로 변하던 시점이었다.

이날 행진이 막바지에 다다랐을 때 마틴 루서 킹이 링컨기념관 앞에 섰다. 그리고 저 유명한 연설 "나에겐 꿈이 있습니다I Have a Dream."를 토해냈다. "정의가 강물처럼 흐르고 올바른 도리가 힘찬 흐름이 될 때까지" 운동을 계속하겠다는 다짐도 잊지 않았다. 루서 킹은 이날 행진이 있은 지 5년 뒤인 1968년 4월 4일 테네시 주 멤피스에서 흑인 청소부 파업을 지원하던 중 백인 제임스 얼 레이의 총에 맞아 피살됐다. 1983년 그의 업적을 기념하기 위해 1월 셋째 월요일을 국민축일로 정했다.

29
August

원자폭탄

소련, 원자폭탄 실험에 성공하다

1949년 8월 29일 오전 7시 정각. 소련 중앙아시아의 카자흐스탄 사막에 있는 세미팔라틴스크 실험장에서 소련 최초의 원자폭탄 'RDS-1'의 실험이 행해졌다. 실험은 성공했고 포연으로 덮힌 사막에는 폭발효과를 실험하기 위해 사용된 건물과 무기의 잔해, 실험동물의 시체가 널브러져 있었다. 소련의 원자폭탄 개발은 2차 세계대전이 한창이던 1943년에 이미 시작됐다. 영국의 소련 스파이들은 기밀로 분류된 원자력 관련 학술논문을 소련측에 전달했다. 몇몇 미국 핵연구기지에도 소련 스파이가 심어져 있었다.

전 러시아 실험물리학연구소 소장 발렌틴 코스튜코프 교수가《러시아 포커스》와의 인터뷰에서 다음과 같이 말했다. "이들이 우리 측에 전달한 미국의 플루토늄 폭탄에 관한 자료들 덕분에 RDS-1 개발에서 여러 실수들을 미연에 방지할 수 있었고 개발 기간을 단축하고 비용을 줄일 수 있었다." 소련의 지도자 스탈린은 히로시마-나가사키 원폭 투하에서 큰 충격을 받았다. 최대한 빨리 자체적인 핵무기를 개발하는 것이 국가안보의 최대 과제가 됐다. 소련의 원자탄 개발은 이고리 쿠르차토프, 표트르 카피차 등 유수의 과학자들에 의해 진행됐다. 한편 소련의 원폭실험은 9월 3일 미국 공군의 장거리 정찰기가 캄차카 반도 동쪽의 북태평양 상공에서 대기중에 다량의 방사능을 감지하면서 서방에 알려지기 시작했다. 이 사실을 보고받은 트루먼 대통령이 9월 23일 "최근 수 주일 동안 소련에서 핵폭발이 일어난 증거를 갖고 있다."고 발표하자 침묵을 지키고 있던 소련은 비로소 원자폭탄 보유사실을 9월 25일 공식적으로 인정했다. 소련의 이 핵실험으로 미국과 소련의 핵무기 경쟁이 시작됐고, 소련은 연방 해체 때까지 467회의 핵실험을 했다.

August

섀클턴 생환

섀클턴과 27명 대원 전원, 생환하다

1916년 8월 30일. 남극 탐험가 어니스트 섀클턴은 엘리펀트 섬에서 극한의 악조건 속에서 살아남은 대원들과 감동의 상봉을 했다. 그들은 이날을 '기적의 날'로 부르며 평생을 기념하자고 다짐했다. 1914년 8월 8일 남극횡단을 목표로 출발한 대원 27명 전원이 기적같이 살아서 돌아온 것이다. 영국 BBC는 1000년 역사의 최고의 탐험가 10명을 선정하면서 콜럼버스, 제임스 쿡, 닐 암스트롱, 마르코 폴로 다음에 5위에 섀클턴을 선정했다.

섀클턴과 대원들은 인듀어런스 호를 타고 남극으로 출발했으나 1915년 1월 얼어붙은 얼음에 갇혀 10개월 간 남극해를 표류한다. 여름이 돼 얼음이 녹자 이번에는 배가 부서져 버렸다. 배를 버리고 탈출한 후 육지로 가기 위한 497일 동안의 사투 끝에 그들은 엘리펀트 섬에 도착했다. 이 과정에서 그들은 데려왔던 개들을 전부 죽이고 식량으로 삼았다. 엘리펀트 섬은 무인도였고 식량도 없었으며 겨울이 다가왔다. 절망적인 상황에서 섀클턴은 "사우스 조지아 섬에 가서 구조대를 불러 오겠다."고 선언했다. 조각배 1척으로 1,300km 떨어진 남극해를 건넌다는 것은 누가 봐도 무모했지만 5명의 대원은 떠났다. 천신만고 끝에 스트롬니스 만의 포경기지에 도착했다. 하지만 엘리펀트 섬에 남은 대원들을 구조하는 일도 쉽지 않았다. 남극 겨울의 기상악화와 배가 파손되는 등의 사고로 3번의 구조는 실패로 끝났다. 반복되는 실패로 구조를 위한 배를 내주는 곳도 없었다. 고국 영국도 1차 세계대전으로 힘들어 할 때였다. 이제 모두가 상식적으로는 생존자가 없을 거라 판단했지만 8월 25일 우루과이, 칠레 등의 도움을 받아 4번째 구조선이 출발해 마침내 전원 무사히 구조를 해냈다.

31
August

다이애나

다이애나 전 영국 왕세자빈, 교통사고로 사망하다

1996년 8월 찰스 영국 왕세자와 이혼했던 다이애나 스펜서 전 영국 왕세자빈이 1997년 8월 31일 파리에서 교통사고로 사망했다. 벤츠 승용차에는 다이애나와 그의 애인 도디 알 파예드, 그리고 운전사, 경호원 등 4명이 타고 있었다. 승용차는 0시 35분쯤 파리 알마 광장 지하터널에서 파파라치들의 추적을 따돌리기 위해 고속으로 질주하다 지하차도 콘크리트 중앙분리대를 들이받고 다시 오른쪽 터널벽과 충돌했다. 이 사고로 알 파예드와 호텔 경비원이었던 운전사는 그 자리에서 사망했고 경호원은 중상을 입었으며 다이애나는 병원으로 옮겨졌으나 출혈 과다로 오전 4시쯤 숨을 거뒀다. 36년의 짧은 생을 마감했다.

몰락한 귀족 가문에서 태어나 고등학교를 중퇴한 뒤 유치원 보모로 일할 때까지만 해도 그녀는 평범한 여성이었다. 하지만 1981년 7월 29일 찰스 왕세자와 런던 세인트 폴 성당에서 '세기의 결혼'을 올리면서 '현대판 신데렐라'로 등장했다. 그러나 이후 그녀의 인생은 거친 파도에 휩쓸렸다. 왕세자빈과의 결혼생활은 그녀의 기대와는 너무나 달랐다. 엄격한 왕실생활은 숨이 막혔고 12살 연상인 남편과는 공통점을 찾을 수 없었다. 게다가 왕세자가 유부녀 카밀라 볼스와 사랑에 빠지면서 더욱 괴로운 나날을 보내야 했다. 이 때 그녀도 승마 교관과 사랑에 빠진다. 급기야 두 사람의 별거 사실이 언론에 알려지고 왕세자의 불륜이 언론에 연일 보도되자 두 사람은 1992년 12월 공식 별거를 선언한다. 계속된 불화에 다이애나는 우울증에 걸려 5차례나 자살을 기도했다. 다이애나는 승마 교관과의 불륜을 방송에 알렸고 이에 화가 난 엘리자베스 여왕이 이혼을 요구해 결국 1996년 8월 정식 이혼했다.

9월

1

간토 대지진

일본 간토 대지진과 조선인 대학살

1923년 9월 1일 오전 11시 58분 44초. 일본 간토 지방에 미증유의 대지진이 강타했다. 매그니튜드 7.9. 이른바 간토 대지진이었다. 9만 9천 3백 명이 사망하고 4만 3천 5백 명이 행방불명됐으며, 가옥도 25만 채가 파괴되고 44만 7천 1백 채가 불에 탔다. 특히 도쿄는 피해가 심해 10만 7천 5백여 명이 사망하거나 실종됐고 도시의 4분의 3이 잿더미가 됐다. 민심은 흉흉해졌다. 다음날 출범한 제2차 야마모토 내각은 계엄령을 선포하고 사태수습에 나섰으나 혼란이 더욱 심해져가자, 국민의 불만을 다른 데로 돌리기 위해 조선인과 사회주의자들이 폭동을 일으키려 한다는 소문을 조직적으로 퍼뜨렸다. "조선인이 우물에 독을 탔다.", "시내 곳곳에 불을 질렀다." 등이 그것이었다.

당시 일본은 코민테른의 활동 영향이 동아시아에까지 미쳐 한국과 중국의 민족해방운동이 격화되기 시작했고, 내적으로도 대공황의 여파로 노동과 농민 운동이 심화되고 있었다. 이 같은 상황에서 대지진까지 발생하자 일본 군부와 군국주의자들은 당면의 위기를 극복하고자 민중의 보수적 감정을 이용한 것이다. 이 때문에 일본도와 죽창으로 무장한 자경단이 각지에 조직돼 통행인을 검문했다.

자경단은 일본 관헌들과 함께 조선인을 붙잡아 '빠·삐·뿌·뻬·뽀' 같이 일본인이 아니면 정확하게 발음하기 힘든 말을 시켜보고 조인으로 판단되면 무조건 체포하거나 심지어 칼과 죽창을 마구 휘둘렀다. 일본 내무성은 지방으로 '불령 조선인 단속' 공문을 내려 보내 군대와 경찰까지 동원해 학살을 부추겼다. 이 사건으로 몇 명의 한국인이 학살당했는지는 확실치 않다. 일본의 공식 발표에 따르면, 일주일 동안 6천 4백 명의 조선인들이 죽었다.

일본, 항복문서에 서명하여 태평양전쟁이 종료되다

1945년 9월 2일. 일본 도쿄만에 정박 중인 미 전함 미주리 호 선상에서 시게 미츠 마모루 일본 외무대신이 맥아더 사령관과 연합국측 9개 국 대표가 지켜 보는 가운데 항복문서에 서명했다. 이로써 태평양전쟁은 대단원의 막을 내 렸고 대한민국도 36년 간의 긴 일제치하를 벗어나 해방을 맞게 됐다. 조인식 에 다리를 절룩거리며 나온 시게미츠는 1932년 윤봉길 의사의 도시락 폭탄 으로 훙커우 공원에서 다리를 잃은 바로 그 사람이었다.

항복 서명이 진행된 배도 특별한 의미를 가졌다. 미주리 호는 일본의 진주 만 공격에서 침몰했던 배였다. 미국은 이 배를 수리해 서명식의 장소로 일본 까지 끌고 온 것이다. 결국 일본은 자신이 기습해 침몰시킨 배 위에서 항복하 는 운명을 맞은 셈이 됐다. 항복문서의 내용은 일본 황제와 일본 정부는 무조 건 항복하고 연합군의 지배를 받아 어떤 명령이나 조치도 받아들이며 연합 군 포로를 즉시 석방한다는 내용이었다.

태평양전쟁에서 일본의 패색이 짙어지자 연합국이 일본의 '무조건 항복' 을 요구하는 포츠담 선언을 발표했다. 그러나 일본은 이를 묵살하고 소련에 '조건부 항복' 중재를 요청했다. 소련이 미적거리는 사이 히로시마와 나가사 키에 원자폭탄이 투하되고, 곧 소련마저 일본에 선전포고를 하자 일본은 천 황궁에서 회의를 열고 '천황제 존속'을 조건으로 항복을 결정한 뒤 이를 연 합국에 알렸다. 하지만 연합국은 이를 인정하지 않고 무조건 항복을 요구했 다. 결국 1945년 8월 15일 정오, 천황은 라디오를 통해 무조건 항복을 선언했 다. 마지막으로 항복문서에 서명하는 굴욕적인 일을 누가 맡느냐로 갈등이 있었고 결국 외무대신으로 결정이 됐다.

3
September

아우슈비츠

아우슈비츠 수용소, 독가스 처형을 시작하다

폴란드가 수도를 바르샤바로 옮기기 전까지 600년이나 정치, 경제, 문화의 중심지였던 크라쿠프. 그 크라쿠프에서 서쪽으로 55km 떨어진 곳에 인류가 부끄러워해야 할 아우슈비츠 강제수용소가 있다. 1941년 9월 3일. 이 아우슈비츠 강제수용소의 제11블록 지하실에서 소련군 포로 650명과 유태인 250명이 독가스에 의해 처형됐다. 이것은 아우슈비츠에서 행해진 최초의 독가스 처형으로 이후의 유태인 대량학살에 대비한 실험적인 성격을 갖는다. 히틀러는 유태인 처리와 관련해 한꺼번에 많이 죽일 수 있는 가스실을 생각하고 이를 '최종해법'이라 불렀다.

2차 세계대전 당시 나치 독일이 세운 여러 수용소 중 최대 규모의 아우슈비츠 강제수용소는1940년 5월 20일에 완공되었고, 6월 14일부터 폴란드 정치범들을 시작으로 수많은 사람들이 강제수용되기 시작했다. 독가스 처형이 시작되기 직전인 1941년 9월 1일 나치는 6세 이상의 유태인에 대해 이른바 '다비드의 별'을 달지 않고는 공공장소로 나가는 것을 금하는 경찰령을 발포했다.

아우슈비츠 강제수용소는 인간의 잔혹성이 얼마나 무서운지 보여주는 역사의 현장으로 1979년 세계문화유산으로 등재됐다. 전기가 흐르는 2~3중 철조망 안에 만들어진 수용소에는 교수대, 가스실, 소각장, 막사 등이 있었다. 연구에 따르면 아우슈비츠 강제수용소에 수용된 인원은 150만 명에 달했다. 수용된 사람 중에는 유태인이 가장 많았으며 독일 나치에 반대하는 정치인, 사상가, 예술인 등도 있었다. 수용소에서 굶주림과 고문은 기본이고 아무것도 모르는 아이까지 가스실에서 죽어갔다.

4
September

슈바이처

'밀림의 성자' 슈바이처, 사망하다

1965년 9월 4일. '20세기의 성자' '밀림의 성자' 등으로 불린 알버트 슈바이처가 사망했다. 독일 알사스에서 목사의 아들로 태어났으나 고향이 1차 세계대전 후 프랑스령으로 넘어가는 바람에 그는 프랑스인이 됐다. 아프리카에서의 활동 때문에 의사로 많이 알려져 있으나, 그는 대학에서 신학과 철학을 공부해 각각 박사학위를 소유한 신학자요 철학자였다. 1906년에 발표한《라이마루스에서 브레데까지》는 예수 전기 연구사의 중요한 책으로 그를 세계적인 신학자 반열에 올려놓았다. 그는 칸트를 연구했으며 당연히 칸트와 밀접한 관련이 있는 괴테상도 수상했다. 또 바흐 연주자였고 뛰어난 오르간 연주자이기도 했다.

하지만 그가 30세가 됐을 때 아프리카 흑인들이 의사가 없어 고통을 당한다는 사실을 알고 늦깎이 의학 공부에 나섰다. 1913년 의학박사를 취득한 후 현재의 가봉 공화국으로 가 랑바레네에 병원을 설립했다. 1차 세계대전 때는 독일인이라 하여 포로의 몸으로 본국에 송환되었고 그의 병원도 폐쇄되었으나, 아프리카 생활을 회상한《물과 원시림 사이에서》를 1921년에 출판하자 주목을 받기 시작했다.

그는 아프리카 밀림에서 60여 년에 걸친 오랜 봉사로 1952년 노벨 평화상을 수상했다. 오슬로에서 행한 노벨 평화상 수상 연설 제목은 '현대세계에 있어서의 평화의 문제'였다. 또 1957년 버트런드 러셀, 1962년 케네디 대통령에게 보낸 편지 등에서는 핵실험 반대 입장을 나타내기도 했다. 고난 속에서도 웃음을 잃지 않고 생명을 소중히 여기며 남을 생각한 슈바이처는 봉사와 희생 정신이 무엇이고 가치 있는 삶이 어떠한 것인지 가르쳐 주는 본보기다.

5
September

테러

검은 9월단, 뮌헨올림픽 인질극을 벌이다

1972년 9월 5일 새벽. '검은 9월단'을 자칭하는 8명의 팔레스타인 무장 게릴라들이 뮌헨올림픽 이스라엘 선수촌에 난입해 코치 2명을 사살하고 선수 9명을 인질로 삼았다. 화해와 축제의 장이어야 할 올림픽이 졸지에 공포의 무대로 변했다. 이스라엘에 투옥된 200여 명의 동료들을 석방하라는 게 이들의 요구였다. '검은 9월'은 팔레스타인 게릴라들이 요르단 정부군의 토벌작전으로 큰 타격을 받은 1971년 9월을 의미하며, '검은 9월단'은 같은 해 11월 요르단의 탈 총리를 보복·암살한 게릴라들이 자신들을 그렇게 부른 데서 유래한다.

게릴라들은 몸값을 주겠다는 서독 정부의 제안은 거부하고 "이집트 카이로까지 이송해주겠다."는 제안만을 받아들여, 그날 밤 헬리콥터를 이용하여 여객기가 준비된 공군기지에 도착했다. 게릴라들이 헬리콥터에서 내리는 순간, 잠복해 있던 서독 경찰들로부터 일제 사격이 시작됐다. 게릴라들도 응사했지만 인질로 잡혀 있던 9명의 선수 전원과 5명의 게릴라가 현장에서 죽고 3명은 생포됐다. 서독 경찰관 1명도 사망했다.

그러나 '검은 9월단'은 10월 29일 서독 루프트한자 여객기를 납치해 서독 정부를 협박했다. 이에 서독정부는 생포했던 3명을 석방했고 이에 이스라엘은 격분했다. 보복에 나선 이스라엘의 골다 메이어 총리는 정보기관 모사드와 군대로 하여금 테러를 기획하고 참여한 범인들을 사살하는 팀을 만들도록 지시했다. 이 팀은 1973년 4월 레바논의 베이루트로 침투해 팔레스타인 해방 기구의 정보 책임자 모하메드 유수프 알 나자르 등 3명을 죽이는 것을 시작으로 '신의 분노'라는 암호명 아래 유럽과 중동을 돌아다니면서 팔레스타인 테러단을 추적해 사살했다.

6

September

필그림 파더스

필그림 파더스, 종교의 자유를 찾아 영국을 떠나다

종교개혁의 불길이 옮겨 붙은 영국에도 신구교 간에 살육전이 벌어졌다. 엘리자베스 1세 여왕은 신구교를 융합한 국교회 성공회로 화해를 꾀했다. 그러나 뒤이어 잉글랜드와 스코틀랜드 공동 국왕으로 즉위한 제임스 1세는 성공회를 보호하고 청교도를 탄압했다. 탄압을 피해 네덜란드로 갔지만 경건한 영국 신교도들의 기질과는 맞지 않았다. 대안이 신대륙이었다.

1620년 9월 6일 당시 영국이 사용하던 율리우스력 기준 영국 남서부 플리머스에서는 청교도 탄압을 피해 102명의 '필그림 파더스'가 범선 메이플라워 호를 타고 신대륙으로 향했다. 이들은 당초 영국 왕실의 허락을 얻은 허드슨 강 하구의 버지니아에 도착할 예정이었다. 하지만 풍랑을 만나 항로를 이탈하는 바람에 1천km나 북쪽의 매사추세츠 주 플리머스에 11월 21일 닻을 내렸다. 영국으로부터 허가받지 못한 곳에 도착했기 때문에 내부에 갈등이 일었다. 결국 그들은 그곳에 아예 새로운 정부를 만들기로 결의했다. 이 결의가 미국 헌법의 기초로 작용한 '메이플라워 서약'이다.

한편 필그림 파더스보다 앞서 신대륙에 건너간 사람들도 있었다. 월터 롤리는 1585년 로어노크 섬을 식민지로 삼고 처녀인 국왕 엘리자베스 1세에게 바친다는 뜻으로 버지니아로 명명했다. 버지니아 사가 모집해 3척의 배를 나눠 타고 온 104명 승선 때는 144명은 1607년 4월 26일 버지니아 주 체서피크 만에 도착해 당시 국왕의 이름을 딴 정착촌 제임스타운을 건설했다. 하지만 종교의 자유를 찾아 집단으로 이민하고 자체 규약을 맺어 공동체를 이룬 것은 메이플라워 호 승객들이 처음이어서 이들을 미국 이민자의 조상으로 꼽는다.

7
September

미인대회

제1회 미스 아메리카 선발대회 개최

1921년 9월 7일. 미국 동부 애틀랜틱시티에서 '제 1회 미스 아메리카 선발대회'가 열렸다. 미녀들의 수영복 패션이 사람들의 눈길을 사로잡은 것은 당연하다. 이 대회는 한 지역 신문사의 간부가 피서객을 좀 더 붙잡고 노동절 연휴 동안 관광객을 끌어들일 요량으로 생각해냈다. 신문사와 지역 상공회가 공동 주최한 첫 대회에는 주변 시에서 선발된 여성 8명이 참가했다. 1위는 워싱턴 D.C. 대표 16세의 마거릿 고어가 차지했다. 고어는 키 155cm에 몸무게 49kg인 자그마한 체구였다.

젊은 여성들의 자극적인 수영복 퍼레이드에 대한 비난이 일었지만 이듬해에는 57개 도시에서 유명해지고 싶어 하는 미녀들이 출전했다. 비슷한 대회는 당시 영화와 사진의 붐이 막 일기 시작한 것에 편승해 미국 전역에 우후죽순으로 생겼다. 대회 입상자에게는 영화나 연극에 출연할 기회가 주어졌으며, 그들은 하루아침에 스타가 됐다. 그러나 끊임없는 논란으로 애틀랜틱시티의 미인대회는 1927년에 중단됐다. 1935년에 다시 부활하면서 출전자들의 다양한 재능을 겨루는 탤런트 분야가 추가됐다. 대회에 인기가 높아지자 1952년 롱비치에서 각국 미녀 29명을 초청, 제1회 미스 유니버스를 개최했다.

1940년대 들어 여성의 대학 진학률이 높아지자 장학기금까지 내놓았다. 첫 수혜자는 최초의 대학 졸업생이었던 베스 미에르슨1945년으로 5천 달러를 장학금으로 받았다. 현재 미스 아메리카 조직위원회는 여성만을 위한 세계 최대 장학재단으로 연간 5백만 달러 이상을 투자하고 있다. 1954년 이래 TV 최고 인기 연례 프로그램으로 자리 잡은 미스 아메리카는 1960년대 후반부터는 여권운동가들의 격렬한 반발을 샀다.

로켓

독일, V2 로켓을 영국으로 발사하다

1944년 9월 8일. 독일군의 'V2 로켓'이 런던으로 날아들자 영국은 발칵 뒤집어졌다. 불과 이틀 전에 골치 아팠던 V1 로켓의 위협으로부터 벗어났다고 발표했는데, 한층 위력적인 새로운 로켓의 공격을 받았으니 그럴 법도 하다. 영국인들로부터 '악마의 사자'라고 불리며 악명을 떨쳤던 V2 로켓은 여러 가지에서 주목되는 무기였다. 우선 길이 14m, 무게 13톤에 항속거리 3백km로 음속의 3배나 돼 발사 3~4분만에 런던을 공격할 수 있어 영국군으로서는 속수무책이었다.

전쟁이 끝날 때까지 1천 3백 60발이 발사돼 1천 1백 90발이나 목표물을 맞힐 정도로 명중률도 높았다. 런던에만 5백 발이 떨어져 2천 7백여 명이 죽고 6천 5백여 명이 부상했다. 패전이 임박했을 때 히틀러는 "4년만 더 일렀더라면…"이라며 발을 굴렀다고 하는 그 무기였다. 앞서 V1도 영국을 매우 괴롭혔다. 순항 미사일 성격의 이 무기는 영국군으로 하여금 발사지를 알 수 없게 만들었기 때문이다. 독일어 '보복vergeltung'의 이니셜에서 따온 이름의 V1 로켓에 대해 영국은 겨우 발사 추정지를 알아내서 폭격을 가하고 레이더와 방어장치 개선으로 요격율이 높아지면서 한시름 놓을 수 있었다.

한편 종전 후 미국은 독일 노르트하우젠에 있는 V2 로켓 공장에 있던 자료와 1백여 대의 실물 V2 로켓을 획득했다. 또 폰 브라운을 비롯한 관련 과학자들도 미군에 투항했다. 당시 미국에 비해 25년이나 앞선 V2 기술이 탐나나 미국이 선점을 해버렸다. 4개월 뒤에 진입한 소련도 눈에 불을 켜고 V2에 관한 전리품과 관련 학자들을 챙겼고 이 기술들은 이후 최초로 대륙간탄도탄을 개발하는 중요한 밑거름이 됐다.

9
September

마오쩌둥

중국 공산당 아버지 마오쩌둥, 사망하다

1976년 9월 9일. 중국인민의 영원한 우상이자 중국 공산당의 아버지 격인 마오쩌둥이 베이징에서 사망했다. 향년 83세. 마오쩌둥은 1893년 12월 26일 호남성의 농부의 아들로 태어났다. 약관의 18세이던 1911년 신해혁명이 발발한 후 그는 호남에서 봉기한 신군부에 가담하면서 혁명활동을 시작했다. 1920년에는 신민학회와 러시아연구회를 조직해 마르크스주의를 적극적으로 선전하고 같은 해 호남에서 공산주의 조직을 창설했다. 1921년에는 중국 공산당 창당에 참여했고, 대장정 이후 중국 공산당을 이끌며 항일전쟁과 국공내전을 거쳐, 1949년 이후에는 중국의 가장 강력한 지도자로서 현재의 중국에 대한 기초를 닦은 인물이다.

마오쩌둥 사상은 모순론과 실천론을 근간으로 하고 신민주주의론, 인민민주전정론으로 국정관리사상을 이루고 있다. 한편 마오쩌둥 사상은 1966년 대내외적인 형세에 대한 극단적인 판단으로 문화대혁명을 일으키는 오류를 범했다. 10년 간에 걸친 대혼란으로 중국은 엄청난 손실을 감수해야만 했다. 중국 사상계에서는 마오쩌둥에 대하여 공보다 과가 많은 사람이라고 비판하기도 한다. 한편 개혁개방정책 이후에 나타난 새로운 인민 내부의 문제를 치유하는 면에서 마오쩌둥 사상을 통해 지혜의 실마리를 찾고자 하는 사람도 있다. 특히 1990년대 이후 중국 사회는 개혁개방의 부작용이 확산되면서 마오쩌둥과 그 사상의 가치를 재발견하게 되었다. 다수의 중국인들은 마오쩌둥이 자주독립과 주권을 수호하고 평화를 유지하기 위하여 시종일관 제국주의와 패권주의를 반대해왔으며, 일생을 통해서 중국혁명 건설에 많은 공적을 남겼다고 생각하며 중국 인민의 우상으로 존경하고 있다.

10
September

라쇼몽

〈라쇼몽〉, 베니스 영화제에서 아시아 첫 대상을 수상하다

1940년대까지 세계 영화계에 아시아가 설 자리는 없었다. 그 굳게 닫힌 문을 연 인물이 바로 '일본 영화의 천황' 구로사와 아키라 감독이다. 1951년 9월 10일. 그의 작품 〈라쇼몽〉이 아시아 영화로서는 최초로 베니스 영화제에서 대상인 황금사자상을 수상했다. 세계 영화계에서는 그의 깜짝 등장에 놀라움을 감추지 못했고 일본 영화는 2차 세계대전 패전 이후 숨죽여 오다 일약 황금기를 구가하기 시작했다. 특히 1982년에는 〈라쇼몽〉이 베니스 영화제 역대 대상 가운데 최고 작품으로 선정된 데다, 구로사와 아키라는 '세계 영화사상 가장 위대한 10대 감독'에 올라 명불허전임을 보여줬다. 조지 루카스, 스티븐 스필버그 등 세계적인 거장들도 구로사와를 기꺼이 스승으로 모신다.

그는 중학교 졸업 후 화가를 지망하고 프롤레타리아 미술동맹에 참여하여 전람회에 출품하기도 했지만 1932년 궁핍한 생활과 피로 때문에 동맹에서 탈퇴했다. 1936년에는 자립하기 위해 도호의 전신인 P.C.L. 영화제작사에 조감독으로 입사하여 주로 야마모토 가지로 감독 밑에서 조수로 일하며 극본 쓰는 법도 배웠다. 그는 일본식 소재를 즐겨 다뤘지만 스타일은 서구적 방법을 중요시 했다.

〈라쇼몽〉은 하나의 살인 사건을 배경으로 범인, 피해자, 목격자 등이 자신에게 유리한 각기 다른 4가지의 진술을 한다는 이야기로 인간의 에고이즘이 강렬하게 표현되어 있다. 구로사와의 작품 〈7인의 사무라이〉는 1954년 베니스 영화제에서 은사자상을 받았다. 그는 30여 편의 대작을 만들어 일본 영화계의 셰익스피어라는 찬사를 받았으나, 1998년 9월 6일 88세의 일기로 타계했다. 스필버그 감독은 "우리의 스승이 눈을 감았다."며 슬퍼했다.

11
September

쿠데타

칠레 쿠데타로 피노체트 집권이 시작되다

1973년 9월 11일. 피노체트가 주도한 군부 쿠데타에 의해 아옌데 칠레 대통령이 피살되고 피노체트가 집권했다. 이로써 세계의 사회주의운동에 새로운 길을 열 것으로 좌익지식인들 사이에 기대를 모았던 사회주의도 아옌데의 죽음과 함께 물거품이 됐다. 한편 피노체트의 배후에 미국 CIA가 자금을 지원한 사실이 오랜 세월이 흐른 뒤인 2000년 9월에 공개된 문서에 의해 밝혀졌다. 1970년 11월 3일 선거를 통해 세계 최초의 공산주의자로 대통령직에 오른 아옌데는 "빵과 포도주로 가득 찬 풍요와 정의의 조국 건설"을 약속했다.

3차례의 낙선 끝에 다시 출마한 그는 사회·공산당을 주축으로 하는 6개 정당연합체인 '인민연합'의 단일 후보로 뽑히면서도 36.6%라는 낮은 지지율로 대통령에 당선됐다. 취임 후 아옌데는 은행-광산 등 주요기업을 국유화하는 정책을 실행에 옮겼다. 또 농업협동조합을 건설하기 위해 대단위 농지를 접수했으며 소득 재분배를 위해 임금을 크게 인상하고 물가는 동결했다. 당연히 하층민들은 열렬히 지지했지만 자본가와 지주들은 노골적으로 반대했다.

결정적으로 미국 소유의 세계 최대의 구리광산을 몰수하자 미국이 칠레의 경제위기를 조장하고 군부를 부추겼다. 그 와중에서 노동자들은 보다 더 급진적인 개혁을 요구하며 공장점거를 하는 등 시위를 했다. 합법적인 방법으로 사회주의 제도를 정착시켜 나간다는 아옌데 노선은 좌우에서 협공을 받아 좌절하고 말았다. 그는 난국을 신임투표에서 찾으려 했다. 그러나 투표계획을 발표할 예정이었던 날 새벽에 피노체트의 군부가 쿠데타를 일으켰다. 아옌데는 대통령궁을 포위한 군부대의 공격에 저항하다 피살됐다.

12
September

나철

대종교 교주 나철, 자결하다

1916년 9월 12일. 항일 독립운동가요 대종교를 창시한 종교인 나철이 일제의 종교탄압에 항거해 구월산의 삼성단에서 스스로 목숨을 끊었다. 1863년 전남 보성에서 태어난 나철은 29세 때 문과에 급제하여, 33세 때 징세서장微稅署長에 오르는 등 승승장구했지만 나라가 기울자 공직을 사퇴하고 구국운동에 뛰어들었다. 일본 천황 궁성 앞에서 단식을 벌였고 1904년 호남 출신 우국지사들과 '유신회'를 조직해 기울어져가는 국권을 세우기 위해 힘썼다. 1905년 을사조약이 체결되자 매국노를 암살하기 위한 오적 암살단을 조직, 1907년 조약체결에 협조한 매국노를 저격하려다 실패해 10년 유배형을 선고 받았다.

4개월만에 고종 특사로 풀려난 나철은 이후 민족종교운동으로 방향을 돌린다. 고려 때 원나라에 의해 말살됐던 왕검교를 700여 년만에 부활시킨 뒤 1909년 1월 15일 단군교로 개명해 민족종교운동의 구심점으로 삼고자 했다. 단군교에는 식자층들이 많이 끼어 있어 양반종교라 불리기도 했다. 그후 단군교 교리를 정비하고 교단조직을 개편함으로써 교세확장에 주력하던 중, 교단 내 내분과 예상되는 일제의 탄압에 대처하기 위해 1910년 8월 교명을 대종교로 개칭했다. 그러나 일제의 종교탄압이 점점 심해지자 만주를 무대로 국외포교를 하며 교세확장에 주력했다.

그러던 1915년 10월, 일제가 '종교통제안'을 공포하며 대종교에 대한 탄압을 노골화하자 일제에 항의하는 표시로 이날 목숨을 끊었다. 국가적인 기념일이기도 한 개천절10월 3일 역시 이 대종교에서 유래한 것이다. 한국 근대사에 큰 발자취를 남겼음에도 그만큼 홀대 받은 인물도 많지 않을 것이다.

13
September

린뱌오

중국 공산당 2인자 린뱌오, 비행기 추락사하다

1971년 9월 13일 오전 2시 30분. 중국 공군기 '트라이던트 256기'가 몽골 고비 사막 분지에 추락했다. 린뱌오를 비롯한 탑승객 9명 전원이 사망했다. 린뱌오는 중일전쟁과 국공내전의 중요 전투에서 승리를 거둬 '전쟁 귀신'이라고도 불렸던 인물이다. 처음에는 장제스 휘하에 있었다. 장제스는 국민당군을 떠나 마오쩌둥의 홍군으로 떠난 린뱌오를 평소에도 '황푸군관학교가 낳은 최대 인재, 전쟁의 귀신'이라고 추켜세웠다. 실제로 국공합작으로 일본과의 전쟁에서 린뱌오는 일본군 5사단을 격멸해 대승을 하는 등 맹활약을 했다. 부상치료차 소련에 머물 때 독일군의 프랑스 침공 경로를 정확히 예측해 스탈린으로부터 "소련군 장성 15명과 바꾸고 싶다."는 찬사를 받기도 했다.

비행기 추락 사고 당시 린뱌오는 중국 공산당 부주석, 국무원 제1부총리, 국방부장관을 맡고 있는 실세로 나이 많은 마오쩌둥의 후계자로 가장 유리한 사람이었다. 사고의 원인에 대해서는 여러 가지가 있다. 당시 중국 당국의 발표는 연료 부족, 나중에 러시아와 몽골 정보기관의 보고서에는 조종사 실수였다. 또 중국이나 소련이 대공 미사일로 격추시켰을 것이라는 소문도 나돌았다.

사고 후 린뱌오에게는 '당과 국가의 배신자' 등 여러 죄목이 씌워졌고 그를 따르던 군참모총장 등 고위 장성들이 줄줄이 구속됐다. 중국 공산당은 '린뱌오 반당 집단의 반혁명 정변을 분쇄한 투쟁'이라는 내부 자료를 통해 린뱌오가 쿠데타를 기도하다가 도주한 것으로 공식 평가했다. 린뱌오는 마오쩌둥이 탄 열차를 폭파하려 했으나 발각되는 바람에 아내와 아들들을 데리고 소련으로 탈출을 시도했다고 본 것이다.

14
September

이사도라 던컨

'맨발의 무용가' 이사도라 던컨, 사망하다

'20세기 모던 댄스의 어머니'로 불리는 미국의 무용가 이사도라 던컨이 1927
년 9월 14일 사고로 갑자기 죽었다. 사인은 그녀의 목에 걸고 있던 스카프가
승용차 뒷바퀴에 걸리는 바람에 질식사한 것이다. 던컨은 무용인들이 200년
가까이 무대에서 벗어 본 적이 없는 토슈즈를 벗어 던지고 무대에 오른 '맨
발'의 무용인으로 유명하다. 그녀 이전의 무용은 오랫동안 우아한 아름다움
과 절제된 정서 표현이 정석이었다. 하지만 그 같은 전통에 답답함을 느낀
이사도라 던컨은 형식을 무시하고 자기 방식의 춤을 추었다. 토슈즈를 벗어
던진 이사도라는 창작무용을 예술의 수준으로 끌어올린 최초의 무용가였다.

1877년 미국 샌프란시스코에서 태어난 던컨은 어려서 독학으로 무용공부
를 시작했다. 22세 때인 1899년 시카고에서 데뷔했지만, 이때는 인정을 받지
못했다. 그녀가 이름을 떨친 것은 20세기 들어서였고, 미국이 아닌 유럽에서
였다. 그녀는 자기 예술의 영감을 자연과 그리스 예술에서 찾았고 그때까지
무용에 도입되지 않았던 음악작품을 무용에 도입했다.

그녀는 러시아와도 인연이 깊었다. 그녀의 영향으로 현대 발레를 시도한
최초의 발레 단체 '발레 뤼스'가 결성된 곳도 러시아였고, 그녀의 17세 연하
의 남편 에세닌 역시 러시아 시인이었다. 이때까지 이사도라 던컨은 자신의
예술에서 그리고 사랑에서 확실한 성공을 거두는 듯했다. 그러나 그녀의 사
생활은 지극히 불행했다. 남편 에세닌은 자살로, 두 아이는 사고로 잃어버린
것이다. 조국 미국마저 비난을 퍼부었고 시민권까지 박탈해 버렸다. 그녀의
죽음 역시 그녀의 삶만큼이나 극적이었다.

15
September

라면

인스턴트 식품의 대명사 '라면', 국내에서 첫 생산되다

인스턴트 식품 중에서 단연 으뜸으로 손꼽히는 것이 라면이다. 식품업계의 혁명으로까지 극찬받았던 라면은 일본에서 시작됐다. 라면은 1958년 일본 닛신식품의 회장 안도 모모후쿠에 의해 개발되어 시판된 식품이다. 국내에 서는 1963년 9월 15일 삼양라면이 일본의 라면 제조기술을 도입해 생산하면 서 그 시대를 열었다. 삼양식품이 일본에서 라면을 들여온 이유는 1960년대 당시의 심각한 식량난을 해소하기 위한 방편에서였다.

그러나 당시 일반인들에게 라면은 생소할 뿐이어서 초기 반응이 시큰둥 했다. 오랜 곡식 위주의 식생활에 길들여져 온 한국인에게 인스턴트 밀가루 식품에 대한 거부감은 이해가 되는 일이기도 하다. 심지어 '라면'이라는 말 을 '羅綿나면'으로 오해하여 먹는 것이 아니라 옷감이나 실 정도로 생각하는 사람도 있었다고 한다. 아무리 홍보를 해도 라면이 팔리지 않자, 삼양라면은 대로변에 점포를 설치하고 조리하는 방법부터 차근차근 알려주는 방식으로 홍보활동을 펼쳤고, 또 공공장소를 찾아다니며 즉석에서 시식을 권하는 방 식으로 라면의 맛과 장점을 알리기 시작했다.

히트 식품으로 자리 잡게 된 계기는 박정희 정권의 혼분식 소비 권장정책 때문이다. 식량난에 시달리던 당시 정부는 밀가루 소비를 장려했고 이에 힘 입어 라면에 대한 인식도 달라지면서 대중화됐다. 점차 싼값에 간편하게 먹 을 수 있다는 라면의 최대 강점이 널리 알려지면서 수요가 폭발적으로 늘어 났다. 세계 인스턴트 면협회wina의 통계에 따르면, 2019년 한 해 동안 전 세 계에서 소비된 라면은 1천 60억 개다. 1위는 중국으로 414억 5천 개, 한국은 39억 개로 7위였다.

16
September

마리아 칼라스

20세기 최고의 소프라노 마리아 칼라스, 사망하다

1977년 9월 16일. '오페라의 여왕'으로 불리며 한 시대를 풍미했던 마리아 칼라스가 파리의 한 아파트에서 숨졌다. 향년 54세. 20세기 음악은 그녀 이전과 이후로 나눈다고 할 정도로 찬사를 받았지만 그녀의 삶은 순탄치 못했다. 그녀는 그리스 선박왕 오나시스와 결혼을 했으나 9년 간에 걸친 사랑은 오나시스가 존 F. 케네디 대통령의 미망인 재클린과 1968년 결혼하면서 파국을 맞았다. 이후 그녀는 배신감으로 몸을 떨어야 했고 급기야 목소리마저 이상이 생기기 시작했다. "대가를 치러야 할 것"이라며 증오했던 오나시스가 1975년 막상 먼저 세상을 떠나자 이때부터 칼라스는 실의에 빠져 은둔의 나날을 보냈다.

1923년 12월 2일 가난한 그리스계 이민자의 딸로 뉴욕에서 태어난 그녀는 13세까지 미국에 살다가 1937년 고국 그리스로 돌아가 활동한다. 1947년 베로나 아레나 음악제에서 《라 조콘다》의 주역을 불러 처음으로 이탈리아 오페라계에 등장한 그녀는 명지휘자 세라핀의 열성적인 지도에 의해서 센세이션을 일으켜, 그로부터 10여년에 걸쳐 이탈리아 오페라계에 빛나는 영광의 한 시대를 쌓아올렸다. 칼라스를 '오페라의 여신'으로 불리게 한 대표적 작품은 벨리니의 《노르마》와 푸치니의 《토스카》이었다. 하지만 목소리에 이상이 생기고 1965년의 파리와 런던에서의 《토스카》 이후는 두 번 다시 무대에 서는 일이 없었다. 그녀의 목소리는 콜로라투라 소프라노의 가볍고 섬세한 음색에서 드라마틱 소프라노의 극적인 힘참, 나아가서 메조 소프라노의 어슴푸레한 울림까지, 상식적으로는 생각할 수 없을 만큼 폭넓은 표현력을 가졌다고 평가받았다.

17

September

광복군

대한광복군 창설되다.

1940년 9월 17일 새벽 6시. 임시정부 간부들과 한·중 양국 인사 200여 명이
중국 충칭의 가릉빈관에 모여들었다. 이윽고 김구 주석이 선언문을 발표하
고 조직구성이 발표됨으로써 마침내 광복군이 창설됐다. 임시정부도 21년만
에 무장군대를 갖게 돼 이제 연합국의 일원으로 일본과 전쟁을 벌일 수 있게
됐다. 1907년 대한제국의 군대가 일제에 의해 강제 해산되고 33년만에 맞는
실로 감격적인 순간이었다.

　총사령관에는 지청천이, 참모장에는 이범석이 임명됐다. 12명의 장교에
병력이라곤 30여 명에 불과한 초라한 출발이었다. 하지만 부대원들 얼굴에
는 투지와 자신감이 넘쳐났다. 광복군은 수적으로도 1년 뒤 3백 명, 2년 뒤 3
백 40명으로 꾸준한 증가세를 보였으며 이 가운데에서도 1941년 대일 선전
포고를 하고, 1943년에는 영국군에 파견돼 인도 버마 전선에 투입됐으며, 해
방직전인 1945년에는 미국 전략업무국OSS와 합작해 국내 진공을 위한 특수
훈련을 받는 등 활발히 활동했다. 임시정부는 이미 1919년에 육군 임시군제
를 제정하여 법규를 마련했다. 이후 재정적 어려움 등으로 실현되지 못했다.
그러다 1932년 윤봉길 의사의 의거를 계기로 중국 정부의 지원을 받으면서
김구는 군사간부를 양성하는 등 군대 창설에 힘썼다.

　그러나 조국이 없는 군대의 현실은 언제나 설움뿐이었다. 창설 2개월만에
본부를 시안으로, 2년 뒤에는 다시 충칭으로 옮겨야 했다. 1941년 11월부터
는 중국 정부의 원조를 받는 조건으로 중국군 참모총장의 지휘를 받아야 했
다. 1945년 4월에 이르러서야 중국군의 영향권으로부터 벗어났지만 곧 광복
을 맞아 1946년 6월 해체됐다.

18
September

미국 중앙정보국

미국 중앙정보국, 창설되다

1947년 9월 18일. 트루먼 대통령에 의해 미국 중앙정보국CIA이 창설됐다. 특정 부처에 속하지 않는 독립기관이며 본부는 워싱턴 D.C. 인근의 버지니아 주 랭글리에 있다. 2차 세계대전 중 설치된 전략업무국OSS의 후신이다. 종전 후 미국은 승패를 면밀히 분석한 후 CIA를 설치했다. 약 2만 명이 전 세계에 걸쳐 근무 중이다. 1960년대 초반까지는 동서냉전 격화에 힘입어 황금기를 구가했다. 1953년 아이젠하워 대통령이 임명한 덜레스 국장에 의해 조직이 확대되기 시작했으며 능력과 자금 등에서 세계 최강 정보조직으로 발돋움했다. 이란과 과테말라 혁명을 성공으로 이끌어 성과도 높았다.

그러나 1960년대 중반 들어 상황이 달라졌다. 쿠바 피그만 상륙작전을 배후조종했다가 실패하고, 마피아 조직을 동원해 카스트로를 암살하려 했다는 사실이 밝혀지면서 민심을 잃었다. 1970년 칠레 아옌데 사회주의 정권을 뒤집는 쿠데타를 조장하기도 했다. 1975년 사이공 함락은 CIA치부를 드러낸 공작이었다. 1980년대 레이건 정부가 집권한 뒤에 CIA는 니카라과에 들어선 좌파정부인 산디니스타 정권을 뒤집기 위해 다양한 공작활동을 펼쳤다.

냉전 종식과 함께 적을 상실한 CIA는 새로운 적을 찾아 나섰다. 조직과 예산을 축소하라는 국내 요구에 대한 대응책이기도 했다. 1997년 테닛 국장은 각국의 경제정책, 첨단기술의 개발상황 분석뿐만 아니라 미국 기술 불법유출방지에 주력하겠다고 밝혔다. 중국에서는 2010년에서 2013년까지 중국 내 모든 요원에 대한 명단이 유출돼 중국 공안당국에 의해 30여 명이 붙잡혀 처형당하거나 실종되는 대참사가 벌어지기도 했다

19
September

여성 참정권

뉴질랜드, 세계 최초 여성 참정권을 보장하다

1893년 9월 19일. 뉴질랜드 총리 글래스고는 앞서 9월 8일 의회에서 통과된 여성에게 투표권을 허용하는 법안에 직접 서명했다. 세계 역사상 처음으로 여성 참정권이 보장되는 말 그대로 역사적인 순간이었다. 민주주의 본산지 라고 할 수 있는 미국이나 영국이 아닌 남태평양의 작은 섬나라 뉴질랜드에 서 사상 첫 여성 참정권이 부여된 데는 여성운동가 케이트 셰퍼드의 공이 컸 다. 뉴질랜드 전국 부인회 초대 회장을 맡은 셰퍼드는 처음에 술 판매를 금지 하는 기독교여성 금주모임이라는 단체를 만들고 이 단체를 중심으로 1891년 부터 여성의 투표권 획득을 위한 서명운동을 벌여나갔다.

첫해에 9천여 명이 서명하고 이듬해에 약 2만 명이 서명하면서 하원을 통 과했으나 남성의원과 보수성향의 상원의원들의 방해로 법안이 통과되지 못 했다. 1983년 서명이 계속되어 마침내 뉴질랜드 성인 여성의 4분의 1에 해당 하는 3만 명이 넘는 여성이 서명했고 그해 9월 8일 의회에서 법안이 20 대 18 로 통과했다. 이어 오스트레일리아가 1902년, 핀란드가 1906년, 노르웨이가 1913년에 각각 여성 참정권을 인정했다. 1차 세계대전이 일어나기 전까지 여 성의 참정권을 인정하는 국가는 세계에서 단 4개국뿐이었다.

한편 3만여 명이 서명한 탄원서는 수도 웰링턴의 고문서보관소에 원본이 보 관돼 있으며 유네스코 세계문화유산으로도 등재됐다. 케이트 셰퍼드는 1847 년 3월 10일 영국 리버풀에서 태어났다. 그녀가 20살이 되던 해에 가족들과 이 민을 왔다. 그녀는 기독교 정신을 바탕으로 한 '뉴질랜드 여성절제회'를 조직 해 각종 사회문제를 여성의 시각으로 해결해 나가면서 국민적 지지를 받았다.

20
September

칸 영화제

제1회 칸 영화제, 개막하다

1946년 9월 20일. 제1회 칸 영화제가 프랑스 남부의 관광도시 칸에서 열렸다. 세계 최초의 국제 영화제인 베니스 영화제가 무솔리니의 정치적 선전도구로 전락하자 프랑스에서 새로운 영화제를 모색했다. 당초 1939년 9월 1일이 개최할 예정이었으나 유럽에 퍼진 2차 세계대전의 전운 때문에 연기됐다. 축제 형식으로 치러진 첫 행사에는 프랑스는 물론 미국·소련·인도·멕시코 등 11개 국 영화가 그랑프리를 수상했지만, 심사위원 대상과 감독상을 수상한 르네 클레망 감독프랑스의 〈철로변의 투쟁〉이 최고의 그랑프리로 꼽혔다. 나치 점령 하의 레지스탕스 활동을 다큐멘터리 형식으로 만든 영화였다.

칸 영화제가 가장 권위 있는 영화제로 자리 잡기까지는 우여곡절이 많았다. 1948년과 1950년은 영화제가 무산됐었고, 1968년은 개최는 했지만 5월 혁명의 영향을 받은 데모대가 대회장을 점령하는 바람에 중단됐었다. 1979년에는 심사위원장이었던 작가 프랑수아즈 사강이 "그랑프리 선정에 뒷거래가 있었다."고 폭로해 영화제를 긴장시켰다. 실제 심사결과는 〈양철북〉과 〈지옥의 묵시록〉이 8 대 2였는데, 발표 때 5 대 5로 둔갑, 황금종려상을 공동수상했다는 게 그녀의 주장이었다.

우리나라는 우수작품의 하나로 선정된 이두용 감독의 〈물레야 물레야〉1984년를 시작으로 1999년 송일곤 감독의 단편영화 〈소풍〉1999년이 심사위원상을 받았고, 2004년 임권택 감독이 〈취화선〉으로 감독상을 수상했다. 2004년 박찬욱 감독의 〈올드보이〉가 심사위원 대상을, 2007년 이창동 감독의 〈밀양〉 주인공 전도연이 여우주연상을 받았다. 2019년 봉준호 감독의 〈기생충〉이 대상인 황금종려상을 받았다.

21
September

쇼펜하우어

염세주의 철학자 쇼펜하우어, 사망하다

1860년 9월 21일. 염세주의 철학자 쇼펜하우어가 72세로 사망했다. 1788년 독일 단치히에서 태어난 그는 부유한 부모 덕택에 평생을 풍족하게 살았다. 괴팅겐 대학에서 철학과 자연과학을 배웠고 베를린 대학을 거쳐 예나 대학에서 학위를 받았다. 괴테와 친교를 맺었으며 동양학자 프리드리히 마이어와의 교우를 통해 인도 고전에도 관심을 가졌다.

1819년 4년 간의 노작인《의지와 표상으로서의 세계》를 발표했다. 그의 이 책에는 인식론, 자연철학, 미학, 윤리학 등에 대한 그의 견해가 고스란히 담겨 있다. 그는 "부단한 욕망에 쫓기어 만족할 수 없는 고통스러운 생에서 벗어나기 위해서는 예술적 관조에 의해 세계를 망각하거나 인도 종교사상의 우파니샤드에서 말하는 '범아일여'의 경지에 이르지 않으면 안 된다."고 말한다. 그의 철학은 칸트의 인식론에서 출발해 피히테, 셸링, 헤겔 등의 관념론적 철학자를 공격했으나, 그의 철학체계도 사실상 관념론에 속했다. 그의 철학은 만년에 이르기까지 크게 인정을 받지는 못했으나 19세기 후반 염세관의 사조에 영합하여 크게 보급됐다. 쇼펜하우어의 허무주의는 1848년의 혁명 후, 사람들에게 주목되었다가 혁명이 좌절된 후 실망한 독일의 중간층에서 유행하였다.

그는 잠잘 때에는 권총에 탄환을 넣어 침대 옆에 두고 잤다. 또한 어머니와의 껄끄러운 관계 때문인지, 여자를 불행의 근원으로 생각했다. 여자들은 돈을 낭비하는 버릇과 교활함으로 똘똘 뭉쳐 있고, 습관적으로 거짓말을 하는 존재라고 생각했다. 그래서 오직 "성적 충동으로 판단력이 흐려진 남자들만이 여자라는 존재를 아름답다고 본다."라며 여성을 비하했다.

에베레스트 등반,
다베이 준코

첫 여성 에베레스트 등반, 다베이 준코 태어나다.

일본인 여성 산악인 다베이 준코는 1975년 5월 16일 36세의 나이에 에베레스트 산 등반에 성공했다. 여성으로서는 세계 첫 에베레스트 등반이었다. 딸 하나를 둔 그녀는 15명의 원정대 부대장으로 참가했는데 등반 도중에 눈사태에 휘말려 부상을 당했다. 원정대장은 하산을 결정했지만 그녀는 정상에 도전했고 결국 성공했다.

다베이 준코는 1939년 9월 22일 일본 후쿠시마현 미하루마치에서 태어났다. 10세 때부터 아버지를 따라 산을 오르며 등산의 매력에 빠졌다. 1962년 도쿄 쇼와 여자대학교 영문과를 졸업하였다. 대학을 졸업한 다베이는 사회인 산악회에 가입하고 본격적인 산악활동을 했다. 거기서 일본 최고의 클라이머 요코오 고이치와 짝을 이루어 암벽 타기를 익혔으며, 역시 암벽 타기의 명수인 다베이 마사노부를 만나 결혼했다. 1969년 여성등산클럽을 직접 만들어 여성 산악인들만으로 원정대를 구성했으며, 이후 다베이는 히라카와 히로코와 함께 1969년 7월 29일 네팔의 안나푸르나 3봉7,577m의 등정에 성공했다. 에베레스트 등반 성공 이후 1981년 시샤팡마 이외에도 몽블랑, 킬리만자로, 아콩카과산, 매킨리, 엘브루스, 빈슨매시프 등을 차례로 오르며 결국 1992년에는 여성 최초로 세계 7대륙 최고봉을 올랐다. 평생 동안 세계 56개국 159개 산을 등반했다. 2012년 복막암 진단 이후에도 등반은 계속되었다. 같은 해 7월 학생들과의 후지산 3천m 지점까지의 등반한 것이 마지막 등반 기록이다. 2016년 10월 20일 사이타마현의 한 병원에서 77세를 일기로 숨졌다

23
September

리틀록 대치 사건

미국 리틀록 고등학교의 연방군과 주방위군 대치 사건

1957년 9월 23일. 미국 남부 아칸소 주의 리틀록 센트럴 고등학교에서는 미국 역사상 최초로 주방위군과 연방군이 서로 대치하는 일이 벌어졌다. 이 초유의 사건은 흑인인권운동사에도 한 획을 그었다. 사건의 발단은 백인 학교에 흑인 학생들의 등교를 둘러싼 갈등이었다. 연방군은 흑인 학생들의 등교를 보장하기 위해, 주방위군은 이를 막기 위해 동원됐다.

1954년 미연방 대법원이 "피부색을 이유로 학생들의 교육을 분리하거나 차별할 수 없다."라는 판결을 내렸다. 이를 계기로 전미유색인지향상협회 NAACP는 인종차별이 심한 남부 아칸소의 주도인 리틀록의 한 학교에 성적이 우수한 흑인 학생 9명을 등록시키려 했다. 원래는 17명이었으나 8명은 포기했다. 포기하지 않은 학생 9명은 '리틀록 나인'으로 불렸다. 학교 이사회는 흑인 학생들의 입학을 만장일치로 허가했다. 게다가 점차 흑인 학생수를 늘려 나가겠다고 발표했다. 그러자 많은 학부모들이 반대를 했고 2천 명의 백인 학생들 대부분이 등교를 거부했다.

리틀록 주지사도 흑인 학생의 등교를 저지하기 위해 주방위군 투입을 명령했다. 그러나 사태가 인종폭동으로 이어지면서 사상자까지 발생하자 이번에는 아이젠하워 대통령이 3204호 명령을 통해 학원 내 인종차별 철폐와 흑인 학생들의 정당한 학교 등교를 위해 101 공수사단을 투입했다. 아이젠하워 대통령은 아칸소 주방위군의 통수권을 주지사에게서 회수하여 주지사를 지휘계통에서 배제시켜 버려 대치상황은 오래 가지 않았다. 이틀만에 오벌 포버스 주지사는 백기를 들고 말았다. 25일, 350명의 공수부대가 감시하는 가운데 '리틀록 나인'은 드디어 등교하기 시작했다.

24
September

헤지라

무함마드의 메카에서 메디나로 '헤지라'

622년 9월 24일. 이슬람의 창시자 무함마드는 죽음의 위기를 넘기고 마침내 야스리브에 도착했다. 메카에서 쿠라이쉬족의 박해와 추격을 뿌리치고 '헤지라'한 것이다. 헤지라는 이주, 이탈을 의미하지만 이슬람인들에게는 제국의 기초를 마련한 사건이자 이슬람 역사의 시작점이다. 야스리브는 나중에 예언자의 도시라는 뜻의 '메디나'로 개명한다.

무함마드는 610년 히라산 동굴에서 첫 계시를 받은 뒤 고향 메카에서 10년 간 이슬람 포교에 노력했으나 기득권층인 쿠라이쉬족의 박해로 실패를 거듭하고 있었다. 620년 약 400km나 떨어진 야스리브에서 6명의 순례객이 메카로 와 무함마드의 설교를 들었다. 감명을 받은 이들은 다음해 야스리브의 실력자 7명과 함께 다시 메카로 와 이슬람을 받아들였다. 이후 622년 6월 75명의 야스리브 주민이 이슬람을 받아들인 후 무함마드는 신으로부터 이주의 계시를 받았다. 결국 헤지라를 단행했다. 622년 7월 16일 200여 명이 먼저 야스리브에 도착했다.

이슬람 역사에서는 이 이주의 해를 이슬람 공동체가 만들어져 이슬람 국가가 태동하는 시점으로 보며 이슬람력히즈라력의 원년으로 한다. 무함마드는 마지막으로 헤지라를 단행했다. 당시 사회에서 일족을 버리는 행위는 위험했다. 실제로 분노한 메카의 부족들은 무함마드를 추격해 살해하려 했다. 무함마드는 후에 제1대 칼리프가 되는 친구 아부 바르크와 동굴에서 3일 간 숨어 지내면서 겨우 야스리브에 안착했다. 이후 무함마드는 메카의 무하지룬이주자들과 안사르메디나의 지지자들를 형제애로 묶어 신앙을 기반으로 하는 공동체 '움마'를 건설하고 빠른 속도로 이슬람교 포교를 해나갔다.

글렌 굴드

괴짜음악가 글렌 굴드, 탄생하다

글렌 굴드는 1932년 9월 25일 캐나다의 토론토에서 태어났다. 아버지는 아마추어 바이올린 연주자였고 어머니는 그에게 유일하게 피아노를 가르쳐 준 사람이었다. 3살 되던 해 그는 이미 악보를 읽을 수 있을 정도로 절대 음감을 가졌다. 5살 때 그는 작곡을 시작했고 6세 때 요제프 호프만의 독주회를 보고 큰 감명을 받아 피아니스트의 꿈을 키웠다.

1955년 1월 11일 저녁 굴드는 뉴욕 데뷔 연주회를 가졌다. 이 자리에 새로운 피아니스트를 찾고 있던 콜럼비아 음반사의 녹음 책임자 오펜하임이 참석했다. 곧바로 계약이 이뤄졌다. 그 계약은 굴드의 인생을 바꿔 놓았다. 〈골드베르크 변주곡〉을 뉴욕 이스트 30번가에 있는 오래된 교회에서 녹음했다. 그는 6월의 날씨에도 외투에 머플러를 두르고 베레모에 장갑을 낀 채 녹음실에 나타났다. 뉴욕의 물은 못 믿겠다며 캐나다에서 생수 2병을 직접 가져왔다. 또 고무 다리로 만들어진 흔들거리는 의자에 앉아 녹음 내내 특유의 허밍 소리를 내는 기묘한 모습을 보였다. 하지만 이 음반은 레코드 역사상 가장 유명한 음반 중의 하나가 되었고 발매 당시에도 엄청난 판매량을 기록하면서 오늘날까지 한 번도 절판된 적이 없는 것으로 유명하다.

온갖 기행에도 그는 캐나다와 관계 개선을 노리던 소련 정부 초청으로 1957년 모스크바 주립음악원에서 독주회를 가졌는데 대성공을 거두면서 유럽 순회연주까지 이어졌다. 그는 1982년 10월 뇌졸중으로 사망했다. 1981년도 녹음 〈골드베르크 변주곡〉을 듣고 있노라면 피아노 건반 사이로 흘러나오는 그의 허밍 소리를 접하게 된다.

26
September

TV 토론

케네디와 닉슨, 첫 대선후보 TV토론을 벌이다

1960년 9월 26일. 미국 시카고 시간으로 저녁 8시 30분, 시카고 CBS에서 미국 역사상 처음으로 대통령 후보 TV토론이 시작됐다. 이날 토론 후 3회 더 진행된 토론은 미국 3대 TV와 라디오를 통해 전국에 생중계됐다. 주인공은 상원의원이었던 존 F. 케네디 민주당 후보와 부통령이었던 리처드 닉슨 공화당 후보였다. 사회자는 하워드 스미스였고 4명의 언론사 기자가 패널로 참가했다. 선거 후 CBS의 여론조사에서 유권자 57%가 토론회의 영향을 받았다고 응답했을 만큼 선거에 큰 영향을 줬다. 특히 6%, 즉 400만 명은 '토론회만으로 후보를 결정했다.'고 응답했다. 패널 토론은 당초 예상을 깨고 케네디의 압승이었다. 토론만으로 후보를 결정했다고 답한 400만 명 중 300만 명이 케네디를 찍었다. 투표 결과 케네디는 겨우 11만 표를 닉슨에 앞섰으니 TV토론이 대세를 결정한 셈이다. 케네디는 짙은색 양복에 시청자의 얼굴을 똑바로 쳐다보는 40대 후반의 건강하고, 잘생기고, 자신감 있는 인물로 부각됐다. 반면 닉슨은 늙고 초췌해보였으며 "나 역시"만을 연발해 허약한 이미지를 보였다.

닉슨은 8년 간이나 부통령을 한 베테랑 정치인으로 인지도면에서 케네디에 비해 압도적으로 앞서 있었고 연설 또한 한 수 위였다. 당연히 TV토론은 닉슨에게 유리할 것으로 점쳐졌다. 하지만 TV는 거의 무명에 가까운 신인을 역대 최연소 대통령에 당선시키는 '마술상자' 역할을 한 것이다. 재미있는 것은 이날 토론을 라디오로 들은 사람들은 나름대로의 논리로 토론을 끌고 나간 닉슨에게 오히려 후한 점수를 줬다는 점이다. 결국 시각에 의존하는 TV는 논리보다 감성과 이미지가 중요했던 것이다.

27
September

침묵의 봄

환경운동의 새장을 연 《침묵의 봄》이 출간되다

1962년 9월 27일. 레이첼 카슨은 농약회사들의 비난과 협박에도 불구하고 단행본으로 《침묵의 봄》을 출판했다. 이미 그해 6월 16일자에 동일한 제목의 요약 기사가 《뉴요커》에 게재되면서 2주 간 연재됐던 내용들이다. 책의 요지는 그동안 '기적의 화학약품'으로 불려온 살충제 DDT와 살균제, 제초제 등이 자연을 심각하게 파괴하고 있다는 것이었다. 카슨은 책에서 근거와 통계 수치, 실제 사례 등을 낱낱이 밝혔다.

그러자 농약제조업체들이 들고 일어났다. 카슨을 "살충제보다 더 독한 여자"라고 평가하는가 하면 책 내용을 소개하는 신문·방송사에는 광고를 끊겠다고 협박했다. 또 "카슨의 글은 부정확하고 또 악의에 찬 것"이라고 출판 금지를 요청했다. 결국 책은 출판되었고 그 여파는 컸다. 1963년 5월 대통령 과학자문위원회가 "정부는 국민에게 농약의 가치와 함께 그 위험성에 대해 정보를 제공해야 한다."는 내용의 보고서를 발표했으며 1969년에는 국가환경보호법이 제정되고 미환경보호청EPA이 발족되었다. 1970년 4월 22일에는 미국에 '지구의 날'이 제정되었다.

카슨은 미국 펜실베이니아 주의 시골 마을에서 태어났다. 작가를 꿈꾸며 대학을 영문학과에 진학했으나 2학년 때 수강한 생물학 강의를 계기로 진로를 수정했다. 1949년 어류야생동물청에서 편집장으로 근무하면서 《해풍 아래서》와 《우리 주변의 바다》를 출간했다. 카슨은 1952년 집필에 전념하기 위해 공무원직을 던졌다. 카슨은 《침묵의 봄》에서 "만약 우리가 현재의 문제를 정확하게 알고 느끼지 못한다면 미래의 지구에 어떤 사태가 닥쳐올지 모른다."라고 경고했다.

28
September

허블

세계 천문학자 허블, 사망하다

1953년 9월 28일. 인류의 우주관을 바꿔 놓는 데 크게 기여한 에드윈 파월 허블이 사망했다. 미국 미주리 주 마시필드에서 1889년 11월 20일 태어난 허블은 부모님의 바람대로 변호사가 되었으나 천문학에 흥미를 느껴 1914년부터 천체 관측에 몰두했다. 1차 세계대전 참전 후에는 윌슨산 천문대의 연구원이 됐다.

허블은 인류의 우주관을 2번이나 바꾼 인물이다. 우리 은하 외부에 다른 은하가 있다는 사실을 발견했으며 우주 팽창을 발견해 가모브가 발표한 빅뱅이론을 뒷받침했다. 외부 우주론은 우리 은하가 우주의 수많은 은하들 중의 하나에 불과하다는 인식의 대확장을 의미하는 파격적인 주장이었다. 이런 외부 우주론의 사실여부의 관건은 상상을 초월하게 먼 곳의 거리를 측정하는 일이었다. 허블은 '세페이드 변광성' 발견을 통해 M31 안드로메다 성운이 약 150만 광년 떨어진 거리에 있어 우리 은하의 크기보다 더 먼 곳에 있다는 사실을 밝혀냈다. 이 발견으로 허블은 일약 대스타가 됐으며 천문학의 중심을 유럽에서 미국으로 옮겨 놓았다.

이후 허블은 계속해서 관측을 거듭하던 중, 은하들의 형태에 규칙성이 존재한다는 것을 발견하고 허블 분류를 고안하게 된다. 또 그는 은하의 분광을 연구하면서 은하의 스펙트럼에서 대부분의 은하에서 적색편이가 나타난다는 사실을 알게 되었고 이를 바탕으로 은하들이 우리에게서 멀어지고 있다는 결론에 도달했다. 거리 측정을 통해 더 먼 은하일수록 적색편이가 더 심하다는 사실을 바탕으로 우주가 팽창하고 있음을 밝혀내게 된다. 우주상수를 개발했던 아인슈타인은 직접 허블이 일하는 윌슨산 천문대에 방문해 자신이 틀렸음을 인정하기도 했다.

29
September

물리 연구소

유럽, 입자물리연구소를 설립하다

1954년 9월 29일. 스위스 제네바에 순수과학, 기초과학 연구를 위해 유럽 국가들이 공동으로 위원회를 구성해 설립한 세계 최대의 입자물리연구소CERN가 설립됐다. 1949년 12월 프랑스 원자력 고등 위원회의 자문의원이었던 드브로이가 스위스 로잔에서 열린 콘퍼런스에서 여러 국가가 함께 참가하는 이른바 '거대과학'을 제안하면서 시작됐다. 설립 당시에는 12개 국이 가입했으나 이후 변동을 그쳐 현재 20개 국이 회원국 자격을 갖고 있다.CERN에는 1957년 싱크로사이클로트론SC이 건설된 이래 꾸준히 발전해 2008년에는 세계에서 가장 크고 가장 높은 에너지 입자 충돌기인 강입자 충돌기LHC가 건설됐다. CERN에는 상시적으로 약 2천 5백 명의 인력이 일하고 있고 전 세계 580여 개 대학과 연구소에서 8천여 명의 과학자들이 연구를 하러 방문하고 있다. CERN은 입자물리학 분야에서 많은 성과를 내고 있다. 1995년 반물질의 일종인 반수소입자를 최초로 생성한 데 이어 2011년에는 반수소입자를 15분 간 유지시키는 데 성공하기도 했다. 이 같은 성과로 1984년과 1992년에는 노벨 물리학상을 배출하기도 했다.

CERN에서는 또 1989년 팀 버너스리가 여러 컴퓨터에서 얻은 방대한 데이터를 효율적으로 관리하고 주고받는 시스템을 개발하기 위한 프로젝트 월드와이드웹www을 발명해 물리학 이외의 분야에도 큰 업적을 남겼다. 근래에는 또 네트워크상에 있는 수많은 컴퓨터들의 자원을 동시에 이용하여 단일 문제를 풀기 위한 기술인 그리드 컴퓨팅의 중심지로서 역할을 하고 있다. 2000년 이후에는 소립자 힉스 입자와 초대칭 입자의 발견을 목적으로 국제 공동연구실험을 하고 있다.

30
September

경제협력개발기구

경제협력개발기구, 정식으로 발족하다

1961년 9월 30일. 정부 간 정책연구 및 경제 관련 협력기구인 경제협력개발기구OECD가 프랑스 파리에서 정식 발족했다. 지구촌 경제협력을 이끄는 조직이다. OECD는 2차 세계대전 후 유럽의 부흥경제협력을 추진해온 유럽경제협력기구OEEC에 미국, 캐나다 등이 참여하면서 확대 개편해 개발도상국 원조문제 등 새로 발생한 경제정세변화에 적응하기 위해 1960년 12월에 OECD 조약이 서명된 뒤 이듬해 9월 30일 공식 발족됐다.

OECD 규약 제1조에 나와 있는 목적을 보면 첫째, 회원국의 경제성장과 금융안정 촉진 및 세계경제 발전에 기여하고, 둘째, 개도국의 건전한 경제성장에 기여하고, 셋째, 다자주의와 무차별주의에 입각한 세계무역의 확대에 기여함으로 규정하고 있다. OECD에는 또 3대 가치관과 3대 규범이 있다. 3대 가치관은 개방된 시장경제·다원적 민주주의·인권존중이다. 3대 규범은 자본이동 자유화규약·경상무역외거래 자유화규약·국제투자 및 다국적 기업에 관한 선언이다. 하부기관으로 각종 위원회가 있는데 그중 OECD의 3대 목적에 대응한 경제정책위원회, 개발원조위원회, 무역위원회의 3개 주요위원회가 특히 중요한 위치를 차지하고 있다.

회원이 되기 위한 기본 자격은 다원적 민주주의 국가로서, 시장경제체제를 보유하고, 인권을 존중하는 국가이어야 한다. 가입의 결정은 이사회의 초청에 의하여 전 회원국의 만장일치가 필요하다. OECD는 경제 관련 다양한 정보자료집이나 동향속보, 통계를 발표해 각국의 정책에 중요한 참고가 되고 있다. 우리나라는 1996년 12월 12일 29번째 정회원국으로 가입했다. 2020년 4월말 현재 OECD 가입국은 37개 국이다.

10월

1
October

고속전철

세계 최초의 고속전철 신칸센, 개통하다

1964년 10월 1일. 세계 최초의 고속전철인 일본 동해도 신칸센이 개통됐다. 동경 올림픽에 맞춰 일본 국철이 1959년 4월에 착공, 5년 반에 걸쳐 총 3천 8백억 엔의 비용을 들여 건설한 신칸센은 도쿄에서 신오사카까지 552.6km 구간에 설치됐다. 동해도 본선의 수송량이 경제발전과 함께 급속히 늘어나자 수송량을 분산할 목적으로 검토되기 시작한 신칸센은 1957년 일본국유철도 간선조사회가 설치된 후 본격적으로 심의에 들어갔다. 이듬해인 1958년 국무회의에서 건설이 결정됐다. 신칸센은 운행을 시작한 지 3년도 안 되어 연 수송인원이 1억 명을 돌파하는 성공을 거둠으로써 전국적으로 노선을 확장하였다. 일본 전역을 일일생활권에 들게 한 물류혁명의 주역으로서 일본의 산업발전에 큰 공헌을 했다.

처음에는 시속 200km로 운행했다. 1970년 제정된 신칸센 정비법에 따르면 대부분의 구간을 시속 200km 이상의 고속으로 달릴 것, 궤간은 1,435m일 것, 일반도로와 평면에서 교차하지 않아야 할 것이라는 3가지 조건을 제시했다. 1997년부터 신차종 'JR 500'을 투입해 시속 300km로 운행하고 있다.

신칸센은 동해도 신칸센 외에 1972년 3월에 개통한 산요선, 1982년 6월에 개통한 도호쿠선, 같은 해 11월 조에쓰 신칸센, 1992년에는 야마가타 신칸센, 1997년 나가노 신칸센과 아키타 신칸센이 운행을 시작했다. 또 2004년 3월에는 신야쓰시로와 가고시마를 연결하는 137.6km 구간의 규슈 신칸센이 개통됐다. 이 가운데 아키타 신칸센과 야마가타 신칸센은 시속 130km로 제한돼 있는 미니 신칸센이다. 1987년 국철의 민영화가 진행됐다.

2
October

O.J.심슨

미국 미식축구선수 O.J.심슨, 무죄평결을 받다

1995년 10월 2일. 미국의 전설적인 미식축구 스타 O.J.심슨이 배심원 전원일치 합의로 무죄평결을 받았다. 심슨의 이혼한 전처인 니콜 브라운 심슨과 식당의 종업원이었던 로널드 골드만이 1994년 6월 12일에 살해된 채로 발견되었는데 여러 증거물들은 심슨을 범인으로 지목하고 있었다. 심슨은 약 1주일 만에 체포되었다. 그의 체포 과정에서 벌어진 도주극이 CNN 등을 통해 방영되기도 했다. 자신의 포드 브롱코를 타고 도주하는 심슨은 이따금씩 권총을 자신의 관자놀이에 대기도 했다.

심슨 사건은 미국 전역을 뒤흔들었다. 그도 그럴 것이 심슨은 이미 대학풋볼리그 시절부터 수차례 MVP에 선정된 유명 운동선수로 1970년대 최고의 미식축구선수로까지 평가받았다. 러시아의 옐친 대통령은 1995년 미국 방문 중 자유시간이 생기자마자 클린턴 대통령에게 "그가 범인이라고 생각합니까?"라고 물었을 정도로 세계적인 관심사였다. 심슨은 당시 금액으로 300~600만 달러로 '드림팀' 변호인들을 고용했다. 전체 배심원 12명 중 흑인 9명남자 1명, 여자 8명과 백인 여성 2명, 멕시코계 히스패닉 1명으로 구성됐으며 무죄평결에 대해서 미국 언론들은 일제히 놀라움을 표시했다. 곧바로 실시된 여론조사에서 평결에 동의한다는 응답은 33%에 불과했으며 동의할 수 없다는 반응은 56%로 훨씬 높게 나타났다.

이 평결결과로 배심원 제도에 대한 근본적인 회의가 미국 내에서 일기도 했다. 특히 비전문가인 배심원들이 유·무죄를 판단하는 것이 과연 사법적 정의 추구에 적합하냐는 문제제기와 인종문제가 평결결과를 좌우했다는 지적도 제기됐다.

3
October

앨빈 토플러

'제3의 물결' 앨빈 토플러, 태어나다.

1928년 10월 3일.《미래의 충격》,《제3의 물결》등으로 잘 알려진 미래학자 앨빈 토플러가 뉴욕서 태어났다. 1949년 뉴욕대를 졸업하고 미국 중서부 공업지대에서 용접공으로 일하며 노동조합 관련 잡지에 글을 기고했다. 이 경험을 토대로 노동 전문 기자로 일한 토플러는 이후《포춘》의 노동관계 칼럼니스트가 됐다. 이때부터 그는 경제와 경영 그리고 기술과 기술에 의한 영향에 대한 관심사를 넓혀갔으며 이에 대한 저술을 시작했다.《포춘》에서 토플러의 관심은 사회의 변혁에 대한 반응을 조사하는 것은 물론 21세기 군사 무기와 기술의 발달에 의한 힘의 증가와 자본주의의 발달에 많은 관심을 가지고 활동했다. 한때 IBM의 요청으로 컴퓨터가 사회와 조직에 영향을 미치는지에 대한 논문을 쓰기도 했다. 이때 그는 컴퓨터 업계의 전설적인 대가들과 인공지능 전문가들과 교류하게 되었으며 제록스, AT&T 등과도 일을 했다.

1960년대 중반에《미래의 충격》을 저술하기 시작했으며 이 책으로 인해 작가이자 강사로서의 경력이 본격적으로 시작되었다. 1996년에는 톰 존슨과 함께 토플러 어소시에이츠를 설립하였으며 이 회사를 통해 그가 가진 아이디어들을 실현하는 활동을 벌였다. 대한민국, 맥시코, 싱가포르, 오스트레일리아, 미국의 정부들과 비정부민간단체, 일반기업들을 대상으로 컨설팅 프로젝트를 수행했다.

그는 그의 아내이자 공동 저자인 하이디 토플러와 함께 활동하였으며, 말년에는 미국의 로스앤젤레스에 거주했다. 2016년 6월 27일 미국 로스앤젤레스 자택에서 향년 87세로 타계했다.

4

October

달 촬영

'루나 3호' 발사, 최초로 달 뒷면을 촬영하다

인류에게 신비의 대상이었던 달은 여러모로 특이한 점이 많은 위성이다. 우선 태양계의 다른 별의 위성과는 사뭇 다르게 모행성인 지구 지름의 4분의 1이나 될 정도로 크다. 몇 해 전까지만 해도 태양계의 9번째 행성으로 여겨졌던 명왕성보다도 더 크다. 태양의 중력이 강하게 작용하는 목성 궤도 안쪽의 행성들 중에 그럴듯한 위성을 가진 것은 지구뿐이다. 수성과 금성은 아예 위성이 없다. 화성은 지름이 겨우 수km에 불과한 바윗덩어리 2개를 거느리고 있을 뿐이다.

또 지구에서의 거리가 태양의 거리에 비해 절묘해서 지구에서 볼 때 태양과 비슷한 크기로 보인다. 계기일식이라는 '천문학 쇼'가 가능한 이유다. 실제로 달은 태양의 400분의 1에 불과하다. 달은 자전주기와 공전주기가 같아서 지구에서는 늘 같은 면만 보게 된다. 즉 달의 뒷면은 오랫동안 인류에게 수수께끼였다.

이 궁금증을 해결해준 소련의 '루나 3호'가 1959년 10월 4일 발사됐다. 달의 뒷면을 촬영하기 위한 기구를 탑재한 '루나 3호'는 10월 6일 달 상공 7천km 궤도상에서 사진촬영을 시작했다. 탑재된 기구는 대물 렌즈의 초점거리 200mm와 500mm의 카메라 2대와 자동현상장치였다. 촬영 후 루나 3호는 4만 7천 5백km까지 지구에 접근해 영상을 송신했다.

같은 해 10월 26일 소련은 달의 뒷면 약 70%가 촬영된, 예상보다 선명한 화질의 이미지를 전 세계에 공개했다. 달의 뒷면은 평평하고 낮은 앞면과 달리 평균 고도가 높고 험한 산이 있다. 소련은 이로써 최초의 인공위성 발사, 최초의 달 표면 탐사, 우주 개발의 선두라는 3개의 위업을 달성하게 됐다.

5

October

007

제임스 본드의 '007 시리즈'가 시작되다

1962년 10월 5일. '007 시리즈'의 기초를 마련한 것으로 평가받는 〈007 Dr. No〉가 개봉됐다. 한국에서는 1965년 8월 20일 〈007 살인번호〉로 개봉했다. 테렌스 영 감독에 주연은 숀 코너리가 맡았다. 영화의 무대는 자메이카. 미국의 로켓 발사 실험이 계속 실패하는 상황에서 자메이카 지역에 파견된 스트랭웨이스 교수가 정체불명의 적에게 살해되자 제임스 본드를 보내서 방해 전파를 송신하던 Dr.노를 상대한다는 이야기다. 제작비 100만 달러에 불과했지만 북미에서만 1,600만 달러를 벌어 대박을 거두었다. 평론가들에게는 싸구려 액션물로 악평을 당했다. 그도 그럴 것이 첫 작품이라 성공 여부를 보려고 제작비를 아껴 만들었기 때문이다. 이후 시리즈에 보이는 제임스 본드의 특수 장비도 이 영화에서는 보이지 않는다. 제작자인 알버트 R. 브로콜리가 1960년 해리 솔츠만과 함께 '이온 프로덕션'을 설립한 후 창립 작품으로 선보인 영화다.

이언 플레밍의 소설 《카지노 로열》을 기초로 한 '007 시리즈'는 영화 역사상 최고의 캐릭터라고 꼽힐 정도다. 코드명인 007은 정보부 내의 요원 분류 번호로, 00으로 시작하는 요원은 임무 수행 중에 살인 혹은 살인미수가 발생하더라도 책임을 추궁당하지 않게 영국 정부가 보호해준다는 설정이다. 작가 플레밍은 00으로 시작하는 번호가 기밀서류 분류 번호라는 데서 영감을 얻었다. 50년 넘는 시간 동안 24편의 작품이 제작되면서 숀 코너리, 조지 라젠비, 로저 무어, 티모시 달튼, 피어스 브로스넌, 대니얼 크레이그 총 6명의 배우가 제임스 본드를 연기했다.

6
October

최초의 발성영화

세계 첫 발성영화 〈재즈 싱어〉가 뉴욕에서 개봉하다

"잠깐만! 잠깐만! 지금까지 들은 것은 아무것도 아닙니다!Wait a minute! Wait a minute! You ain't heard nothin' yet!" 1927년 10월 6일. 뉴욕 워너 브러더스 극장. 최초의 유성 영화 〈재즈 싱어〉는 이 같은 첫 대사로 시작됐다. 영화 속 주인공인 알 졸슨이 그의 공연에 박수를 보내는 관객들에게 한 말이었다. 알 졸슨은 엄마 앞에서 피아노로 노래하고 엄마와 희망 섞인 달콤한 대화를 나눈다. 물론 이 장면은 녹화와 녹음을 별도로 해서 맞춘 것이다. 요즘에야 별날 것 없는 장면이지만 당시의 관객들은 모두 깜짝 놀랐다. '말하는 영화', 영화 속에서 배우의 목소리를 들을 수 있다고 생각해본 적이 없었기 때문이다.

초기의 무성영화는 음악을 곁들인 짧은 희가극인 '보드빌'의 형식으로 대중에게 소개됐지만 그다지 인기를 끌지는 못했다. 워너 브러더스는 새로운 영화기술에 고민하다가 1920년대 후반 생음악으로 연주되던 음악을 대체할 바이터폰에 대한 실험을 마치고 이를 영화에 적용한 것이다. 하지만 〈재즈 싱어〉가 최초의 유성영화임에도 불구하고 대사보다는 음악이 강조된 것도 보드빌 스타일에서 벗어나지는 못했기 때문이다.

영화에 소리가 등장한 것은 이 영화가 처음은 아니었다. 1년 전에 워너 브러더스사가 '바이터폰'이라는 장치를 이용해 영상에 영화음악을 합성한 〈돈 주앙〉이라는 영화를 소개한 적이 있었기 때문이다. 워너 브러더스는 〈재즈 싱어〉로 350만 달러라는 기록적인 흥행수입을 거둬들여 파산 직전에서 기사회생하면서 메이저 영화사로 발돋움했다. 〈재즈 싱어〉는 1953년 영화로, 1980년 뮤지컬로 리메이크됐다.

October

에드가 앨런 포

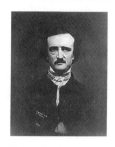

《검은 고양이》의 작가 에드거 앨런 포, 사망하다

1849년 10월 7일. 19세기 가장 독창적 작가로 꼽히는 《검은 고양이》의 작가 에드거 앨런 포가 사망했다. 탐정소설의 창시자이자 상상력의 천재인 그의 어린 시절은 불우했다. 어머니는 그가 3살도 되기 전에 사망했다. 이 때문에 이상적 여성상을 추구하던 중 14살 때 친구의 어머니에게 그것을 발견하고 나중에 〈헬렌에게〉라는 시를 쓴다. 17살 때 버지니아 대학에 입학했으나 학비 마련을 위해 도박에 손을 댔다가 빚만 잔뜩 지고 1년도 못돼 퇴학당했다. 감수성이 무척 강했던 그는 18세부터 시를 쓰기 시작했으나, 아무런 주목을 받지 못하고 궁핍한 생활을 했다. 결국 시를 포기하고 소설을 쓰기로 했다.

27살이 된 1836년에는 14살밖에 되지 않은 버지니아와 결혼하였고, 각종 잡지의 편집자로 있으면서 단편을 계속 발표했다. 그의 대표작 중 하나인 《어셔 가의 몰락》은 이 때 나왔다. 그 후 《모르그 가의 살인사건》, 《큰 소용돌이에 빨려 들어서》, 《검은 고양이》, 《도난당한 편지》 등을 잇달아 썼다. 그는 독창적이고 현대적인 문학이론을 펼쳐 보인 비평가이기도 했다. 하지만 그의 천재성은 살아서는 빛을 보지 못했다. 그것도 모국인 미국보다 보들레르와 말라르메 같은 프랑스 상징파 시인들의 손에 의해서였다. 보들레르는 포의 단편들을 읽고 놀라서 "여기에는 내가 쓰고 싶었던 작품의 모든 것이 있다." 고 하면서 평생을 포의 작품 번역에 노력했다.

그는 볼티모어에 있는 웨스트민스터 장로교회 묘지에 묻혔고, 교회부흥을 노린 신도가 한동안 그의 생일인 1월 19일에는 장미꽃과 코냑을 놓기도 했다.

8
October

시카고 대화재

미국 시카고에 대형화재가 발생하다

1871년 10월 8일 저녁 9시경. 미국 일리노이 주 시카고의 한 주민 소유의 헛 간에서 화재가 발생했다. 화재는 결국 19세기 미국 최대 규모의 화재가 되 고 말았다. 10일까지 계속된 이 불로 시카고의 9km²에 달하는 도심 지역이 완전히 불에 타고 10만 명 이상이 집을 잃고 이재민이 되었다. 죽은 사람만 도 300명에 달했다. 정확한 화재 원인은 밝혀지지 않았지만 헛간에 있던 소 가 랜턴을 발로 차 넘어뜨리면서 시작됐다는 설과 도박하던 사람들의 실수 로 화재가 시작됐다는 설 등이 있다. 특히 당시 도보가 불에 타기 쉬운 소나 무로 깔려져 있었고 옥상은 가연성 타르로 이루어져서 피해를 키웠다. 또 로 마 대화재처럼 당시 건물들의 3분의 2가 목재로 지어진 데다 당일 날씨마저 매우 건조하고 바람도 많이 불었다.

　1833년에만 해도 겨우 150명에 불과했던 시카고 인구는 1870년에는 30만 명으로 급증했다. 그렇지만 소방 인력과 장비는 이에 따라가지 못했다. 불이 나자 시카고 소방국은 말이 끄는 증기엔진 소방차 17대와 소방대원 185명만 으로 도시 전체 소방을 맡아야 했다. 그러나 고대 로마가 불에 탄 뒤 새로운 도시로 탈바꿈한 것처럼 시카고도 다시 일어섰다. 1개월만에 5천 채의 주택 이 세워졌다. 또 시카고는 새로운 건축기술의 경연장이 되었고, 미국 건축의 살아 있는 박물관이 됐다. 무엇보다 고층건물을 짓는 데 필수적인 철골 구조 건축이 바로 이곳에서 화재 후 10여 년만에 창조됐다. '마천루의 시대'를 열 기 시작한 것이다. 메이저 리그 사커에 소속되어 있는 미국 축구 클럽인 시카 고 파이어의 이름은 이 사건에서 유래됐다.

9
October

아웅산 폭발

버마 아웅산 묘소 폭발 사건

1983년 10월 9일. 전두환 전 대통령의 '동남아와 대양주 6개국 순방' 첫 방문지인 버마의 아웅산 묘소에서 폭발사건이 일어났다. 이 사건으로 대통령을 수행하던 서석준 부총리, 이범석 외무부장관, 김동휘 상공부장관, 서상철 동자부장관, 함병춘 대통령비서실장, 이계철 주버마대사, 김재익 경제수석비서관, 하동선 기획단장, 이기욱 재무차관, 강인희 농수산차관, 김용한 과기처차관, 심상우 의원, 민병석 주치의, 이재관 비서관, 이중현 동아일보 기자, 한경희 경호원, 정태진 경호원 등 17명이 순직하고 이기백 합참의장 등 14명이 중경상을 입었다.

폭발물이 터지는 순간 아웅산 묘소로 향하던 중이어서 가까스로 화를 면한 전두환 전 대통령은 남은 순방계획을 모두 취소하고 이튿날인 10월 10일 새벽 급거 귀국해 비상국무회의를 주재하고 북한의 새로운 도발에 대비하기 위해 전군에 비상태세를 지시했다. 버마 당국의 수사결과, 이 사건은 북한 김정일의 친필지령을 받은 북한군 정찰국 특공대 소속 진모(某) 소좌, 강민철 대위, 신기철 대위 등에 의해 저질러진 것으로 밝혀졌다. 사건 용의자들은 미얀마 주재 북한 대사관 정무 담당 참사관 전창휘의 집에 은거한 후, 사건 하루 전 새벽에 아웅산 묘소로 잠입하여 지붕에 2개의 폭탄을 설치한 것으로 알려졌다.

버마 정부는 11월 4일 북한과의 외교관계를 단절하는 한편, 양곤에 있는 북한 대사관 직원들의 국외추방을 명령했고, 양곤지구 인민법원 제8특별재판부는 12월 9일 이들 테러범들에 대해 사형을 선고했다. 이 사건으로 코스타리카·코모로·서사모아 등 3개 국이 북한과 외교를 단절했으며, 미국·일본 등 세계 69개 국이 대북한 규탄성명을 발표했다.

10
October

신해혁명

중국, 신해혁명 발발하다

청나라는 청일전쟁, 청불전쟁, 의화단 사건 등으로 막대한 배상금을 지불해야 했고 이는 자연히 백성의 고혈을 짜는 것으로 이어졌다. 도처에서 민란이 일어났다. 농민들의 봉기만 1906년 199건, 1907년 188건, 1910년 266건이 발생했다. 한족들은 모든 불행의 원인을 청나라 만주족에게 돌렸다. 불만이 높아져 있는 때 1911년 5월 청나라는 철도 국유화를 선언해 기름을 부었다. 돈이 필요한 청나라는 국유화한 철도지분을 외국에 매각하려 했던 것. 한족 지도자들은 만주족이 외세에게 나라를 팔아먹고 있다며 민족 감정을 부추겼다.

마침내 1911년 10월 10일, 양쯔강 중류지역의 우창에서 군인들이 무장봉기를 일으켰다. 신해혁명이 시작된 것이다. 들불처럼 번지던 혁명의 불길 진압에 나선 것은 최정예 부대 북양군을 거느린 위안스카이였다. 한편 혁명세력은 1912년 1월 1일 난징에서 쑨원을 임시 대총통에 추대하며 중화민국을 세웠다. 쑨원의 혁명세력과 위안스카이의 군사력이 맞섰으나 혁명세력의 힘의 열세는 자명했다. 결국 쑨원은 청의 전제정치를 없애고 수도를 난징으로 옮긴다는 2가지 약속 아래 위안스카이에게 대총통 자리를 물려주었다.

위안스카이의 힘으로 청의 마지막 황제 푸이는 쫓겨난다. 1644년 명나라가 망한 이후 267년만에 한족이 다시 중국을 지배하게 됐다. 하지만 위안스카이는 혁명세력을 탄압하고 황제에 오르면서 반동의 모습을 보였다. 이후 중국은 무수한 피를 흘리게 된다. 우창봉기로 시작된 신해혁명은 수천 년을 내려온 봉건왕정체제를 무너뜨리고 현대 중국의 기반을 닦은 점만큼은 분명하지만 미완에 그쳤다. 대만 국경일인 쌍십절은 우창봉기를 기념하기 위한 것이다.

11
October

보어 전쟁

2차 보어 전쟁, 발발하다

1652년 유럽인들은 네덜란드인들을 중심으로 남아프리카 희망봉 근처에 처음 정착지를 세운다. 이후 이곳에 정착한 네덜란드 사람들의 후손을 유럽에서는 '농부'를 뜻하는 '보어'인이라고 불렀다. 19세기 초 나폴레옹 전쟁으로 네덜란드가 해외에 신경을 못 쓰는 틈을 타 영국이 이 지역을 점령해 버린다. 이에 보어인들은 기존 정착지를 벗어나 1852년 트란스발 공화국, 1854년 오렌지 자유국을 각각 건국한다. 영국은 처음에 이들 국가를 인정했지만 10여 년 후 두 국가에서 다이아몬드 광산과 금광이 발견되자, 1880년 1차 보어 전쟁을 벌여 이 지역 합병을 시도했으나 실패했다. 영국은 1895년 지역 광부들로 반란군을 구성해 지역을 차지하려다 실패하기도 했다.

1899년에는 현지 장관이었던 영국의 체임벌린은 국경에 군대를 주둔시키며 의도적으로 갈등을 조장했다. 그러자 트란스발 공화국 대통령 폴 크루거는 1899년 10월 9일 "48시간 내에 국경 지대에 주둔하고 있는 군대를 철수시키라."는 최후통첩을 보냈고, 영국이 이를 거부하자 10월 11일 영국에게 선전포고를 했다. 2차 보어 전쟁이 발발한 것이다. 초기에는 3만 명가량을 보유한 보어인들이 수적 우세로 승리를 하지만, 곧 영국은 1900년 1월 약 18만 명의 병력을 파견해 전세를 역전시킨다. 이에 보어인들은 지역의 친숙함을 무기로 게릴라전으로 맞선다. 곤란에 빠진 영국인들은 초토화 작전을 펼치고 대신 보어인 주민들을 40개가 넘는 대규모 집단 수용소를 설치해 가뒀다. 문제는 식량배급과 위생이 나빠 수많은 사람들이 이곳에서 죽었다. 수용소는 토착 흑인들에게도 적용됐는데 환경은 훨씬 더 열악했다. 결국 1902년 보어인들은 영국에 항복을 한다.

12
October

콜럼버스,
신대륙 발견

콜럼버스, 신대륙을 발견하다

1492년 10월 12일. 바하마 제도의 구아나아니라는 조그만 섬콜럼버스는 산살바도르라고 명명함에 사는 인디언들 앞에 콜럼버스는 배 3척을 이끌고 나타났다. '아시아 본토로부터 남동쪽 1천 5백 마일에 황금이 가득한 지팡구라는 섬이 있다.'고 묘사했던 마르코 폴로의 《동방견문록》에 이끌려 여기까지 온 것이다. 동년 8월 3일에 스페인 파로스 항을 떠난 지 2달이 조금 지난 시점이었다. 3척의 배는 기함 산타마리아 호100톤에 40명, 핀타 호60톤에 26명, 니나 호50톤에 24명으로 모두 90명이 타고 있었다. 항해는 비교적 순조로왔으나 점점 길어진 항해에 선원들의 불만이 거세질 무렵 '신대륙'을 발견한 것이다.

별을 보고 뱃길을 알아내는 방법조차 몰랐던 그 시절에, 콜럼버스는 나침반에 바람과 파도만으로 뱃길을 찾아냈다. 그는 그 뒤로도 기억력에만 의지하여 같은 뱃길로 12년에 걸쳐 3번이나 더 대서양을 오갔다. 1502년 4월 3일. 배 4척으로 4번째 탐험에 나섰으나 아무 것도 발견하지 못하고 1504년 빈손으로 돌아왔다. 그 해 겨울 후원했던 스페인의 이사벨 여왕이 병으로 죽자 그는 지위도 명예도 잃은 채 1506년 5월 2일, 세비야의 한 여인숙에서 세상을 떠났다. 자신이 발견한 땅이 '인도'라고 믿은 채로다.

유럽인들에게는 신대륙 발견이 축복일지 모르지만 오래 전부터 그 땅에 살던 원주민들에게는 재앙이었다. 엄청난 수의 원주민들이 잔인하게 살해당하거나 천연두 같은 백인들의 전염병으로 죽임을 당했다. 산토도밍고에는 1492년 콜럼버스가 처음 갔을 때 인디언이 20만 명 살았으나, 20년 뒤에는 1만 4천 명으로, 30년 뒤에는 200명으로 줄었다.

13
October

광산 매몰

69일 동안 매몰됐던 칠레 광부 33명, 구조되다

2010년 10월 13일. 무려 69일 동안이나 지하 700m에 매몰돼 있던 칠레 광부 33명 1명은 볼리비아인이 무사히 구조됐다. 이들은 모두 8월 5일 칠레 북부 코피아포의 산호세 광산에서 터널 붕괴로 매몰됐던 사람들이다. 매몰 17일만인 22일 생존이 확인되었고, 69일만에 구조됐다. 이들에게는 지상과 연결된 지름 15cm의 드릴 구멍을 통해 음식과 약품이 공급됐고, 동영상 카메라도 내려보내 그들의 모습을 확인할 수 있었다. 칠레 정부가 세계 언론에 전격 공개한 지하 동영상을 보면서 당시 CNN 방송은 "달 착륙이나 걸프전에서 미사일이 발사되는 장면에 버금가는 역사적 방송 이벤트였다."며 흥분했다. 당초 구조까지 3~4개월이 소요될 것으로 전망했으나 최신기계와 특수강철로 만든 구조용 캡슐을 통해 구조일자를 2개월 이상 단축했다.

2010년 10월 12일 오후 11시 15분 세바스티안 피녜라 대통령의 구조 개시 선포와 함께 시작된 구조작업은 1시간이 안 된 매몰 69일만인 13일 새벽 0시 11분 플로렌시오 아발로스31. 매몰 당시 부조장의 첫 생환을 시작으로, 오후 9시 56분 루이스 우르수아매몰 당시 작업조장이 구조되면서 0시 35분 구조작전이 공식적으로 종료됐다. 피녜라 대통령의 위기관리 능력과 구출된 광부들을 말쑥하게 면도까지 시켜서 내보내는 기획력은 세계의 이목을 집중했다.

경제 전문지《포브스》는 '칠레 억만장자 대통령의 3대 성취'라는 제목의 기사에서 경제난, 8개월 전의 대지진에 이어 이번 구출작전까지 취임 이후 맞닥뜨린 3가지 비극을 해피엔딩으로 잘 마무리했다고 평가했다.

14
October

아웅산 수치

아웅산 수치 여사, 노벨 평화상을 수상하다

1991년 10월 14일. 미얀마의 야당 지도자 아웅산 수치 여사가 노벨 평화상 수상자에 선정됐다. 하지만 미얀마 군부에 의해 가택연금 상태였기 때문에 시상식은 남편이 수치 여사의 사진을 들고 대신 참석했다. 수치 여사의 노벨 평화상 수상은 1979년 테레사 수녀, 1982년 스웨덴 평화운동가 알바뮈르달에 이어 여성 수상자로서는 3번째였다.

수치 여사는 미얀마 독립운동 및 건국의 영웅으로 국민적 추앙을 받았던 아웅산 장군의 딸로 1962년 아버지의 동료였던 네 윈이 일으킨 군사 쿠데타로 조국이 독재정권으로 바뀌자 망명 아닌 망명상태로 외국을 떠돌았다. 옥스퍼드 대학에서 정치와 경제, 철학을 공부하고 뉴욕에 있는 UN에서 일했다. 영국인 교수와 결혼, 두 자녀를 두는 등 정치와는 별 관계가 없는 평범한 가정주부였으나 조국의 위기는 그녀를 그냥두지 않았다.

1988년 4월, 노모의 간병을 위해 귀국했던 그녀는 그해 여름의 소위 '8888 항쟁'을 계기로 본격적인 반독재 민주화 운동에 뛰어들었다. 민중들은 국민 영웅 아웅산의 딸이 나서 군부를 꾸짖고 새로운 세상을 가져다주기를 간절히 소망했다. 수치는 군부정권에 맞서 민주지사들과 함께 민주민족동맹NLD를 창설하고 사무총장직을 맡았다. 군부는 1989년 7월 아웅산 수치를 가택연금했다. 1990년 5월 총선거에서 아웅산 수치가 결성한 민주민족동맹이 82%의 지지를 받아 압승하였으나 군부는 선거무효를 선언하고 다시 수치를 가택연금했다. 하지만 2016년 수치는 미얀마군이 저지른 로힝야족 학살에 대해 침묵해 국제사회에 실망을 안겨줬다. 이로 인해 한국의 광주인권상을 포함해 여러 단체로부터 수상이 철회되기도 했다.

15
October

마타하리

마타하리, 총살되다

1917년 10월 15일. 여성 스파이의 대명사 마타 하리가 파리 교외에서 총살됐다. 향년 41세. 마타하리는 인도네시아어로 태양이란 뜻이다. 검은 머리카락과 연갈색 피부를 가진 이국적인 미인이었던 마타하리는 1차 세계대전 중에 독일과 프랑스를 오가며 이중 스파이를 벌인 무희였다. 프랑스 군사법정이 그녀의 사형선고 이유로 밝힌 바에 따르면, 그녀가 훔친 군사기밀이 연합군 5만 명의 죽음에 상당한 것이라고 했다. 하지만 여기에는 프랑스가 군사적 실패를 손쉽게 마타하리에게 덮어씌웠다는 평가가 많다.

마타하리는 네덜란드 암스테르담에서 유복한 가정의 장녀로 태어났지만 양친이 파산하면서 행복한 시절은 끝을 맞이한다. 결혼과 이혼을 겪고 돈 한 푼 없이 파리에 정착하면서 생계수단으로 댄서 '마타하리'로 생활했다. 한 번도 본적이 없는 이국적인 춤과 관능적인 몸짓에 파리 사교계는 그녀에 주목했고 그녀는 서서히 고급 콜걸로 변신해갔다.

뛰어난 미모로 프랑스 상류 사교계를 드나들기 시작했을 때 1차 세계대전이 발발했다. 독일은 그녀를 포섭해 거금을 주고 'H21'이란 암호명을 부여했다. 프랑스군 정보를 빼내라는 주문이었다. 하지만 전쟁이 중반에 달했을 때 프랑스도 그녀의 스파이 행위를 눈치 채고 오히려 독일의 정보를 빼내올 이중 스파이로 만들었다. 팻 시프먼의 《팜 파탈》 등에서 그녀는 스파이가 아니라 희생양에 불과했다는 주장도 많았다. 영국 정보부 MI5의 문서에 의하면 그녀가 독일에 넘긴 프랑스의 정보 중 도움이 될 만한 정보는 한 건도 없었다고 한다. 독일군에서는 그녀를 불발탄이라고까지 불렀다고 한다.

16
October

원폭실험

중국, 첫 원폭 실험에 성공하다.

1964년 10월 16일 오후 3시. 중국이 처음으로 원자폭탄 실험에 성공했다. 이로써 중국은 미국, 소련, 영국, 프랑스에 이어 세계 5번째 핵보유국이 됐다. 실험 장소는 공식 발표되지 않았으나 소련과 국경을 맞대고 있는 중국 서쪽의 신강성으로 추후 확인됐다. 중국이 발표한 성명서는 중국의 핵무기 개발 계획 목적이 미국이 핵전쟁을 일으킬 경우 위협으로부터 자국민을 보호하는 데 있다고 밝혔다. 또한 현재 적대관계에 있는 소련과 중국이 마르크스-레닌주의의 무산계급 민족주의의 기초 위에서 하나로 뭉칠 것을 요구했다. 한편 핵무기의 완전파괴와 완전금지를 위해 세계 모든 나라의 정상회담을 개최할 것도 제의했다.

중국의 핵무기 개발 비사는 한동안 알려지지 않았지만 시간이 지나면서 점차 드러났다. 마오쩌둥은 오래 전부터 원자폭탄 개발에 대한 열망이 컸다. 1954년 10월 3일, 중소 회담이 베이징 중난하이에서 열렸을 때 당시 흐루쇼프 소련 공산당 서기장에게 도움을 요청했으나 거절당했다. 그러자 1955년 1월 15일, 중난하이에서 극비리 회의를 열고 핵개발 착수를 결정했다. 1956년 11월에는 원자폭탄 개발과 원자력산업을 전담하는 정부 부처도 만들었다. 흐루쇼프가 1957년 비밀리에 핵무기 기술 전수를 약속했지만 중국과 소련의 밀월관계는 오래가지 못했다. 1959년 6월 26일, 소련공산당중앙위원회는 중국에 공식서한을 보내 원자탄 관련 자료와 원자로 모형제공을 거절하겠다고 통보했다. 1962년, 저우언라이 총리를 위원장으로, 7명의 부총리와 7개 부처 부장을 위원으로 한 거국적인 핵개발 '중앙전문위원회'를 구성하고 프로젝트 '596공정'을 진행했다.

17
October

마지막 황제, 푸이

마지막 황제 푸이, 사망하다

1967년 10월 17일. 청나라 마지막 황제 선통제 푸이는 신장암으로 파란만장한 생을 마감했다. 향년 61세. 그는 1908년 11월 14일 광서제가 죽자 불과 3살의 나이로 청의 12대 황제가 되었지만 아버지인 순친왕과 광서제의 황후인 융유 황태후가 섭정했다. 푸이는 신해혁명으로 황제 자리에 오른 지 4년만에 퇴위했다. 286년 간 지켜온 사직과 2000년 이상을 유지해온 황제 지배체제도 함께 막을 내렸다. 실세였던 위안스카이가 죽은 후 군벌 내 파벌갈등이 발생한 혼란한 틈에 1917년 6월, 안후이 독군 장쉰은 캉유웨이 등의 보황당 일파와 함께 청의 부활을 추진하는 복고적 정변을 일으켰다. 장쉰은 군대를 이끌고 베이징에 입성하여 위안스카이의 총통 자리를 계승한 리위안훙을 퇴진시키고 푸이를 재옹립했다. 그러나 돤치루이가 공화정을 유지한다는 명목으로 장쉰을 제거하면서 푸이는 12일만에 또다시 퇴위돼야 했다.

일본은 1932년 괴뢰국인 만주국을 세워 꼭두각시 황제 자리를 그에게 선물하고 2번이나 일본을 방문케 해 대대적인 환영행사를 열었다. 푸이는 남들은 1번 오르기도 힘든 황제 자리에 3번째 오른 것이다. 하지만 그것도 잠시, 일본의 패전과 함께 소련에 체포돼 전범으로 하바롭스크에서 5년 간 구금생활을 했다. 이어 1950년 8월. 중국으로 송환돼 다시 중국 공산당에 의해 9년간 구금생활을 했다. 그는 1959년 12월 4일. 마오쩌둥의 특별사면으로 구금에서 풀려나 베이징의 식물원 정원사로 일했다. 1964년 《나의 전반생》이라는 자서전을 정식 출간했다. 시신은 1995년에야 황릉으로 옮겨졌다. 사후 28년만에 다시 황제로 복귀한 셈이다.

18
October

알래스카

미국, 러시아로부터 알래스카를 매입하다

1867년 10월 18일. 미국이 러시아로부터 알래스카를 매입했다. 160만km² 넓이의 알래스카의 가격이 고작 720만 달러에 불과했다. 1ha당 5센트로 환산한 금액이었다. 알래스카는 1741년 러시아의 표트르 대제에게 고용된 덴마크인 베링에게 발견된 뒤, 러시아 모피 상인이 서서히 이주해왔으며, 18세기 말에는 러시아-아메리카 회사가 모피무역을 독점하면서 이후 번영을 누렸다.

러시아가 알래스카를 헐값에 판 이유는 당시 정세 때문이었다. 러시아 제국은 크림 전쟁의 여파로 인해 재정적으로 어려운 상황에 있었다. 나중에 분쟁이 생겨 특히 영국 해군이 방어하기 어려운 지역을 쉽게 점령할 경우에, 아무런 보상도 받지 못하고 알래스카를 잃을 지도 모른다는 두려움에 떨고 있었다. 러시아의 알렉산드르 2세는 이 영토를 미국에 팔기로 결정했고 주미 러시아 공사에게 미국 국무장관과 협상하도록 지시했다.

한편 당시 일부 미국인들은 이 거래를 가장 어리석은 거래라고 비난하며 매매를 성사시킨 국무장관 스워드의 이름을 따 '스워드의 바보 같은 짓'이라고 불렀다. 그만큼 당시에는 눈에 덮인 쓸모없는 땅으로 보였던 것이다. 그러나 이후 발견된 금광과 유전은 미국에 막대한 부를 안겨 주었다. 알래스카에서 채굴한 철의 양만으로도 무려 미화 4천만 달러에 달했다. 석탄은 무려 전 세계에 존재하는 모든 석탄의 10분의 1이나 되는 엄청난 양이 알래스카에 매장되어 있다. 이밖에도 알래스카는 천연 가스, 삼림 자원과 수산 자원도 풍부한 땅이었다. 알래스카는 1959년 1월 3일 미국의 49번째 주로 편입됐다.

October

루쉰

《아큐정전》의 작가 루쉰, 사망하다

1936년 10월 19일. 《광인일기》, 《아큐정전》으로 유명한 중국의 문학가이자 사상가인 루쉰이 사망했다. 그의 문학과 사상에는 모든 허위를 거부하는 정신과 철저히 현실에 뿌리박은 강인한 사고가 뚜렷이 드러난다. 그는 1881년 중국 저장성 사오싱에서 출생했다. 어려서 초명은 저우수런이었고 루쉰은 그의 필명이다. 그는 비교적 유복한 지주 집안에서 태어났으나, 할아버지가 부정부패로 투옥되고 아버지가 병으로 죽으면서 집안 형편이 어려워졌다. 이 때문에 그는 고생스럽게 살았다. 어려운 가정 형편을 고려해 학비가 무료인 난징의 수사학당해군학교에 진학했으며, 곧이어 광무철로학당철도학교으로 옮겨 본격적으로 신학문을 접했다.

졸업 후인 1902년에는 국비 유학생으로 선발되어 일본으로 갔다. 일본에서 의학전문학교에 입학했으나 중국인 처형장면을 보여주는 영화를 상영하자 화가 나서 자퇴하고 말았다. 자퇴 후에 가정 형편이 더욱 악화되자 장남인 루쉰은 결국 고향으로 돌아가서 가족을 돌볼 수밖에 없었다. 고국에 돌아와 그는 유학시절 품었던 계몽주의적 생각이 현실에 허물어지자 허무와 자조에 빠져 있었다. 이 때 친구의 격려와 충고로 쓰게 된 단편 소설이 바로 《광인일기》였다. 루쉰이라는 필명도 이때부터 사용했다.

1921년 12월 4일자 《신청년》에 루쉰의 소설 《아큐정전》의 첫 회가 게재되었다. 주인공 아큐의 어리석고 불우한 인생은 당시 루쉰이 절감한 중국인의 현실이었다. 인생 후반부에 루쉰은 계몽주의자에서 혁명가요 사회주의자로 적극 활동한다. 죽기 전 쓴 〈죽음〉이란 글에서 "그들도 얼마든지 증오하게 내버려 두어라. 나도 결코 용서하지 않을 것이다."라고 썼다.

20
October

대장정

'대장정', 1년만에 막을 내리다

1935년 10월 20일. 마오쩌둥이 이끄는 중국 홍군공산군은 마침내 산시성 옌안에 도착했다. 이로써 역사적인 대장정의 막이 내렸다. 마오쩌둥이 1931년에 장시성 루이진에 소비에트공화국 임시정부를 세우자 국민당의 장제스는 2년간 4차례의 포위섬멸작전으로 뿌리를 뽑으려 했지만 모두 실패로 돌아갔다. 1933년 10월, 장제스는 70만 명의 대군을 동원해 5번째 공격에 나섰다. 결국 홍군은 수적 열세를 극복하지 못하고 장제스군에 대패하고 생필품과 의약품까지 동나자 탈출을 결심한다.

1934년 10월 15일, 부녀자·병자를 포함한 2만 8천 명을 남겨둔 채 홍군 9만 명의 대탈주극이 시작됐다. 말 그대로 '대장정'이었다. 홍군은 장제스군의 집요한 추격과 지역 군벌의 방해를 피해 24개의 강을 건넜고 18개의 산맥을 넘었으며 11개의 성을 지났다. 총 1만 2천 5백km를 1년 동안 온갖 어려움을 이겨내고 행군을 강행했다. 그들은 추격군의 예상을 뛰어넘어 귀주의 산악지역을 넘었으며, 해발 4천m가 넘는 대설산을 넘어야만 했다. 그들은 마냥 도망만 가는 것이 아니라 기습적인 공격으로 추격의 발길을 멈칫하게 하기도 했다. 이동 중 무려 2억 명이 넘는 사람들을 만나 공산주의 이념을 전파하며 혁명의 씨앗을 뿌렸다.

주력부대인 제1방면군은 8만여 명으로 장정을 시작하여 장정을 끝냈을 때 남은 부대는 8천여 명에 불과했다. 병력은 출발 때에 비해 10분의 1로 줄어든 참담한 희생이 있었지만 살아남은 것만으로도 그들에게는 승리였다. 출발 당시 불안했던 마오쩌둥의 위치도 어느덧 확고하게 자리를 잡아 본격적인 '마오 시대'를 열었다.

21
October

성 박람회

덴마크에서 사상 첫 성 박람회, 개막하다

1969년 10월 21일. 인류사상 처음으로 덴마크의 수도 코펜하겐에서 성性 박람회가 열려 전 세계적인 관심을 모았다. 포르노 잡지에 대한 규제를 철폐한 뒤에도 예상과는 달리 포르노 잡지에 대한 수요가 오히려 떨어지자 덴마크 포르노업계는 스포츠 궁전에서 6일 간의 행사를 개최했다. 세계 각국에서 호기심 가득한 신사들이 대거 코펜하겐으로 몰려들었고, 특히 중동 지역에서는 성문제 전문가들이 전세 비행기를 내서 방문할 정도였다. 이 박람회의 주제는 '폭력과 새디즘에 물들지 않은, 진정한 기쁨을 주는 섹스'였다.

개막식부터 파격적이었다. 2명의 대회 개최자가 대회장 입구에 걸쳐놓은 여자의 속옷을 가위로 잘라 테이프를 끊는 것을 대신했다. 개회사도 연설 대신에 반라의 아가씨를 연단에 올려놓고 온몸에 페인트칠을 하는 것으로 대신했다. 전시대에는 인간이 상상할 수 있는 모든 각도와 상상조차도 할 수 없는 폼으로 찍은 2만여 장의 성기 사진들로 장관을 이루었다.

'섹스'에 관하여 상상할 수 있는 것과 상상할 수 없는 모든 것이 낱낱이 전시되어 만천하 성애호가들을 즐겁게 해주었다. 가슴을 온통 드러내 놓은 토플리스 안내양이 있는가 하면, 가랑잎으로 국부를 겨우 가린 남자 악단들이 비틀즈 선율을 연주했다. 또한 박람회에서 임시로 채용한 비키니 차림의 아가씨들이 카메라 앞에 나타나 온갖 교태를 부렸으며 그 가운데 18살 되는 한국 태생의 처녀도 있었다. 전람회장 한 모퉁이에는 임시 '카바레'가 개설되어 금발의 미녀들이 아슬아슬한 나체쇼를 벌였다. 전시회장 한복판에는 가학음란증의 원조 사드 후작이 즐겨 사용했다는 성의 고문실이 실물만한 크기로 재현되었다.

22
October

쿠바 봉쇄

미국, 쿠바 해상을 봉쇄하다

1962년 10월 22일. 케네디 미국 대통령은 TV와 라디오를 통해 소련이 쿠바에 중거리 미사일 기지를 건설 중이라며 "미국과 서방세계의 안전을 위해 쿠바에 무기를 운반하는 선박에 대해 해상봉쇄를 단행한다."고 발표했다. 아울러 소련측에 14일 이내에 쿠바에 설치된 미사일을 철수하라고 압력을 가했다. '쿠바 미사일 위기'가 표면화된 순간이었다. 1959년 피델 카스트로에 의해 친미 바티스타 정권이 무너지고 사회주의 정권이 들어서자 미국은 이 정권을 무너뜨리기 위해 갖은 노력을 다했다. 심지어 1961년 쿠바를 직접 침공하기도 했다. 그러자 쿠바는 1962년 9월 소련과 무기원조협정을 체결해 소련의 미사일을 도입한다.

미국은 해상봉쇄 선언 이전에 이미 쿠바 서쪽 4곳에 소련의 미사일 기지가 건설 중이고 폭격기도 조립 중에 있음을 항공촬영으로 알고 있었다. 비록 소련에 핵 우위에 있다고는 하나 동부 해안에서 불과 144km 밖에 떨어져 있지 않은 쿠바에 핵미사일 기지를 건설한다면 미국에게는 큰 위협이었다. 자칫하면 핵전쟁이 일어날 수 있는 일촉즉발의 상황전개에 전 세계는 긴장했다. 10월 16일 케네디 미국 대통령은 국가안보위원회를 소집하였고 선제타격하자는 주장도 있었지만 쿠바를 해상 봉쇄하는 안으로 결론 내렸다. 실제로 아찔한 순간도 있었다. 미국 구축함이 소련 잠수함을 추적하는 과정에서 이 잠수함이 핵무기를 탑재한 사실도 모르고 폭뢰를 투하하는 바람에 전쟁이 일어난 것으로 오해한 소련 잠수함이 대응태세에 돌입한 적이 있었다. 소련의 흐루쇼프는 10월 28일 케네디에게 미사일 철거를 약속함으로써 긴박했던 '14일'이 끝났다.

23
October

김구 암살범 피살

백범 김구 암살범 안두희, 피살되다

1996년 10월 23일 오전 11시30분경. 백범 김구 암살범 안두희는 인천 중구 신흥동 자신의 집에서 경기도 부천 소신여객 소속 버스 운전기사였던 당시 49살의 박기서의 몽둥이에 맞아 80살의 나이에 피살됐다. 범인 박기서는 경찰조사에서 "평소 백범 선생을 존경했다. 후회는 안 한다."고 말했다. 박기서는 1997년 11월 범행동기가 참작돼 징역 3년형을 선고받고 수감생활을 하던 중 1998년 3·1절 특별사면으로 석방됐다.

1949년 당시 32살의 포병소위였던 안 씨는 백범 살해 후 징역 15년을 선고받고 육군형무소에서 복역하던 중 6·25가 터져 포병장교로 복귀했다. 전투 중 부상, 1951년 군복을 벗은 후 1956년 6월부터 강원도 양구에 군납공장을 지어 많은 돈을 벌었다. 하지만 테러위협이 계속되자 사업을 중단하고, 서울로 돌아와 잠행을 시작했다.

4.19 직후 안두희를 구속하라는 전국적인 시위가 계속된 가운데 전라북도 김제군에 사는 곽태영이 1965년 12월 22일 안두희가 운영하던 기업체에 돌을 들고 침입하여 머리를 때리고 잭 나이프로 목과 머리 등을 찌르는 등 중상을 입혔다. 안 씨는 이후 수차례 미국 이민을 시도했으나 국민의 비난 여론으로 여권을 발급받지 못해 좌절됐다. 1987년 3월 27일 서울 마포에서 권중희에게 각목으로 맞아 병원에 입원했다. 그해 7월에는 잠을 자다 27살의 노송구에게 각목으로 폭행당해 또 병원에 입원해야 했다. 1988년부터 인천에서 살던 안 씨는 1991년 8월부터 중풍에 걸려 거동이 불편한 가운데, 1992년 2월 28일 권중희 등의 강권에 못 이겨 백범 묘소를 참배하기도 했다.

24
October

대공황

대공황의 신호탄, '검은 목요일'

1차 세계대전의 승리로 미국은 축제 분위기였다. 대부분의 국민들은 해외의 상황에 별 관심이 없었다. 하루하루가 풍요와 축제의 연속이었다. 10년 동안 공업생산은 90%나 상승했고 자동차는 5명당 1명꼴로 판매됐다. 증권시장도 전례 없는 대호황이었다. 주가지수도 가파르게 상승했다. 1929년 당시 증권 구좌는 155만 개에 달했고 이 가운데 60만 개는 신용거래로 대박을 꿈꿨다. 방미 중이던 처칠 영국 재무장관이 월가에서 신용거래로 한몫 잡았다고 친구들에게 자랑하기까지 했다.

축제는 예고 없이 끝이 났다. 사실 사람들이 느끼지 못했을 뿐 성장은 이미 1929년 6월에 멈춰 있었다. 생산이 감소하고 자동차 판매가 줄어들었다. 상승하던 주가가 9월 3일부터 하락과 상승을 반복했지만 여전히 낙관론이 팽배했다. 1929년 10월 24일. 이날도 개장과 함께 정상적으로 거래가 이뤄지고 있었다. 1시간쯤 지났을 때 주가가 갑자기 곤두박질치면서 객장 분위기가 공포로 돌변하더니 너도나도 주식을 팔아치우려고 아우성이었다. 다행히 오후 들어 은행가의 큰손들이 방어에 나서 폐장 무렵에는 전날의 주가 수준을 거의 회복해 '검은 목요일'은 안도 속에 지나갔다. 하지만 이날이 대공황의 신호탄이었는지 아는 사람은 많지 않았다.

본격 파도는 10월 29일, '비극의 화요일'에 찾아왔다. 뉴욕 증권가는 다시 거대한 투매 폭풍에 휩싸였다. 하루 동안 다우존스 평균지수가 40포인트나 떨어졌고 140억 달러가 휴지 조각이 됐다. 대공황은 그렇게 시작됐다. 공급 과잉과 유효수요부족으로 터진 공황은 당시 식민지가 없었던 미국에게 식민지가 있었던 영국과 프랑스보다 먼저 찾아 왔다.

25
October

UN 상임 이사국

중국, UN상임 이사국 되다

중화민국대만은 1945년 유엔 창설과 함께 유엔 안전보장이사회의 상임이사국 중 하나가 되었지만, 1949년 국공 내전을 계기로 중국 공산당에 밀려나면서 타이완으로 쫓겨나게 된다. 이후 마오쩌둥의 중화인민공화국과 장제스의 중화민국은 서로 자신들이 중국을 대표하는 유일한 합법정부임을 주장했고 상대방을 인정한 국가들과는 외교관계를 끊었다. 그러나 국제관계는 냉정했다. 1971년 7월 15일, 알바니아, 알제리를 비롯한 17개 유엔 회원국이 공동으로 중화인민공화국 정부의 유엔 대표권을 회복하고, 중화민국 정부를 유엔에서 추방시킨다는 내용이 담긴 결의안을 유엔 사무국에 제출했다. 미국은 중화민국의 상임이사국 지위는 상실시키지만 유엔 회원국 자격은 유지시키자며 반대했음에도 불구하고, 영국, 스웨덴, 덴마크, 노르웨이, 프랑스, 이탈리아, 캐나다도 등은 알제리 등이 제출한 안에 동조했다.

1971년 10월 25일. 유엔총회에서는 중화인민공화국이 유엔에서 갖는 합법적 권리의 회복을 골자로 하는 제2785호 결의안이 찬성 76, 반대 35, 기권 17로 통과되었다. 중화인민공화국이 중화민국을 승계한 것으로 간주되어 중화인민공화국의 유엔 가입일은 중화민국의 가입일인 1945년 10월 24일로 표기된다. 하지만 유엔 결의안의 내용 중 '장제스 정권 대표를 즉시 추방하기로 결정한다.'는 조항에 대해 논란이 있었다. 회원국의 가입과 탈퇴는 유엔 안전보장이사회의 권한인데, 제2758호 결의를 뒷받침하는 안보리 결의가 없었기 때문이다. 그러나 이 문제는 중화민국이 자진해서 유엔을 탈퇴하면서 일단락되었다.

26
October

안중근 의거

안중근 의사, 하얼빈 의거를 벌이다

1909년 10월 26일 오전 9시경. 하얼빈 역에 도착한 이토 히로부미가 열차에서 내려 러시아군 의장대를 사열한 후 환영객들로부터 인사를 받기 시작했다. 이미 7시에 도착해 신문기자로 위장해 기회를 노리던 안중근 의사는 권총을 꺼내 이토를 향해 3발을 쏘고 3발도 수행하던 일본 고관들을 향해 쏘았다. 3발을 맞은 이토는 30분 후 절명했고, 이토를 따르던 하얼빈 총영사 가와가미 도시히코, 비서관 모리스지로, 남만주철도의 이사 다나카 세이타로 등이 중경상을 입었다. 안 의사는 거사 후 러시아말로 '대한독립만세!'를 외치며 순순히 체포됐다.

이토의 암살을 위한 거사 장소는 하얼빈과 채가구로 계획되었었다. 채가구에는 우덕순과 조도선, 하얼빈에는 안 의사와 유동하가 배치됐다. 그러나 이토가 탄 열차가 채가구를 지나치는 바람에 거사는 안 의사의 손에 쥐어졌다. 고종이 폐위되고 조선군대가 강제해산되자 무장투쟁을 위해 러시아 블라디보스토크로 떠난 안 의사는 300명의 의병 지원자들과 함께 이범윤을 총독, 김두성을 대장으로 추대하고 자신은 참모중장이 돼 두만강 부근의 노브키에프스크를 근거지로 삼아 3차례나 국내 진공작전을 펼쳤다.

따라서 안 의사의 행동은 당시 이미 수년 전부터 항일 의병과 일본군은 교전상태였으므로, 항일 의병의 일원으로서 교전 중인 적국의 수괴를 사살한 특수 작전으로 보는 것이 타당하다. 안 의사도 재판 중에도 "나를 일반 살인피고가 아닌 전쟁포로로 취급하라."며 당당한 태도를 보였다. 안 의사는 사형 집행 며칠 전 동생들에게 "독립 전에는 시신을 옮기지 말라."라고 유언한 뒤 1910년 3월 26일, 중국 뤼순 감옥에서 순국했다.

27

October

나일론

듀폰, '나일론'을 상용화하다

1938년 10월 27일. 듀폰은 '나일론Nylon'이라는 이름의 합성섬유를 발표하고 이를 이용한 본격적인 상품화 계획을 공개했다. 인류 최초의 완전한 합성섬유가 탄생한 것이다. 듀폰의 연구 책임자였던 월리스 캐러더스와 그의 팀원들은 견직물 대체재를 끈질기게 연구하고 있었다. 그들은 반복적인 사슬로 연결된 폴리머를 연구했는데, 이는 원유에서 얻을 수 있는 긴 분자였다. 1935년 2월, 캐러더스는 2종류의 탄소화합물 용액을 서로 섞었더니, 2가지 용액의 가장자리에서 백색 고체가 형성되었고 이를 유리 막대로 당겨보니 기다란 섬유질로 늘어났다. 나일론이 발견되는 순간이었다. '폴리머 66'라 불렸던 이 섬유질은 매우 가늘게 뽑을 수 있었으며 질겼다.

듀폰은 아직 이름도 짓기 전인 1938년 2월에 첫 상품을 냈다. 칫솔이었다. 15세기 말 중국 황실에서부터 사용된 것으로 알려진 돼지털이 450여 년만에 인간의 치아와 작별한 것이다. 1939년 나일론의 대명사격이 된 여성용 스타킹이 델라웨어 주 윌밍턴에서 첫 선을 보인 데 이어 1939년 뉴욕의 세계박람회를 통해 전 세계로 확산되었다. 1940년 5월부터는 "거미줄보다 가늘고 강철보다 강하다."는 선전 문구와 함께 전국 주요 도시에서 불티나게 팔려나갔다. 2차 세계대전 때는 낙하산·텐트·밧줄 등 군용으로도 쓰여 연합국의 승리에도 크게 기여했다. 양모보다 가볍고 젖어도 강도에는 변함이 없으며 탄력성과 보온성도 겸하고 있어 의복부터 산업용에 이르기까지 광범위하게 사용되고 있다. '코오롱KORLON'은 한국나이롱이 1963년에 처음 생산한 제품명에서 유래한 것으로 '한국Korea'과 '나일론Nylon'의 합성어다.

28
October

자유 여신상

자유의 여신상, 개관하다

1886년 10월 28일. 46m 높이의 '자유의 여신상'이 뉴욕항 초입 리버티 섬에서 제막됐다. 프랑스인들은 이 여신상을 미국 독립전쟁 중에 확립된 양국의 우정을 상징해서 미국 독립 100주년 기념 선물로 기증했다. 프랑스는 미국 독립전쟁 때 미국 땅에서 영국을 몰아내는 데 결정적인 도움을 주었던 나라다. 미국은 받침대를 축조하고 프랑스는 조상을 맡아 미국에서 조립하자는 데 동의했다. 문제는 자금. 프랑스는 공공요금, 다양한 형태의 오락과 복권을 통해, 미국은 자선무대행사, 미술전시회, 경매, 권투시합 등을 통해 자금을 마련했다.

원래 이름은 '세계를 밝히는 자유'였으나 나중에 '자유의 여신상Statue of Liberty'으로 이름을 바꿨다. 제작은 젊은 조각가 프레데릭 오귀스트 바르톨디가 맡았다. 얇은 구리판을 철골 구조 위에 씌우는 방법을 채택했는데 철골 구조 설계는 에펠이 맡았다. 제작 10년만인 1885년에 철골과 구리판을 분리해 뉴욕으로 옮겼다. 수송을 위해 조상은 350개의 조각으로 각각 나누어 214개의 나무상자에 포장되었다. 미국은 그때까지 받침대 공사를 끝내지 못한 상태였다. 받침대를 세우기 위해 벌인 모금운동이 제대로 성과를 보지 못했기 때문이었다. 47.5m 높이의 받침대는 미국의 모리스 헌트가 설계했고, 엠마 나자루스의 14행 시 〈새로운 거상〉이 새겨졌다.

우여곡절 끝에 1년 간의 조립으로 완성된 여신상의 오른손에는 횃불을 치켜들고 왼손에는 1776년 7월 4일의 날짜가 적힌 독립선언서 석판이 들려 있다. 왕관에 있는 25개의 유리창은 지구상에서 발견된 보석의 원석과 세계를 비치는 천국의 빛을 상징한다. 여신상 왕관의 7개 빛은 지구의 7개 대양과 대륙을 나타낸다.

October

괴벨스

독일 나치 선전장관 괴벨스, 태어나다

1897년 10월 29일. 독일 나치 초대 선전장관으로 교묘한 선전선동으로 '선동의 제왕'으로 불리며 국민을 전쟁에 동원했던 파울 요제프 괴벨스가 태어났다. 히틀러의 열렬한 추종자였던 그는 유대인 탄압과 언론, 출판, 방송 등 문화계를 통제하고 나치 정권의 악행에 앞장선 인물이다. 냉철하고 치밀한 선전활동으로 미디어를 통해 히틀러 총통 만들기에 앞장섰다. 2차 세계대전 발발 후에는 총력전 전권대사도 겸직하였다. 전쟁 말기엔 나치 독일의 2대 총리이자 독일의 25대 수상을 역임했다.

괴벨스는 라인란트에서 출생하여 직물공장의 직공장 집안에서 자라나, 회사의 사환으로 일하는 등 불우한 소년시절을 보냈다. 또 소아마비 때문에 다리가 굽어 군입대까지 거부당했다. 그래서 그가 장관이 됐을 때도 정적들은 군복무 경력과 신체장애를 빗대 '방구석 병사'라 비꼬거나 '절름발이 악마'라는 별명을 붙였다. 장관이 된 후에는 호화로운 생활을 했고 여자관계도 복잡했다. 유대인 부호를 협박해서 땅을 헐값에 가로채고 괴링의 양해를 받아 산림구역에서 법을 어기고 방 개수만 21개, 욕실만 5개에 별도의 영화관과 연회홀이 딸린 저택을 300만 제국 마르크를 들여서 만들었다. 내부 장식과 가구나 식기는 물론이고 하나에 3만 마르크나 하는 루이 16세풍 양탄자를 까는 등 펑펑 돈을 써댔다.

지은 책으로 그가 20대 중반부터 거의 매일 쓴 《괴벨스의 일기》와 자전적 소설 《미하엘》이 있다. 괴벨스는 최후까지 히틀러에 충성하였으며 베를린이 포위되어 패전을 앞두고 베를린에 있던 총통 벙커에서 자신의 아내 마그다와 아이들을 죽인 뒤 스스로 목숨을 끊었다.

30
October

화성인 습격

'화성인 습격' 방송, 대소동을 일으키다

1938년 10월 30일 밤 8시. 라디오 역사상 가장 유명한 방송 가운데 하나가
미국에서 할로윈 특집으로 전파를 탔다. 문제는 놀랄 만큼 현실감 있는 음향
효과 등을 넣어 제작한 덕분에 많은 청취자들이 실제 뉴스라고 오인해 패닉
에 빠졌다는 점이다. 미국 CBS 라디오는 화성인들의 지구 침공을 소재로 한
H. G. 웰스의 동명 소설을 각색한 드라마《화성인의 습격》을 방송했다. 프로
듀스는 당시 23세의 오손 웰스였다.

1시간 동안 계속된 방송은 화성이 기묘하게 폭발했다는 보고로 시작해 댄
스 밴드 음악 중간중간에 뉴스 속보를 끼워 넣는 형식이었다. 속보의 횟수는
점점 늘어났으며 필립스 기자로 분한 오손 웰스가 뉴저지의 한 농장에서 "화
성군의 습격으로 미국 곳곳이 파괴되고 혼란에 빠졌다."고 전하는 가상 실황
중계에 시민들은 그만 현실로 착각해 공포에 빠졌다. 방송 중에 "오손 웰스
의 드라마를 보내드리고 있습니다."라고 성우가 설명을 했지만 이미 패닉에
빠진 상태라 다수의 시민들이 상황판단을 하지 못했다. 뉴욕에서는 수천 명
의 시민이 피난하고 뉴저지 주에서는 "유독가스가 퍼졌다."며 20여 가구가
집을 버리고 탈출을 시도했으며, 전투 준비에 나서는 사람들도 나오는 등 미
전역이 패닉 상태에 빠졌다. 역사상 가장 대표적인 매스 미디어 해프닝으로
기록된 이 사건은 당시 곧 세계대전이 터질지도 모른다는 전쟁에 대한 미국
인들의 막연한 공포 탓도 있었지만, 무엇보다 실제상황으로 착각하게 할 만
큼 뛰어났던 오손 웰스의 연출력이 크게 작용했다. 웰스는 단번에 명성을 거
머쥐었다. 이 소동은 설득력 있는 거짓말을 퍼뜨리는 데 근대 커뮤니케이션
이 얼마나 유용할 수 있는지를 증명한 셈이다.

31
October

러시모어 산
대통령 조각상

러시모어 산의 대통령 조각상, 완성되다

1941년 10월 31일에 미국 사우스 다코다에 있는 러시모어 산에 4명의 미국 대통령 얼굴을 새긴 거대한 조각이 완성됐다. 사우스다코타 주의 관광을 활성화시키기 위해 제작한 것이며 자유의 여신상, 할리우드 간판과 함께 미국의 상징물로 꼽힌다. 조각의 주인공들은 조지 워싱턴초대, 토마스 제퍼슨3대, 시어도어 루스벨트26대, 에이브러햄 링컨16이었다.

조각가이자 예술가인 덴마크 이민 2세였던 거츤 보그럼과 400여 명의 조각가들이 1927년 8월에 착공해 14년만에 완성한 것이다. 사실 당초에 상반신까지 조각하려 했으나 거츤이 1941년 3월에 사망하는 바람에 그의 아들이 링컨 보그럼이 얼굴 조각만으로 마무리했다. 당초에는 석상 내부에 국가기록관리실, 기록저장소 등도 만들려 했으나 보그럼의 사망으로 중단되고 말았다. 1998년 16대 링컨 대통령 조각상 뒤에는 기록저장소가 만들어졌다. 조각의 전체적인 넓이는 5.17km²이며 두상의 길이는 60m, 해발 고도는 1,745m다.

초대 대통령 조지 워싱턴은 민주당을 창당했으며 법률교육대학 등 미국의 소프트웨어를 건설한 인물로 미국 건국을 상징한다. 토마스 제퍼슨은 미국 독립선언문 작성 등으로 미국의 성장을 상징한다. 시어도어 루스벨트는 파나마 운하 건설기획추진 등 미국의 발전을, 에이브러햄 링컨은 노예해방 선언, 남북전쟁 종식 등 미국의 보존을 상징한다.

끊임없이 균열이 일어나고 있기 때문에 계속적으로 균열을 메꾸는 작업을 행하고 있다. 한편 러시모어 석상에서 남쪽으로 15마일 떨어진 검은 언덕에 러시모어 대통령상보다 훨씬 큰, 전설의 인디언 추장 '크레이지 호스' 조각상이 있다.

11
월

경제 건축 과학 문화 발명품 사건 역사 인물 정치

아레시보 전파 천문대, 개관하다

1963년 11월 1일. 서인도제도 푸에르토리코의 아레시보 남쪽에 아레시보 전파 천문대가 문을 열었다. 지구 외 행성에 대한 지도를 작성하고 교신을 하기 위한 목적으로 설립됐다. 코넬 대학이 운영하는 이 전파 천문대는 1974년 당대 최고의 천문학자인 칼 세이건을 위시한 과학자들이 엄선한 메시지를 우주 공간에 쏘아 올린 곳으로 유명하다. 외계의 지적 생명체를 찾는 SETI 프로젝트처럼 우주 공간에 인간이라는 생명체가 존재하고 있음을 알리려는 것이다.

메시지 속에는 자연수 1~10까지가 있었고, 생명의 5가지 필수 원소탄소, 수소, 산소, 질소, 인의 원자 번호, 유전 정보를 담고 있는 DNA의 4가지 염기, 인간의 게놈인 30억 염기쌍 등으로 이루어져 있다. 인간의 대략적 모습, 키, 세계 인구수, 태양계 속 지구의 위치, 아레시보 천문대의 모습에 대한 정보 등도 있었다. 2012년 개봉된 SF영화 〈배틀 쉽〉은 아레시보 천문대에서 쏜 정보를 토대로 외계인이 지구로 쳐들어온다는 내용을 담고 있다.

아레시보 천문대가 보유한 305m의 구면 전파 망원경은 2016년에 중국 남서부 귀주성 평당현 산정상의 자연분지에 건설된 직경 500m 구면 전파망원경FAST이 등장하기까지 50년 동안 세계 최대 크기 단일 망원경이었다. 접시 모양의 대형 반사기는 산봉우리 3개에 높은 탑을 세워 케이블로 연결해서 구면 초점에 해당하는 곳에 두었다. 그리고 알루미늄판이 반사기 안쪽 면을 덮고 있는데, 이 판은 반사기 위에 매달린 안테나로 들어오는 전파를 수신한다. 2020년 12월 1일 철제 구조물이 반사경에 떨어지는 사고로 57년 간의 수명을 다하고 말았다.

2

November

밸푸어 선언

중동분쟁의 원인 밸푸어 선언이 이뤄지다

1차 세계대전이 한창이던 1917년 11월 2일, 영국의 외무장관이었던 밸푸어는 런던 피카딜리에 있던 유대인 자본가 로스차일드 남작의 집을 비밀리에 방문하고 편지 한 통을 전달했다. 편지 속에는 영국정부가 팔레스타인에 유대인의 민족적 고향을 수립하도록 도와주겠다는 약속이 들어 있었다. 후에 '밸푸어 선언'으로 불리는 이 내용은 이후 중동 지역의 갈등의 불씨가 되었다. 영국이 무리하게 밸푸어 선언을 하게 된 이유는 순전히 당시 힘겨운 상태에서 홀로 독일과의 싸움을 하다시피 하면서 막강한 유대 자본의 지원을 받기 위해서였다. 당시 4년차에 접어든 1차 세계대전에서 러시아는 내부에서 혁명이 일어나 독일과 강화조약을 맺고 동부전선에서 빠져 버렸고, 미국은 독일에 선전포고를 했으나 아직 병력을 유럽으로 보내지 못하고 있었다. 게다가 영국은 전쟁 비용이 거의 고갈된 상태였다.

영국은 '밸푸어 선언'으로 이스라엘에게 이 같은 중요한 약속을 하기 직전인 1915년에 전혀 반대되는 약속을 해 놓고 있었다. 이른바 '맥마흔 선언'이다. 당시 영국의 이집트 주재 고등판무관 헨리 맥마흔이 메카에 있는 후세인에게 10여 차례에 걸쳐 전후 아랍인의 독립국가 건설을 약속했다. 당시 독일 편에 가담하고 있던 오스만 제국 내의 아랍세력들이 오스만 제국에 대항해 독립운동을 벌이도록 사주하기 위해서였다. 한편으로 1916년에는 영국과 프랑스는 비밀 협정을 맺고, 이라크와 요르단은 영국의, 시리아와 레바논은 프랑스의 세력 범위로 하고 러시아에게도 터키의 동부지방을 떼 주는 대신 팔레스타인은 공동 관리한다고 약속했다. 결국 영국의 사정에 따른 서로 다른 정책으로 중동분쟁의 원인이 탄생한 것이다.

3
November

미국 대륙육군

미국 독립의 신호탄 대륙육군이 해산되다

1775년 4월 19일. '렉싱턴 콩코드 전투'가 벌어지면서 미국 독립전쟁의 포문은 열렸다. 강력한 영국과의 싸움을 위해서는 조직적인 군대가 필요했다. 이에 따라 전쟁이 한창이던 1775년 6월 14일 대륙회의에서 영국군에 대항하기 위해 13개 식민지의 통일된 명령체계를 가진 육군을 구성하기로 결의했다. 영국군과 전쟁을 위해서는 근대적인 병사제도의 훈련과 조직화가 필요하다고 느꼈기 때문이다. 이름을 '대륙육군'이라고 불렀다. 초대 최고 사령관에는 만장일치로 조지 워싱턴이 추대됐다. 그는 무보수로 이 역할을 맡았다. 곧이어 4명의 소장과 8명의 준장이 잇따라 지명됐다. 병사의 급여, 식료, 방비, 군장, 병기 및 기타 장비에 대한 재정적 부담은 각 주에서 맡았다.

같은 해 7월 6일에는 13개 식민지에서 무기를 들고 봉기할 논거와 필요성을 언급한 '대의의 선언'이 승인됐다. 7월 8일에는 화해의 시도로 '올리브 가지 청원서'가 영국 왕에게 보내졌지만, 영국 왕 조지 3세는 수령을 거부했다. 영국과의 전투는 본격화됐으나 대륙군의 운영은 원활하지 못했다. 13개 주의 통일된 명령체계를 지향했지만 대륙육군은 항상 병참이 부족했고 훈련도 적절하게 이뤄지지 못했으며 병역도 짧았고 각 주간의 마찰도 잦았다. 그러나 대륙육군은 많은 인명을 희생해가면서 시행착오 끝에 실효성과 성공률을 높였다. 특히 워싱턴 장군과 기타 걸출한 장교들이 결속을 굳건히 했기 때문에 시간이 흐를수록 군대로서의 면모를 갖춰갔다. 드디어 미국이 독립을 인정받으면서, 1783년 11월 3일에 웨스트포인트 등의 기지를 제외한 대부분의 군대는 해산되었다.

November

네이처

과학 학술지 《네이처》, 창간되다

1869년 11월 4일. 영국에서 노먼 로키어 경에 의해 세계에서 가장 오래되고 저명하다고 평가되는 과학 학술지《네이처》가 창간됐다. 네이처 출판 그룹의 대표적인 출판물로서 종합과학 분야를 다루는 주간지다. 미국의《사이언스》, 《셀》과 함께 세계 3대 과학 학술지로 꼽힌다. 특히 1880년 존 미첼스가 창간한《사이언스》와는 앙숙관계여서 서로의 잡지에 실린 인물이나 내용에 대해 종종 흠집을 내려고 한다. 사이언스에 기고한 한국의 황우석 박사의 논문 조작 의혹을《네이처》가 처음으로 제기한 것이 하나의 예이다.

《네이처》는 원래 다윈의 열렬한 지지자인 토머스 헉슬리디스토피아 소설《멋진 신세계》을 집필한 올더스 헉슬리의 할아버지가 1864년에《자연사 리뷰》를 창간했는데, 재정 문제로 폐간된 뒤에《리더》라는 평론지를 만들었다가 또 폐간되었다. 그러고 나서 편집자 중 한 명이던 노먼 로키어가 1869년 다시 창간하게 되었으며, 헉슬리는 창간호의 권두문을 쓰고 로키어는 이후 50년 간 편집장을 지냈다.《네이처》에 게재되는 논문의 80%는 생명과학 분야이고 나머지 20%는 물리, 화학, 지구과학, 천문학 등의 분야이다. 발행부수는 대략 5~6만이지만 그 영향력은 막강하다. 한편 네이처 출판 그룹NPG에는《네이처》외에도 많은 자매지를 발간하고 있다. 2000년대 들어 그 확장세는 더 놀랍다. 게다가《네이처》못지않게 자매지에 실리는 논문들도 높은 피인용지수를 자랑한다.《네이처》는 제출된 논문들 중 10% 정도만 받고 나머지는 다 탈락시키는데, 그들 중에 아까운 것은 자매지에 게재를 유도하기 때문이다. 실제로 2018년 피인용지수 기준으로《네이처》보다 높은 자매지가 무려 7개나 된다.

5
November

마리 퀴리

마리 퀴리, 소르본 대학 최초 여성 교수가 되다

1906년 11월 5일. 마리 퀴리는 남편 피에르 퀴리가 근무하던 소르본 대학에서 학생들을 가르치기 시작했다. 마리 퀴리는 소르본 대학에서 강의를 한 최초의 여성 교수가 되었다. 남편이 교통사고로 사망한 후 그 강의를 물려받아서 진행했다. 마리 퀴리는 1867년 폴란드 바르샤바의 가난한 교육자의 딸로 태어났다. 어머니는 중학교 교사였고 아버지는 교육청 장학사였다. 형제는 오빠 1명에 언니가 3명이었다. 독일의 지배 하에서 10살 때 어머니가 죽고 큰언니가 요절하는 등 그녀의 유년시절은 힘들었다. 그녀는 여자는 대학을 갈 수 없었던 폴란드와 독일이 아니라 성차별이 없는 프랑스에서 공부하고 싶었다.

1891년 파리의 소르본 대학에 입학하여 J. H. 푸앵카레, G. 리프만 등의 강의를 들었다. 수학과 물리학을 전공하며 가장 뛰어난 성적으로 졸업했다. 1895년 과학자 피에르 퀴리와 결혼해 두 딸을 두었다. 부부는 라듐을 발견했다. 마리 퀴리가 살던 시대에는 방사능의 위험성이 널리 알려지지 않았다. 방사능 물질 라듐은 미용과 정신장애 치료에 효과가 있다는 위험한 선전이 난무해 방사능에 노출된 사람들이 죽어갔다. 화장품에 라듐이 들어간다고 소문만 나도 불티나게 팔리던 때였다.

마리는 여성으로서 최초의 노벨상 수상자이며, 물리학상과 화학상을 동시에 받은 유일한 인물이다. 노벨상 2회 수상도 라이너스 폴링과 함께 인물로서는 최다 기록이다. 사후에 그녀와 남편의 시신에서는 상당량의 방사선이 방출돼 납으로 만든 방사선 차단 관에 싸여 매장했다. 그녀가 사용하던 모든 물품 역시 1600년 동안 차폐용기에 넣어 보관하기로 했다.

6
November

미국 대통령

링컨, 미국 16대 대통령에 당선되다.

1860년 11월 6일, 미국 공화당 대통령 후보 에이브러햄 링컨이 제16대 대통령에 당선됐다. 링컨은 취임사에서 남부를 겨냥해 다음과 같은 경고를 보냈다. "내전 시작의 중대한 결정은 대통령인 내가 아닌 바로 여러분, 불만에 찬 남부인의 손에 달려 있다. 나는 연방정부를 보존하고 보호하며 수호하겠다는 가장 엄숙한 맹세를 바칠 것이다." 대통령 후보로 지명되기 5개월 전 링컨은 자신의 삶을 힘들고 보잘 것 없는 것으로 묘사했다. "부모님은 두 분 다 버지니아의 이류 가문 출신이었다. 나의 성장기는 사람이 살기에는 척박한 환경이었고, 성인이 되었을 때도 나는 아는 것이 많지 않았다. 그래도 읽고 쓰고 셈하는 정도는 겨우 할 수 있었지만 그것이 내 지식의 전부였다."

대통령으로서 그는 군사적·정치적 양면으로 내전 승리에 집중했으며, 분리 독립을 선언한 미국 남부 여러 주와의 통합 방법을 꾸준히 모색했다. 링컨은 농담을 잘하는 쾌활한 성격이었지만 모친과 누나의 요절, 사귀던 애인을 잃은 기억 때문에 오랫동안 우울증에 시달렸으며, 재임 중에도 예외가 아니었다. 한편 남부에서는 '노예제 반대론자'가 대통령이 된 것에 대해 위기감을 공공연하게 드러냈고 결국 남북전쟁으로 휘말려 들고 말았다.

링컨의 리더십 아래 북군은 남북의 경계가 되던 주들을 점령할 수 있었다. 또 링컨은 1864년의 대통령 선거에서 재선했다. 하지만 링컨은 미국 역사상 처음으로 대통령 임기 중에 암살됐다. 게티즈버그에서 한 연설 중 '국민에 의한, 국민을 위한, 국민의 정부'라는 불멸의 말을 남겼다. 역사를 통틀어 가장 많이 인용되는 연설로 손꼽힌다.

7

November

중화소비에트공화국

중화소비에트공화국이 설립되다

1921년 7월. 마오쩌둥, 천두슈 등이 중심이 돼 창당된 중국공산당은 1931년 11월 7일 러시아 코민테른의 지지 아래 장시성 서금에서 중화소비에트공화국을 설립했다. 마오쩌둥을 주석으로, 장궈타오를 부주석으로 선출하고 소비에트 정부를 선포했다. 이 공화국은 1937년까지 중국 남동부 장시성에 독립적인 정부로 존재했다. 중화소비에트공화국은 장제스의 공산당 탄압을 피해 도망쳐온 공산주의자들과 급진주의자들의 피난처가 되면서 세력을 급속히 확장해 나갔다. 독자적으로 우표와 화폐를 발행했고 중앙은행을 가지며 토지재분배 정책과 지주를 탄압하는 대신 농민을 보호하는 정책으로 일대 농민의 지지를 얻으면서 짧은 기간 안에 수백 만 명이 사는 지역을 점거했다.

국민당 장제스는 불안했다. 소련 이외에는 어디에도 인정하지 않던 소비에트 정부가 중국땅에서 세력을 급속히 키워갔기 때문이다. 장제스는 1930년부터 1933년까지 4차례에 걸쳐 대규모 섬멸전, 소위 '토공전'을 펼쳤다. 그러나 주더가 이끄는 홍군의 게릴라 전술에 뚜렷한 성과를 거두지 못했다. 그러자 장제스의 국민혁명군은 독일군 군사고문단의 도움을 받아 토치카와 진지를 짓고 지구전 전술을 펼쳐 홍군을 압박했다. 1934년 10월 소비에트 정부는 더 이상 버티지 못하고 장시성의 근거지를 버리고 중국 서북부의 새로운 근거지로 퇴각을 결정한다. 이것이 저 유명한 '대장정'이다. 중화소비에트공화국은 수도를 지단현으로 옮기고 1937년 연안으로 다시 수도를 옮길 때까지 명목상 유지되다가 1937년 9월 22일 해체됐다.

November

엑스선

빌헬름 뢴트겐, 엑스선을 발견하다.

1895년 11월 8일 저녁, 음극관으로 실험을 하던 빌헬름 뢴트겐은 놀라운 현상을 발견한다. 고전압이 걸린 진공관을 이용해 작업을 하고 있었는데 관에 전류를 흘려보내자, 음극선이 금속 벽에 빠른 속도로 충돌하면서 방사된 광선이 진공관을 둘러싼 검은 종이를 뚫고 나와 1m 떨어진 책상 위에 있던 종이 위에 선들을 만들어 낸 것이다. 그는 이 빛의 정체를 몰랐기 때문에 X선이라고 이름 붙이고 이 사실을 누구에게도 알리지 않았다. X선의 정체를 탐구하던 그는 X선이 두꺼운 책도 뚫는다는 사실을 알고 12월 22일, 부인 베르타의 왼손을 감광판 위에 놓고 실험한 결과 살아 있는 사람의 뼈가 사진으로 찍혀 나왔다. 나중에 밝혀진 바에 의하면 X선은 자외선보다 파장이 짧고 감마선보다는 파장이 긴 전자파의 일종이었다.

12월 28일 그는 실험결과를 학술지《뷔르츠부르크 물리학·의학 연보》에 보고했고, 이듬해에는 아내 손이 찍힌 사진을 논문과 함께 세계 유명 물리학자들에게 보냈다. 세계 물리학계는 발칵 뒤집혔다. 1808년 돌턴이 원자론을 주장하면서 더 이상 쪼갤 수 없는 작은 알갱이를 원자로 인식했다. 하지만 X선과 이듬해인 1896년 프랑스 물리학자 앙리 베크렐에 의해 방사선이 발견되자 사람들은 원자보다 작은 알갱이가 있을지도 모른다는 생각을 하기 시작했다.

한편 뢴트겐은 넉넉하지 못한 삶이었고 주위의 친구들의 권유에도 불구하고 특허 등록을 하지 않았다. 인류 모두의 자산이며 이전부터 존재했던 것을 자신이 우연히 발견한 것뿐이라며 겸손했다. 그는 X선 발견의 공로로 1901년 최초로 노벨 물리학상을 받았다. 많은 과학자들은 1895년을 20세기 과학사의 기점으로 여긴다.

9
November

베를린 장벽

베를린 장벽이 붕괴되다

1989년 11월 9일. 동·서독 분단의 상징이었던 베를린 장벽이 철거됐다. 이날 동독의 신임 중앙위원회 정보담당 서기인 샤보프스키는 동독 국민의 자유로운 해외여행을 보장한다는 발표를 전격적으로 한다. 베를린 장벽은 무너지고 동·서독을 자유롭게 오갈 수 있게 되자 수많은 동독 사람들이 아예 서독으로 이사를 갔다. 이런 집단 이주가 결국 독일 통일을 앞당겼다.

동유럽 국가의 국민들은 이미 1970년대부터 공산당 정부에 불만이 많았다. 군비확충에만 신경을 쓰다 보니 경제가 어려워졌다. 소련의 간섭도 심했으며 국민들은 자유를 빼앗긴 채 힘겹게 살아가고 있었다. 이런 분위기에서 소련의 고르바초프가 페레스트로이카를 외치며 새로운 바람을 일으켰다. 동유럽 공산주의 국가들도 개혁과 개방을 외치기 시작했다. 헝가리는 1989년 헝가리 사회주의 노동당이라는 공산당 이름을 '헝가리 공화국'으로 바꾸고 공산당 일당 독재 체제를 끝냈다. 폴란드에서는 동유럽 최초로 자유 총선거가 실시돼 노동조합 지도자 레흐 바웬사가 대통령에 당선되면서 공산당의 일당 독재체제가 무너졌다. 루마니아에서 시민들이 들고 일어나 독재자 차우셰스쿠를 몰아내는 데 성공했다. 처음에는 동독 정부도 서독과의 교류를 금지하고, TV 수신을 금지하는 등 온갖 강압적인 조치를 취했다. 하지만 서독으로의 탈출은 그치지 않았고 심지어 어떤 사람들은 서독으로 넘어가기 위해 장벽 아래로 땅굴을 파기도 했다. 거대한 풍선이 달린 기구를 타기도 했다. 베를린 장벽 붕괴와 여행 자유화가 이뤄진 뒤 1년 뒤 동독과 서독은 정식으로 절차를 밟아 통일이 되었다. 분단된 지 41년만이었다.

10
November

마르틴 루터

근대를 연 인물 마르틴 루터, 태어나다.

1483년 11월 10일. 종교개혁의 주인공 마르틴 루터가 태어났다. 중세를 마감하고 근대를 연 인물이 태어난 것이다. 루터의 종교개혁은 중세 로마 가톨릭교회의 철옹성 같은 권위를 무너뜨리고, 수많은 개신교 종파의 효시가 되었으며, 가톨릭교회에까지 개혁바람을 일으켜 결과적으로 르네상스 이상으로 근대를 여는 중요한 열쇠가 됐다. 신대륙의 발견과 산업발달로 육체가 근대화되었다면, 르네상스로 정신이 새 옷을 입었고, 프로테스탄트 탄생으로 영혼이 비로소 근대로 탈바꿈하게 된 것이다.

루터는 독일 작센 주의 아이슬레벤에서 광산업을 하는 엄격한 아버지와 어머니 사이에서 태어났다. 아버지는 광부로 일하다가 광산업을 경영하면서 득세한 시민계급의 한 사람이었다. 1505년 7월 2일 운명의 날. 루터는 집에 갔다가 대학이 있는 에르푸르트로 돌아가는 길에 무시무시한 벼락을 만나 땅에 엎드려 신부가 되겠다고 간절히 기도했다. 이후 법률가가 되기를 바랐던 아버지의 극렬 반대에도 불구하고 사제가 되었다.

1521년 1월 3일, 마르틴 루터는 교황 레오 10세로부터 파문 처분을 받는다. 당시 파문은 무거운 형벌이었다. 교회에는 출석도 할 수 없고, 그 안에서 장례식도 치를 수 없게 되는 것으로 치명적인 벌이었다. 무엇보다 파문이 되면 천국에는 갈 수 없는 것으로 받아들여졌다. 루터는 파문을 당하자 교황청이 로마 교회를 적그리스도에게 넘겨주었다는 확신을 가졌다. 이 파문으로 인해 오늘날 전 세계에 가장 널리 퍼진 개신교프로테스탄트의 탄생을 가져오리라는 것을 당시로서는 누구도 쉽게 예상할 수 없었다.

도스토예프스키

러시아의 문호 도스토예프스키, 태어나다.

1821년 11월 11일, 톨스토이와 함께 19세기 러시아 문학을 대표하는 세계적인 문호 도스토예프스키가 모스크바에서 태어났다. '넋의 리얼리즘'이라 불리는 독자적인 방법으로 인간의 내면을 추구하여 근대 소설의 새로운 가능성을 열었다는 평가를 받는다. 그는 빈민구제병원 의사의 둘째 아들로 태어나 어려서부터 도시 환경 속에서 자라났다. 이 점이 바로 러시아 도시문학의 선구자로서 그의 위치를 굳히게 했다. 어려서부터 문학을 좋아했고 공병사관학교를 졸업한 뒤 1년 남짓만에 퇴직했다. 때마침 출간된 번역서《외제니 그랑데》가 호평을 받자 직업작가에 뜻을 두게 되었다. 그의 처녀작《가난한 사람들》1846은 일약 '새로운 고골'이라는 이름을 떨치게 만들었다.

공상적 사회주의 사상에 관심을 갖기 시작해《백야》1848《네트치카 네즈바노바》1849 등을 썼다. 1849년 봄 페트라솁스키 사건에 연좌되어 다른 서클 회원과 함께 체포되어 사형선고를 받았으나, 총살 직전 황제의 특사로 징역형으로 감형되어 시베리아로 유형되었다. 시베리아의 옴스크 감옥에서 지낸 4년 간의 생활은, 그가 인도주의자·공상적 혁명가에서 변모하여 슬라브적인 신비주의 제창자로 사상적 변신을 하게 만들었다. 1864년에는 잡지 발행에 크게 실패해 빚쟁이의 추궁을 피해 4년이나 해외 도피생활을 해야 했다. 이 궁핍한 생활 속에서 불후의 작품《죄와 벌》1866,《백치》1868,《악령惡靈》1871~1872 그리고 중편《영원한 남편》1870 등을 발표했다. 러시아로 돌아와 그의 사색의 집대성이라 할 수 있는《카라마조프의 형제들》1879~1880을 썼다.

**퍼시벌 로웰,
고요한 아침의 날**

《고요한 아침의 나라》의 작가 퍼시벌 로웰, 잠들다.

1916년 11월 12일. 대한민국에게 '고요한 아침의 나라'라는 수식을 남겨준 미국인 퍼시벌 로웰이 사망했다. 그는 오늘날 '명왕성'으로 명명된 별의 존재를 처음으로 가정하고 '행성X'라 부르며 그 존재를 찾으려 애쓰다 갑자기 사망했다. 당시 조선은 1876년 2월 강화도조약으로 일본과 교류하고 이어 미국을 비롯한 서양과 교류를 시작한 때였다. 1882년 미국과 조미수호통상조약에 따라 미국은 조선 주재 미국 공사를 보냈고 조선은 보빙사라는 사절단을 미국에 파견했다. 이때 민영익, 홍영식, 유길준의 통역을 맡은 사람이 바로 로웰이다.

보빙사와 함께 워싱턴, 뉴욕, 샌프란시스코 등을 돌며 사절단에게 서양 근대 문물을 소개해주었다. 또 고종이 체스터 아서 당시 미국 대통령에게 보내는 국서를 번역하는 임무를 맡기도 했다. 이 인연으로 1883년 12월 고종의 초대로 조선을 방문했다. 로웰은 3개월 동안 조선에 머물면서 조선의 문물을 두루 체험하고 고종 사진을 비롯해 여러 장의 사진을 남겼다.

3년 후 보스턴에서 412쪽 분량의 책을 출판했다. 바로 로웰이 쓴 《조선, 고요한 아침의 나라》다. 이후 그는 천문학에 깊이 매달렸다. 미국 서부 애리조나 사막 한가운데 자신의 이름을 딴 천문대를 세웠다. 15년 간 화성 표면의 무늬를 관찰한 로웰은 3권의 화성 관련 저서를 출간하면서 화성 표면에 인공운하가 있다고 주장했다. 태양계 끝의 해왕성 밖에 또 다른 행성이 있다고 주장하면서, 이를 '행성X'라 명명했다. 이를 찾으려 노력하다 61세의 나이로 갑자기 사망했다. 이후 1930년 2월 18일 후학들에 의해 행성X가 발견되었고 명왕성으로 명명되었다.

인권노동자 전태일 열사, 분신하다

1970년 11월 13일. 한국 노동운동의 상징 전태일 열사가 분신했다. 봉제공장 노동자로 일하면서 열악한 당시의 노동조건 개선을 위해 노력하다가 "노동자는 기계가 아니다."라고 외치며 분신했다. 1948년 8월 26일 대구시 중구 남산동에서 전상수와 이소선 사이에서 2남 2녀의 장남으로 태어났다. 한국전쟁이 일어나자 가족과 함께 부산으로 피난을 갔으나 봉제 기술자였던 아버지가 파산하는 바람에 1954년 가족이 모두 서울로 올라왔다. 전태일은 가난 때문에 거의 정규교육을 받지 못했다. 남대문초등학교 4학년에 다니던 1960년에 학생복을 제조하여 납품하던 아버지가 사기를 당하고 큰 빚을 지는 바람에 학교를 그만두고 가족의 생계를 책임지기 위해 동대문 시장에서 물건을 떼어다 파는 행상을 시작했다.

당시 노동자들은 햇빛도 비추지 않는 좁은 다락방에서 어두운 형광등 불빛에 의존해 하루 14시간씩 일을 했다. 환기 장치가 없어서 폐질환에 시달리는 노동자들도 많았다. 이들은 대부분 여성이었는데, 특히 '시다'라고 불린 보조원들은 13~17살의 어린 소녀들로 초과 근무수당도 받지 못한 채 극심한 장시간 저임금 노동에 시달리고 있었다. 1968년 근로기준법의 존재를 알게 되어 그것을 공부하면서 법이 지켜지지 않는 현실을 개선해야 한다는 의지를 더욱 다지게 되었다. 그래서 1969년 6월 동료 노동자들과 함께 '바보회'를 만들어 설문으로 평화시장의 노동환경을 조사하며 근로기준법의 내용을 알렸다. 그러나 이 사실이 사업주들에게 알려지면서 전태일은 해고되었고, 평화시장에서 일할 수 없게 되었다.

세계일주

넬리 블라이, 세계일주에 나서다.

1889년 11월 14일. 미국 최초의 탐사 전문 여기자 넬리 블라이는 가방 하나
달랑 들고 오거스타빅토리아 호를 타고 뉴욕을 출발했다. 당시 인기 소설《80
일 간의 세계일주》보다 더 빨리 세계일주를 하는 게 목표였다. 마침내 72일만
에 4만 5천km를 여행해 1890년 1월 25일 오후 3시 51분 뉴저지에 도착했다.
그녀의 책《72일 간의 세계일주》는 큰 인기를 끌었다. 그녀는 당시 흔치 않은
기자였다. 지역 일간지《피츠버그디스패치》의 성차별성 사설에 반박하는 글
을 신문사에 보낸 것이 계기가 돼 기자로 채용됐다. 사회문제에 대한 날카로
운 그녀의 글은 조셉 퓰리처가《뉴욕 월드》로 스카우트하게 만들었다. 나중
에 미국에서 가장 권위 있는 보도 부문의 상인 퓰리처상을 만든 그 퓰리처다.
　블라이는《뉴욕 월드》에서 블랙웰스 섬에 있는 정신병원에 잠입 취재해
'정신병원에서의 10일'이라는 특집기사로 최초의 탐사 전문 기자로 불리며
유명인사가 된다. 환자를 학대하는 끔찍한 실상을 고발하는 기사 때문에 병
원직원들이 처벌받고, 시는 관련 예산을 대폭 늘려 병원시설을 개선했다. 무
엇보다 그녀를 대표하는 것은 72일 간의 세계일주였다. 비행기가 없던 시절
이라 순전히 배와 기차를 타야 했다. 여기자의 단독 세계일주 신기록이었다.
블라이는 1차 세계대전 중에는 동유럽 전선을 취재하기도 했다. 취재 중에
영국 간첩으로 오인돼 체포되기도 했다. 블라이는 또 원유통, 우유통, 쓰레
기통 등을 새로운 형태로 발명해 특허를 얻는 등 발명가이기도 했다. 그녀는
1922년 57세의 나이로 뉴욕에서 세상을 떠났다.

15
November

롬멜

'사막의 여우' 롬멜, 태어나다.

1891년 11월 15일. 2차 세계대전에서 독일의 아프리카 군단을 이끌며 연전연승해 '사막의 여우'로 불렸던 에르빈 롬멜이 태어났다. 2차 세계대전 당시 북아프리카의 영국군에게 롬멜은 크나큰 두려움의 대상이자 경외의 대상이었다. 1920년 18세의 롬멜은 왕실 보병사관후보생으로 지원했다. 항공기술자가 꿈이었지만 군인이 되기를 바랐던 아버지의 뜻에 따랐다. 1차 세계대전 당시 롬멜은 프랑스 전선과 루마니아, 이탈리아 전선에서 싸웠다. 그는 상황 변화에 신속하게 대처하는 전술적 판단으로 적을 혼란에 빠뜨리는 능력을 발휘했다. 2차 세계대전에서는 1941년 2월 히틀러로부터 추축군의 통수권을 받고 북아프리카에서 영국군의 진군을 막으라는 명령을 직접 받았다.

롬멜은 1941년 6월 리비아 국경 지대로 향하는 300대의 영국 전차부대에 80대의 전차로 맞서 대승을 거뒀다. 그는 상대의 허를 찌르는 기습공격을 비롯한 새롭고 다양한 전술로 영국군을 초토화시켰다. 그러나 충분한 보급지원 없이 밀어붙이는 히틀러 밑에서 롬멜의 뛰어난 전략과 전술만으로는 한계가 분명했다. 1941년 12월 7일 아프리카 군단은 후퇴하기 시작했다.

롬멜이 나치의 집단 수용소와 학살 행위에 관해 알게 된 것은 1943년 말이었다. 롬멜은 "국가의 기본 토대는 정의여야 한다. 유감스럽게도 저 위의 지도부는 깨끗하지 못하다. 학살 행위는 커다란 범죄다."라고 말했다고 전해진다. 1944년 10월 14일. 롬멜은 히틀러 암살에 공모한 혐의로 게슈타포에 의해 강제 음독으로 죽음을 맞았다. 공식 사인은 '서부 전선에서 근무 중 입은 부상 악화에 따른 심장마비'였다.

16
November

진공관

플레밍, 진공관을 발명하다.

1904년 11월 16일. 영국의 엔지니어이자 발명가인 존 앰브로즈 플레밍이 사상 처음으로 진공관을 발명했다. 현대 전자공학이 출발한 순간이기도 했다. 진공관은 진공 속에서 전자의 움직임을 제어함으로써 전기신호를 증폭시키거나 교류를 직류로 정류하는 데 사용하는 전기장비다. 진공관의 기원은 에디슨까지 올라간다. 에디슨은 백열전구를 개발하던 중 진공상태에서 금속에 가열을 하면 전류가 흐른다는 '에디슨 효과'를 발견했지만 과학적 의미를 깨닫지는 못했다. 이후 영국의 물리학자 오언 리처드슨이 금속 필라멘트를 가열하면 전자가 튀어나온다는 점을 입증하고 1928년 노벨 물리학상을 받았다. 이어진 발명이 진공관이다. 플레밍이 만든 진공관은 이극관이었다.

1906년에는 미국의 엔지니어 디포리스트가 진공관의 음극과 양극 사이에 그리드를 추가해 극이 3개인 3극 진공관을 발명했다. 이후 1910년대에 독일의 물리학자 쇼트키가 4극 진공관을 실험하였고, 미국의 공학자 힐이 이를 토대로 실용적인 4극 진공관을 개발했다. 네덜란드의 공학자 밴저민 델레겐은 1926년에 5극 진공관을 발명했다. 1914년에는 장거리 전화선에서 증폭기로 진공관이 사용되었다. 하지만 진공관은 문제점이 많았다. 부피가 컸고 깨지도 쉬웠다. 또 열이 많이 나기 때문에 냉각 장치로 식혀주어야 했다.

진공관을 이용한 라디오가 인기를 끌 무렵, 1925년 캐나다 물리학자 줄리어스 릴리엔펠드가 전기장 효과 트랜지스터와 유사한 특허를 출원했다. 트랜지스터는 다시 1950년 들어 벨 연구소에 의해 성능이 더 우수한 집적회로 IC 개발이 시작됐고 이어 반도체 시대로 들어섰다.

17
November

수에즈 운하

수에즈 운하, 개통하다

19세기 중엽 프랑스 사람 페르디낭 드 레셉스가 수에즈 운하건설계획을 들고 나왔으나 불가능하다며 모두들 비웃었다. 하지만 레셉스는 개인적 인연을 맺은 이집트 총독 사이드, 나폴레옹 3세의 황후 유제니 등의 전폭적인 지원으로 건설에 착수했다. 레셉스는 사이드 총독에게 지중해와 홍해를 잇는 운하를 건설한다면, 장차 이집트에 엄청난 이익을 가져다줄 수 있을 뿐만 아니라 이집트의 국제적 지위를 크게 높일 수 있을 것이라고 설득했다. 1854년 11월 30일 총독 사이드는 레셉스에게 수에즈 운하 건설을 허가했다. 외교적 지원과 경제적 지원은 황후 유제니가 도왔다. 레셉스는 황후 유제니를 가리켜 '운하의 대모'라고 칭했다.

하지만 운하건설이 무리하게 진행되면서 이집트의 국가재정은 위기에 빠졌다. 이집트 정부는 무리한 강제노역으로 수많은 이집트 노동자들을 영양실조, 과로, 전염병 등으로 죽게 만들었고, 정부는 재정이 거의 파산상태에 빠졌다. 결국 1875년에는 소유했던 주식을 수에즈 운하를 탐내고 있던 영국에게 팔아 넘겨야 했다. 영국은 힘 안 들이고 수에즈 운하의 경영권을 장악했다. 이집트 정부는 원래 1900년에 회사 순이익금의 15%를 받게 되어 있었으나 그 권리도 포기해야 했다. 이집트는 운하 건설에 수백만 파운드와 많은 인력을 투입하고서도 열강들의 내정 간섭 기회만 만들어준 셈이 됐다.

1869년 11월 17일 수에즈 운하 개통식이 화려하게 거행되었다. 총길이 193km로, 바다와 바다를 잇는 세계 최대의 운하였다. 수에즈 운하의 개통으로 영국의 경우 런던과 싱가포르 간의 항로가 2만 4천km에서 1만 5천 27km로 절반 가량 줄어들었다.

18
November

벤허

영화 〈벤허〉 뉴욕에서 개봉되다.

1959 11월 18일. 뉴욕 로우 주립극장에서 영화 〈벤허〉가 최초로 개봉되었다. 기획에서 제작까지 10년이나 걸린 이 영화의 개봉에는 윌리엄 와일러 감독과 주인공 찰턴 헤스턴을 비롯해 당시 영화 관련 주요 인사들이 대거 참석했다. 입장 수입 규모는 당시로는 《바람과 함께 사라지다》 이후 두 번째였다. 아카데미 작품상, 감독상, 남우주연상, 촬영상 등 총 11개 부문에서 수상했는데 1997년 〈타이타닉〉 때까지 최고 기록이었다. 〈벤허〉는 1998년 미국 영화연구소AFI 선정 최고영화 100선 중 72위에 올랐다. 2004년 미국 국립영화보존위원회는 벤허를 '문화적·역사적·심미적으로 의의가 큰 작품이기 때문'이라며 미의회도서관의 미국립필름등록부에 등재했다.

기초 촬영은 1958년 5월 18일 로마에서 시작되어 1959년 1월 7일까지 진행되었고 주 6일, 하루 12~14시간 작업했다. 1만 명 정도의 엑스트라와 낙타 200마리, 말 2천 5백 마리가 촬영에 동원됐다. 의상 제작자 100명, 조각상 제작자 200명 등도 참여했다. 제작이 종료될 때까지 45만kg 이상의 회반죽, 1천 1백 입방미터의 목재가 사용되었다. 해전 장면은 캘리포니아 주 컬버시티의 메트로-골드윈-메이어MGM 스튜디오 내 야외촬영부지에 거대한 물탱크를 설치하고 찍었다. 작품 중 나오는 9분 분량의 전차경주신은 영화사에 있어 매우 유명한 장면으로 남아 있다. 전차경주 기획에만 거의 1년이 걸렸고 촬영도 3개월이나 걸렸다. 총제작비는 당시로서는 최고인 1천 5백 17만 5천 달러가 들었지만 1억 4천만 달러의 엄청난 흥행 수입을 올렸다.

19

November

게티즈버그 연설

링컨, 게티즈버그 연설을 하다.

남북전쟁에서 가장 참혹한 전투였으며 전황을 북군에게 결정적으로 유리하게 만든 게티즈버그 전투가 끝나고 4개월 뒤인 1863년 11월 19일. 링컨 대통령은 게티즈버그를 찾았다. 전몰장병들을 추모하는 국립묘지 개관식 자리였다. 1만 5천 명이 운집한 가운데 앞서 당대 최고의 웅변가 에드워드 에버렛의 거의 2시간에 걸친 연설 다음이었다. 특히 만연체가 유행하던 당시여서 간결한 링컨의 연설에 대해 혹평하는 사람들도 있었다. 하지만 272단어로 2분가량의 짧은 링컨의 연설은 역사상 가장 많이 인용되는 명연설이 됐다.

"지금으로부터 87년 전 우리의 선조들은 자유가 실현됨과 동시에 모든 인간은 천부적으로 평등하다는 원리가 충실하게 지켜지는 새로운 나라를 이 대륙에서 탄생시켰습니다."로 시작되는 연설은 간결하고도 감동적이었다. 특히 연설에서 "국민의, 국민에 의한, 국민을 위한 정부는 이 세상에서 결코 사라지지 않으리라는 것을 다짐해야 합니다."라는 끝맺음 문구는 민주주의의 의미를 함축적이며 적절하게 표현했다.

남북전쟁이 한창일 때 북군에서는 "왜 우리가 흑인들을 위해 목숨을 걸고 싸워야 하느냐?"는 식의 분위기가 있어 군사력이 남군에 비해 압도적인 우위에 있음에도 불구하고 남군을 쉽게 이기지 못했다. 때문에 북부 미국인들은 지지부진하고 이길 기미도 안 보이는 전쟁이라 더더욱 불만이 커지고 있었다. 이런 상태에서 링컨은 게티즈버그 전투에서 북부가 크게 승리한 것을 계기로 이 여론을 뒤집고 전쟁의 명분을 가져오고자 했다. 북군의 싸움에 대한 명분과 정당성을 게티즈버그 전투를 들어 부각시킴으로써 북부 내의 여론을 바꾸려는 생각을 갖고 있었다.

20
November

전범재판

뉘른베르크에서 전범재판이 열리다

1945년 11월 20일. 독일 뉘른베르크에서 2차 세계대전 전범들에 대한 재판
이 개정됐다. 이듬해 10월 1일까지 진행된 이 재판은 2차 세계대전 후 미국·
영국·프랑스·소련 4개국이 실행한 나치 독일의 전쟁 지도자에 대한 책임을
묻기 위한 국제군사재판이었다. 재판소가 독일의 뉘른베르크에 있어서 뉘른
베르크 재판으로 부른다. 1945년 8월에 미국·영국·소련·프랑스가 만든 '
국제군사재판 조례'에 기초해 마련된 이 재판은 독일 항복 후에 만들어졌고
승전국들이 임명한 판·검사에 의해 진행됐다. 이 때문에 피고측으로부터 '
범죄행위 이전에 범죄와 형벌을 미리 법률로 규정해야 한다.'는 죄형법정주
의 원칙에 반한다는 주장이 제기되기도 했다.

히틀러의 두뇌로 불린 헤르만 괴링과 지도자 대리일명 부총통를 역임했던
루돌프 헤스, 외무장관 폰 리벤트로프 등 24명의 나치 고위 관료와 장성들
이 반평화죄, 반인도죄, 전쟁 범죄, 범죄 음모죄 등 4개 죄목으로 기소됐다.
이 중에 로버트 레이는 10월 25일 자살을 했고 크롭은 정신이상 증세로 심
리에서 제외됐다.

재판은 11개월 동안 403차례의 공판을 거쳐 1946년 10월 1일에 막을 내려
자살자와 정신이상자를 제외한 22명 가운데 19명에게 유죄, 3명에게 무죄가
선고됐다. 괴링 등 12명은 교수형, 헤스 등 3명은 종신형, 다른 4명은 10년에
서 20년의 유기 징역형 선고를 받았다. 사형은 1946년 10월 16일 폰 리벤트
로프부터 집행됐다. 그는 "세계의 평화를 빈다."는 마지막 말을 남기고 사라
졌으나 괴링은 처형 직전 청산가리를 삼키고 자살했다. 무죄판결을 받은 사
람은 샤하트, 파펜, 프리체 등이다.

21
November

아르파넷

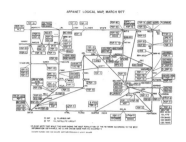

인터넷의 기원, 아르파넷이 시연되다

1969년 11월 21일. 미 국방부 고등연구계획국DARPA은 UCLA에 있는 컴퓨터와 스탠퍼드 연구센터에 있는 컴퓨터 사이에 패킷 방식의 전송을 처음으로 시연했다. 아르파넷ARPANET의 등장이었다. 이 아르파넷을 토대로 1973년 미국 정부는 빈튼 서프와 로버트 칸에게 군사용과 정부에서 사용할 국가 컴퓨터 네트워크를 만들라고 지시했다. 이것이 오늘날 인터넷의 기원이다. 프로젝트를 주도한 빈튼 서프는 '인터넷의 아버지'라는 이름을 얻었다.

1960년대부터 미국 국방부는 핵전쟁을 비롯한 중대한 전쟁이 발생할 경우에도 컴퓨터들을 서로 연결할 수 있는 효과적인 방안을 찾았다. 여러 컴퓨터 통신망 가운데 하나가 적의 공격으로 파괴되더라도 전체 통신 시스템에서 안정적으로 데이터를 전송할 수 있는 통신체제의 구축이 부각되었기 때문이다. 1968년부터는 UCLA-스탠퍼드-유타-UC 산타바바라 등 4개 대학을 잇는 아르파넷 프로젝트를 추진했다. 1972년에는 이메일이 탄생했으며, 1973년에는 미국 아르파넷과 영국, 노르웨이 등 대서양을 횡단하는 컴퓨터 네트워크 연결에 성공하여 본격적인 국제 컴퓨터 네트워크망으로 성장한다.

1974년에는 여러 대의 컴퓨터를 연결하는 개념인 TCP/IP 프로토콜이 개발됐으며, 1980년대에는 현재 인터넷 주소로 쓰이는 '닷컴' 등 인터넷 도메인 시스템이 개발됐다. 이후 이 네트워크는 계속 발전해서 1982년 미국 국방부의 공용 네트워크인 국방 데이터 네트워크로 선정되었다. 우리나라는 1982년 5월 15일, 구미에 있던 한국전자기술연구소의 컴퓨터와 서울대 컴퓨터공학과 컴퓨터가 시외 전화망으로 연결되어 문자를 주고받은 것이 인터넷의 시작이었다.

케네디 암살

존 F. 케네디, 암살되다

1963년 11월 22일 낮 12시 30분경. 존 F. 케네디는 텍사스 주 댈러스 시내를 아내 재클린 여사, 텍사스 주지사 존 코널리와 함께 대통령 전용 리무진을 타고 이동하다 총에 맞았다. 범인은 리 하비 오스월드였다. 오스월드는 그의 일터인 교과서 보관 창고로 쓰이던 댈러스 중심가 딜리 플라자 건물 6층 창문에서 바로 아래 무개차를 타고 지나가는 대통령을 겨냥해 세 발을 발사했으나 첫 발은 빗나갔다. 두 번째 발사된 탄환은 어깨 뒤쪽을 뚫고 들어가 목으로 빠져나왔다. 세 번째 탄환은 후두부에 치명타를 가해 케네디를 사망케 했다. 오후 1시, 저격 순간에서 30분이 지난 시각, 댈러스 파클랜드 메모리얼 병원 의료진은 영부인에게 대통령의 운명 사실을 통보했다.

한편 오스월드는 11월 24일 아침에 다른 교소도로 호송되기 위해 텍사스 경찰서 지하에서 나오는 순간 잭 루비라는 나이트클럽 경영자의 총에 맞아 사살되었다. 이후 잭 루비도 교도소에서 사망하여 오스월드가 왜 케네디를 죽였는지, 그 뒤에 배후가 있는 지에 관해서도 불분명하다. 케네디 대통령이 사망한 직후 린든 B. 존슨 부통령이 대통령 전용기 안에서 대통령 취임 선서를 했다.

존슨은 사건 조사위원회를 구성하고 10개월에 걸친 조사가 끝난 뒤 암살은 오스월드가 단독으로 저지른 사건이라고 결론지었다. 하지만 1979년 케네디 대통령과 마틴 루서 킹 목사 암살사건을 조사하기 위해 특별히 구성된 미국 하원 암살사건 특별조사위원회는 다른 누군가 네 번째 총을 쏘았다고 결론을 내렸다. 케네디 암살의 진상을 둘러 싼 음모론과 갖가지 추측과 논란은 현재도 진행형이다.

23

November

시사잡지

시사잡지 《라이프》, 창간되다

1936년 11월 23일. 미국 뉴욕에서 헨리 루스는 사진 중심의 대표적인 주간 잡지 《라이프》를 창간했다. 원래 동명의 유머 잡지였던 것을 9만 2천 달러에 매입한 뒤 잡지의 성격을 바꾼 것이다. 당시 헨리 루스는 이미 신문과 잡지시장에서는 유명한 인물이었다. 그는 1923년 동창생 브리턴 헤이든과 함께 뉴스 잡지 《타임》을 창간해 5년만에 흑자를 내 미국 사회의 신문과 잡지계에 큰 파장을 불러일으킨 사람이다. 당시 미국의 주요 신문과 잡지들이 해외 뉴스를 거의 다루지 않는 것을 착안해 세계 뉴스를 분야별로 요약, 보도, 논평하는 잡지를 만들어 히트를 친 것이다. 또 1930년에는 격주간 종합 경제지 《포춘》을 창간했었다.

《라이프》는 사진 중심의 획기적인 지면 구성과 고급 광택지의 사용, 10센트라는 저렴한 가격을 앞세워, 창간 4달만에 매주 100만 부 이상의 판매고를 올리는 인기 잡지로 자리 잡았다. 1960년대 중반까지 전성기를 누리던 《라이프》는 1972년에 정간되었다가. 1978년 10월호부터 월간지로 복간되었다. 1990년대 들어 재정악화로 고전하다가 2000년 5월호를 마지막으로 폐간했다. 2004년에 《워싱턴 포스트》, 《시카고 트리뷴》 등 일간지의 무료 주말 부록으로 부활했지만, 이마저도 2007년 4월 20일 중단되었다. 이후 공식 웹사이트 'Life.com'에서 예전 사진과 기사를 무료로 제공하며 명맥을 유지하고 있다. 2008년 11월 18일부터 구글은 《라이프》에 실렸던 사진들의 온라인 보관소를 호스팅하기 시작했다. 이중에는 공개된 적 없는 사진들도 상당수 포함되어 있다. 구글 이미지 검색을 통해 600만 장 이상의 사진을 검색할 수 있다.

24
November

진화론

다윈, 《종의 기원》을 출판하다

1859년 11월 24일. 찰스 로버트 다윈은 《종의 기원》을 출판했다. 이 책은 출간 즉시 당시의 종교적인 믿음과 모순된다는 이유로 큰 논쟁을 일으켰다. 1,500권이 제작된 초판은 하루만에 모두 팔렸다. 다윈은 이 책으로 인해 어쩌면 인류에게 뉴턴이나 아인슈타인 이상으로 큰 영향을 끼친 인물이 됐다. 신이 빚어낸 최고의 작품이라는 인간이 다른 동물들처럼 자연적인 상태에서 종의 진화를 통해 이뤄진 것이라는 주장은 글자 그대로 '코페르니쿠스적 전환'이 아닐 수 없었다.

진화론은 한 마디로 자연계의 수많은 생명체가 다같이 영양, 생식, 환경조건의 제약을 받으며 상호 연관되어 변하고 자연선택에 의해 진화한다는 뜻이다. 자연환경에 잘 적응한 종이 그 변이를 후손에게 전달하는 것으로 도태되지 않고 선택되어 살아남게 된다는 것이다. 다윈은 더 나아가 인간도 단지 지능이 뛰어난 동물의 한 종에 불과할지 모른다고 생각했다. 다윈은 노트 위에 한 종이 새로운 종으로 가지치기를 해나가는 계통도를 그리면서 인간도 진화의 산물에 불과할지도 모른다고 생각했다. 다윈은 노트에 이렇게 썼다. "인간은 원숭이에게서 왔는가?"

다윈은 자신의 혁신적인 진화론에 2가지 결정적인 문제가 있다고 생각했다. 우선 자연선택에 의한 진화론의 증거가 아무리 많다고 하더라도 정황적인 것이지, 확연한 과학적 사실에 의해 증명될 성질의 것이 아니라는 점이다. 두 번째로는 그의 종교적인 믿음에 명백히 반한다는 것이다. 다윈은 종의 독자성과 불가침성, 생명의 목적성, 그리고 인간의 도덕적 지위가 그의 이론에 의해 손상을 받을지 모른다고 생각했다.

November

미국 국토안보부

미국 국토안보부가 창설되다

2002년 11월 25일. 미국의 15번째 연방 부로 국토안보부DHS가 창설됐다. 2001년 발생한 9.11테러가 직접적인 계기였다. 당시 미국은 세계 최고의 정보기관이라는 CIA에다 국내 치안 및 방첩 기구인 FBI, 미국 국방부 소속의 DIA, 빅 브라더 소리까지 듣는 NSA 등 수많은 정보기구와 방첩기관을 거느리고 있었지만 9.11 테러를 막아내는 데 실패했다. 또 각 부서마다 산하에 여러 기구가 있었기 때문에 미국의 정보망이 너무 광대해서, 오히려 여러 정보기관들이 제대로 기능을 하지 못한 상황이라는 비판이 일어났다. 9.11 테러이후의 대테러 대응 시 정보력을 효율적으로 통제 및 조율할 필요가 있었다.

국토안보부는 그 규모와 범위에서 기존 부서 못지않게 중요하며 역사적으로 숱하게 실패해온 미국 연방부의 창설에 비춰 비교적 단시간에 이뤄졌다. 특히 국토안보를 담당하는 기존의 다양한 기관들을 모두 통합하는 거대 행정조직이다. 국토안보부는 미국 본토가 공격 당하는 극단적인 사태에 대응하기 위한 기구로서, 사전의 국가안보보호는 물론이고 사후의 상황 발생 시에 대응까지 전담하고 있다. 기존에 있던 여러 기관에서 수많은 조직을 물려받았기 때문에 국내로 들어오는 모든 정보를 확보할 수 있다.

국가안보는 테러나 중대 범죄만이 아니라 국가적 위기 상황 전반을 의미하기 때문에 연방재난관리청FEMA까지 산하에 두고 있다. 그리고 국가안보의 최정점에서 대통령 경호를 담당하는 시크릿 서비스까지 휘하에 두고 있다. 단순한 방첩과 치안을 넘어, 국가 위급 상황에 대응하기 위한 총기구로서 그 위상은 막강하다.

26
November

투탕카멘

투탕카멘 무덤 입구를 열다

1922년 11월 26일. 영국의 고고학자 하워드 카터에 의해 도굴되지 않은 투탕카멘의 무덤KV62 입구가 열렸다. 20세기 최고의 고고학적 발견이 이뤄지는 순간이었다. 카터는 투탕카멘의 이름이 찍힌 점토 도장과 항아리에 주목하고 어딘가에 분명히 왕의 무덤이 있을 것이라고 믿었다. 6년 간 무덤의 위치를 추적했고 7년 간 발굴을 계속한 끝에 마침내 찾아냈다. 투탕카멘에 대해서는 출생과 죽음에 이르기까지 자세히 알려져 있지 않다. 그는 고대 이집트의 왕명표에도 제대로 등재돼 있지 않은 '잊혀진 파라오'였다. 이집트 제18왕조 제12대 왕이었던 그는 9살에 즉위해서 18살에 요절했으며 신체적 장애도 있었던 것으로 알려져 있다. 당연히 이렇다 할 업적이 있을 수 없었다. 안개에 싸여 있던 투탕카멘은 그러나 '왕가의 계곡'에 있던 그의 무덤이 발굴되면서 일약 유명해졌다.

투탕가멘의 무덤에서는 파라오의 황금 미라를 비롯해 3천 4백여 점의 호화로운 유물들이 거의 완전한 형태로 쏟아져 나왔다. 110kg의 황금관과 황금 마스크 등의 보물, 3,245년 동안 마르지 않은 향료, 특히 11kg의 황금 마스크는 이집트 연구의 귀중한 자료가 됐다. 황금 마스크는 현재 이집트 카이로의 이집트 국립박물관에 소장되어 있다. 이집트 미술을 넘어 세계에서 가장 유명한 미술 작품이기도 하다. 고고학자들은 무덤에서 나온 자료를 바탕으로 투탕카멘 사후에 고의로 역사에서 지워졌던 왕들의 존재와 기록을 복원시켜 고대 이집트 역사의 끊어진 허리를 이을 수 있었다. 한편 투탕카멘의 무덤을 발굴한 팀원들이 하나둘씩 의문의 죽음을 맞아 '투탕카멘의 저주'라는 말을 낳았다.

노벨상

노벨상, 제정되다

1901년 11월 27일. 세계에서 가장 권위 있는 상으로 인정받고 있는 '노벨상'
이 제정됐다. 니트로글리세린과 검은 폭약을 혼합한 다이너마이트를 포함해
평생 355개의 특허를 획득해 거부가 된 알프레드 노벨이 '노벨상'을 구상한
것은 55세 때인 1888년이었다. 형 루드비히의 죽음을 자신의 죽음으로 잘못
안 프랑스 한 신문이 '죽음의 상인'으로 자신을 지칭한 데 충격을 받으면서
였다. 폭약으로 번 돈이 인류 평화를 위해 쓰이게 된 것이다. 그가 재산의 대
부분을 기부하려하자 가족들의 반대가 극심했으며 나라도 반대했다. 노벨은
유언장에서 국적에 상관없이 상을 주도록 했다. 스웨덴 학계에서도 "국내 연
구비도 없는 판에…"라며 심사를 거부했다. 막대한 시상금을 외국으로 내보
낼 필요가 있느냐는 것이다. 국내 여론은 이처럼 좋지 않았으며 국왕까지 노
벨을 비난해 제1회 시상식에 참석을 거부했다. 그러나 만약 노벨이 '국적 불
문' 조건을 달지 않았다면 노벨상은 스칸디나비아 조그만 나라의 집안 잔치
로만 끝났으리라 짐작하기 어렵지 않다.

유언 집행인 랑나르 솔만의 결단으로 노벨의 재산은 안전한 유가증권으
로 남게 되었다. 지금 노벨상의 위상을 봤을 때 축복 속에 훈훈하게 탄생했
을 것 같지만 실제로는 우여곡절 끝에 탄생된 상이다. 상이 제정된 그해 12
월 10일 오후 4시 30분, 스웨덴 스톡홀름에선 제1회 노벨상 시상식이 열렸
다. 알프레드 노벨의 5주기가 되는 날이었다. 물리학상 뢴트겐독일, 화학상 호
프네덜란드, 생리·의학상 베링독일, 문학상 프뤼돔프랑스, 평화상 앙리 뒤낭스위
스. 각 수상자들에게는 각각 메달과 함께 4만 3천 달러의 상금이 수여됐다. 당
시로선 파격적인 액수였다.

28
November

위키리크스

위키리크스, 미국 국무부 외교 전문을 공개하다

2010년 11월 28일. 고발 전문 웹사이트 위키리크스www.wikileaks.ch가 미 국무부의 외교 전문 25만 건을 공개하였다. 위키리크스는 정부와 기업 및 단체들의 불법·비리 등 비윤리적 행위를 고발한다는 목적으로 2006년 아이슬란드의 수도 레이캬비크에서 설립됐다. 이 사이트와 관련된 인물 중 유일하게 신원이 밝혀진 사람은 전문 해커 출신이자 설립자인 줄리언 어샌지뿐이다. 어샌지는 "위키리크스를 정보제공자내부고발자들과 언론인들이 감춰진 정보를 대중에 공개하도록 돕는 국제적 공공 서비스이며 민주주의의 도구"라고 평가했다. 제보 내용은 기자·과학자·공학자 등 전문가들과 검열 그룹이 신뢰성·정확성·위조 가능성 등을 검증한 후 믿을 만한 정보만 추려 올린다.

이날 공개한 국무부 외교 전문은 이란 핵개발 우려에 따른 중동 관련 내용이 다수를 차지하며, 각국 정상에 관한 적나라한 평가를 포함하고 있다. 위키리크스의 외교 전문 폭로로 미국 버락 오바마 정부는 중요한 정보를 제대로 관리하지 못한다는 비난과 함께 전 세계 정부로부터 신뢰가 하락하게 되었다. 미국은 2001년 9·11 테러 이후 안보 관련 부처 간 정보공유를 확대하기 위해 국무부와 국방부가 전문을 함께 공유토록 한 네트워크 '시프르넷SIPRnet'을 만들었으며, 이날 공개된 외교 전문은 이 시프르넷에 이미 올려져 있던 것들이다. 어샌지는 2010년 8월 스웨덴 스톡홀름에서 여성 2명에게 성범죄를 저질렀다는 혐의로 인터폴에 수배되었으나, 영국 법원에 자진출두하여 영국 상급 법원에서 보석으로 석방됐다.

대한항공 KAL 858기 폭파사건

1987년 11월 29일 오후 2시 5분경. 바그다드에서 서울로 향한 대한항공 858기가 미얀마 근해 안다만 해역 상공에서 북한공작원에 의해 폭파돼 탑승객 전원이 사망했다. 탑승객은 대부분 중동에서 귀국하던 근로자들로 한국인 승객 93명과 외국인 2명, 승무원 20명 등 모두 115명이 탑승하고 있었다. KAL기는 29일 오후 2시경 미얀마의 벵골만 상공에서 무선보고를 끝으로 소식이 끊겼다. 수사 결과 KAL기는 하치야 신이치와 하치야 마유미라는 일본인으로 위장한 북한 대남공작원 김승일과 김현희가 김정일의 친필지령을 받고 88올림픽을 방해하기 위해 기내에 두고 내린 시한폭탄과 술로 위장한 액체폭발물PLX에 의하여 폭파되었음이 밝혀졌다. 이들은 바레인에서 요르단으로 탈출하려다 위조 여권 적발로 체포되자 담배 속에 숨겨둔 독극물을 삼켜 자살을 기도했다. 하지만 김승일은 숨지고 김현희는 중태에 빠졌다.

사건의 진상이 공식적으로 발표되자 미국은 즉각 북한을 테러 국가로 규정하여 각종 제재를 가하였고, 일본도 북한 공무원의 입국을 금지하는 등의 조치를 취하였다. 폭파범 김현희는 1990년 3월 27일 사형을 선고받았으나 전향의사 표명과 김정일의 도구로 이용된 점이 정상참작되어, 1990년 4월 12일 대통령 특별사면으로 풀려나 안기부 촉탁직원이 됐다. 이후 김현희는 반공강연 활동을 해오다 1997년 전 국정원 직원과 결혼한 뒤 대외활동을 중단했다. 2003년 11월 3일, KAL 858기 폭파사건 16주기를 맞아 천주교 신부 162명이 서울 정동 프란치스코 교육회관에서 사건의 진상규명을 촉구하는 선언식을 갖는 등 많은 의혹을 불러일으켰다.

30
November

윈스턴 처칠

세계적 정치가 윈스턴 처칠, 태어나다.

1874년 11월 30일. 2차 세계대전을 승리로 이끈 영국의 정치가며 작가인 윈스턴 처칠이 태어났다. 귀족 집안 출신이었지만 청년 시절 처칠은 야망이 없는 말썽꾸러기 낙제생에 불과했다. 성적은 바닥이었고 자기 물건을 잘 간수하지 못하는 등 문제가 많은 학생이었다. 하지만 그는 역사만큼은 누구보다 잘했고 역사 속 위인들의 장점을 자신의 행동지침으로 삼아 실천했다.

그가 사관학교에 진학한 것도 수학 성적이 필요치 않았기 때문이다. 사관학교를 졸업하고 기병대 소위로 임관했다. 그 후 군사고문으로 쿠바와 인도에서 근무하면서 영국 잡지사에 기고문을 게재하기도 했다. 남아프리카 공화국에서 벌어진 보어 전쟁에 참전하여 포로로 잡혔다가 운 좋게 탈출하기도 했다. 1차 세계대전 때는 해군 장관을 맡았고 2차 세계대전 때는 총리를 지냈다. 그는 진정성 있고 화려한 언변으로 영국 국민을 단합시켰고 전장의 병사들을 독려했다.

처칠은 1953년에는 이례적으로 노벨 문학상을 받았다. 하지만 처칠은 죽는 순간까지 내심 노벨 평화상 수상을 바라고 있었기 때문에 노벨 문학상 수상소식을 접하고 실망했다고 한다. 그는 《2차 세계대전》, 《영어 사용 국민의 역사》 같은 굵직굵직한 역사적 책을 집필했다. 그는 또 뛰어난 수채화를 여러 편 남겼는데 그림을 통해 그는 스트레스와 우울증을 넘겼다. 처칠은 정오의 낮잠을 좋아했다. 전쟁 중 작전참호 안에서도 그는 낮잠을 자 정신균형을 유지하고 에너지를 회복했다고 한다. 또 스스로 평생 30만 개의 시가를 태웠다고 말할 정도로 시가를 달고 살았던 처칠은 1965년 1월 24일 향년 90세의 나이로 세상을 떠났다.

12월

 경제 건축  과학 문화 발명품 사건 역사 인물 정치

1
December

해저터널

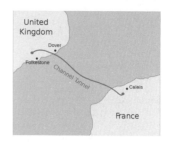

영국과 프랑스를 잇는 '채널터널'의 해저공사 완료되다

1990년 12월 1일. 영국과 프랑스 사이의 도버해협_{프랑스 명 칼레해협}을 육로로
연결하기 위한 '채널터널'의 해저구간 공사가 완료됐다. 1986년 5월에 착
공된 지 4년 6개월만이다. 총길이 50.45km인 채널터널은 세계에서 가장 긴
37.9km의 해저구간을 갖고 있다. 해저 지층의 평균 45m 깊이에서 터널 굴착
을 하였다. 터널을 건설하고 유지관리하는 회사 이름을 따서 유로터널이라
고 불리기도 한다. '채널 + 터널'을 합성하여 '처널'이라고도 불린다. 영국해
협의 가장 좁은 부분인 도버해협의 지하를 통해 영국의 포크스턴과 프랑스
의 칼레를 연결하며 총 3개의 터널로 이루어져 있다. 테제베TGV에 기초한 초
특급열차 유로스타가 이 터널을 통해 영국의 런던과 프랑스 파리를 최단 2
시간 15분에 연결한다.

1869년 해저터널 위원회가 발족하여, 1878년 굴착을 시작했으나 곧 중지
되었다. 100여 년 후인 1986년 영국·프랑스 양국 정부에 의해 사업인가를 받
고 그해 5월 착공했다. 1994년 5월 6일 터널은 완공됐다. 채널터널에는 150
억 달러_{한화 약 18조 원}가 들어갔다. 유로터널사는 공사비용 전부를 주식공모와
은행융자로 조달했다. 공사에 1만 5천 명이 참가했다. 유로터널사는 1987년
부터 55년 동안 이 터널의 관리를 위임받았고 2042년 양국에 소유권을 넘겨
주게 된다. 한편 1996년 11월 18일 이 터널 내에서 화재가 일어났으나 이듬
해 5월 15일 전면 복구됐다. 이 공사는 국가 간의 초대형 인프라 건설을 순수
민간자본이 주도한 대표적인 사례.

2
December

면로주의

제임스 면로 대통령, 먼로주의를 밝히다.

1823년 12월 2일. 미국의 제5대 대통령 제임스 면로가 의회에 제출한 연두교서에서 먼로주의 외교방침을 천명했다. 국제관계에 대해 미국이 천명한 최초의 독트린이다. 당시 영국은 러시아의 태평양 진출과 라틴 아메리카 여러 나라들의 독립투쟁에 대해 유럽의 간섭에 대처하기 위하여 미국과 영국이 공동선언을 하자고 주장하고 있었다. 이에 미국 국무장관 J.Q.애덤스는 미국이 독자적으로 선언을 하여야 한다고 주장했고, 먼로 대통령이 이를 받아들였다. 그리고 약 22년 후에 제 11대 포크 대통령은 이러한 원칙을 되풀이 선언하고 또 구체화했다.

먼로주의에는 3개의 원칙이 있다. 첫째, 미국의 유럽에 대한 불간섭의 원칙, 둘째, 유럽의 미국 대륙에 대한 불간섭의 원칙, 셋째, 유럽 제국에 의한 식민지건설 배격의 원칙 등이 그것이다. 먼로주의는 미국 외교정책의 일방적 표현에 지나지 않고 따라서 국제법과 같은 강제력을 가지는 것은 아니지만 실제적인 효과는 충분히 있었고, 또 각종 사건에 의하여 국제적으로도 사실상 이를 승인하는 결과가 되었다. 예컨대, 베네수엘라 국경분쟁에서 국무장관 오르니가 먼로주의에 기초를 둔 강경한 의견을 제시한 데 대하여 영국이 그것을 인정한 것이 좋은 사례다.

대통령 루스벨트는 이러한 외교방침을 더욱 확산시켜, 미국이 서반구에서 국제 경찰력을 행사할 것을 주장하였고, 카리브 해 지역으로의 진출을 정당화하였으며, 미국 이외의 나라가 영토적으로 발전하는 것을 반대했다. 1930년대 루스벨트 대통령은 선린외교정책을 내세우면서 먼로주의를 아메리카주 전체의 외교정책으로 삼을 것을 제의했다.

3
December

가스 유출 사고

인도 보팔에 가스 유출 참사가 발생하다

1984년 12월 3일. 인도의 보팔에서 미국계 다국적기업인 유니언 카바이드 사가 소유한 살충제 공장의 독성 가스가 유출되는 사고가 발생해 하룻밤에 수천 명이 사망했다. 시안화 가스와 1차 세계대전 때 쓰였던 가장 치명적인 독가스인 포스겐이 뒤섞인 약 39톤의 맹독 가스 메틸 이소시아네이트가 한밤중에 도시의 대기로 흘러나온 것이다. 사망자수의 최종 집계는 발표하는 곳마다 조금씩 다르지만, 역사상 최악의 산업사고로 기록될 이 사고로 약 3만 명이 사망한 것으로 추산된다. 15만여 명이 불구가 되었으며, 50만 명이 가스 중독으로 인한 피해를 입었다.

2차 피해로 상수도가 오염되면서 암과 호흡곤란, 기형아 출산율이 치솟았다. 유니언 카바이드 사는 비용을 핑계로 공장을 도시외곽에 건설하기를 거부했다고 알려졌다. 1980년대 들어 살충제 수요가 감소하면서 이 공장은 필사적인 비용절감 중이었고, 이 때문에 보수 및 안전 기준이 대폭 낮아진 것이 사고의 한 원인이었다. 유니언 카바이드 사는 피해 보상을 회피하기 위해 기나긴 법정투쟁을 벌여 사고 4년이 지난 1989년에야 겨우 합의에 이르렀다.

그러나 합의는 충분하지 못했다. 가장 인명 피해가 큰 가족이 한 가구당 2천 2백 달러의 보상금을 받았을 뿐이고, 불구가 된 이들은 거의 한 푼도 받지 못하다시피 했다. 1992년 인도 보팔 법원은 사고 당시 유니언 카바이드 사의 최고 경영자였던 워런 앤더슨에 대해 살인 혐의로 체포 영장을 발부했지만 미국은 신병인도를 거부했다. 이 사건은 저개발 국가에서 서양 다국적 기업의 행위에 대한 심각한 문제를 제기하는 계기가 됐다.

December

라이너 마리아 릴케

라이너 마리아 릴케, 탄생하다

1875년 12월 4일. 20세기 최고의 독일어권 시인 중 하나로 손꼽히는 라이너 마리아 릴케가 태어났다. 릴케의 어릴 때 이름은 르네며 보헤미아의 프라하에서 태어났다. 철도회사에 근무하는 아버지와 고급관리의 딸인 어머니 사이에서 미숙아로 태어났으며, 9살 때 부모는 이혼했다. 아버지의 뜻을 좇아 육군 고등실과학과에 진학했으나 군사학교의 생활은 정신적으로나 육체적으로나 그에게는 견디기 힘들었다. 그리하여 1891년에 신병을 이유로 중퇴하고 말았다. 그 뒤 20세 때인 1895년 프라하 대학 문학부에 입학하여 문학 수업을 하였고, 뮌헨으로 옮겨 간 이듬해인 1897년 루 안드레아스 살로메를 알게 되어 깊은 영향을 받았다.

1899년과 1900년 2번에 걸쳐서 루 살로메와 함께 러시아를 여행한 것이 시인으로서 릴케가 새로운 출발을 하는 계기가 됐고, 아울러 그의 진면목을 드러내게 되었다. 1901년 여류 조각가 베스토프와 결혼했다. 1902년 8월 파리로 가서 조각가 로댕의 비서가 되어 한집에 기거하면서 로댕 예술의 진수를 접하게 된 것이 그의 예술에 커다란 영향을 주었다.

1차 세계대전 후인 1919년 6월 스위스의 어느 문학 단체의 초청을 받아 스위스로 갔다가 그대로 거기서 영주했다. 만년에는 셰르 근처의 산중에 있는 뮈조트 성에서 고독한 생활을 했다.《두이노의 비가》나《오르페우스에게 부치는 소네트》같은 대작이 여기서 집필되었다. 1926년 가을의 어느 날 여자 친구를 위하여 장미꽃을 꺾다가 가시에 찔린 것이 화근이 되어 패혈증으로 고생하다가 그 해 12월 29일 51세를 일기로 생을 마쳤다.

5
December

버뮤다 삼각지

훈련 중이던 5기의 비행기, 버뮤다 삼각지대에서 실종되다

1945년 12월 5일. 미 해군 어벤저 어뢰 폭격기 19편대의 비행기 5대가 훈련을 떠난 지 3시간 뒤 버뮤다 삼각지대에서 흔적도 없이 사라져 버린다. 버뮤다 삼각지대는 북대서양 서부, 미국의 버뮤다, 푸에르토리코 사이의 삼각형의 지역을 말한다. '19편대 실종 사건'으로 알려진 이 사고는 버뮤다 미스터리의 대표적인 사례다. 편대장 테일러 해군 대위는 "연료가 다 떨어지면 비상착륙할 준비를 해라."라는 말을 마지막으로 남겼다. 해군은 수색에 나서지만 그 수색 비행기마저 레이더에서 사라지고 연락이 끊겨 버린다. 연속해서 일어난 의심스런 비행기 실종 사건은 버뮤다 삼각지대에 대한 무성한 억측을 낳았다.

이 두 사건 외에도 버뮤다 삼각지대에서는 선박과 비행기들이 사라지는 경우가 발생했다. 1918년 2월에는 승무원 306명을 태운 미 해군 USS 사이클롭스가 브라질에서 볼티모어로 향하던 중 비슷한 지역에서 흔적도 없이 사라져 버렸다. 1948년 1월 29일 영국의 여객기 스타 타이거가 리스본을 떠나 버뮤다로 비행하던 중 구조요청도 없이 사라졌고 5일 동안의 구조작업에서 아무것도 발견되지 않았다.

19편대 사건은 훈련을 시작할 무렵에는 날씨가 화창했으나 몇 시간 후 시계가 극도로 나빠졌고 연료부족을 알아차리지 못해 복귀 중 추락했다는 설명이 있었다. 수색기 역시 시계 확보가 힘든 상황에서 무리하게 수색하던 중 기체 내부의 누전이나 담뱃불 등으로 발생한 화재로 추락했다고 여겨진다. 최근 이 지역이 오래 전 화산으로 자철광이 강해 기계를 오작동한 것이 사고의 원인이라는 주장이 나왔다.

6
December

선박충돌 폭발

핼리팩스 항구, 대폭발 사고가 발생하다

1917년 12월 6일. 캐나다 동부에 있는 노바 스코시아 주의 수도 핼리팩스 항구에서 두 척의 배가 충돌해서 대형 폭발사고가 일어났다. 폭발이 얼마나 컸으면 사고 후 발생한 쓰나미로 핼리팩스 북부는 완전히 파괴되었다. 수백 명의 어린이를 포함해 약 2천 명이 사망했고 9천여 명이 부상을 당했다. 가옥의 파괴로 2만 5천 명이 주거지를 잃었다. 핼리팩스는 1차 세계대전 발발 3년이 지난 당시 캐나다 최대 항구였다. 수심이 깊은 데다 겨울에도 얼어붙지 않아서 북미에서 가장 좋은 조건의 항구였다. 이 때문에 항구에는 수만 명의 캐나다 군인을 비롯해서 영연방 국가와 미국 군인들이 상주하고 있었다. 또한 캐나다의 해군 군함기지도 이곳에 주둔해 있었다. 사고가 발생할 즈음에 노르웨이 상선 '이모'는 뉴욕 항에서 전쟁 피해를 입은 벨기에에 보낼 구호물자를 싣고 유럽으로 가기 전에 핼리팩스 항구에 잠시 머물고 있었다. 다른 배 하나는 프랑스 국적의 무기와 화약을 운반하는 '몽블랑'이었다. 이 배에는 수 톤의 벤졸과 폭발성이 아주 높은 피크르산, 수만 톤의 TNT 등이 실려 있었다. 원래 위험한 물건을 실은 배는 항구 안쪽으로 들어오지 못하게 돼 있었으나 영국은 이를 허락했다.

사고 순간, 이모는 몽블랑의 항로를 침범하면서 빠르게 다가왔다. 뒤늦게 상황을 알아차린 두 배에 탄 선장과 갑판원들은 서로 호루라기를 불면서 경고를 했지만 결국 충돌하고 말았다. 충돌로 발생한 불꽃으로 몽블랑 아래쪽에 실린 화약과 피크리산에 불이 붙기 시작했다. 불타던 몽블랑은 결국 9시 4분 35초에 엄청난 폭발을 했고 이로 인한 쓰나미가 해변을 덮쳤다.

7
December

진주만 폭격

일본, 진주만을 기습 폭격하다

1941년 12월 7일. 미국 하와이 주의 오아후 섬 펄 하버진주만에 정박해 있던 미 태평양 함대를 일본이 기습 공격했다. 이 기습 직후에 미국, 영국, 네덜란드는 일본에 선전을 포고했고 2차 세계대전은 새로운 양상으로 전개됐다. 2차 세계대전이 발발하고 독일이 프랑스를 함락시킨 틈을 이용해 1941년 7월 말 일본군은 인도차이나 반도로 진주한다. 이에 미국이 격렬하게 항의하고 석유 금수조치를 비롯한 경제제재 조치를 취하자, 일본은 12월 7일 진주만에 정박한 태평양 함대를 무력화시키기 위해 선전포고 없이 진주만을 선제공격했다.

총 450대의 항공기를 실은 6척의 일본 항공모함이 하와이 근해에 접근해 진주만을 공습했다. 그 결과 정박해 있던 7척의 미국 전함 가운데 5척이 격침되고, 200여 대의 항공기가 파괴되었으며 미군 2천 명 이상이 사망했다. 미군의 해군력의 상당 부분을 격파한 일본은 싱가포르, 필리핀, 인도네시아를 손쉽게 점령했다. 미국은 곧바로 중립을 깨고 2차 세계대전에 참전하게 되었으며 태평양전쟁은 확전되었다.

미국의 대일 선전포고 나흘 뒤인 11일에는 독일이 추축국의 일원으로서 일본을 도와 미국에 선전포고했고 이탈리아도 뒤따랐다. 이듬해 1월 1일 미국, 영국, 중국, 소련 등 26개국이 '연합국 선언'에 조인함으로써, 이 전쟁의 성격이 연합국민주주의 진영 대 추축국파시즘 진영 사이의 대립으로 규정됐다. 중국의 강력한 항전에다 태평양에서의 주도권도 1942년 6월 미드웨이 해전을 전환점으로 미군에게 넘어가면서, 결국 일본은 1945년 8월 15일 무조건 항복을 하면서 패망했다.

8
December

존 레논 피살

비틀즈 존 레논, 피살되다

1980년 12월 8일 밤 10시 50분경에 뉴욕 맨해튼의 한 아파트 앞에 막 정차한 리무진에서 커플이 내렸다. 곧이어 5발의 총성이 울리고 남자가 쓰러졌다. 총을 맞은 사람은 지금은 전설이 된 밴드 비틀즈의 멤버 존 레논이었고 함께 있었던 여자는 그의 두 번째 부인 오노 요코였다. 레논은 곧 인근에 있는 루스벨트 병원으로 옮겼으나 과다 출혈로 밤 11시 7분경 사망했다.

당일 오전까지만 해도 새로 발매된 앨범을 위해 사진을 찍었고 팬들에게 사인까지 했던 레논은 마흔 살의 나이로 그렇게 세상을 떠났다. 오전 라디오 방송 인터뷰에서 레논은 "죽는다면 요코보다 먼저 죽고 싶다."고 말했는데 그날 바로 실현될 줄은 누구도 알지 못했다. 팬들의 충격과 실망은 대단해 심지어 자살하는 팬들마저 있었다.

범인은 그날 레논으로부터 사인까지 받아갔던 사진사 마크 데이비드 채프먼이었다. 채프먼은 범행 후 도망가지 않고 《호밀밭의 파수꾼》을 읽으며 경찰에 붙잡힐 때까지 현장에 있었다. 그는 종신형을 선고받고 현재 40년째 복역 중이다. 채프먼은 가석방 신청이 가능해진 2000년부터 올해까지 11차례에 걸쳐 가석방을 신청했지만 모두 불허됐다. 1962년 영국 리버풀에서 결성된 비틀즈는 1970년 해체될 때까지 당시 젊은이의 우상이었다. 존 레논, 링고 스타, 폴 메카트니, 조지 해리슨. 그들은 음악뿐만 아니라 패션, 라이프 스타일, 문화 전반에 커다란 영향을 미쳤고 지금까지도 영향은 이어지고 있다.

9
December

이승복

이승복 어린이, 무장간첩에 피살되다

1968년 12월 9일. 당시 나이 9살에 불과하던 이승복 어린이가 울진 삼척에 침투한 무장공비에 의해 살해되었다. 1.21 청와대 습격사건이 있던 같은 해 10월 3차에 걸쳐 울진삼척 지구로 침투했던 북한의 무장간첩 중 잔당 5명이 추격을 피해 북으로 도주하다가 이날 밤 11시 강원도 평창군 노동리 계방산 중턱 이승복 군의 초가집에 침입했다. 공비들은 밥을 지어줄 것을 요구했고 쌀이 없다고 하자 옥수수를 삶아 달라고 했다.

무장간첩들은 삶은 옥수수를 먹고 가족 5명을 안방에 몰아넣은 채 "남조선남한이 좋으냐, 북조선북한이 좋으냐?"고 질문하며 북한 체제선전을 하자, 이승복은 "나는 공산당이 싫어요."라고 했고, 격분한 간첩 중 1명이 이승복을 끌고 나간 뒤 나머지 가족들도 같이 끌고 갔다.

이들은 먼저 어머니 주 씨의 머리를 돌덩이로 쳐서 죽였고, 뒤이어 이승복도 공비들의 양손가락에 입을 찢기고 돌까지 맞아 비참한 죽음을 맞았다. 두 동생도 같이 살해되어 퇴비더미에 묻히고 말았다. 발견된 이승복의 시신은 오른쪽 입술 끝부터 귀밑까지 찢어진 상처, 뺨 중간과 귀 근처에 십자 형태의 상처 2개가 뚜렷한 상태였다.

이승복의 아버지는 허벅지를 칼에 찔린 채 도주해서 살았는데 사건의 후유증으로 4~5년을 술에 의지했다. 아버지가 집안에 소홀한 탓에 유가족들은 온동네를 돌아다니며 얻어먹어야 했다. 할머니도 온동네를 돌아다니며 소리를 질렀다고 한다. 36곳에 칼을 맞고 거름더미에서 발견된 형 이학관당시 15살 역시 사건 후 불면증에 시달려 10년 동안 약물치료를 받으며 고교입학도 21살이 돼서야 했다.

10
December

한국 최초 비행사

한국 최초의 비행사 안창남, 서울 하늘을 비행하다

1922년 12월 10일. '천재 비행사' 안창남이 조선인으로서는 최초로 여의도 비행장에서 서울 하늘을 비행했다. 당시 언론에서 그의 일거수일투족을 보도할 정도로 인기를 누리던 '아이돌'이었다. 안창남의 고국 방문 비행행사가 열린 당일 여의도 비행장에는 5만여 명이 비행을 보기 위해 몰려들었다. 당시 서울 인구의 6분의 1이었다. 조선총독부는 관람객들을 위해 특별열차를 준비했고, 경성전기는 경성 시내 전차 운행 횟수를 크게 늘려야 했다.

"치여다 보면 안창남이요, 나려다 보면 엄복동일세"라는 노래 가사로 유명한 안창남은 1901년 서울에서 태어났다. 미동공립보통학교를 졸업하고 휘문고등보통학교에 입학했지만, 비행사의 꿈을 이루기 위해 학교를 그만둔다. 1919년 도쿄 아카바네 비행기 제작소에 들어갔고, 약 1년 뒤 도쿄 오구리 비행학교에 입학했다. 비행학교에서 3개월 간 교육을 받은 안창남은 이후 일본에서 몇 번의 비행기 사고를 당하기도 하지만, 큰 사고 없이 비행사로서 활약한다. 1921년 4월 오구리 비행학교의 교관이 되고, 5월에는 3등 비행사 시험에 합격한다. 그리고 1922년 11월에는 5회 현상우편비행대회에 참가해, 성능이 떨어지는 비행기를 몰고 당당히 완주에 성공한다.

일본의 식민지로 전락해 민족의 자존심이 짓밟힐 대로 짓밟혔던 1920년 대 조선인들에게 안창남은 '우리도 할 수 있다'는 자신감을 일깨운 '유일한 숨통'이었다. 그는 조선에 비행학교를 세워 후배를 양성하고 항공독립운동을 꿈꾼 독립운동가였다. 하지만 서른이라는 나이에 안타까운 비행기 사고로 그만 목숨을 잃고 말았다.

11
December

교토기후협약

지구 온난화 방지를 위한 '교토 기후협약'이 채택되다

태평양의 낙원이라 불리던 섬나라 투발루. 해발 3m의 이 섬 9개 중 2개는 이미 사라졌다. 지구 온난화로 인한 해수면 상승 때문이다. 2001년 '국토포기'를 선언하고 난민을 요청했지만 뉴질랜드만 일부 이민을 받아줬다. 30~50년 후면 완전 수몰될 전망이다. 1997년 12월 11일 지구 온난화 방지를 위한 기후변화협약 제3차 당사국총회_{일명 교토회의}가 '교토 의정서'를 채택하고 폐막됐다. 2005년 2월 16일 발효된 이 협약은 이산화탄소, 이산화질소, 메탄 등 6가지 가스 배출 감축 목표율을 선진국 평균 5.2%로 하는 것을 골자로 했다.

160여 개국 정부 대표들이 교토에서 모였기에 '교토 기후협약'이라 불린다. 이 협약은 온실가스 배출 감축목표에 대한 법적 구속력을 띤 최초의 국제 합의로 지구환경 보호라는 측면에서 큰 진전인 동시에 각국의 경제발전 모델과 국민생활 전반에까지 적지 않은 영향을 끼쳤다. 한국 등 개발도상국의 감축 의무 대상국 참여문제는 선후진국 간의 첨예한 의견 대립 속에 결국 의정서에 포함되지 않았다.

의정서는 참가국들을 8그룹으로 나눠 각 그룹별로 1990년을 기준 2008~2012년 5년 간 평균 온실가스 배출 감축률을 차등 규정했다. 이에 따르면 미국 7%, 일본 6%, 유럽연합 8% 등으로 삭감폭이 높게 책정된 반면 아이슬란드, 오스트레일리아, 노르웨이 등 3개 국은 1~10%의 배출 증가를 인정하도록 규정했다. 그러나 2000년 7월, 지구 전체 온실가스 배출량의 4분의 1을 방출하는 미국이 자국 경제에 충격을 줄 수 있다며 탈퇴의사를 밝혔고, 일본도 미국의 참여 없이는 동참하지 않겠다는 입장을 밝혀 좌초 위기를 맞게 됐다.

12
December

뭉크

뭉크는 왜 '절규' 했나?

1863년 12월 12일. 노르웨이에서 유명한 그림《절규》의 화가 에드바르 뭉크
가 태어났다. 그가 30세에 그린《절규》는 해가 지는 아름다운 노르웨이 해안
을 친구와 함께 산책하면서 느낀 감정을 표현한 작품이다. 아름답기만 한 일
몰의 풍경에서 유독 그는 왜 공포를 느꼈을까? 거기에는 뭉크의 성장 배경
이 자리하고 있다. 뭉크는 군의관 아버지와 자상했던 어머니 사이에 태어나
3명의 누이와 1명의 남동생과 함께 살았다. 그러나 5살 때 어머니가 결핵으
로 세상을 떠나고 이모 밑에서 자란다.

또 누이 1명마저 14살 때 같은 병으로 죽고 만다. 또 다른 여동생도 어린
나이에 정신병 진단을 받는다. 5형제 중 유일하게 결혼했던 남동생마저 결혼
한 지 얼마 지나지 않아 죽고 말았다. 아버지마저 무일푼 상태로 죽고 만다.
뭉크는 아버지의 죽음으로 우울증에 빠져 자살 충동을 느낀다. 뭉크는 늘 죽
음이 자신 곁에 있다고 생각했다. 요양원에서 정신과 치료를 받으면서 그는
의사에게 정신병은 자신의 그림에 도움이 된다며 치료를 원치 않는다고 말
했다. 그에게는 그림은 가족이었던 것이다.

그림에 대해 좋은 평가도 받지 못했다. 1892년 베를린 미술협회 초청으로
개인전을 열었지만 언론의 혹평으로 8일만에 철수했다. 이 같은 환경 속에
서 1893년에 그려진 작품이 바로《절규》다. 지금에야 오슬로에는 뭉크 미술
관이 건립돼 있고, 노르웨이 화폐에도 그의 얼굴이 등장할 정도로 유명한 사
람이 됐지만 당시에는 위대한 작가 대접을 받지 못했다.《절규》는 지난 2012
년 소더비 경매에서 사상 최고가인 1억 1,990만 달러약 1,378억 원에 미국의 개
인 소장가에게 낙찰됐다.

13

December

난징 대학살

일본의 잔인한 만행 난징 대학살

1937년 12월 13일. 중일전쟁 때 당시 중국 수도였던 난징을 점령한 일본군은 이듬해 2월까지 중국인 포로는 물론 일반인들을 대상으로 대량학살과 강간, 방화 등 끔찍한 범죄를 저질렀다. 성 외곽이나 강가로 끌고 가서 기관총과 수류탄으로 수많은 사람들을 한꺼번에 죽였고, 총알을 아끼겠다며 산 채로 땅에 묻거나 휘발유를 뿌려서 불태워 죽이기도 했다. 중국인을 대상으로 병사들의 총검술 훈련을 하기도 했다.

오늘날 일본《마이니치신문》의 전신인《도쿄니치니치신문》에는 무카이 도시아키와 노다 쓰요시라는 일본군 두 소위가 누가 먼저 일본도로 100명의 목을 자르는지를 놓고 겨루었다는 기사가 실렸다. 이는 난징에서 일본군이 벌인 학살과 만행이 얼마나 잔인했는지를 잘 보여준다.

정확한 피해자 숫자는 확인할 수 없지만, 약 6주 동안 일본군에게 20~30만 명의 중국인이 잔인하게 학살되었으며, 강간 피해를 입은 여성의 수도 2~8만 명에 이르는 것으로 알려져 있다. 그리고 일본군의 방화와 약탈로 난징 시 안의 건축물 약 23.8%가 불에 타고, 88.5%가 파괴된 것으로 보고됐다. 이밖에 일본군은 상해·항주·소주 등 중국 강소성과 절강성 일대의 주요 도시들에서도 학살과 약탈을 자행해 적어도 3만 명 이상이 살해되었고, 수많은 강간 피해자들이 발생했다. 학살이 진행되는 동안 프랑스 출신의 예수회 신부인 로베르 자퀴노는 서방 국가들의 공관을 중심으로 안전구역을 만들어 중국인을 보호하기도 했다.《시카고 트리뷴》과《뉴욕타임스》등도 난징에서 탈출한 서방 언론인들의 전언을 기초로 일본군의 만행을 보도했다.

14
December

조지 워싱턴

미국 '건국의 아버지' 조지 워싱턴, 잠들다.

1799년 12월 14일. 미국 '건국의 아버지' 조지 워싱턴이 "죽은 후 사흘이 되기 전에 묻어주오."라고 부탁한 후 사망했다. 향년 67세. 그는 그해 2월 자필로 긴 유언장을 작성했다. 그의 유언장에는 "개인 시중을 든 윌리엄을 노예 신분에서 즉각 해방하고 그에게 연금 30달러를 줄 것이며, 아내가 죽으면 나머지 노예들도 해방시켜 달라."는 항목이 포함되어 있었다. 조지 워싱턴은 미국 독립을 일구어낸 독립운동가이자 첫 단추를 잘 꿴 미국의 초대 대통령으로서 남긴 업적도 훌륭하지만, 아름다운 뒷마무리가 더욱 돋보인 인물이었다.

조지 워싱턴은 초대 대통령으로서 국민과 역사의 기대를 조금도 저버리지 않았다. 미합중국의 초대 대통령으로 조지 워싱턴을 선택한 것이 그만큼 현명했음을 말해주는 결과였다. 조지 워싱턴의 전기를 쓴 브래들리 T. 존슨의 다음과 같은 평가는 인간 워싱턴을 잘 설명해주고 있다.

"워싱턴은 위대한 인물이다. 그는 감정이 격했지만 뛰어난 자제력을 발휘했다. 아무도 막을 수 없는 강한 의지력은 한쪽에 치우치지 않는 정신, 현명함, 관용, 정의감과 조화를 이루었다. 일반적으로 말하는 천재성은 없었지만 그는 신속한 통찰력과 정확한 판단, 그리고 지식을 적극적으로 추구하는 열성이 있었다."

비교적 부유한 집안에서 태어났음에도 어린 시절의 조지 워싱턴은 유복하지 못했다. 아버지는 11살 때 세상을 떠났고, 어머니는 이기적이었다. 아버지 어거스틴 워싱턴은 두 아들을 남기고 떠난 첫째 부인과 사별한 후, 두 번째 부인 메리 볼과 혼인하였다. 어머니의 반대로 영국 유학이 좌절되기도 했다.

15
December

더 데일리

《더 데일리》실패가 준 교훈

2012년 12월 15일. 언론 황제 루퍼트 머독과 혁신의 상징인 스티브 잡스가 태블릿 PC 기반의 새로운 미디어《더 데일리》를 의욕적으로 창간한 지 1년 10개월만에 폐간했다. 머독은 전 세계 52개 국에서 700개가 넘는 미디어 사업을 펼치는 미디어 재벌이다. 또 스티브 잡스는 개인용 컴퓨터, 아이팟, 아이폰, 아이패드로 이어지는 정보기술IT 시장의 패러다임을 주도해온 인물이다. 두 사람이 손잡고 거액을 투자해 새로운 매체를 만들겠다고 나섰으니 위기 빠진 언론사들의 눈길이 쏠린 것은 당연하다.

머독은 증가하는 태블릿 PC 이용자들을 대상으로 구독자 100만 명만 모으면 연간 200만 달러 흑자가 날 것으로 예상했습니다. 그래서 주간 99센트, 연간 39.99달러의 구독료를 책정하고 광고도 기사를 보는 데 방해가 되지 않도록 기사 페이지에는 싣지 않고 전면 광고만을 게재했습니다. 머독은《더 데일리》에 초기에 3천만 달러를 투자했고 매월 50만 달러의 운영비를 부담했으며 직원을 170명까지 늘렸다. 그러나 시장의 반응은 냉담했다. 구독자는 10만 명에 그쳤고 적자가 눈덩이처럼 쌓여갔다.

기대를 모았던《더 데일리》는 왜 실패했을까. 가장 큰 이유는 독자가 기꺼이 돈을 낼 만한 콘텐츠가 아니었다는 데서 답을 찾아야 할 것이다. 비록 태블릿 PC에 맞는 화려한 UI를 갖추었지만 깊이 있는 기사가 부족했다. 결국《더 데일리》는 기술 발전을 바탕으로 뉴스를 전달하는 수단의 변화에만 신경을 썼지만, 기술 발전이 몰고 온 독자들의 뉴스 소비 행태 전반의 변화에 대해서는 깊이 고민하지 못했던 것이다.

16

December

칸딘스키

추상화의 창시자 바실리 칸딘스키가 태어나다.

20세기 추상회화의 창시자로 꼽히는 러시아의 바실리 칸딘스키는 모스크바 대학에서 법학과 경제학을 전공한 사람이었다. 서른 살 때 모스크바에서 열린 미술 전시회에 갔다가 프랑스 화가 클로드 오스카 모네의 작품 〈건초 더미〉를 보고 큰 충격을 받아 화가가 되기로 했다. 얼핏 보기에는 밀레 풍의 단순해 보이는 그 그림 한 장에서 칸딘스키는 인생을 바꿀 무엇을 느꼈다는 얘기다. 칸딘스키에게는 그만한 예술적 소양이 잠재해 있었다. 5살 때 부모가 이혼하면서 매일 이모로부터 수많은 동화를 들으면서 자신만의 색과 소리를 만들어 내왔다. 그는 교수의 초빙을 거부하고 1896년 독일 뮌헨으로 이주한 후 프란츠 폰 슈투크에게서 그림을 배웠다.

1866년 12월 16일은 바실리 칸딘스키가 모스크바에서 태어난 날이다. 그가 추상화에 몰입한 이유는 우리가 살고 있는 물질세계는 허상이고 실제는 눈에 보이지 않는 정신성 속에 있다고 보았기 때문이다. 따라서 실상, 즉 본질을 표현하려면 추상밖에 없다고 생각했다. 그래서 그는 본질에 있어서는 음악, 문학, 예술은 서로 동일한 선상에 있다고 믿었다.

실제로 그는 바그너의 오페라 〈로엔그린〉을 감상하고는 "모든 색을 보았고 그 색이 춤추는 것을 느꼈다."고 말했다. 비슷한 예는 추상미술의 선구자 네덜란드 피에트 몬드리안에게서도 찾을 수 있다. 몬드리안은 자신의 그림이 움직이는 것으로 보이기를 원했다. 1933년 칸딘스키는 자신이 교수로 있는 베를린의 바우하우스를 나치가 강제 폐쇄하자 파리로 망명을 갔고, 그곳에서 여생을 보냈다.

17
December

최초의 비행

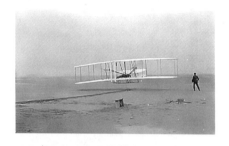

라이트 형제, 처음 하늘을 날다

1903년 12월 17일 오전 10시 35분. 미국 노스캐롤라이나 주 키티호크 인근 언덕. 쌀쌀한 날씨 속에 오빌 라이트는 '플라이어 1호'의 엔진에 시동을 걸었다. 곧이어 프로펠러는 엔진 소리와 함께 오빌이 탄 비행기를 공중으로 날려 보냈다. 플라이어 1호는 12초 동안 36.5m를 날았다. 이는 동력으로 인간이 하늘을 나는 최초의 모습이었다. 이날 라이트 형제는 3차례 더 비행을 한다. 마지막 시도에서는 59초 동안 259m를 날았다. 이 역사적인 사건을 지켜 본 구경꾼은 고작 5명에 불과했다. 언론도 사실을 믿지 않아 보도하지 않았다.

라이터 형제는 어릴 때부터 호기심이 많았다. 형은 자동으로 신문을 접는 기계를 만들었고, 동생은 연을 만들어 친구에게 팔기도 했다. 특히 그들은 자전거가 어떻게 넘어지지 않고 균형을 잡는지에 관심을 쏟았다. 자전거 수리공으로 먹고 살던 형제는 자전거를 일일이 분해해가며 자전거 균형의 비밀을 찾아냈다. 이 지식은 나중에 비행기를 만드는 데 커다란 자산이 됐다.

어느 날 박쥐 날개 모양의 글라이더를 타고 비행에 성공했던 독일 과학자 오토 릴리엔탈이 돌풍으로 사망하는 사고가 일어났다. 이에 라이트 형제는 '우리가 나는 기계를 만들어 보자.'고 결심한다. 이렇게 해서 물리학자도, 과학자도 아닌 자전거 수리공의 힘으로 인류는 처음으로 비행기를 갖게 됐다. 오늘날 '지구촌'이란 말이 나오게 만든 사람은 결국 라이트 형제인 셈이다. 평범한 사람들의 끈기 있는 위대한 도전이 인류를 도약시켜온 사례다. 한편 '플라이어 1호'는 현재 미국 스미소니언 협회 산하의 항공우주 박물관에 전시돼 있다.

18
December

노예제 폐지

미국에서 노예제가 폐지되다

1865년 12월 18일. 노예제 폐지를 담은 미국의 수정헌법 제13조가 의회를 통과했다. 수정헌법 13조는 '노예제는 합중국 및 합중국의 관할에 속하는 어떤 지역에서도 금지된다.'라고 규정했다. 이로써 미국에서 노예제도는 공식적으로 폐지됐다. 1619년 아프리카인들이 네덜란드 배에 실려 영국의 식민지였던 버지니아에 처음 도착하면서 시작된 '반인륜적 범죄행위'가 최소한 법률적으로는 추방된 셈이다. 또 당시 약 400만 명의 노예들을 '인간'으로 되돌려 놓았다. 영국1833년과 프랑스1848년는 이미 노예제 폐지를 앞서 시행하고 있었다. 수정헌법 제13조는 1863년 1월 1일에 링컨 대통령에 의해 공표되었던 노예 해방령이 법적 효력을 갖게 된 셈이다.

링컨 대통령은 사실 처음부터 노예해방에 적극적이지는 않았다. 노예제가 주요 원인이 된 남북전쟁이 발발했을 때도 노예폐지를 주장하지 않다가 전황이 유리해질 때쯤인 1862년 9월에야 '노예해방 예비선언'을 발표한다. 남부의 아킬레스건인 노예를 남부에서 이탈시킴으로써 전쟁을 빨리 종결시킬 목적에서였다. 실제로 링컨은 "반란 중에 있는 남부가 90일 안에 연방으로 돌아오지 않으면 노예들을 자유민으로 풀어주겠다."고 남부에 속한 주들에게 일종의 협박을 한다.

하지만 이 말을 다르게 해석하면 반란에 가담한 주가 연방으로 돌아오면 노예제를 그대로 존속될 수 있다는 의미가 된다. 이처럼 링컨은 노예제 폐지보다 연방보존에 더 관심을 쏟은 내셔널리스트였다. 링컨의 전략은 성공했다. 1863년 1월 노예해방령을 선포하자 18만 명에 달하는 흑인들이 북군에 가담해 남부군을 상대로 적극적으로 싸우는 효과를 낳았다.

19

December

홍콩 반환

영국, 홍콩 반환에 정식 서명하다

1984년 12월 19일. 영국 대처 수상과 중국 자오쯔양 수상이 북경인민대회당에서 '홍콩 문제에 관한 중국-영국 공동합의문서'에 정식 조인했다. 이로써 홍콩의 주권은 1997년 7월 1일을 기해 중국에 반환되게 됐다. 홍콩은 1842년 8월 제1차 아편전쟁에서 청나라가 패하면서 영국과 맺은 남경조약에 의해 영국에 영구 할양되었다. 사실 홍콩만 놓고 보면 영국은 중국에 돌려줘야 할 필요가 없지만, 구룡과 신계 지역과 연계된 여러 조약의 내용과 미중 국교수교 등 당시 국제관계 등으로 영국은 홍콩까지 모두를 중국에 넘기겠다고 결정했다. 공산화된 중국과 오랜 자본주의 체제를 이어온 홍콩이 어떻게 합쳐지느냐는 국제적 관심사였다. 이와 관련 대처와 자오쯔양은 합의문에서 홍콩은 반환 후 50년 간2047년 7월 1일까지 종래의 자본주의 체제를 유지하는 '1국 2체제'에 기초해 자치권을 갖는 특별행정구로 합의했다. 홍콩은 반환 후에도 외교, 국방 이외에는 자주성을 갖게 됐고 당연히 중국은 홍콩의 번영을 유지하기 위해 통화와 금융제도에 대해서도 그 존속을 인정해 홍콩 달러가 홍콩의 유일한 법정 통화로서 계속 유통하게 됐다.

1982년 9월 영국 대처 수상이 중국을 방문하면서 시작된 홍콩반환 협상에서 영국은 처음에는 주권은 중국에 넘기되 통치권은 계속 갖기를 원했다. 하지만 중국의 강한 반대로 결국 주권과 통치권이 모두 중국에 반환되게 됐다. 한편 50년 간 보장됐던 '1국 2체제'는 중국이 2020년 7월 1일에 통과시킨 '홍콩 보안법'에서 보듯 벌써 유명무실해지고 있다. 결국 홍콩이 중국의 공산주의 체제에 급속히 편입될 것으로 예상되며 이는 미국과 중국 간의 갈등 요소가 되고 있다.

20
December

칼 세이건

천문학자 칼 세이건, 사망하다

1996년 12월 20일. 《코스모스》로 유명한 미국의 천문학자 칼 세이건이 사망했다. 그는 20세기 천문학 연구의 발전은 물론 과학의 대중화에도 크게 기여한 사람이다. 특히 천체 생물학에서 독보적 업적을 쌓은 인물이다. 그의 《코스모스》는 천문학의 세계를 대중적 언어로 쉽게 설명한 과학서적으로 유명한 베스트셀러다. 이 책을 통해 장엄한 우주의 신비를 지구촌 곳곳에 전파한 '과학의 전도사'로 명성을 드높였다.

외계 생명의 존재를 믿었던 그는 순수 물리학자들로부터 과장과 해석상 오류가 심하다는 비판도 받았으나, '과학의 전도사'라는 별명을 결코 부끄러워한 적이 없었다고 한다. 그는 1934년 미국 뉴욕에서 우크라이나 출신 이민 노동자의 아들로 태어났다. 시카고 대학교에서 천문학을 공부한 후 버클리, 스탠퍼드, 하버드, 코넬 대학 등에서 강의했다. 1960년대부터 미국 항공우주국NASA에서 우주에 관한 연구를 시작하여 마리너·바이킹·보이저·갈릴레오 우주선의 행성탐사 계획에 실험연구관으로 참여했다. 특히 화성 표면의 먼지 폭풍과 금성 대기층의 온실 효과에 대한 연구, 외계생명의 존재 등 천체 생물학 분야에서는 독보적이었다.

세이건은 생물의 진화과정을 다룬 《에덴의 용-지능의 원류를 찾아》를 집필해 1978년 퓰리처상 논픽션 부문을 수상하기도 했다. 1976년에 칼 세이건은 공영방송 PBS와 13부작 과학 다큐멘터리를 제작하기로 합의한다. 1980년 9월 28일 첫 방영된 〈코스모스〉는 전 세계 60개 국에서 6억 명의 시청자가 지켜봄으로써, 세계 방송 역사상 가장 시청률 높은 시리즈 가운데 하나가 되었다.

21
December

백설 공주

만화영화 〈백설 공주와 일곱 난장이〉가 첫 개봉되다

1937년 12월 21일. 그림 형제의 동화《백설 공주》를 원작으로 월트 디즈니가 최초로 만든 만화영화 〈백설 공주와 일곱 난장이〉가 개봉됐다. 83분짜리이 영화는 월트 디즈니의 정규 극장판 1호였다. 극장 배급은 ROK 라디오픽처를 통해서였다. 최초의 장편만화영화는 아르헨티나에서 1917년에 개봉된〈사도들〉이지만 〈백설 공주와 일곱 난장이〉는 영어권 국가에서 가장 잘 알려진 장편 만화영화다. 또한 흥행에서도 149만 달러 제작비에 800만 달러의수익을 기록했다.

아주 먼 옛날, 큰 성에서 아름다운 여자 아이가 태어난다. 살결이 매우 하얗기 때문에 백설 공주라 불렸다. 그러나 어머니가 죽으면서부터 불행이 닥친다. 새 왕비는 바로 사악한 마녀였던 것. 세상에서 백설 공주가 제일 예쁘다는 요술거울의 말에 왕비는 사냥꾼을 시켜 그녀를 죽이려 하고, 왕비의 마수를 피해 성을 빠져나온 백설 공주는 일곱 난장이들을 만난다.

난장이들은 못된 왕비가 올지도 모르니 모르는 사람은 들이지 말라는 충고를 하고, 공주를 두고 광산으로 출근한다. 그러나 가여운 노파가 찾아와 먹음직스러운 사과를 팔자, 공주는 깜빡 속아서 노파를 들이고 만다. 공주가 사과를 한 입 베어물자 그대로 쓰러져 버린다. 난쟁이들은 백설 공주가 죽었다고 생각했지만 차마 묻을 수 없어 공주를 유리관에 눕혀 숲에 안치한다. 몇년이 흘러 찾아온 왕자는 죽은 공주를 보고 슬퍼하며 키스를 하는데, 사랑하는 사람과의 키스가 바로 마법을 푸는 열쇠였다. 백설 공주는 깨어나고, 기뻐하는 난쟁이들의 마중을 뒤로 하고 왕자와 함께 성으로 향한다.

베토벤 교향곡 5번

베토벤, 〈교향곡 5번〉을 빈에서 초연하다

1808년 12월 22일. 고전파 음악의 완성자이면서 동시에 낭만파 음악의 창시자이기도 한 독일의 작곡가 '악성' 베토벤이 1806년 착상하여 1808년 완성한 〈교향곡 5번 다 단조〉가 오스트리아 빈에서 초연됐다. 〈운명 교향곡〉으로도 알려진 이 곡은 베토벤이 청력을 잃은 상태에서 만들어진 작품이다. 하지만 도전, 좌절, 갈등, 슬픔 등을 딛고 성숙된 인간으로 발전하고자 하는 그의 인생관이 투영된 걸작 중의 걸작으로 평가받고 있다. 결코 운명에 지지 않겠다는 베토벤의 음악에 대한 열정이 물씬 느껴지는 곡이기도 하다.

베토벤의 음악세계는 하이든, 모차르트의 고전주의를 바탕으로, 새로운 시대정신을 포괄했으며, 인간의 자유와 존엄을 열정적으로 부르짖던 프랑스 혁명의 이상을 좇았다. 특히 나폴레옹에게 헌사하려고 만들어졌던 교향곡 〈보나파르트〉는 권력의 욕심에 사로잡힌 나폴레옹에 대한 실망으로 헌사를 뺀 교향곡으로 재탄생되어 지금의 〈영웅교향곡〉이 된 아픈 사연이 있다. 베토벤은 어떤 음악가들보다 많은 후원을 받으며 인기 있었던 천재 작곡가였다. 하지만 천재의 최후는 허무했다. 프랑스 혁명 후 귀족들의 몰락으로 후원이 끊어지면서 그의 후반기 인생은 가난과 질병으로 고통을 받았다. 1827년 3월 26일, 그는 57살의 일기로 외롭게 생을 마감했다. 그의 천재성은 수많은 음악가들의 우상적 존재가 되었으며 후세에 많은 영향을 주었다.

〈운명〉이라는 이름의 유래는 베토벤의 제자가 1악장 서두의 주제는 무슨 뜻이냐고 물었을 때 베토벤이 "운명은 이와 같이 문을 두들긴다."라고 말한 데서 왔다고 한다.

23
December

극동국제군사재판
A급 전범

극동국제군사재판에서 사형판결 받은 A급 전범, 교수형당하다

1948년 12월 23일. 극동국제군사재판에서 사형판결을 받은 A급 전범 7명에 대한 교수형이 집행됐다. 7명은 제 40대 내각 총리대신 도조 히데키, 관동군 참모장 이타가키 세이시로, 도조 내각 육군 차관 기무라 헤이타로, 제12방면 군사령관 도이하라 겐지, 제14방면군 참모장 무토 아키라, 제 32대 내각 총리대신 히로타 고키, 그리고 상하이 파견군 사령관 마쓰이 이와네이었다. 하지만 이 같은 재판결과에 대해서 부실하고 제대로 된 처벌이 이뤄지지 않았다는 많은 비판이 쏟아졌다. 무엇보다 식민지 지배에 대한 처벌과 생체실험 같은 근본적인 전쟁범죄를 제대로 다루지 못했다는 지적이었다.

2차 세계대전이 끝난 뒤인 1946년 5월 3일 일본의 전쟁 범죄자들을 처벌하기 위한 극동 국제군사재판도쿄 재판이 열렸다. 이 재판은 포츠담 선언에서 명시된 전쟁 범죄자에 대한 엄중한 처벌이라는 조항을 근거로 열렸다.

연합군 총사령부는 전쟁 범죄자를 크게 A, B, C급 3가지로 구분했다. A급 전범이란 평화에 대한 죄로 침략 전쟁을 준비, 실행, 공동 모의한 자들을 가리키는 것으로 모두 28명이 포함됐다. 쇼와 천황은 미국의 정치적 배려로 제외됐다. B, C급 전범은 전쟁 중 포로에 대한 학대 행위, 비인도적 잔학 행위를 일삼은 지휘자의 범죄 책임을 처단한 것으로 약 5천 명이 재판을 받았다. 30개월에 걸친 심의 끝에 1948년 11월 12일 판결이 내려졌다. A급 전범 중 7명에게는 교수형을, 키도와 히라누마 등 16명에게는 종신형을, 도고와 시게미츠에게는 각각 20년형, 7년형이 선고됐다.

24
December

백인우월주의

백인우월주의 단체, KKK단 조직되다

1865년 12월 24일. 크리스마스 이브에 미국 테네시 주의 조그만 도시 풀라스키에서 퇴역군인 6명이 백인우월주의 단체인 KKKKu Klux Klan단을 조직했다. KKK라는 이름은 그리스어의 모임·단체를 뜻하는 'kyklos'에 씨족·가족을 뜻하는 'clan'을 운율에 맞춰 'klan'으로 바꾼 것이다. 별 뜻은 없으며 총의 공이치기를 당길 때 나는 소리를 흉내내어 지은 이름이라는 설도 있다.

KKK의 주요 멤버는 전직 사령관, 병사, 남부연합 지도자, 목사 등이었다. 이들은 관심을 끌기 위해 뾰족한 두건, 하얀색 가운, 마스크를 쓰고 돌아다녔다. 모임 대표는 '위대한 마법사'로 불렸고 그 회원은 '유령'이라고 불렸다. KKK는 공격을 하기에 앞서 십자가를 태웠기 때문에 'A cross is burned공격 시작이다'라는 말도 생겨났다. KKK는 1867년 4월 본부를 주도인 내슈빌로 옮겨 맥스웰하우스에서 결성식을 하면서 커지기 시작했다. 특히 남북전쟁에서 남부군의 사령관이었던 로버트 리 장군을 영입하려 했으나 거절당했다.

KKK단의 폭력은 점차 강도가 높아져 나중에는 흑인 등 유색인종을 상대로 린치, 구타, 방화 등의 테러를 저질렀다. 한동안 활동이 뜸했던 KKK단은 1910년대 말부터 급성장해 1924년 초 단원 수는 450만 명으로 폭증했다. 당시 성인 남자의 15~20%에 달하는 수치다. KKK단의 이념적 바탕은 전통적 미국의 프로테스탄트 도덕주의였다. 범법자를 색출하고 처벌하는 활동을 하는 것에 사명감을 가졌다. 반유대주의, 동성애 반대, 반로마 가톨릭 교회, 기독교 근본주의 등을 따르고 있다.

25
December

NEWS

호텔 화재

대연각 호텔 화재 사건

1971년 12월 25일 크리스마스 날 아침. 서울시 중구 충무로 소재 22층짜리 대연각 호텔에서 큰 화재가 발생했다. 추락사 38명 포함 163명이 사망하고 63명이 부상당했다. 재산 피해는 당시 소방서 추정으로 약 8억 3,820만 원이었다. 화재 원인은 2층 커피숍에 있는 LP가스가 폭발한 것으로 밝혀졌다. 2층에서 시작된 불은 호텔 내부가 가연성 소재로 마감된 탓에 곧바로 호텔 전체로 확대되었다.

화재 진압을 위해 거의 모든 소방차가 출동했고 경찰과 군대까지 동원되었는가 하면 주한미군의 소방차와 헬리콥터, 대통령 전용기까지 투입되었지만 한계가 많았다. 옥상에는 헬리포트도 없었고 건물에는 스프링쿨러도 없었다. 옥상 출입문마저 닫혀 있어 인명 피해를 키웠다. 실제로 20여 구의 시신이 옥상 출입문 앞에서 발견되었다. 당시 국내 최고의 32m 사다리차를 이용해 진화작업에 나섰으나, 7층까지밖에 미치지 못했다. 박정희 대통령까지 현장에 나와 화재진압을 독려했지만 상황을 바꿀 수는 없었다. 수많은 투숙객이 유독가스와 열기를 이기지 못해 창 밖으로 뛰어내리는가 하면 이 광경이 TV 생중계로 보도되어 커다란 충격을 주었다.

급속한 도시 팽창에 맞추어 고층빌딩이 우후죽순으로 늘어났지만 그에 맞는 안전대책과 시설은 태부족인 상황이었다. 대연각 호텔도 지은 지 1년 6개월밖에 안 되는 신축건물이었지만 화재 시 안전을 보장할 시설과 대책은 극히 미비한 상황이었다. 1972년 서울시민회관 화재, 1974년 청량리 대왕코너 화재와 함께 서울 3대 화재 사고로 꼽히고 9.11 테러 이전까지는 단일 건물 최대의 호텔 화재 참사로 기네스북에 기록됐었다.

26
December

쓰나미

인도양 지진 해일로 23만 명이 희생되다

2004년 12월 26일 아침 7시 58분에 지금까지 보지 못했던 거대한 지진 해일이 인도양을 휩쓸었다. 수마트라 섬 서쪽 해안의 해저 40km 지점에서 발생한이 지진은 규모 9.3으로 최근 40년 동안 일어난 지진 중에 가장 강력한 것이었다. 15분 후에 쓰나미가 수마트라 서부 해안을 강타했다. 인도양 연안의 스리랑카, 인도네시아, 태국을 비롯해 아프리카 소말리아까지 14개 나라가 큰피해를 입었다. 파도 높이가 최고 15m에 달했다. 사망자만 23만 명으로 집계됐다. 아이티 지진에 이어 21세기 들어 가장 많은 사망자를 낳은 재앙이었다.

두 지구조판 사이에 있는 섭입대에서 발생한 이 지진은 해저를 1천 2백km정도 찢었으며 약 5m 융기시켰다. 이로 인해 거대한 양의 해수가 움직였다. 인도양 연안에 사는 주민들에게는 고지대로 대피할 시간도 충분하지 않았다. 인도양에는 쓰나미 경보 시스템이 없었기 때문에 진앙에서 멀리 있는 해안에서 조차 쓰나미가 오고 있다는 경보를 받지 못했다.

인도양 쓰나미는 인도양을 가로질러 8시간만에 소말리아에 도착했다. 쓰나미는 해양을 가로질러 이동하면서도 에너지를 잃지 않는다. 따라서 진앙에서 멀리 떨어진 해안에도 큰 피해를 입힐 수 있었다. 4m 이상의 파도가 세이셸과 소말리아 해안을 강타했고, 이보다 작은 규모의 파도가 태국 해안을강타했다. 진앙으로부터 8,500km 떨어진 남부 아프리카에서도 사상자가 발생했다. 당시 UN 사무총장이었던 코피아난은 "피해 복구에 최대 10년이 소요될 것"이라고 말했다.

27
December

찰스 다윈, 비글 호

찰스 다윈의 비글 호, 영국을 출발하다

1831년 12월 27일. 찰스 다윈은 비글 호를 타고 영국을 출발하여 장도에 올랐다. 출항 당시 개조된 비글 호는 적재량 242톤에 총량 500톤 정도였다. 수로 조사관을 겸한 함장 외에 12명의 사관과 하사관, 군의관, 조수군의관, 사관 후보생 2명, 선원 34명, 해병 8명, 사환 6명 등 65명이 탑승했다. 여기에다 다윈과 그의 하인, 선교사, 티에라 델 푸에고 원주민 3명, 화가, 기술자와 함장의 하인 등 총 74명이나 됐다.

떠날 때는 2년 예정이었으나 실제는 2개월 25일이 모자라는 만 5년 동안의 긴 항해가 됐다. 젊은 다윈은 오스트레일리아와 뉴질랜드 및 갈라파고스 군도 등에서 표본들을 수집할 기회를 얻었다. 귀국한 다윈은 부모와 후에 그의 아내가 될 사촌 엠마로부터 재정적 후원을 얻어 연구와 저술에 착수한다. 그의 모든 활동은 맬더스의 인구론에서 얻은 개념에 기초했다. 다윈은 동식물들은 자연의 선별과정에서 제거될 수 있으며 이것이 바로 자연계의 수적인 변화를 설명할 수 있는 수단이라는 것을 깨달았다.

다윈은《종의 기원》에서 자연 선택을 "유리한 변이의 보존과 해로운 변이의 제거"라고 정의하고, 이 개념을 빌어 생명체의 진화현상을 설명하고 있다. 이후 수정판에서 다윈은 스펜서의 용어를 차용, '자연 선택' 개념을 '적자생존'이란 표현과 혼용한 것에서 보듯이, '생존경쟁'과 '적자생존' 개념은 다윈이 창안해낸 개념이 아니었다. 다윈이 남긴 파급효과는 맬더스와 스펜서의 학설과 결합하여 '적자생존'을 주요 골자로 하는 '사회 다윈주의' 태동의 불씨를 제공했다, 는 점이다.

28
December

영화

뤼미에르 형제. 찍은 최초의 상업 활동사진을 공개하다

1895년 12월 28일. 프랑스의 한 카페에서 형 오귀스트 니콜라스 뤼미에르와 동생 루이 뤼미에르는 자신들의 첫 작품을 영화사 고몽을 통해 사람들에게 보여주었다. 최초의 영사기 겸 영화 촬영기라 할 수 있는 시네마토그래프에 의한 상영이었고 아울러 최초의 상업적 영화의 상영이었다. 이날 상영된 영화는 〈라 시오타 역에 도착하는 열차〉라는 50초의 짧은 내용의 작품이었다. 그저 단순히 열차가 도착하는 장면을 보여준 것에 불과했지만 19세기 후반의 당시 사람들에게는 충격 그 자체였다.

뤼미에르 형제는 앞서 같은 해 2월 13일 시네마토그래프에 대해 특허를 획득했는데 이를 통한 첫 영화 상영이 바로 이 영화였다. 같은 해 9월 28일 라 시오타 영화관에서 〈뤼미에르 공장을 나서는 노동자들〉이 최초로 상영되긴 했으나 상업적이거나 대중적이지는 않았다. 〈라 시오타 역에…〉는 인기를 끌었고 다음해인 1896년에 베를린, 런던 등 유럽 주요 도시에도 상영됐다.

한편 시네마토그래프의 특허는 레옹 불리가 먼저 냈으나 특허 유지료가 없어서 뤼미에르 형제에게 팔았다는 이야기도 있다. 두 살 아래 루이 뤼미에르가 고정 사진 인화에 '건판 기법' 등 몇 가지 발명을 했는데 움직이는 이미지를 나타내는 데 큰 진전을 가져 온 기술이었다. 뤼미에르 형제는 레오나르도 다 빈치에게서 많은 영향을 받았다고 한다. 최초의 영화 상영에 대해서는 학자들 사이에 다른 견해도 있다. 독일의 스클라다노브스키 형제가 1895년 11월 1일 베를린에 있는 빈토카르텐이란 곳에서 특허를 얻은 비오스코프로 〈권투하는 캥거루들〉 등 9편의 활동사진을 유료로 상영했다.

29
December

인디언 학살

운디드니 학살 사건

300년에 가까운 인디언과의 전쟁이 막바지에 이르던 1890년 12월 29일. 미육군 제7기병연대 500여 명이 사우스다코타 주 운디드니 및 인근 언덕에서 수우족 인디언 300여 명을 사살했다. 당시 이미 생활양식이 파괴된 인디언들에게 '유령춤'이 인기였다. 춤이라기보다는 원주민 세계 회복의 염원이 담긴 일종의 종교의식이었다. 하지만 미국은 이를 위험하게 보았다. 갈등은 드러나기 시작했고 12월 15일 수우족의 추장 시팅불이 그를 체포하려던 경찰대에 의해 사살당했다. 사건 당일인 12월 29일 미군 제7기병대의 한 대대가 수우족을 강제로 네브래스카로 보낼 목적으로 350명이 머무르는 수우족의 막사를 포위했다. 인디언의 무기를 회수하는 과정에서 인디언 청년 한 명이 군인들을 향해 총을 발사했다. 곧바로 미군의 원주민을 향한 집단 총격이 가해졌다. 당시 수우족을 이끌었던 빅풋 추장을 비롯해 여자와 어린 아이 등 146명이 사망하고 51명이 부상을 입었다. 이 과정에서 미군도 25명이 숨지고 39명이 부상당했다. 미군은 인근의 언덕으로 도망간 인디언들을 끝까지 추격해 사살한 뒤 집단으로 매장해버렸다. 또 부상당한 인디언들을 방치해둠으로써 여러 명을 얼어 죽게 했다.

학살 80여 년 후인 1973년 2월 27일, AIM 미국 인디언 운동 소속의 오클라라 부족 200여 명이 운디드니 마을을 점거하고, 11명을 인질로 잡고는 보호구역 내에서의 부정부패 조사 및 처벌, 그리고 원주민들의 열악한 실태에 대한 해결을 호소했다. 하지만 연방정부는 이들의 요구를 무시하며 71일 간의 대치 끝에 연방군 육군이 무력으로 이들을 소탕했다.

30
December

사담 후세인

사담 후세인, 교수형 집행되다

2006년 12월 30일. 사담 후세인 이라크 대통령에 대한 교수형 집행이 바그다드에 있는 미군 시설 그린존에서 집행됐다. 사형선고 불과 나흘만이다. 1979년 7월 16일부터 2003년 4월 9일까지 이라크를 통치해온 후세인은 그렇게 죽었다. 이라크 내 소수파인 수니파 출신으로 세속적 범아랍주의와 아랍사회주의를 추구하는 바트당의 지도적 인물이다.

1968년 군사 쿠데타에서 중요한 역할을 함으로써 바트당의 장기집권 시대를 열었다. 1979년 전임자가 병을 이유로 사임하자 대통령에 취임했다. 같은 해 이란 혁명이 일어나자 국내 시아파에게 파급될까 봐 1980년 이란을 선제공격해 전쟁을 일으켰다. 전쟁에서 이라크가 밀리자 로널드 레이건 미국 대통령은 이란의 이슬람 혁명이 중동 전역으로 파급될 것을 우려해 무기와 정보를 후세인에게 공급하기도 했다.

후세인은 수십 년 동안 시아파와 쿠르드족을 박해해왔다. 《휴먼라이츠워치》는 후세인 정권 24년 동안 25만·29만 명가량이 살해됐다고 밝혔다. 1982년에 이라크 중부 두자일 마을을 사담이 시찰하던 중에 이란의 지원을 받은 반체제파 조직인 다와당의 공작원에 의해 암살 미수가 일어나자, 그 보복으로 두자일의 주민 180명 이상을 화학무기로 학살했다. 후세인은 사형이 집행되기 전에 두건을 씌우지 말라고 뿌리치면서 "미국인, 페르이사인들과 싸우라."는 유언을 남겼다고 한다.

31
December

동인도회사

영국, 인도에 동인도회사를 설립하다.

새로운 세기를 불과 하루 앞둔 1600년 12월 31일. 영국과 인도 사이의 무역을 15년 간이나 독점할 동인도회사가 엘리자베스 1세의 허락을 얻어 설립됐다. 125명의 주주가 자본금 7만 2천 파운드로 일종의 주식회사인 동인도회사를 설립한 것이다. 회사의 전반적 행정업무는 24명으로 구성된 런던의 중역회의가 관장했다. 엘리자베스 1세는 스페인, 네덜란드 등에 비해 식민지 진출이 늦은 대신 막강한 권한을 동인도회사에 부여했다. 동인도회사는 영토 점령이 아니라 경제적 수탈을 위한 제국주의 침략의 표본이었다. 근대 식민지 역사에 중요한 축을 담당했다. 그 바탕에는 강력한 군사적 우위가 있었다.

당시 영국과 네덜란드는 스페인으로부터 패권을 넘겨받아 각자 경제력 확대에 열을 올리고 있을 때였다. 영국이 인도에 동인도회사를 설립한 것은 네덜란드의 인도 무역 독점을 깨뜨리기 위한 노력의 일환이었다. 인도로부터 향신료 무역을 장악한 네덜란드가 막대한 부를 얻고 있음을 영국은 봤던 것이다.

1652년 영국과 네덜란드의 전쟁에서 영국이 승리하면서 인도 무역의 축은 영국으로 완전히 기울었다. 영국이 가장 먼저 동인도회사를 설립하자 1602년 네덜란드, 1616년 덴마크 등을 비롯해 포르투갈, 프랑스, 스웨덴, 오스트리아 등도 경쟁적으로 동인도회사를 설립했다. 동인도회사는 단지 경제적 침탈을 위한 기구에 그치지 않고 인도 전체를 식민지화하는 제국주의의 첨병역할을 했다. 특히 동인도회사는 점차 동쪽으로 나아가 중국과 일본으로까지 진출했다. 영국은 중국으로 세력을 확장해 청나라와 무역을 해 특산품을 얻고 인도에서 얻은 특산품을 중국으로 수출해서 막대한 부를 축적했다.

그날 세계사 연대표

그날 세계사 연대표

● BC~1800년

날짜	내용	페이지
BC 100년 7월 12일	율리우스 카이사르 출생	205
BC 49년 1월 12일	카이사르 루비콘 강 횡단	018
79년 8월 24일	이탈리아 폼페이 화산 폭발	249
455년 6월 2일	반달족 로마 약탈 사건	164
622년 9월 24일	무함마드 헤지라 단행	281
632년 6월 8일	무함마드 사망	170
1099년 6월 7일	십자군 예루살렘 도착	169
1173년 8월 9일	이탈리아 피사의 사탑 착공	234
1215년 6월 15일	마그나 카르타(대헌장) 서명	177
1412년 1월 6일	잔 다르크 탄생	012
1431년 5월 30일	잔 다르크 화형	160
1468년 2월 3일	구텐베르크 사망	041
1469년 5월 3일	마키아벨리 탄생	133
1473년 2월 19일	코페르니쿠스 탄생	057
1478년 2월 7일	토마스 모어 탄생	045
1483년 11월 10일	종교개혁가 마르틴 루터 탄생	330
1492년 10월 12일	콜럼버스 신대륙 발견	300
1509년 4월 22일	영국 헨리 8세 왕위	121
1519년 5월 2일	레오나르도 다 빈치 사망	132
1521년 3월 15일	마젤란, 필리핀 발견	082
1543년 1월 31일	도쿠가와 이에야스 탄생	037
1543년 8월 25일	일본 조총 전례 받음	250
1588년 7월 21일	영국 함대, 스페인 무적함대 격파	214
1596년 1월 27일	탐험가 프란시스 드레이크 사망	033
1600년 12월 31일	영국 동인도회사 설립	382
1606년 7월 15일	네덜란드 화가 렘브란트 탄생	208
1616년 2월 26일	갈릴레이 지동설 포기 서약	064
1616년 4월 23일	셰익스피어 사망	122

● 1801~1900년

● **1901~1950년**

1923년	3월	3일	주간지 《타임》 창간	070
1923년	9월	1일	일본 간토 대지진과 조선인 대학살	258
1925년	7월	18일	히틀러 《나의 투쟁》 출간	211
1926년	4월	25일	마지막 황제 순종 승하	124
1926년	6월	10일	6·10 만세 운동 발생	172
1927년	9월	14일	세계적 무용가 이사도라 던컨 사망	271
1927년	10월	6일	첫 발성영화 〈재즈 싱어〉 개봉	294
1928년	6월	14일	체 게바라 탄생	176
1928년	6월	18일	아문센 실종	180
1928년	10월	3일	앨빈 토플러 탄생	291
1929년	10월	24일	대공황의 신호탄 '검은 목요일' 사건 발발	312
1930년	2월	18일	명왕성 발견	056
1930년	7월	13일	제1회 월드컵 개최	206
1931년	5월	1일	엠파이어 스테이트 빌딩 개관	131
1931년	11월	7일	중화소비에트공화국 설립	327
1932년	3월	1일	일본, 중국 만주국 설립	068
1932년	4월	29일	윤봉길 의거	128
1932년	9월	25일	괴짜음악가 글렌 굴드 출생	282
1933년	1월	30일	히틀러 독일 총리 임명	036
1933년	3월	4일	프랭클린 루스벨트 미대통령 취임	071
1935년	6월	21일	프랑스 소설가 프랑수아즈 사강 탄생	183
1935년	10월	20일	마오쩌둥 대장정 마감	308
1936년	2월	25일	영화 〈모던 타임스〉 개봉	063
1936년	10월	19일	중국 작가 루쉰 사망	307
1936년	11월	23일	시사잡지 《라이프》 창간	343
1937년	4월	17일	시인 이상 사망	116
1937년	7월	7일	중일전쟁 발화점 노구교 사건 발발	200
1937년	12월	13일	난징 대학살 발생	364
1937년	12월	21일	만화영화 〈백설 공주와 일곱 난장이〉 개봉	372
1938년	2월	20일	〈한국환상곡〉 초연	058
1938년	10월	27일	듀폰 나일론 상용화	315
1938년	10월	30일	화성인 습격 방송 발생	318
1939년	9월	22일	세계적 여성 등반가 다베이 준코 출생	279
1940년	5월	17일	프랑스 마지노선 붕괴	147

1962년 10월 22일	미국, 쿠바 해상 봉쇄	310
1963년 6월 11일	베트남 승려 분신자살	173
1963년 8월 28일	흑인인권가 루서 킹 워싱턴 대행진 진행	253
1963년 9월 15일	삼양라면 국내 첫 생산	272
1963년 11월 1일	서인도제도 아레시보 전파 천문대 개관	321
1963년 11월 22일	존 F. 케네디 암살	342
1964년 6월 3일	한일회담 반대 시위	165
1964년 8월 2일	미국 베트남 통킹만 포격	227
1964년 10월 1일	세계 최초의 고속전철 신칸센 개통	289
1964년 10월 16일	중국 첫 원폭실험 성공	304
1965년 9월 4일	슈바이처 사망	261
1966년 5월 16일	중국 문화대혁명 시작	146
1967년 4월 9일	제트 항공기 최초 비행	108
1967년 8월 8일	아시아 5개 국 동남아국가연합 결성	233
1967년 10월 17일	청나라 마지막 황제 푸이 사망	305
1968년 1월 9일	아랍석유수출국기구 설립	015
1968년 1월 21일	무장공비 김신조 습격 사건	027
1968년 3월 16일	미군, 밀라이 학살 자행	083
1968년 3월 27일	소련 우주비행사 유리 가가린 사망	094
1968년 8월 20일	체코 프라하의 봄 종식	245
1968년 12월 9일	이승복 피살	360
1969년 3월 2일	콩코드 여객기 시험비행 성공	069
1969년 7월 20일	암스트롱 달 착륙	213
1969년 10월 21일	덴마크 최초의 성 박람회 개막	309
1969년 11월 21일	아르파넷 시연	341
1970년 4월 8일	와우 아파트 붕괴	107
1970년 11월 13일	전태일 열사 분신	333
1971년 4월 10일	미국과 중국의 핑퐁 외교	109
1971년 7월 3일	도어스의 짐 모리슨 사망	196
1971년 8월 15일	닉슨 금태환 중지 선언	240
1971년 9월 13일	중국 공산당 2인자 린뱌오 비행기 추락사	270
1971년 10월 25일	중국 유엔 상임 이사국	313
1971년 12월 25일	대연각 호텔 화재 발생	376
1972년 6월 17일	워터게이트 사건 발발	179

1972년	9월	5일	뮌헨올림픽 인질극 발생	262
1973년	3월	6일	펄 벅 사망	073
1973년	9월	11일	칠레 피노체트 쿠데타 집권	268
1974년	2월	13일	솔제니친 소련 추방	051
1974년	3월	29일	진시황릉 발견	096
1976년	4월	1일	애플 설립	100
1976년	6월	27일	팔레스타인 테러 항공기 납치 사건	189
1976년	7월	28일	인류 최악의 지진 탕산 대지진 발생	221
1976년	9월	9일	마오쩌둥 사망	266
1977년	9월	16일	세계적 소프라노 마리아 칼라스 사망	273
1978년	4월	20일	대한항공 902편기 격추 사건	119
1978년	7월	25일	영국 첫 시험관 아기 탄생	218
1979년	2월	17일	중국 베트남 침공	055
1979년	3월	28일	스리마일 섬 원자력발전소 방사능 누출사고	095
1979년	5월	29일	산악인 고상돈 사망	159
1979년	7월	1일	소니 워크맨 출시	194
1979년	10월	26일	박정희 전 대통령 피살	154
1980년	5월	18일	미국 세인트 헬렌스 화산 폭발	148
1980년	12월	8일	존 레논 피살	359
1981년	8월	12일	IBM PC 첫 등장	237
1982년	1월	5일	야간 통행금지 해제	011
1983년	1월	19일	애플 PC '리사' 발표	025
1983년	8월	21일	필리핀 지도자 아키노 피살	246
1983년	10월	9일	버마 아웅산 폭파 사건	297
1984년	1월	24일	매킨토시 탄생	030
1984년	5월	14일	마크 저커버그 탄생	144
1984년	12월	3일	인도 보팔 가스 유출 사건	354
1984년	12월	19일	영국 홍콩 반환 서명	370
1986년	1월	28일	챌린저 호 공중 폭발	034
1986년	4월	26일	체르노빌 원자력 폭발	125
1987년	1월	14일	박종철 고문 사망	020
1987년	6월	9일	이한열 열사 중상 발생	171
1987년	7월	11일	세계 인구 첫 50억 돌파	204
1987년	11월	29일	대한항공 KAL 858기 폭파	349

1988년	5월	28일	민주사회를 위한 변호사 모임 창립	158
1989년	3월	7일	이란, 영국과 단교 선언	074
1989년	3월	24일	엑손 발데스 호 기름 유출 사건	091
1989년	6월	4일	천안문 광장 사건 발발	166
1989년	7월	16일	지휘자 카라얀 사망	209
1989년	11월	9일	베를린 장벽 붕괴	329
1990년	2월	11일	만델라 석방	049
1990년	12월	1일	도버해협 해저터널 완공	352
1991년	2월	28일	걸프전 종결	066
1991년	8월	5일	일본 혼다 창업자 혼다 소이치로 사망	230
1991년	10월	14일	아웅산 수치 노벨평화상 수상	302
1992년	1월	8일	위안부 수요집회 시작	014
1992년	5월	27일	사라예보 첼로 연주	157
1995년	1월	17일	고베 지진 발생	023
1995년	6월	29일	삼풍백화점 붕괴	191
1995년	10월	2일	O.J.심슨 무죄평결	290
1996년	2월	10일	IBM 딥 블루 체스 챔피언 등극	048
1996년	7월	5일	복제양 돌리 탄생	060
1996년	10월	23일	백범 암살범 안두희 피살	311
1996년	12월	20일	칼 세이건 사망	371
1997년	5월	26일	호주 소리sorry의 날 제정	156
1997년	8월	31일	다이애나 전 영국 왕세자빈 교통사고로 사망	256
1997년	12월	11일	교토 기후협약 채택	362

● 2001~

날짜			내용	페이지
2001년	1월	15일	위키피디아 탄생	021
2001년	6월	1일	네팔 왕실 학살 발생	163
2002년	6월	13일	미선, 효순 양 사건 발생	175
2002년	11월	25일	미국 국토안보부 창설	345
2004년	12월	26일	인도양 지진 해일 발생	377
2006년	12월	30일	사담 후세인 교수형	381
2008년	1월	29일	소행성 지구 근접	035

1일 1페이지
그날 세계사
365

초판 1쇄 발행 2021년 1월 29일
초판 2쇄 발행 2021년 2월 15일

지은이 백재현

펴낸이 박세현
펴낸곳 팬덤북스

기획위원 김정대 김종선 김옥림

기획편집 윤수진 정예은
디자인 이새봄 이지영
마케팅 전창열

주소 (우)14557 경기도 부천시 부천로 198번길 18, 202동 1104호
전화 070-8821-4312 | **팩스** 02-6008-4318
이메일 fandombooks@naver.com
블로그 http://blog.naver.com/fandombooks

출판등록 2009년 7월 9일(제2018-000046호)

ISBN 979-11-6169-144-2 03900